劳动科学导论

An Introduction to the
Labor Science

盛亦男 ◎ 主　编
毛宇飞 ◎ 副主编

首都经济贸易大学出版社
Capital University of Economics and Business Press
·北京·

图书在版编目(CIP)数据

劳动科学导论／盛亦男主编． --北京：首都经济贸易大学出版社，2024.8
ISBN 978-7-5638-3651-2

Ⅰ．①劳… Ⅱ．①盛… Ⅲ．①劳动科学 Ⅳ．①F249.2

中国国家版本馆 CIP 数据核字(2024)第 027038 号

劳动科学导论
LAODONG KEXUE DAOLUN
盛亦男　主　编
毛宇飞　副主编

责任编辑	薛晓红
封面设计	砚祥志远·激光照排　TEL：010-65976003
出版发行	首都经济贸易大学出版社
地　　址	北京市朝阳区红庙（邮编 100026）
电　　话	（010）65976483　65065761　65071505（传真）
网　　址	http://www.sjmcb.com
E-mail	publish@ cueb.edu.cn
经　　销	全国新华书店
照　　排	北京砚祥志远激光照排技术有限公司
印　　刷	北京九州迅驰传媒文化有限公司
成品尺寸	185 毫米×260 毫米　1/16
字　　数	395 千字
印　　张	18
版　　次	2024 年 8 月第 1 版　2024 年 8 月第 1 次印刷
书　　号	ISBN 978-7-5638-3651-2
定　　价	45.00 元

图书印装若有质量问题，本社负责调换
版权所有　侵权必究

前　言

劳动科学是以人类劳动实践作为研究对象，对劳动领域的经济和社会问题进行系统研究和探讨的一门科学。劳动科学可以被视为学科群，其中，自然科学属性的学科包括劳动生理学、劳动卫生学、劳动统计学与劳动保护学等，而归类于社会科学属性的学科则包含劳动经济学、劳动社会学、劳动人口学、劳动人事学、劳动管理学、劳动关系学、劳动法学、劳动伦理学等。上述学科都从不同的角度研究与劳动相关的问题，在众多专家和学者的辛勤努力下，研究成果斐然。本书横跨人口学、人力资源管理和人才学领域与劳动科学相关的专业知识内容，并结合新质生产力的最新观点进行了理论讨论。本书作为劳动科学的导论，旨在引导读者了解并逐步进入对劳动科学的研究中。

本书由人口学、人力资源管理、人才学三大篇组成，内容共十八章。人口学篇由第一章到第七章组成，内容包括人口学导论、人口生育、人口死亡与人口结构、人口迁移与流动、人口老龄化、劳动力就业、人口质量与人力资本；人力资源管理篇由第八章到第十三章组成，内容包括人力资源管理概述与招聘甄选、培训和开发、绩效管理、薪酬管理、员工关系、职业生涯规划；人才学篇由第十四章到第十八章组成，内容涵盖什么是人才和人才学、人才发展战略、人才制度与政策、人才开发与评价、人才流动与竞争。除第一章外，各章均有案例分析或拓展阅读，章节结尾则编写了习题，以供读者学习与思考。

本书内容丰富、贴近现实，既介绍了专业基本理论知识，又结合了大量的案例进行通俗易懂的讲解。本书可以作为经管类本科和研究生专业的通识教材，也可以作为相关部门和企事业单位的培训教材。

本书各章的编写人员由首都经济贸易大学劳动经济学院长期从事人口学、人力资源管理与人才学教学与科学研究的教师团队组成。各章的编写人员都尽量融汇自己的教学心得和研究成果，以确保本书的质量和水平。其中，盛亦男教授除负责本书相关章节的编写外，还承担总体框架设计、研究大纲、组织安排、审阅和修改等工作；毛宇飞副教授除负责本书相关章节的编写外，还承担组织安排、审阅和修改等工作。本书各章的具体分工为：

盛亦男　第一章、第二章、第三章、第七章

李　帆　第三章、第六章、第七章

王　超　第四章、第五章

陈晓易　第八章、第九章

毛宇飞　第十章、第十一章、第八章

张春阳　第十二章、第十三章
西　楠　第十四章、第十五章、第十八章
杨之旭　第十四章、第十六章、第十七章

在本书的创作过程中，各编写人员付出了辛勤劳动。其中，首都经济贸易大学劳动经济学院陈书洁副教授对人才学各章节的大纲提出了宝贵修改意见，博士研究生张猛，硕士研究生张霞、陈荣珍子负责第一、第二、第三章的初稿写作与全书的格式统一和校对工作；硕士研究生常瑞鹏，本科生西思莹、古再丽努尔·伊马木尼亚孜、刘泽菲在文档初稿、案例整理等方面做了很多工作。本书在编辑出版过程中，首都经济贸易大学出版社的乔剑编审及其编辑团队展开了细致的编辑工作。首都经济贸易大学劳动经济学院的学院领导在本书的写作过程中给予了大力支持与帮助。在此向他们致以真诚的感谢。

劳动科学的学科内涵十分丰富，我们在编写过程中参考了大量国内外著作、中英文文献，吸收了许多学者的研究成果，在此一并致谢。由于时间和能力所限，书中错误及不当之处在所难免，恳请国内同行和广大读者予以批评指正。

盛亦男

2024 年 6 月 24 日

目 录

第一章 人口学导论 ………………………………………………………………… 1
　第一节 人口学科体系概述 …………………………………………………… 1
　第二节 人口学的形成和发展 ………………………………………………… 4
　第三节 人口学的研究方法概述 ……………………………………………… 8

第二章 人口生育 …………………………………………………………………… 11
　第一节 人口生育概念与指标 ………………………………………………… 11
　第二节 生育度量指标 ………………………………………………………… 13
　第三节 人口生育理论 ………………………………………………………… 16

第三章 人口死亡与人口结构 ……………………………………………………… 23
　第一节 死亡的概念与内涵 …………………………………………………… 23
　第二节 人口再生产与人口转变理论 ………………………………………… 29
　第三节 人口结构 ……………………………………………………………… 34

第四章 人口迁移与流动 …………………………………………………………… 42
　第一节 人口迁移与流动的概念与分类 ……………………………………… 42
　第二节 人口迁移理论 ………………………………………………………… 43
　第三节 人口迁移与流动的影响因素 ………………………………………… 46

第五章 人口老龄化 ………………………………………………………………… 51
　第一节 人口老龄化的基本概念 ……………………………………………… 51
　第二节 人口老龄化的原因与后果 …………………………………………… 54
　第三节 应对人口老龄化的社会政策 ………………………………………… 58

第六章 劳动力就业 ………………………………………………………………… 63
　第一节 劳动年龄人口、劳动力人口与就业人口 …………………………… 63
　第二节 就业与失业的相关概念 ……………………………………………… 65
　第三节 劳动力就业的相关理论 ……………………………………………… 66

1

第四节　失业的类型及成因 …………………………………………………… 68
　　第五节　新质生产力与高质量充分就业 ……………………………………… 71

第七章　人口质量与人力资本 …………………………………………………… 75
　　第一节　人口质量 ……………………………………………………………… 75
　　第二节　人力资本的含义与特点 ……………………………………………… 78
　　第三节　人力资本相关理论 …………………………………………………… 80
　　第四节　人力资本投资 ………………………………………………………… 83
　　第五节　教育投资分析 ………………………………………………………… 85

第八章　人力资源管理概述与招聘甄选 ………………………………………… 88
　　第一节　人力资源管理概述 …………………………………………………… 88
　　第二节　员工招聘概述 ………………………………………………………… 92
　　第三节　多元化的招聘渠道 …………………………………………………… 98
　　第四节　奇招百出的甄选工具 ………………………………………………… 102

第九章　培训和开发 ……………………………………………………………… 110
　　第一节　培训和开发概述 ……………………………………………………… 110
　　第二节　培训管理活动 ………………………………………………………… 115
　　第三节　培训方法 ……………………………………………………………… 116

第十章　绩效管理 ………………………………………………………………… 122
　　第一节　绩效管理概述 ………………………………………………………… 122
　　第二节　绩效导向：从目标到行动 …………………………………………… 126
　　第三节　绩效赋能：从组织到个人 …………………………………………… 133
　　第四节　案例分析 ……………………………………………………………… 137

第十一章　薪酬管理 ……………………………………………………………… 145
　　第一节　薪酬管理概述 ………………………………………………………… 145
　　第二节　薪酬设计：职位价值导向 …………………………………………… 150
　　第三节　薪酬激励：驱动员工创新 …………………………………………… 159
　　第四节　案例分析 ……………………………………………………………… 163
　　第五节　薪酬外部竞争性：薪酬调查的应用 ………………………………… 169

第十二章　员工关系 ……………………………………………………………… 174
　　第一节　员工关系概述 ………………………………………………………… 174
　　第二节　员工关系管理的重要性 ……………………………………………… 175

第三节　无边界生涯下的员工关系管理 …………………………………… 178
　　第四节　案例分析 …………………………………………………………… 185

第十三章　职业生涯规划 …………………………………………………………… 188
　　第一节　职业生涯规划概述 ………………………………………………… 188
　　第二节　职业生涯规划的理论及意义 ……………………………………… 189
　　第三节　"出谋划策"数字时代的职业生涯规划 ………………………… 192
　　第四节　案例分析 …………………………………………………………… 198

第十四章　什么是人才和人才学？ ………………………………………………… 202
　　第一节　人才的定义 ………………………………………………………… 202
　　第二节　人才学的定义、研究对象、研究内容和理论体系 ……………… 204
　　第三节　人才学的发展史、研究视角和研究方法 ………………………… 208

第十五章　人才发展战略 …………………………………………………………… 217
　　第一节　国家人才发展战略 ………………………………………………… 217
　　第二节　人才强国战略的背景 ……………………………………………… 220
　　第三节　人才强国战略的内涵 ……………………………………………… 224
　　第四节　人才强国战略的实施 ……………………………………………… 225

第十六章　人才制度与政策 ………………………………………………………… 229
　　第一节　我国人才发展体制机制改革历程 ………………………………… 229
　　第二节　我国区域人才政策环境分析 ……………………………………… 235

第十七章　人才开发与评价 ………………………………………………………… 241
　　第一节　人才开发 …………………………………………………………… 241
　　第二节　人才评价 …………………………………………………………… 250

第十八章　人才流动与竞争 ………………………………………………………… 257
　　第一节　人才流动 …………………………………………………………… 257
　　第二节　人才竞争的危与机 ………………………………………………… 265
　　第三节　应对人才竞争的策略 ……………………………………………… 271

参考文献 ……………………………………………………………………………… 274

第一章 人口学导论

【本章重点】 理解人口学的研究对象和基本范畴，了解人口学形成与发展的历史脉络，掌握人口学数据的基本来源与研究方法。

【本章难点】 比较人口学几种典型研究方法的应用范围。

第一节 人口学科体系概述

人口学作为一门独立的学科，有其独有的研究对象。不论在哪一种社会形态下，作为社会生活主体的人口都是社会生产力的基本要素，也是一切社会关系的承担者。在长期的历史发展过程中，人们从经济、政治、社会等不同角度观察和分析人口问题，人口学也由过去分属于经济学、社会学、统计学等不同学科，逐步成为一门比较完整的相对独立的社会科学。本章主要对人口学学科体系进行简要概述，包括人口学的研究对象和基本范畴、人口学形成与发展的历史脉络以及人口学的研究方法。

一、人口学的研究对象

人口学作为一门独立的社会科学，具有系统的知识体系，其产生和发展源于实践的需要。人口是人口学研究的基本范畴，因此在探讨人口学的研究对象之前，我们先要讨论人口的概念。

人口是由生活在一定时间、地域和社会生产方式下，实现其生命活动并构成社会生活主体，具有一定数量和质量的人所组成的社会群体。人口作为一种生物群体，具有出生、成长、衰老、死亡的生命过程，有其自身遗传、变异等全部生理机能。人口一般表示具体的规模，即在一定地域、一定时点的个体的总和。正如马克思所指出的，人口"是一个具有许多规定和关系的丰富的总体"，可见在一定时间和地域内，人口在获取物质资料和社会生活的过程中会形成各类关系。其一是生产关系。物质资料生产是人口存在和发展的物质基础，这一过程中，人们进行改造自然、获取物质资料的活动，从而逐渐产生一定的生产关系。其二是社会关系。在社会生活的其他领域中，人们彼此还会形成各种不同的政治关系、文化关系、民族关系、家庭关系、宗教关系以及由这些关系所派生出的其他各种关系。人们总是处在一定的社会关系之中，是这些社会关系的体现者。

在明确了人口的概念后，我们可以将人口学的研究对象概括如下：人口学是研究人口各种变量的现象和过程，研究人口诸变量之间的相互关系及其发展变化规律，研究人口变量与社会经济、生态环境等变量之间相互关系的一门学科。首先，该定义并未将研究对象简单地界定为人口发展，或人口的数量、结构和发展等，而是界定为人口研究的各种变量，其内涵更为宽广；其次，人口学研究各种变量的现象和过程，是指研究静止状态下的人口变量、人口再生产和人口迁移以及其他原因引起的人口变量的动态变化；再次，人口学的研究对象包括各种人口变量之间的关系，如数量关系及其发展变化规律；最后，人口学还需要研究人口变量与社会、经济、生态环境等变量之间的相互关系（邬沧萍，2002）。

人口学从产生之日起就作为一门社会科学出现，因此其在学科归属上属于社会学。人口学还是典型的交叉学科和边缘学科，横跨社会学各个分支。此外，人口学也是数量科学、经验科学和实证科学的结合，其方法以定量分析为特色，兼有社会学、统计学、经济学的分析范式。人口学主要有三个方面的现实应用，一是纯科学研究，二是直接为国家政策的制定和执行服务，三是用于企业、家庭等行为策略的指导。

二、人口学的基本范畴

（一）人口数量、人口质量和人口结构

人口学的基本范畴是人口，而人口本身具有一定的规模，因此人口研究要立足规模研究。人口具有自然属性和社会属性，自然属性是人口存在和发展的自然基础，社会属性是人口的本质属性，这两种属性均作用于人口规模。人口作为具有生命活动的群体，其出生、成长、衰老、死亡的生命延续过程，以及性别、年龄、民族、种族、寿命等特征，都取决于人的生物因素或以生物因素为基础。虽然不同的经济、科技、社会发展状况对人口过程和人口特征会产生一定影响，但其本质还是由生物遗传因素决定的。同时，人口又具有社会因素，任何人口都生活在一定的社会关系中，人的任何活动（如政治的、经济的、文化的、民族的、宗教的）都是在社会联系中进行的，受到政治、军事、法律、意识形态等上层建筑的影响。

人口范畴是一个综合了人口数量、人口质量和人口结构等多方面属性的集合体。生活在一定社会形态下的人口，既有量的规定性，又有质的规定性。人口是拥有一定数量的群体，而不是单独的个人。人口是在一定时间和地域内，通过一定社会关系联系起来的群体。群体的各种变动，包括数量、素质、结构的变动，本质上取决于社会生产力的发展水平和生产关系的性质。同时，人口的各种变动也是相互联系、相互制约的。

人口数量是指在某一时期、某一地区内的人口总数，反映的是人口总体的量的规定性范畴。在某个时间点上的人口总量就形成了一定的人口规模。所谓人口规模，是指人口数量所覆盖的范围及其所体现的数量和格局。一个国家的人口规模由该国人口总数所涵盖的范围与数量决定，单独提出人口规模的概念，主要是为了同生产规模、经济规模等做比较的。引起人口数量变化的原因主要有两个，一是由人口的生老病死所引起的自然变动，二是由人口的迁出和迁入所造成的迁移变动。后者只会引起人口数量地区分布的变化，而不会造成人口总量的增减。因此，引起人口数量变化的根本原因是人口的自然变动。制约人口自然变动的因素，包括经济、政治、文化、宗教、

民族等社会因素以及生理遗传和环境等自然因素。其中，最重要的是与人口的增殖条件和生存条件密切相关的经济因素。从理论上讲，人口规模的上限（最高人口）、下限（最低人口）和适宜（最优人口）是由资源、科学技术和生产力的发展水平来确定的。但是，在实际判断和实际计算中，无论对哪种人口都难以做出精确计量。

人口质量是反映人口总体的质的规定性的范畴，考察的是一定时间和地域内总体人口的素质。人口素质包括人口的身体素质、文化教育素质和思想道德素质。其中，人口的身体素质和文化教育素质是人口素质的基础，思想道德素质是在此基础上的人口构建层次的素质。

传统的人口红利形成于人口转变发展的历史阶段，是指一个国家的劳动年龄人口占总人口比重较大，抚养比较低，为经济发展创造了有利的人口条件，使整个国家的经济呈现高储蓄、高投资和高增长的态势，又称为人口数量红利。自新中国成立以来，我国人口数量红利效应不断凸显，成为促进中国经济持续增长的重要因素。此外，随着扫除文盲、义务教育、高校扩招等改革政策的不断深入实施，促进教育由基础建设向高水平、高质量发展，呈现现代化转变和阶段性飞跃，使人民的受教育水平不断提高，受教育年限持续增加，人力资本存量愈加丰富，人口质量型红利迅速积累。人口数量红利和人口质量红利的关系是，人口数量是经济增长的一般基础，并且是人口质量的起点。人口红利分为前后两个时期，前期的人口红利以人口数量优势为依托而实现，后期人口红利的实现则得益于人口质量对人口数量的替代过程中所产生的劳动生产率的提高。在一定条件下，人口数量与人口质量呈负相关，人口数量越少，人口质量越高。

人口结构，是在一定时间和地域内，依据人口具有的一定的质的规定性来划分的人口总体内部的比例关系，以及在各个组成部分的量上的比例关系。根据人口构成因素的特点和不同的分类方式，可以归为三类：①人口的自然结构，包括人口的年龄结构、性别结构；②人口的地域结构；③人口的社会结构。其中，人口的自然结构是人口最基本的结构，同人口再生产有密切的联系。现有的人口自然结构是过去长期人口自然变动的结果，又是今后人口自然变动的基础。人口的地域结构，是按地域标志将人口划分为各个组成部分而形成的人口结构，用于说明人口的空间分布，包括人口的城乡构成、人口的行政地域构成等。人口的社会结构，是按一定的社会经济标志将人口划分为各个组成部分而形成的人口结构，如人口的阶级结构、民族结构、语言结构和教育结构等。

（二）人口变动

人口状况受社会、经济、人口自身等方面因素的影响，随着时间的推移而不断发生变动。人口变动可分为自然变动、迁移变动和社会变动。

（1）人口自然变动，是指由于出生和死亡引起的人口数量上的增减，以及年龄、性别分布上的变动。人口作为具有生物属性的群体，其出生、死亡是不可避免的，遵循生老病死的生命运动自然规律。然而，人口自然变动是在一定的社会经济、政治文化、制度条件下进行的，因而与纯生物属性的自然变动不同，人口自然变动也受到社会因素的制约和影响。人口自然变动决定着人口再生产的规模和速度，从而对社会经济的发展起到促进或延缓的作用。

（2）人口迁移变动，是指由于人口在空间上的移动而造成的人口规模和结构上的变化。人口迁移变动，也称为人口地域横向流动或人口机械变动。这种变动使人口的地域分布发生变化，也会使流出地和流入地人口的年龄、性别发生变化，并使人口的行业、职业结构和教育结构发生变化。人口迁移变动受资源分布、地理环境等因素影响。随着社会的不断进步，经济、政治、文化、制度特别是市场发育程度等因素在人口迁移中的影响不断增强。人口迁移会对社会生产力布局产生重要影响，而生产力布局的某些改变（如产业结构变化等）往往也是人口迁移的直接动因。

（3）人口社会变动，是指人口社会结构的变动，包括因人口群体内部不同社会经济阶层中的人口群体的互相转换而引发的一系列人口变动，如民族、文化、就业结构变动等。在特定的社会背景下，人口总是依据一定的社会经济地位和性质划分成若干集团，即一定的经济利益群体。行业、职业、文化、收入、民族、阶级、阶层等是划分这种集团和群体的标志，人口在这些层面上的变动便形成人口的社会变动。人口变动的根源在于社会生产力发展水平和生产关系的性质，人口社会变动往往同人口自然变动、人口迁移变动相联系，形成自然变动、迁移变动、社会变动相互交织的互动。

总之，人口变动反映了人口生产本身变动和发展的一定规律性，也反映了人口发展与经济、社会发展的内在联系和发展的同步性。

第二节　人口学的形成和发展

一、西方人口学的起源与发展

（一）西方人口学的起源

古希腊思想家、哲学家柏拉图和亚里士多德等都曾提出适度人口的主张。17世纪，格兰特（John Graunt）最先用近代人口统计学方法分析关于死亡人数和死因的统计资料，编制了死亡率表，提出了不同年龄死亡人口分布规律，并把死亡率、生育率、移民率视为人口变动的内在因素。1662年，格兰特出版《关于死亡表的自然的和政治的考察》一书，该书采用教堂死亡登记资料最早进行了死亡统计分析，从中找出带有规律性的死亡分布，人口学至此应运而生，成为其他学科无法包含的一门学科，只是当时还没有使用人口学这个名词，而格兰特也因此被称为人口学之父。此外，威廉·配第（William Petty）在《政治算术》等论著中，分析了人口和财富，特别是人口和土地的关系，并把劳动力当作基本国力进行计算，设计了人口统计项目和要求。他从劳动是财富源泉的观点出发，强调人口增长意味着财富增长，认为"人口少是真正的贫穷。有八百万人口的国家，要比面积相同而只有四百万人口的国家富裕不止一倍"。威廉·配第开创了人口统计学形成之先河，可以被看作人口理论的先导。

（二）人口学逐渐发展成为独立的社会科学

进入18世纪以后，产业革命使英国的社会经济发生了重大变化，其人口也迅速增加。但资本主义对机器的使用又带来了失业和贫困等相关的人口问题，人口与财富的关系、人口增长与生活资料的关系等研究也由此继续有所发展。产业革命及其后资本主义经济的迅速发展，促进了统计学的进步，人口统计和整个人口学也跟着发展了起来。1790年，美国进行了第一次人口普查，此后每10年进行一次。英国和法国自1801年、挪威自1815年、比利时自1846年、德国自1871年也相继开始进行定期的人口普查，此外还开展了其他多种专项调查，使得人口资料的搜集日益丰富起来，大大促进了人口科学的发展。

一般认为，广义人口学起始于1798年马尔萨斯（Thomas Robert Malthus）《人口原理》一书的发表。该书提出了人口增长与生活资料增长相互关联的理论观点，提出总人口理论（Total Population Theory）模型，并提出解决过剩人口的主张，从而引起世人的广泛关注和激烈的论争，使更多的人意识到人口学是其他学科所不能取代的学科。法国学者基亚尔（A. Guillard）在1855年出版的《人类统计或人口学比较纲要》一书中，开始使用人口学（Demography）一词，并对人口内在变动因素进行了比较系统的分析，标志着人口学的正式形成。

马尔萨斯人口理论有两个前提，一是食物为人类生存所必需，二是两性间的情欲是必然的，且几乎会保持现状。他认为在这两者中，人口抽象为增殖力比土地生产人类生活资料的能力更为巨大，食欲和情欲是人类的"本性的固定法则"，是超社会的自然存在。人口在不受外界干扰的情况下会以几何级数增加，而生活资料只以算术级数增加。当人口增加超过生活资料的增加时，贫困和罪恶就会自然发生以限制人口增加。由此，马尔萨斯推论出三个命题，第一，人口增加必须受生活资料的限制；第二，生活资料增加，人口必然增加；第三，占优势的人口增加时，会被贫穷及罪恶所抑制，使现实人口得以与生活资料相平衡。

（三）人口学各种流派和学说快速发展

进入19世纪中叶，随着西方工业化进程加快，人口城市化的水平不断提升，人口学也得到了极大发展，各种学派和学说层出不穷，其中产生较大影响的有社会学派、生物学派、数理学派、适度人口以及人口转变等理论。

（1）社会学派，是指从社会流动的角度解释人口出生率下降和长期发展停滞现象的学者及其人口学说。其中，具有代表性的人物是美国汤普逊，他在《人口问题》一书中较早地按照人口出生率和死亡率变动划分人口增长的类型，分析了差别生育率问题，把人口学的人口内在因素变动理论推进了一大步，从而巩固了人口学作为独立学科的地位。

（2）生物学派，是指用生物学的观点和方法研究人口问题的学者及其人口学说。其代表人物珀尔在1925年发表的《人口增长生物学》一书中，将生物繁殖规律运用到人类社会中，认为人口增长具有一定的限度，当达到限度时人口将不再增长。

（3）数理学派，是指用数学和统计的理论和方法，分析人口现象的学者和人口学说。美国的洛特卡运用数学和统计学方法分析人口再生产过程，提出并论证了"稳定人口"理论模型，即在一个封闭人口中，人口增长率一定，出生率和死亡率一定，人口的年龄结构也是一定的。

（4）适度人口理论，其中所谓"适度人口"，是指人口规模同经济、社会发展相适应，能够带来最大经济和社会效益的人口。无论是人口规模不足，还是人口规模过大，均不能带来最大效益。

（5）人口转变论是这一时期一个重要的人口理论，是指在不同社会经济条件下的出生率、死亡率、自然增长率变动状态及其发展阶段的理论模型。

（四）人口学在西方的新发展

第二次世界大战结束后，世界政治和经济形势发生了深刻的变化，发展成为世界性的主题，人口也因此得以快速增长，在此期间还迎来了人类历史上最大的全球性"婴儿潮"。但发达国家经历的"婴儿潮"时间不长，随后即出现生育率长期持续下降。此外，人口问题也日益复杂化，一方面，发达国家人口转变加速进行，长期低生育水平下的老龄化问题突出；另一方面，发展中国家人口增长方兴未艾，人口同经济、社会发展的矛盾变得日益尖锐。无论从哪方面看，人口问题在社会生活中的地位均受到政府和各界更多的关注，人口学在这一过程中，获得了比较快的发展。不仅人口转变理论、适度人口论等建立了更为成熟的模型，还出现了一些新的理论和方法。一是关于家庭人口学的研究，包括对家庭人口数量和质量的变动及其规律性的研究；二是关于人口老龄化和老龄人口问题的研究，尤其在发达国家，相关领域的研究不断兴起；三是关于死亡率特别是差异死亡率的研究，包括由年龄、性别、民族、地域、职业等不同所形成的差异死亡率，同模型生命表分析方法被运用到死亡率研究之中，如普雷斯顿（S. Preston）和凯菲茨（N. Keyfitz）的研究；四是人口迁移和人口城市化的研究，包括国际人口迁移的研究；五是人口与可持续发展研究，包括人口、资源、环境、经济、社会等方面的可持续发展研究。

二、中国的人口思想与人口学发展

（一）中国古代的人口思想起源

中国在世界古代科学发展史上占有重要地位，人口科学也是如此。早在殷商时代就有了人口数量统计，周代有"料民"一说，出现了带有户籍统计的做法。在汉代，有了定期公布全国人口数字的制度，还建立了专门机构。这种人口统计制度经唐、宋、元、明、清各个朝代的不断丰富和完善，一直延续下来，成为一套比较完整的人口统计制度。

虽然中国古代的人口统计制度还不是近代意义上的人口统计，中国也没有率先发展出近代意义上的人口科学，但是，中国封建社会时期的人口思想之丰富，在世界各国中也是屈指可数的。早在春秋战国时期，"诸子百家"中的管子、孔子、孟子、商鞅、韩非等都提出了某些甚至相当丰富的人口思想。按照人口对国力影响区分，当时的人口思想大致可分为三类：一是认为人口数量代表国家实力，增加人口即是国力的增长，因而主张增加人口，该思想流派的理论家包括墨子、孟子、管子等，孔子在其主导思想上也属于这一类；二是以韩非以及清代的洪亮吉等为代表的思想流派，他们认为人口过多是社会动乱的根源，因而主张大力节制人口；三是认为人口过多与过少都不好，主张人口规模与土地、供养能力相适应，商鞅等便是这种朴素"适度人口论"者，孔子在某种程度上也有这样的思想。

（二）西方人口学说引进与中国人口学研究的高潮

进入20世纪，西方人口学说传入中国后，掀起一股人口学研究高潮。1920年经济学家马寅初发表《计算人口的数学》，反映了经济学对人口学发展的关注。这一时期最值得提及的是社会学派节制主义的兴起。1918年陈长蘅发表《中国人口论》，随后又发表了《三民主义与人口政策》；陆续发表的还有许仕廉的《中国人口问题》《人口论纲要》等；陈达在《北平晨报》上创办《人口副刊》，并于1934年发表《人口问题》等论著，掀起研究社会人口的热潮。他们对马尔萨斯人口论做出诠释，阐述了人口过剩的基本观点，提出"适中人口密度"说，主张节制生育，并划分出发展经济、增加就业、发展公共事业等"治标"的办法，以及提倡晚婚、开展节育、打破旧的传统思想等"治本"的办法。

（三）新中国成立后中国的人口学发展

1949年中华人民共和国成立后，国民经济得到了迅速恢复和发展，人口再生产很快由高出生、高死亡、低增长转变为高出生、低死亡、高增长类型。在这种情况下，许多学者呼吁控制人口增长。其中，马寅初的《新人口论》影响最大。他认为人口增长过快会妨碍经济建设的资金积累、工业化的进程、劳动生产率的提高和人民生活的改善，而这些可以通过控制人口的数量、提高人口的质量加以解决。然而这种观点在当时却遭到批判和围攻，致使整个20世纪60年代的中国人口科学成为无人敢于问津的"禁区"，其教训是深刻的。

20世纪70年代以来国家开始推行计划生育政策，人口学研究得以恢复。1980年中央召开人口问题座谈会，极大推动了人口科学研究。中国实施计划生育基本国策，可分为前后两个阶段：前一个阶段的主要任务是降低生育率，完成由高出生、低死亡、高增长向低出生、低死亡、低增长的转变；后一个阶段的主要任务是巩固低生育率，坚持低生育率水平同社会经济发展水平相适应。从20世纪90年代中期开始，中国的人口科学实际上经历了一个调整时期：研究机构和研究人员的数量有所减少，一些研究机构的研究方向和研究重点也有所调整。与这种调整相适应，人口学研究的重点也转向以稳定低生育水平为主。进入21世纪以来，人口经济领域与迁移研究相结合的"人口迁移与区域经济发展"研究、与老龄研究相结合的"人口老龄化与人口红利"研究、与地理学结合的"人口—经济—空间"研究以及与资源环境相结合的可持续发展研究等不断兴起，多学科、多领域相交融的人口与经济研究热度持续升温。

（四）近年来人口学科的新发展

长期以来，人口增长是中国人口发展的主要态势，然而近年来人口增长态势发生变化，人口自然增长率和年净增人口数逐年降低，人口内在自然增长率长期保持在负值，负增长惯性不断积累。2022年末，中国的人口自然增长率降低为-0.6‰，为61年来首次负增长。其中，60岁及以上老年人口占比为19.8%，65岁及以上老年人口占比达14.9%，标志着中国正式进入中度老龄化社会。当前，中国人口呈现出少子化、老龄化、区域人口增减分化等趋势性特征。面对新的人口发展格局，必须着力提高人口整体素质，以人口高质量发展支撑中国式现代化。

人口高质量发展理论拓宽了新时期人口学科的发展空间，人口高质量发展与培育新质生产力的关系研究就是其中一个新的重要研究领域。新质生产力是由技术革命性突破、生产要素创新性配置、产业深度转型升级而催生的当代先进生产力，它以劳动者、劳动资料、劳动对象及其优化组合的质变为基本内涵，以全要素生产率提升为核心标志。人口高质量发展既是新质生产力形成的重要体现，也是培育新质生产力的根本手段。新质生产力的核心是提升全要素生产率，而人口高质量发展是促进全要素生产率的关键环节。在人口素质方面，将人口红利逐渐转化为人才红利，可以为新技术、新产业、新业态的发展提供有力支撑，为经济发展注入新的动力。在人口结构方面，通过促进人口与产业结构优化配置，可以推动劳动力资源向高效率、高附加值的领域流动，为培育新质生产力创造有利条件。

第三节　人口学的研究方法概述

一、人口数据及其来源

人口学有一套独特的数据搜集、处理、运用的技术和方法，注重使用准确的描述语言对事物进行定量分析。与其他社会科学研究者相比，人口学家更倾向于拥有自己的基础数据，尽可能地使分析接近客观事实。这既与人口学家观察与分析社会的角度密不可分，也与人口学的学科特点相吻合。因此，对人口数据的搜集、汇总、处理和分析，是人口学研究的重要起点，也是人口学学科不断发展、完善、成熟过程中不容忽视的一个基本领域。人口数据来源于多种渠道、多个层面和多项方法。不同的资料来源和数据搜集方法，相辅相成、互为补充，共同构成了获取人口信息的途径。

从不同渠道获得的人口数据，依据数据的性质和特点，可以分为两大类：静态数据和动态数据。静态数据，又可称为时点数据，反映的是人口在某一特定时点的状态和特点，如人口总量、特定人口数和规模等。动态数据，又称为时期数据，反映的是人口事件在某一时间长度内发生及变化的频数与强度，如出生人数、死亡人数、结婚和离婚人数等。

从目前世界各国的实践来看，人口普查、经常性的户口登记或民事登记以及人口抽样调查，是最主要的人口数据来源，也是最具代表性的人口信息搜集方法。这三类方法，各有各的优点与缺点，也各有适用条件和局限性（见表1.1）。但同时，它们又在相互依存和相互补充中，从不同的角度和层面为人类社会提供了丰富、全面的人口信息。

表1.1 人口普查、户口登记、人口抽样调查的优缺点

数据收集方法	定义	优点	缺点
人口普查	收集、汇总、评估、分析、发表和颁发一个国家或地区所有人口在某一特定时间内人口、经济和社会数据的全过程	➢ 覆盖面大，包括每一个居民点的每人每户； ➢ 可提供详细的地理小区数据； ➢ 可提供多层次的、详细交叉汇总的数据； ➢ 数据可做其他普查或调查的基础	➢ 每五年、十年才举办一次； ➢ 调查访问受时间限制，不能对所有项目做深入的探索； ➢ 动态数据如生、死、收入等回答误差大； ➢ 普查时外出常住人口数据误差较大； ➢ 调查覆盖面大，不易控制； ➢ 成本昂贵，牵涉人、单位太多
户口登记	以户为单位的数据系统。某一地区居民的名册，以及对出生、死亡、结婚、离婚、过继等事件进行记录	➢ 覆盖面大，包括每一个居民点的每户或每人； ➢ 可提供详细的地理小区数据； ➢ 经常不断登记，提供连续性人口数据； ➢ 登记资料具有法律效力； ➢ 登记体制有连续性	➢ 登记项目有限，不能做试探性询问； ➢ 登记项目与方法依法制定，不易更改； ➢ 登记站遍布全国，管理不易； ➢ 登记人员素质不齐； ➢ 登记体制受法律和行政体制限制； ➢ 容易迟报和漏报； ➢ 登记制度是为了行政管理而建立的，统计仅为副产品
抽样调查	仅选取全部研究对象中的一部分进行的调查。根据一定的目的，采用抽样的方法对部分人群进行调查	➢ 适应面广，特别是对特殊、重要的人口问题可进行深入调查； ➢ 调查组织较小，容易管理； ➢ 调查覆盖面小，规模较小，容易控制； ➢ 可做深入探索性询问； ➢ 可以常做调查； ➢ 花费较少	➢ 调查结果不能对小地区做估计； ➢ 汇总太详细的抽样误差大； ➢ 动态数据如生、死、收入等回答误差大； ➢ 有人为及非人为的各种抽样误差； ➢ 集体户抽样误差大； ➢ 需要仔细管理和监督

资料来源：游允中：《收集人口数据的方法》，中国统计出版社1997年版，第4页。

二、人口学的研究方法

人口学的研究方法分为一般性研究方法和特有的研究方法。一般性研究方法不仅包括各种统计分析和模型，还包括其他系统学方法、描述分析等。人口学特有的研究

方法，主要包括时期分析方法、队列分析方法和假定队列分析方法。

（1）时期分析方法，又称同期人分析方法，主要是对某一时期所发生的人口现象或人口过程进行定量观察与描述。在人口学中，绝大部分常用的人口统计、分析指标都属于采用时期分析方法获得的指标，如年人口出生数、死亡数、迁移数以及相应得出的人口出生率、死亡率、迁移率等。然而，由于时期分析方法的着眼点主要在较短的时期，因此它不能很好地揭示人口现象与人口过程的内在本质联系及长期变动规律。

（2）队列分析方法，又称同批人分析方法，主要是对某一同批人陆续发生的某种现象进行数量上的观察和描述。队列分析方法最主要的优点在于能够深入地分析人口发展、变化的内在机制和规律性。特别是对那些"后来发生的事件与以前发生的事件有关"的人口现象，只有运用队列分析方法才能透过表象看到其本质。但队列分析方法也存在一定的局限性，一是由于队列资料的时间跨度大，有时甚至要花费上百年，因此它的资料相对不易获得；二是队列分析方法力图刻画一个队列整个生命周期中的发展、变化规律，因此它很难被用来阐释现实的（某一特定时期）人口现象与问题。

（3）假定队列分析方法，又称假定同批人方法，是将某一特定时期的实际分年龄数据作为一个假定队列进行处理的分析方法。运用假定队列分析方法需要十分注意的是，所观察到的人口现象和人口过程只是在一定假设条件下表现出的特点与规律，不能将一些表象的、短暂的和偶然的变化错认为是长期的趋势。因此，假定队列分析方法在人口剧烈变动情况下的解释力十分薄弱。

第二章 人口生育

【本章重点】 掌握度量生育的几种指标及其具体计算方法，掌握几种经典的人口生育理论。

【本章难点】 理解生育度量指标之间的差异，使用生育理论解释现实案例。

生育分析作为人口统计的基本内容之一，对于人们认识生育规律、评价当前人口增长形势以及预测未来人口数量走向具有重要意义。本章聚焦于生育的概念、生育度量指标以及代表性的生育理论这三个主要内容。其中，生育度量指标包含一般生育率、分年龄组生育率、分年龄孩次生育率、总和生育率以及终身生育率。代表性生育理论包含孩子效用最大化理论、孩子数量与质量替代理论、家庭对孩子的需求理论以及财富流理论。

第一节 人口生育概念与指标

一、出生与出生率

出生是指有生命现象的婴儿被分娩出母体，也称为活产，指胎儿在脱离母亲身体后，有呼吸、有心跳、有脐动脉搏动的一种运动现象。所以，在对出生人数进行统计时，即使在出生后的数分钟内死去，或者在注册后的数天内死去，只要出生时为活产，就都应该纳入统计范围。

出生人数是指在一定时期内活产婴儿的总和数，通常以1年为时期单位。出生人数受众多人口学因素的影响，包括人口的年龄和性别结构、已婚夫妇的比例、年龄分布、已婚年数以及曾生子女数等。社会经济因素也在其中发挥作用，如生育文化、理想子女数、受教育程度、收入水平、就业状况、宗教信仰、住房条件，以及计划生育药具供应和技术服务水平等。这些因素共同决定了不同国家的出生率，从而影响其年度出生人数。

粗出生率，是指一段时间（一般是1年）某一区域人口的出生人数与同期总人口的生存人年数之间的比率，一般用"千分率"来表达。但由于现实生活中很难计算出这段时间里全国人口的存活数量，因此一般都是用年均人口数或年中人口数来代替存活数量作为分母来计算"粗出生率"。具体计算公式如下：

$$出生率 = \frac{年出生人数}{年平均人数} \times 100\%$$

式中，年出生人数指活产婴儿数；年平均人数指年初、年底人口数的平均数，也可用年中人口数代替。

粗出生率指标在衡量生育水平时存在明显不足之处。首先，粗出生率同时受到生育水平和人口年龄结构的影响。即使在相同生育水平下，不同区域人口的粗出生率也可能因年龄结构不同而呈现较大差异。因此，粗出生率往往无法直接、准确地反映实际的生育水平。其次，人口数并不都与出生人数存在直接的内在联系。在统计过程中，分母的人口数包括了所有年龄段的人口，而不仅仅是那些具有生育能力的人口。这样的计算方式导致粗出生率无法精准地衡量生育水平，因为它混淆了具有生育能力和不具备生育能力的人口。

二、生育与生育率

生育是指繁殖后代，即女性怀孕在体内孕育后代并分娩，也指生长、养育等。由生育引申出来的概念还有生育行为、生育意愿等。育龄人口形成的生育行为以其所拥有的生育意愿为基础。其中，生育行为即育龄人群依据自己的生育意愿行使的孕育新生命的行为，生育行为的产生基于自身受到的家庭及社会的影响、接受的教育等而对生育这一行为产生的主观想法、愿景以及态度，是经过深思熟虑之后而产生的行为。而生育意愿是主观形成的、具有个人色彩的、比较稳定的意向，可以脱离个人目前所处的客观环境而独立看待。育龄人群最终会结合现实的客观因素共同考虑之后，才会做出是否生育的决定。因此，研究人员只能把生育意愿视作人们的潜在生育趋势，而不能仅凭生育意愿来与生育行为进行关联性的判断，因为人们的生育行为更为理性、现实，是依据现实状况对自己是否进行生育而做出的理性选择。

生育率度量的是多个妇女的实际生育状况，而不是单个妇女或多个妇女的生理生育能力。妇女生育子女的生理能力被称为生育力，它通常指生物学意义上的最大生育能力。但是，这种最大生育能力只是理论计算值。在实际统计中，一个妇女生育孩子的数量往往都低于其最大生育力，这是由于妇女生育子女的数量取决于许多因素，比如哺乳期长短、身体健康状况、闭经时期长短、流产次数、待孕时期等，这些并不完全受到生物学因素的影响，而是还会受到社会习俗、医疗发展水平等社会经济因素的影响。育龄女性一般是指年龄在 15~49 岁的女性。生育率一般指 15~49 岁育龄妇女生育的活产婴儿的出生强度，有多种度量指标。

由于生育过程和生育行为会受到生物学以及社会经济等因素的多重影响，所以，试图探索只受到生物学因素影响而不受或基本不受社会经济因素影响的现实生育率是很困难的。法国人口学家路易斯·亨利（Louis Henry）提出了自然生育率这一概念，即所有已到生育年龄的女性都已经结婚，而且没有采取人为干预的方式，让一切按照自然发展的方式来发展的女性群体的平均生育率。在此条件下，其自然生育率更趋近于仅受到生物因素影响的最大生育率，更能真实地反映出个体的真实生育率。

第二节 生育度量指标

一、一般生育率

一般生育率（Gross Fertility Rate，GFR）是判断一定时期和地域育龄妇女生育水平的指标。它是按全部育龄妇女计算的生育率，等于出生人数与同期育龄妇女人数之比，一般以年和千分数为单位，计算出每一千个处于生育年龄的女性在 1 年内所生的孩子数量。一般生育率的计算公式如下：

$$\text{GFR} = \frac{B}{W_{15\sim49}} \times 1\,000\text{‰}$$

式中：GFR 为一般生育率；B 为期内出生人数；$W_{15\sim49}$ 为同期 15～49 岁的育龄妇女人数。

一般生育率受到各个年龄组育龄妇女的生育水平以及她们在全部育龄妇女中所占比例的影响。一般生育率将生育与特定性别、年龄的人口相结合，可以避免因年龄和性别结构差异而产生的偏倚，因此，与粗出生率相比，其对生育水平的衡量更为准确，能够更好地反映生育水平的变化。一般生育率的缺陷是，一方面，该指标依然会受到人口性别结构的影响，例如一个地区的育龄妇女中 20～29 岁女性居多，那么一般生育率就越高，因此该指标不太适合作为不同人口或同一人口不同时期的生育水平比较；另一方面，该指标没有考虑女性的婚姻状况，亦即在计算的育龄妇女中纳入了一部分不在婚女性，这使得指标的计算结果存在不够精细的问题。

二、分年龄组生育率

分年龄组生育率（Age-Specific Fertility Rate，ASFR）是指一定时期内（通常为 1 年）某一特定年龄组育龄妇女生育的活产婴儿人数与同期同一年龄组育龄妇女人数之比，该指标一般用千分比表示。分年龄组生育率的计算公式为：

$$_nf_x = \frac{_nB_x}{_nW_x} \times 1\,000\text{‰}$$

式中：$_nf_x$ 为期内（x，$x+n$）岁年龄组育龄妇女的分年龄组生育率；$_nB_x$ 为同期（x，$x+n$）岁年龄组育龄妇女生育的活产婴儿数；$_nW_x$ 为同期（x，$x+n$）岁年龄组的育龄妇女年均人数或年中人数；x 为确切年龄；n 为年龄组组距，当 $n=1$ 时，f_x 为 x 年龄生育率。

确切年龄是指从个体出生日到某一特定日期所经过的实际天数，可以精确反映个体生存的时间，其统计汇总相对繁琐。计算分年龄组生育率需要分年龄组的育龄妇女及其按母亲年龄分组的新生儿数量资料。分年龄组生育率能够反映出各年龄组育龄妇女的生育水平，是了解女性生育率变化规律及其差异的一个关键指标。分年龄组生育率表示在相应年龄组内平均每一千个育龄妇女生育的活产婴儿数。当年龄每 1 岁分为一组时，分年龄生育率就能完全消除性别年龄结构对生育率水平的影响，从而可以对不同人口或同一人口不同时期进行比较分析。

分年龄组生育率一般采用 5 岁年龄分组，具体来说，5 岁年龄分组的划分方式为 15~19 岁，20~24 岁，依次类推，最后一个年龄组为 45~49 岁。15 岁以下妇女生育的孩子通常计入 15~19 岁组，因其人数极少，故计算时分母仍采用 15~19 岁育龄妇女的平均人数。同理，50 岁以上妇女生育的婴儿（人数也极少）通常计入 45~49 岁组，分母仍用 45~49 岁组育龄妇女平均人数不变。

分年龄组生育率是描述妇女生育模式的核心指标。通过以年龄为横坐标绘制分年龄生育率的曲线图，我们可以直观地观察到生育模式的各种特点。曲线的形态，包括峰值出现的位置（是偏前还是偏后）、曲线的上升和下降速度等，都是揭示生育模式差异的重要线索。例如，峰值偏前的曲线可能意味着早育现象较为普遍，而峰值偏后则可能表明晚育趋势明显。曲线的上升和下降速度则可以反映出生育意愿的强烈程度和生育年龄的分布状况。因此，分析分年龄组生育率的曲线图，有助于我们更深入地理解妇女生育模式的特征和变化趋势。

三、分年龄孩次生育率

分年龄孩次生育率（Age-parity-specific Fertility Rate）是指一定时期内（通常为 1 年）某一特定年龄组育龄妇女生育的某个孩次的出生婴儿人数与同期该年龄组育龄妇女人数之比。分年龄孩次生育率的计算公式为：

$$_nf_{x,j} = \frac{_nB_{x,j}}{_nW_x} \times 1\,000\%$$

式中：$_nf_{x,j}$ 为期内 $(x, x+n)$ 岁年龄组妇女 j 孩次的生育率；$_nB_{x,j}$ 为同期 $(x, x+n)$ 岁年龄组育龄妇女生育的 j 孩次的出生婴儿人数；$_nW_x$ 为同期 $(x, x+n)$ 岁年龄组的育龄妇女的平均人数或年中人数。

一个特定年龄组的所有孩次的生育率之和等于该年龄组的生育率，即：

$$_nf_x = \sum_{j=1}^{u} {_nf_{x,j}}$$

式中：u 为最高孩次；j 为孩次；x 为确切年龄；n 为年龄组组距。

分年龄孩次生育率在国外使用得较少，但在中国人口统计中却经常使用，这与中国生育分析中非常注重一孩、二孩及多孩生育率的水平及差异有很大关系。联合国对孩次的定义是，在一个妇女的所有活产子女中，每个孩子按照其出生的顺序所赋予的序号。当一次分娩中诞生两个或两个以上的活产婴儿时，这些婴儿应当被赋予不同的出生序号，序号的大小代表他们出生的先后顺序，即先出生的婴儿序号在前。这一定义确保了每个孩子都有一个独特的出生序号，以反映他们在其母亲所有活产子女中的出生顺序。

四、总和生育率

为了判定一个国家是否面临出生率低下的问题，国际上通常采用总和生育率

(Total Fertility Rate，TFR) 这一指标为评判标准。假定同一批妇女按照当年的年龄别生育率完成了整个育龄期，且在育龄期内无一人死亡，那么该组妇女一生中所生的孩子数即为总和生育率的值。当研究人员具备育龄妇女 1 岁一组的分年龄生育率资料时，可以按下列公式计算总和生育率：

$$TFR = \sum_{x=15}^{49} f_x$$

式中：TFR 为总和生育率；f_x 为 x 岁妇女生育率；x 为确切年龄。

当具备 5 岁一组的分年龄组生育率资料时，按下列公式计算总和生育率：

$$TFR = \sum_{i=1}^{7} SF(i) = 5 \cdot \sum_{i=1}^{7} f(i)$$

式中：i 为年龄组标号。$i=1$ 表示 15~19 岁组，$i=2$ 表示 20~24 岁组，…，$i=7$ 表示 45~49 岁组。

当然，认为总和生育率就是妇女一生平均生育的子女数量是不准确的。总和生育率最重要的一个假定是，将同一年中不同年龄妇女的生育率看作是同一批妇女一生的生育经历。然而，现实中人口变动往往并不符合这一假设，除非某个特定人口群体的分年龄生育率在长达几十年的时间内始终保持在同一水平而不发生任何变化，否则总和生育率并不能准确地反映或等同于女性一生的平均生育子女数。因此，直接将总和生育率等同于女性一生的平均生育子女数是不准确且过于简化的。为了更准确地理解生育模式，我们需要更全面地考虑各种因素，包括不同年龄段的生育率及其变化趋势。

更替水平是指足以维持人口世代更新、人数不增不减的生育率水平。人口更替速度取决于人口的生育水平和死亡水平。当生育率和死亡率都较高时，人口更替迅速；当生育率和死亡率都较低时，人口更替缓慢。在更替过程中，当生育水平超过死亡水平时，人口逐渐增加；反之，则逐渐减少。当生育水平和死亡水平保持平衡时，人口的更替虽仍然不断进行，但是总人口则不增不减。这时的生育率水平（具体指终身生育率或总和生育率）被称为更替水平。生育率更替水平取决于人口的分年龄死亡率水平。死亡率越高的人口，生育率的更替水平也相应越高。

根据当前世界多数国家的分年龄死亡率计算，生育率的更替水平约在 2.2~2.4 之间。如果平均每个妇女生育的子女数超过或低于这个水平，人口便继续增加或减少。所以，每个妇女平均生育子女数（即终身生育率）控制在更替水平以上（或以下），是决定人口长期增长的关键。一般来说，高于更替水平的人口拥有人口增长的动力因素，低于更替水平的人口则具有人口缩减的因素。在低死亡率人口中，达到更替水平的总和生育率值约为 2.1；在高死亡率人口特别是高儿童死亡率人口，以及在出生性别比异常偏高的人口中，达到更替水平的总和生育率高于 2.1，高出的程度取决于死亡率和出生性别比的偏高程度。国际上通常以总和生育率 2.1 作为代际更替标准，也就是说，考虑到死亡风险后，一对夫妻平均要生 2.1 个子女才能保证两代人之间的数量平衡。一般认为，当总和生育率低于 1.5 时为"极低生育水平"。

五、终身生育率

终身生育率（Life-Time Fertility Rate，LTFR）是指已经经历了整个生育期并在同一时间出生的一组女性，她们在一生中平均每个人所生的孩子的数量，也就是这组女性各个年龄生育率的总和，被用来反映该组女性在一生中的实际生育水平。终身生育率的计算公式为：

$$f_c = \frac{B_c}{W_c}$$

式中：f_c 为终身生育率，B_c 为该批妇女在整个育龄期生育的全部子女数，W_c 为已经历过整个育龄期的某批妇女人数。

终身生育率也可用下式计算：

$$f_c = \sum_{x=15}^{49} f_x^{t+x}$$

式中：f_x^{t+x} 为 $(t+x)$ 年 x 岁妇女的生育率，x 为确切年龄，t 为出生时间（年）。

与总和生育率不同，终身生育率能更为全面地反映同一批妇女在一生中的生育水平。然而，终身生育率的计算面临着实际操作困难。为了准确计算，需要追踪这批妇女超过35年时间（即从15岁到49岁），详细记录她们在各个年龄组的生育率，并通过累加计算得出终身生育率。这种长期的数据收集和分析使得终身生育率在历史生育分析中较为常见，在现实中较少运用。

第三节 人口生育理论

一、孩子效用最大化理论

美国经济学家加里·S. 贝克尔于20世纪60年代发表了《生育率的经济分析》一文，并将消费者需求理论应用到了家庭规模这一经济决策中。消费者需求理论的一个基本假设是，当一个理性的消费者在一定的经济条件下满足多种消费欲望时，会追求其自身的效用最大化。贝克尔以此为基础，假设夫妻双方对子女的选择意愿是理性的，并将子女看作是一种持久的消费品，家长希望从子女处获得长期的服务。将儿童视为一种持久的消费产品，并不表示家长希望获得儿童的劳动与收入，而是表示儿童自身是一个效用的直接来源。根据贝克尔的观点，当一个人的收入受到限制时，为了使自己的效用达到最大，会对子女的数目与其他消耗品的数目进行最优搭配。为了更清楚地说明孩子效用最大化模型，我们可以用图来表示。在图2.1中，家庭在孩子 N 和其他消费资料 M 之间进行选择，以取得最佳组合。在最初预算约束线为 aa 的情况下，N_a 是使家庭效用达到最大时的最佳孩子数。当收入水平提高，预算约束线由 aa 移至 bb 时，最佳孩子数将由 N_a 增加到 N_b，也就是说，当收入提高时，人们一般都希望有更多的小孩。从这里可以看出，贝克尔像马尔萨斯那样，认识到了收入对于生育率有积极的影响。但是，这一模式所描述的收入对生育的正面影响并不符合实际。这是因为发达国家人口出生率发生了变化，而且在同一个国家不同阶层之间人口出生率的差异都显示，当人们的收入增加时，人口出生率会持续降低。理论上，收入增加应该有助于生育，但实际情况却是生育减少。

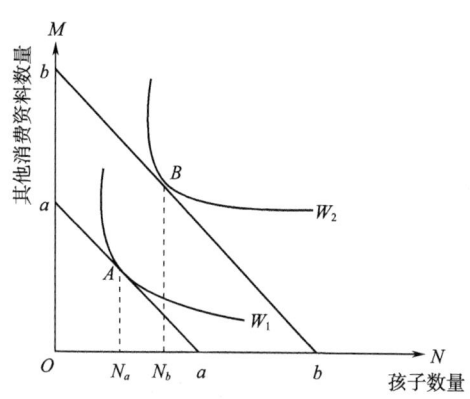

图 2.1　孩子的效用最大化模型

二、孩子数量与质量替代理论

1960 年，加里·S. 贝克尔在成本效用理论的基础上提出孩子数量与质量替代理论。贝克尔指出，消费者行为理论适用于生育政策。消费者行为决策的目的是让自己的选择实现效用最大化，也就是将生育行为视为一种消费，将孩子视为耐用消费品，从而研究效用最大化的问题。一个家庭的收入是有限的，因此在支出的时候就要考虑如何让家庭的效应最大化，家庭的支出包括各种商品，也包括生育和培养孩子成长所需的费用，父母就要在其中进行选择来实现效用最大化。

贝克尔利用该理论来分析家庭如何对生育子女的数量进行决策以实现效用最大化，并建立了孩子数量与质量替代理论模型。该模型的核心思想是，孩子的质量和数量都具有正向的效用，同时，质量与数量的效用可以相互替代，即如果生孩子的数量比较少，但孩子的质量比较高，那他们所带来的效用就是一样的。孩子的数量与质量可被家庭视为两种商品，两者存在相互替代的关系；孩子数量的收入弹性要小于孩子质量的收入弹性；在购买其他商品和生育孩子之间，父母对生育孩子有更强的偏好；在孩子的数量和质量之间，父母对孩子的质量有更强的偏好。一个人生育孩子的数量是有限的，孩子数量不能无限增加，但是孩子的质量则是没有固定标准的，也是没有上限的，因此，父母可能更愿意养育高质量的孩子，因为其带来的效用要高于低质量但数量多的孩子带来的效用，其投资回报率更高。图 2.2 中 Q 表示孩子的质量，假定它是孩子人均支出的函数。假定家庭内所有孩子都具有相同的质量，设孩子的数量为 N，则家庭对孩子的经济支出额为 Q_n。再设家庭的经济收入为 Y，对孩子以外的各种消费资料支出总额为 M，则收入制约为：$Y=M+Q_n$，取孩子的质量和数量分别为坐标的两轴，预算约束

线为 aa，无差异曲线为 W_1，那么由其切点 A 可决定孩子的数量和质量的最佳组合为 N_a 和 Q_a。如果家庭收入提高，预算约束线将由 aa 增加到 bb，此时将会出现愿意改善孩子质量的无差异曲线 W_2，而不是原有曲线的平行移动。这样切点将会向上移动，形成 N_b 和 Q_b 这样的组合。如果家庭更进一步关心孩子的质量，无差异曲线将会更加向纵轴弯曲，形成 N_c 和 Q_c 这样的组合，孩子数由 N_a 减少到 N_c，表现为家庭生育水平的下降。

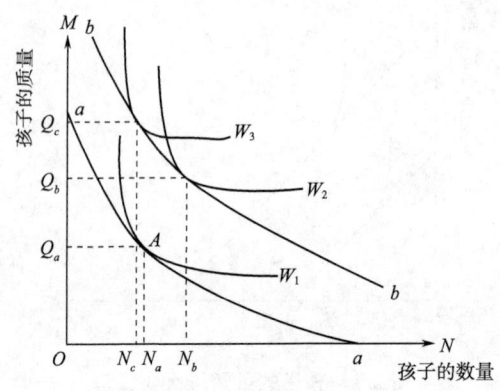

图 2.2　孩子质量和数量的替代模型

三、家庭对孩子的需求理论

经济学家加里·S. 贝克尔（Gary S. Becker）将西方经济学中的"消费者需要"理论引进到家庭研究中，通过分析家庭生育行为和生育的经济决策探讨家庭对孩子的需求问题，并在此基础上提出"对孩子的需求"理论。

根据这一理论，孩子是由家长在家庭中制造出来的"家庭品"，尽管他们不能像市场货物一样拥有清晰的市场价，但也可以拥有影子价格（这一概念最初是对没有市场价的货物或服务的一种转移或替代价值，通常被用来表示一种通常不能在市场中交易的货物或服务的生产或消费的机会成本）。利用影子价格表征家庭（尤其是母亲）养育子女的机会成本，揭示子女的数量和质量之间的替代关系。贝克尔基于对孩子成本与效用的前期研究，提出了"净成本"这一概念，从而清晰地说明了孩子作为一种耐用性生产品与一种持久性消费品在养育孩子的效用上的差异。

贝克尔所创建的"对孩子的需求"理论，被公认是现代西方微观人口经济学中最具代表性的理论之一。这一理论不但将家庭经济学和消费者需求理论相结合，能够对现代西方社会中的生育行为做出较为恰当和深刻的解释，而且具有与其他微观人口经济学理论相区别的显著特征，主要表现在：

第一，把家庭对孩子的需求区分为数量需求和质量需求这两个互为联系而又相对独立的方面。贝克尔明确地把孩子的数量和孩子的质量区分为两种商品，并且认为这两种商品具有三种性质。首先，他认为这两种商品之间的关系是一种替代关系，即从满足父母欲望、使父母获得效用这个角度来说，孩子的数量和孩子的质量可以相互替代。因为这种替代关系的存在,从而在孩子的数量和质量之间呈现出一种负相关关系。当家庭收入一定的条件下,家庭对孩子质量需求的增加会降低对孩子数量的需求,反之亦然。其次,根据贝克尔的观点,这两种商品的成本不一样,给孩子花费的与质量无关的一切费用称为数量成本,是每一个家庭生育子女所必需的一项开支。在一定的经济条件下,孩子的数量成本是相对稳定的,因此可以称为"不变成本";花在孩子身上与其数量无关的一切费用是质量成本,它是用于提高孩子质量的各项费用支出,这一支出被称为"可变成本"。因为把孩子的数量和孩子的质量的不同之处区别开来,所以我们可以很好地理解,随着社会经济的发展,一个家庭对于孩子的追求,往往会从追求孩子的数量逐步过渡到追求孩子的质量。贝克尔借助于"影子价格"的概念,对孩子的"数量价格"和"质量价格"之间的关系进行了分析。孩子数量的影子价格(P_n)是指假定孩子质量(q)不变时,新增加一个孩子的成本。用公式表示为 $P_n = q\pi_n$(式中 π_n 是孩子数量价格);而孩子质量的影子价格(P_q)是指假定孩子数量(n)保持不变时,孩子质量增加一个单位的成本,用公式表示为 $P_q = n\pi_q$(式中 π_q 是孩子质量价格)。通过影子价格分析,我们可以发现,孩子的数量价格与质量价格是紧密相关的,孩子数量的影子价格与其质量相关,而孩子质量的影子价格与其数量相关。孩子的"影子价格"较高时,孩子的质量比孩子的数量更受青睐。孩子质量的影子价格越高,表示孩子的数量越多,对提高孩子质量的投入越不利。

第二,"对孩子的需要"理论从"父母收入增加"角度分析和论证了"父母收入增加"对子女选择行为的影响。随着家庭收入的增长,家庭对孩子的需求也会随之增长。但是,如果家庭收入的增长是因为妻子市场工资率的提高,而不是丈夫的工资增加或其他方面的捐赠,那么就意味着,母亲生育和养育孩子的时间成本、机会成本和心理成本会增加,孩子数量的成本也会相应地上涨,因此会造成家庭对孩子数量的需求降低。这是因为,在育龄期已婚女性的全部时间可以被划分为市场活动时间和非市场活动时间。因为非市场活动时间的影子价格与市场工资率相等,因此,当一个母亲的非市场活动时间的影子价格提高,就意味着她因为养育孩子而失去的经济收入增加,从而造成了家庭在养育孩子过程中的机会成本提高,因此,家庭对孩子数量的需求会自然而然地降低。

四、财富流理论

澳大利亚人口学者考德威尔(Caldwell)对生育率变化的原因进行了研究,他认为影响生育率的最基本原因并非经济方面,而是家庭关系的改变,也就是说,生育率改变了家庭中财富的流向。在传统社会中,家庭中维持着父辈占有财富的结构,父辈是家庭财富的支配者,每一代得到的财富都流入父辈手中,所以,父母倾向于高生育率。家庭财富的占有状况一旦改变,发生由父母向子女的逆向流动,家庭乃至整个社会的生育率就会降低。

此处所谓"财富",不是人们通常理解的物质财富,而是一个内容非常丰富的概念。考德威尔所说的"财富",其实包含了四个主要方面:①以工资、薪金、红利、利息和报酬为代表的金钱收益；②以房屋、土地、牛、牛等生活必需品为代表的物产；③服务收入；④一种精神财富，如和谐、互敬互谅、欢愉等。事实上，"财富"是一个家庭所能获得的所有收入。

考德威尔所提到的"流"，实际上专指"净流"。在家庭中，财富的流动是双向且相互依存的。不论家庭的生育水平是高是低，家庭财富总是在子女与父辈之间流动。这里所说的父辈财富流向子女，意味着子女是净收益的获得者，这通常表现为父母对子女的经济支持、子女的遗产继承等。相反，子女一辈的财富流向父辈，则指的是父母成为净收益的获得者，例如子女对父母的赡养。在考德威尔的视角下，这种双向的财富流动是家庭内部关系的重要组成部分，对家庭的经济状况和社会地位有着深远的影响。

考德威尔以"财富流"的理论为基础，提出在工业化过程中，家庭财富的流动将会发生根本性的改变。在前工业时代，以家庭为生产单元，孩子从自己的土地、牧场和果园中所获得的财产都被父母所支配，并成为他们的经济收入。与此同时，孩子又能给父母带来精神上的慰藉，让他们在晚年有了稳定的心态，孩子的财富就会流到他们的父母身上。孩子是财富的创造者，孩子越多，一个家庭的财富就会越多，这就决定了一个家庭从积累财富的角度来看希望孩子越多越好，因此才会创造出高生育率。而进入工业化社会之后，很大一部分的家庭功能被社会所替代，因此，家庭一直拥有的生产功能和教育功能已经基本消失。孩子在没有踏上工作岗位之前，主要依靠父母的财富来抚养，当孩子长大成人有了工作之后，就会离开家庭，进入社会，重新组建一个小家庭，这样他们就不会再从父母那里得到财富，也不会让自己得到的财富再回到其父母那里，这样，家庭的财富就会从父辈流到他的孩子那里。这种财富流向的逆转是生育率下降的根本原因。

 **拓展阅读**

一、东亚国家为何普遍存在低生育水平现象

20世纪50年代后，亚洲人口的生育水平在40年间从平均一对夫妇生育6个孩子下降到3个。在亚洲生育转变过程中，日本的生育率下降最先开始，在20世纪50年代已经下降至更替水平；韩国的生育率下降开始于20世纪60年代，在1984年降低至更替水平；新加坡同样从20世纪60年开始生育转变，到1976年生育率下降至更替水平。那么，为何这些东亚国家普遍存在低生育水平现象，其原因都有哪些？

第一，亚洲生育转变的一个共同特点是政府宣传与引导。20世纪六七十年代的人口爆炸论使得人们对"人口爆炸"的危机产生忧虑。日本、韩国、新加坡等国家虽然没有采取强制性的生育控制，但是通过各种宣传教育普及计划生育的观念，这使得民众对多子女的偏好发生转变。此外，这些国家还为民众提供了计划生育项目，如为家庭提供普遍的避孕服务、资助计划生育服务，使人工流产合法化等。

第二，当这些国家的人口增长进入低生育水平时期后，低生育政策的导向仍然持续，政策调整有些滞后。由于生育率低于更替水平时人口将惯性增长，对生育率反弹的担心以及对低生育率带来的社会经济负面影响认识不足，使得控制人口增长的政策仍然在持续。例如，日本、韩国和新加坡均在生育率低于更替水平十多年后才开始鼓励人口生育。

第三，东亚国家生育率下降具有一定的文化特征。首先，在许多东亚国家政府的大力宣传计划生育的倡导下，控制生育数量成为社会主流舆论，使得生育多个子女成为不符合社会规范的行为，民众自愿控制生育数量。其次，东亚国家以儒家和佛教文化圈为主，以上两种文化对现代避孕方法和人工流产的接受程度高，因此，在政府广泛宣传并提供普遍的避孕服务后，民众能够接受避孕方法，这样可以有效减少非意愿的妊娠和生育。此外，儒家文化圈地区普遍重视对子女的教育与培养，强调父母对子女的养育责任，这也促成了该地区的生育率下降。

二、家庭友好型政策是否一定有利于女性就业

平衡生育和女性就业的家庭友好型政策的建设，是低生育社会的政策导向。为应对持续低生育率对家庭和社会带来的不利影响，许多欧洲国家为家庭提供了经济补贴、儿童照料服务、优惠的住房政策、促进家庭—工作平衡政策等。中国近年来也在推动家庭友好型政策的建立和完善，一些省份开始推出生育补贴、延长产假等政策。这些政策的提出，旨在减少生育对家庭，特别是给母亲造成的负担，在提振生育水平的同时，也希望在劳动力市场上实现性别公平。

那么，家庭友好型政策是否一定有利于女性就业？由于女性的生育期与就业期高度重合，生育与就业之间往往会产生矛盾，许多女性因生育孩子而回归家庭，或选择方便照顾家庭、工作时间灵活的就业岗位，以满足抚养和照料孩子的需求。从劳动力需求的角度来看，生育增加了女性职工的雇佣成本。企事业单位倾向于招聘或晋升男性职工，以规避女性职工在孕育期使本单位增加的用人成本和人事压力。由于以上原因，许多女性在劳动力市场中面临招聘歧视、工资收入降低、就业稳定性下降、就业质量降低等"母职惩罚"。尽管近年来各地政府推行了一系列措施以加强对就业歧视的规制，但是，在招聘、晋升等领域仍然存在一些"隐形歧视"的现象。

家庭友好型政策包括多种政策类型，如生育补贴、产假、托幼服务、税收、住房保障等。首先，家庭友好政策需要建立一系列政策组合拳，才能产生对女性就业的有利局面。例如，生育补贴可以降低生育的直接成本，在一定程度上缓解家庭养育孩子的经济压力，从而提高人们的生育意愿。但是，生育补贴只能减少刚刚生育家庭的直接成本，对于减少孩子长期的抚育成本等的作用则很有限，更无法降低生育的机会成本和心理成本。其次，不同类型的政策需要设置合理，才能有利于女性就业。以产假制度为例，合理的产假时长有利于女性恢复身体，有利于女性重新回到劳动力市场，但过长的产假则可能降低女性的人力资本，增加劳动力市场对育龄女性的排斥，这意味着其不利于女性就业。

习题

1. 简述总和生育率的含义。
2. 简述人口学的主要数据来源。
3. 简述孩子数量与质量替代理论。
4. 请使用家庭对孩子的需求理论解释中国人口生育水平下降的现象。

第三章 人口死亡与人口结构

【本章重点】理解生命表、人口再生产及人口转变相关理论,掌握人口结构的类型及分类。

【本章难点】学会运用死亡率的度量方法,掌握人口再生产的度量指标。

第一节 死亡的概念与内涵

死亡是人口过程中的重大事件,对死亡率的研究也早于其他任何人口过程,较为系统的研究可追溯到17世纪后期。伦敦市自1548年爆发鼠疫,而后每隔几年鼠疫连续发生,使伦敦人口规模锐减,因此自1603年起,伦敦市开始每周公布出生和死亡人数统计表。1662年,英国人口学家格兰特撰写了《关于死亡表的自然和政治观察》一书,并基于数十年人口统计数据,从死亡率的城乡差异、年龄分布特点规律、死亡原因构成等方面编制了第一张生命表。18、19世纪,随着社会的发展,对死亡率的研究进一步深入并受到极大重视,如人口死亡率的差别研究和死亡的原因分析等。

死亡率和死亡原因与多种社会经济因素密切相关,在经济社会发展早期,艰苦的劳动条件、食物供应的不足、疾病和缺少饮用水等原因,均可能使人口死亡率提高。随着经济的发展,食物供应量的增加和质量的提高,特别是医学的进步,在控制甚至根除一些严重的传染病方面取得了显著进展。这些因素使人类的死亡率显著下降,平均预期寿命得以提高。

尽管人类在生物学、医学方面取得了显著的成就,但对于自身从衰老到死亡的过程还未能做出完全解释,对于死亡率的研究主要依赖于经验数据。本部分将主要介绍死亡率的度量与分类、生命表的概念与编制,以及模型生命表的含义与主要类型。

一、死亡率的度量与分类

死亡人数是度量死亡情况的最基本数据,然而,单凭这一数据并不足以支持比较性分析,必须纳入其他人口统计数据,以在不同人群之间建立可比较的度量标准。以下将介绍死亡度量的几种常用指标。

(一)死亡度量的常用指标

1. 粗死亡率

粗死亡率定义为一定时期内(通常以1年为单位)全部死亡人数与同期内该地区

平均人口总数之比。它表示该地区该时期人口的死亡强度。即：

$$CDR = D/P \times 1\,000‰$$

式中：CDR 为粗死亡率；D 为某时期某地区全部死亡人数；P 为该地区该时期内的平均人口数。

2. 粗死因别死亡率

粗死因别死亡率的定义为一个地区某时期内死于某种特定死因的人数与同期内该地区平均人口数之比。即：

$$CDR_j = D_j/P \times 10\,000$$

式中：D_j 为某时期该地区死于死因 j 的死亡人数；P 的定义与粗死亡率中的定义相同。

粗死因别死亡率的单位为万分比。

3. 分年龄死亡率和分年龄性别死亡率

分年龄死亡率定义为某地区某时期内某一年龄段（x 到 $x+n$ 岁）的死亡人数与该年龄段平均人数之比。即：

$$ASDR = {_nD_x}/{_nP_x} \times 1\,000‰$$

式中：$ASDR$ 为分年龄死亡率；${_nD_x}$ 为某地区某时期内年龄段 x 到 $x+n$ 岁的死亡人数；${_nP_x}$ 为年龄段 x 到 $x+n$ 岁的平均人数。

分性别年龄死亡率 $ASDR^m$ 和 $ASDR^f$，即男性分年龄死亡率和女性分年龄死亡率。即：

$$ASDR^m = {_nD_x^m}/{_nP_x^m} \times 1\,000‰$$
$$ASDR^f = {_nD_x^f}/{_nP_x^f} \times 1\,000‰$$

式中：${_nD_x^m}$、${_nD_x^f}$ 分别为某地区某时期内年龄段 x 到 $x+n$ 岁的男性、女性死亡人数；${_nP_x^m}$、${_nP_x^f}$ 分别为年龄段 x 到 $x+n$ 岁的男性平均人数、女性平均人数。

4. 婴儿死亡率

婴儿死亡率的定义是婴儿出生后在达到 1 岁前死亡的概率。其计算公式为：

$$IMR = 某年内死亡的婴儿数/相应的同地区活产数 \times 1\,000‰$$

由于某年内死亡的婴儿人数可能是上一年份出生的，也可能是该年份出生的，同时活产数也涉及两个年份，因此，一般采用经验方法计算婴儿死亡率。即假定在不同时期婴儿死亡率的差别稳定，则：

$$IMR = fD_1/b_0 + (1-f)D_1/b_1$$

或：

$$IMR = D_1/[fb_0 + (1-f)b_1]$$

式中：D_1 为 1 年的婴儿死亡数；b_0、b_1 为 0 年、1 年的出生人数（如图 3.1 所示）；f 为分离系数，即假设在 1 年死亡的婴儿中有 fD_1 人出生于上一年，f 一般取值为 0.25~0.3。

因 f 为经验分离系数，它随婴儿死亡率水平的变化而取不同值，大致有如下关系，如表 3.1 所示。

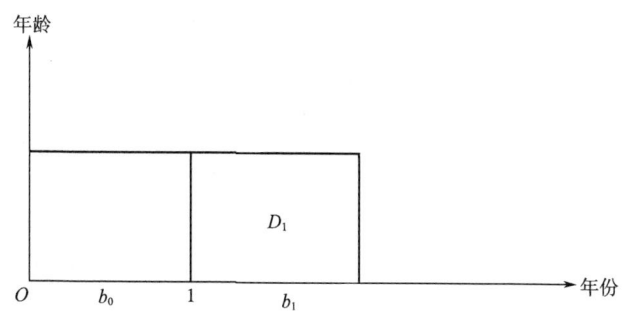

图 3.1 婴儿死亡率计算示意图

表 3.1 婴儿死亡率水平与分离系数 f 的关系

婴儿死亡率	200	150	100	50	25	15
分离系数	0.40	0.33	0.25	0.20	0.15	0.05

婴儿死亡率不仅可以反映某一地区的医疗卫生状况，还可以反映该地区的人口健康状况。婴儿死亡率的影响因素主要有以下方面：①婴儿自身健康状况、新生儿体重、婴儿性别等；②母亲怀孕期长短、母亲健康状况；③地区医疗卫生状况、生育文化等。

(二) 死亡率的标准化方法

由于粗死亡率没有考虑到人口结构（年龄结构和性别结构）的影响，因此在比较不同地区不同人群死亡水平差异时，直接比较粗死亡率是不准确的。为了消除人口年龄结构对死亡率指标的影响，需要对粗死亡率进行标准化。具体来说，标准化方法可分成直接标准化和间接标准化。

1. 直接标准化

直接标准化是以一个统一的年龄结构作为分年龄人口死亡率的权数，计算该年龄结构的粗死亡率，以比较不同地区、不同时点死亡水平的差异。即：

$$ASCDR = \sum M_x \times C_x^s$$

式中：$ASCDR$ 为标准化死亡率；M_x 为按龄人口死亡率；C_x^s 为标准人口年龄分布；$\sum$ 为对年龄 x 求和，包括所有年龄。

应该指出的是，标准化死亡率衡量的是在消除人口年龄结构影响后，两地区或同一地区不同时点上人群死亡水平的差异，并不能反映实际的人口死亡水平。

2. 间接标准化方法

间接标准化是利用已知粗死亡率或总死亡人口数，及人口年龄分布计算得到的。公式如下：

$$IASCDR = CDR \times CDR^s / (\sum M_x^s \times C_x)$$
$$= [D/(\sum M_x^s \times P_x)] \times CDR^s$$

式中：$IASCDR$ 为间接标准化死亡率；D、CDR、P_x、C_x 为所研究人口的死亡总数、粗死亡率、分年龄人口数和人口年龄构成（只要知道 D 和 P_x，就可以推算 CDR 和 C_x）；

CDR^s、M_x^s 为标准人口的粗死亡率、按龄人口死亡率。

比较 IASCDR 与 ASCDR 的算法可以发现，ASCDR 是实际人口按实际分年龄人口死亡率死亡后，得出的粗死亡率；而 IASCDR 是根据实际人口的年龄分布（或构成），让实际人口按标准人口分年龄死亡率死亡后，用假想死亡数 $\sum M_x^s \times P_x$，除以实际死亡数 D，再乘以标准人口粗死亡率而得到的。对于多个地区死亡率的比较，直接标准化后，ASCDR 表明了不同地区死亡水平差异，任意两个地区的差异就得以显现出来。而间接标准化指标 IASCDR 只能表示不同地区与标准人口之间的死亡率差异。地区与地区之间的 IASCDR 是不可比的，因为它们都使用了各自不同的年龄构成，且又不是标准人口。所以，间接标准化方法虽对数据基础要求不高，但也存在局限性。在数据基础好的情况下还是应用直接标准化方法进行比较研究。

二、生命表的概念及编制

（一）生命表的概念

追踪一组个体，逐年记录该群体中的死亡人数，并按照年龄划分，得到每个年龄段的死亡率，这种表格形式的数据模型称为生命表。然而，纵向追踪周期长、跨度大，制作纵向生命表非常困难。为了克服上述困难，同时能够更好地反映个体，通常采用假设一代人的方法来制作生命表，即使用某一时期得到的各年龄人口数据，假设某一批人按照观察到的时期死亡率度过一生。这样制作的生命表称为时期生命表。

（二）生命表的编制

由于该生命表包含了多批人（或多个队列）在某一时间点的横截面数据，因此它所提供的是该社会在该时间点的综合信息。从生命表的概念可知，它描述的是一批人从出生到全部死亡的全部过程，也可以说是同时出生的一批人在各个年龄的存活状况。生命表一般包括的指标有：

(1) 在每个年龄开始仍然存活的人数 l_x；

(2) 从年龄 x 岁到 $x+n$ 岁死亡的人口数 nd_x，即在年龄 x 岁和 $x+n$ 岁两端 l_x 与 l_{x+n} 之差。计算公式为：

$$nd_x = l_x - l_{x+n} = l_x \times nq_x$$

(3) 从年龄 x 岁到 $x+n$ 岁的死亡概率 nq_x，即 x 岁到 $x+n$ 之间死亡人数除以确切年龄 x 岁的存活人口数。计算公式为：

$$nq_x = nd_x / l_x$$

(4) x 岁至 $x+n$ 岁的平均存活人数 nL_x，其具体几何意义表示为图 3.2 中阴影部分面积，其中，矩形面积 $l_{x+n} \times n$，曲边三角形面积 $nd_x \times n\alpha_x$（它是死亡人口在 x 岁至 $x+n$ 岁年龄段内共存活的人年数）。计算公式为：

$$nL_x = l_x \times (1 - nq_x) \times n + l_x \times nq_x \times n\alpha_x$$

(5) x 岁以上存活人年总数 T_x，即活到确切年龄 x 岁的人口 l_x，在今后还可以活多久。计算公式为：

$$T_x = \sum_{i=x}^{w} nl_i$$

式中：$i=x$，$x+n$，…，w，w 为生命表中最高年龄点值。

（6）年龄 x 岁的平均预期寿命 e_x，即从该年龄以后平均每人还能存活多少年。计算公式为：

$$e_x = T_x/l_x$$

（7）从年龄 x 岁到下一年龄 $x+n$ 岁的死亡率（nM_x）。计算公式为：

$$nM_x = nd_x/nL_x$$

（8）x 岁到 $x+n$ 岁以上死亡人口的平均存活年龄 $n\alpha_x$。其计算方法有均匀分布假设、蒋庆琅经验系数法、寇尔-德曼法、联合国法。以均匀分布假设为例，假设5岁及5岁以上，从 x 到 $x+n$ 岁死亡均匀发生时，$n\alpha_x=2/n$；5岁以下可采用经验值：0岁组为0.1~0.3；1~4岁组为1.2~1.7；最高年龄组 w 为 $1/M_W$。

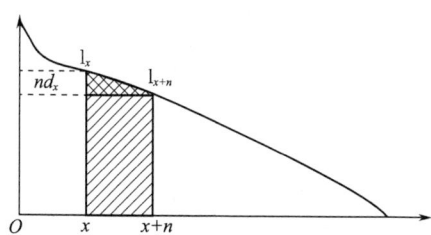

图 3.2　生命表指标关系示意图

三、模型生命表

模型生命表是在大量可靠的实际生命表中抽象出的能代表死亡率的一般类型标准表。它是基于大量统计数据建立的经验模型。该模型的基本思想是使用统计方法将大量实际生命表聚成不同类型，做出一系列标准表，以表格的形式展示不同类型下平均预期寿命的变化情况，以及按年龄排列的死亡率、死亡概率等值的变动状况。

（一）模型生命表的种类

1. 联合国模型生命表

联合国人口司1955年首次发布了一组模型生命表。该生命表是以观察到的158个男性和158个女性生命表为基础，并假设每个年龄组的死亡概率是上一年龄组死亡概率的二次函数。但由于这种链式方法容易产生误差积累以及可靠性差等问题，这类模型生命表并未得到广泛应用。

2. 寇尔-德曼区域模型生命表

美国人口学家寇尔与德曼1966年发布了基于326张男性和326张女性实际生命表筛选计算而成区域模型生命表。这些生命表被分为四类，即东区、西区、南区、北区四组模型生命表。其中，西区模型生命表具有广泛的代表性，被视为一种标准模型。该模型生命表是国际上应用最广泛的一种模型生命表。

3. 里德曼-布拉斯模型生命表

在1959年,里德曼与布拉斯共同对154个实际生命表进行了详尽的因子分析。基于这一研究基础,里德曼在1969年采用回归方法,推导出了模型生命表。该生命表的设计使得使用者能够计算出死亡概率的期望值和相应的标准差,这样的计算不仅为用户提供了估计值,还揭示了估计值与实际值之间可能存在的偏差程度,从而增加了分析的全面性和准确性。然而,该建模过程假定男女死亡率之间存在固定的关联,但实际上这一假设并不总是成立。

4. 布拉斯-罗吉特相关生命表系统

布拉斯1966年提出用数学变换将两个生命表联系起来,使得模型生命表在计算机上容易实现。l_x^* 和 l_x 为两个生命表的留存人数,则:

$$\lambda(l_x) = \alpha + \beta\lambda(l_x^*)$$

其中,

$$\lambda(l_x) = \mathrm{logit}(1-l_x) = 0.5\ln[(1-l_x)/l_x]$$

这类模型生命表简单,容易实现,但标准生命表 l_x^* 的选取比较重要。

5. 联合国发展中国家模型生命表

联合国人口司于1982年发布了基于发展中国家死亡数据,运用主成分分析方法编制的模型生命表。这套模型生命表根据实际数据所反映的死亡率模式的地域特征,分为几大区域,分别定名为"拉丁美洲"表、"智利"表、"南亚"表、"远东"表,第五种类型根据全部生命表编制,代表发展中国家的一般情况,故称为"通用"表。在每个区域内有41张生命表,男女性分列,从平均寿命35岁到75岁,1岁一张。同时,该生命表还具有寇尔-德曼区域模型生命表和布拉斯生命表系统的优点。

(二) 模型生命表的应用

模型生命表是一个强大的工具,它巧妙地将死亡水平和死亡模式结合起来,为各种人口研究提供了极大的便利。模型生命表广泛应用于人口预测等多个领域。以下是关于其应用方法的几个具体方面:

1. 根据平均预期寿命建立生命表

如果已知某地人口死亡模型的类型和平均预期寿命,那么可以从模型生命表中选取相应的合适类型,通过直接查找或使用内插(外推)方法来获得所需的死亡水平的生命表。

2. 历史数据的回测

在历史上,存在许多缺乏完整、高质量死亡数据的地区。为了解决这个问题,我们可以根据这些地区的社会、经济和地理环境等因素,选择适当的模型生命表。然后,利用一些可靠的死亡数据来确定某个生命表,进一步推断该地区当时人口的死亡水平以及具体的死亡模式信息。

3. 利用模型生命表进行人口预测

由于模型生命表能够精确地描绘出随着死亡水平变化,各年龄组死亡率如何动态地演变,因此,当我们掌握了某地区某年的分年龄人口数和相应的分年龄死亡率数据时，可以根据这些数据选择最合适的模型生命表类型。利用这些信息和结合过去死亡水平变化的经验值，我们能够推测出未来各年份的人口分年龄死亡率。通过计算留存率，还可以预测该地区分年龄人口的变化趋势。这种方法提供了一个有效的途径来进行人口预测，帮助我们更准确地理解人口结构的动态变化，从而做出更加科学和合理的规划决策。

第二节 人口再生产与人口转变理论

一、人口再生产概念

人口再生产是指一个国家或地区由不同年代出生、不同性别的个体组成的人口总体，随着时间的推移，老一代陆续死亡、新一代不断出生，世代更替，使人口总体不断地延续下去的过程。

人口再生产的过程是由人口运动本身的特性所决定，因此，人口再生产具有以下特点：①自身增长的重复性；②人口运动的周期性；③增长趋势的惯性。

二、人口再生产指标

（一）年度人口更替指标

年度人口更替指标反映的是一定时期内总出生人数对总死亡人数的替代程度，通常是指人口总量的变化以及变化的方向，而不是同批人的替代水平。一般用人口自然增长率和生命指数衡量。

1. 人口自然增长率

人口的自然变动主要包含出生和死亡两部分，人口的自然增长量等于出生人数减去死亡人数。人口自然增长率是指一定时期内（通常以一年为单位）人口自然增长量除以该时期内平均生存人年数，常用千分比来表示。其公式为：

$$r = \frac{B-D}{\bar{P}} \times 1\,000\%$$

式中：B 和 D 分别为年内出生和死亡人数；$\bar{P}$ 为 1 年内平均人口或年中人口。

人口自然增长可以直接反映出一年内新出生人口对于年内死亡人口的替代程度。人口自然增长率大于 0，说明出生人口数大于死亡人口数，该年度内人口总量增加；反之，人口总量减少。

2. 生命指数

生命指数是指在一定时期内，每 100 名死亡的人相对应的出生人数是多少。其公式为：

$$生命指数 = \frac{出生人数}{死亡人数} \times 100\%$$

用字母表示为：

$$VI = \frac{B}{D} \times 100$$

生命指数同样表示一定时期内出生人数对死亡人数的替代程度,与人口自然增长率相比,只是表达方式不同,含义基本一致。

(二) 代际人口更替指标

代际人口更替指标通过子代人数与父代人数的比较关系,通常反映了两代人之间的数量替代程度。

1. 总和生育率

总和生育率是反映某一时期妇女生育水平的一项综合指标,也可以反映人口再生产的状况。对总和生育率的相关介绍可参见本书第二章内容。

2. 粗人口再生产率

再生产的直接承担者是女性。通常用粗人口再生产率反映女儿与母亲两代人间的更替水平。粗人口再生产率定义如下:

$$GRR = \sum_{x=15}^{49} \delta_x \cdot f_x$$

式中:GRR 为人口粗再生产率;δ_x 为 x 岁育龄妇女生育婴儿中的女婴比例;f_x 为 x 岁妇女的生育率;x 为年龄。

3. 净人口再生产率

从人口再生产来看,并非每个母亲生育的所有女孩都能参加下一轮的生育繁殖,她们有些人未能活到母亲生育他们的年龄就去世。因此,计算人口再生产率时应把这部分人去除。计算的方法是把各年龄妇女生育的女孩人数乘上妇女活到各年龄的生存率,计算公式为:

$$NRR = \delta \sum_{x=15}^{49} \frac{B_X}{\overline{W}_X} \cdot \frac{L_x}{I_0} = \delta \sum_{x=15}^{49} f_x \cdot \frac{L_x}{I_0}$$

式中:NRR 为净人口再生产率;δ 为女婴占全部婴儿的比例;B_X 为 x 岁妇女生育的婴儿数;$\overline{W}_X$ 为 X 岁妇女的人数;L_x 为女性生命表中 x 岁妇女生存人年数;I_0 为生命表基数,即生命表出生人数;f_x 为 x 岁的妇女生育率,$f_x = \frac{B_X}{W_X}$;$\frac{L_x}{I_0}$ 为妇女出生后活到 x 岁的存活率。

(三) 人口再生产的其他指标

1. 再生产存活比

再生产存活比是指净人口再生产率与粗人口再生产率之比,写成公式则是:

$$RSR = \frac{NRR}{GRR}$$

式中:RSR 为再生产存活比;NRR 为净人口再生产率;GRR 为粗人口再生产率。

2. 平均世代间隔

平均世代间隔是指母亲一代与女儿一代年龄的平均间隔。与已有代际间人口更替指标（如总和生育率等）相比，平均世代间隔更能反映两代人在年龄和时间上的差距。其计算公式为：

$$T = \frac{\sum (x+0.5) \cdot f_x \cdot L_x}{\sum f_x L_x}$$

式中：T 为母女两代人的平均年龄间隔；x 表示年龄；f_x 为 x 岁妇女生育率；L_x 为女性生命表中 x 岁妇女生存人年数。

3. 内在（真正）自然增长率

人口实际自然增长率并不能真正反映人口再生产的内在趋势。由于人口年龄结构的影响，当生育率下降不能维持简单再生产水平，同时净人口再生产率低于 1 时，总人口数本应减少，但出生人数大于死亡人数，使得总人口数仍继续增长。而人口内在（真正）自然增长率可以摆脱人口年龄结构影响，反映人口变化过程。

如果一个人口按照一定的分年龄生育率和分年龄死亡率不断地重复下去，就会形成稳定人口，具有一个固定的自然增长率 k，人口真正自然增长率就是这个指标。如果给定了人口的分年龄生育率和死亡序列，就可以计算这个指标。

在一个稳定人口中，无论总人口数还是分男女的人口数都是按照一个固定的自然增长率 k 增减。就妇女而言，母亲一代出生时的人数 B_0 经过平均世代间隔 T 年后，便增长为女儿一代的出生人数 B_T，其计算公式如下：

$$B_T = B_0 (1+k)^T$$

此外，女儿一代与母亲一代人数之比就是净人口再生产率：

$$\frac{B_T}{B_0} = NRR$$

由此可见，内在自然增长率 k 与净人口再生产率 NRR 之间存在着一定联系：

$$(1+k)^T = NRR$$

由此可得：

$$k = \sqrt[T]{NRR} - 1$$

因此，有了净再生产率 NRR 和平均世代间隔 T，即可计算真正自然增长率 k。

三、人口再生产的类型及转变

人口再生产类型，是以人口出生率、死亡率和自然增长率相结合而形成的人口自然变动特征来划分的人口发展类型，它通常与一定阶段生产力发展水平相适应。历史经验表明，在人类历史上曾存在过四种人口再生产类型：①原始人口再生产类型；②传统人口再生产类型；③过渡性人口再生产类型；④现代人口再生产类型。

（1）原始人口再生产类型，存在于社会生产力发展水平极其低下的原始社会，并和生产力极低下的采集、狩猎经济相适应。它的人口自然变动特征是"高出生率、高死亡率、低自然增长率"，此类型人口的平均寿命和世代间隔都很短，世代更替迅速，人口增长呈相对静止状态，这种人口类型的再生产也可以说是简单再生产。

（2）传统人口再生产类型，存在于传统的农业社会，并和以手工劳动为基础的农业经济相适应。尽管它的人口出生率和死亡率较原始人口再生产类型有所下降，但仍保持较高水平，人口自然增长率仍保持较低水平，因此它的人口自然变动特征仍然是"高出生率、高死亡率、低自然增长率"。此类型人口的平均寿命和世代间隔逐渐有所延长，但人口增长在长期波动中缓慢前进，因此该类型的人口再生产虽然属于简单再生产，但后期它已存在着扩大再生产的潜能。

（3）过渡性人口再生产类型，存在于传统农业社会向现代工业社会的过渡时期，并和向现代经济转变中的二元经济相适应。此类型的人口自然变动的特征是"高出生率、低死亡率、高自然增长率"，人口的平均寿命和世代间隔也较前有明显延长，但世代更替速度在大部分人口仍然较快，人口规模迅速增长。该类型的人口再生产属于扩大再生产。

（4）现代人口再生产类型，存在于产业革命完成后，并和以现代科学技术与社会化大生产为基础的现代化经济相适应。此类型的人口自然变动特征是"低出生率、低死亡率、低自然增长率"，人口的平均寿命与世代间隔有较大延长，世代更替缓慢，人口增长逐步趋向静止甚至缩减。这种类型的人口再生产趋向于缩减再生产。

如前所述，人口再生产类型是和不同性质、不同发展阶段的生产力相适应的，所以，人口再生产类型转变的必要条件和根本力量是社会生产方式的重大发展特别是社会生产力质的飞跃。

在生产力发展水平极低的原始社会，人类的生产资料和生活资料更多源于自然界，尽管有高的出生率，但由于物质资料的不稳定加之自然灾害等外力的冲击，使得死亡率也极高，人口的自然增长率处于极低水平。随着生产工具和生产技术的改进，以手工劳动为基础的传统农业经济的发展，使生产力发生了第一次大革命，人类有了比较可靠的生产资料，死亡率有所下降，但由于频繁的战争、饥荒和瘟疫使得死亡率仍在30‰左右，还需要较高的出生率加以补偿。总体来看，传统农业社会的人口自然增长率较前略有提高，但增长速度仍然比较缓慢。近代以来，以现代科学技术为基础的产业革命发展，推动了生产力发生第二次大革命，使得生产资料和生活方式发生了根本性的变化，同时也促进了医疗卫生事业和营养条件的改善，从而导致人口的发病率和死亡率极大下降。当社会经济已经实现工业化和现代化时，出生率将降低到现代维持更替水平的最低点，人口自然增长也降低到最低的水平，甚至为负增长。

应当指出，尽管生产力的发展是人口再生产类型转变的物质基础和根本力量，但它并不直接制约、支配出生率与死亡率的变动，而要通过一系列社会经济条件和意识形态等方面的变化来影响他们的生育意愿和生育行为，以及和出生、死亡有关的各种生理与心理因素。正因为如此，人口再生产类型的转变在历史上常表现为一个漫长的发展变化过程，并且经过不同的过渡阶段。

四、人口转变与人口再生产类型转变的区别与联系

人口转变与人口再生产类型转变的研究范畴既有联系又有区别。从基本内涵看，人口再生产类型转变以人口自然变动为核心，而人口转变则强调社会经济发展的影响，

关注于不同社会经济条件下人口的出生率、死亡率以及自然增长率的转变。人口转变的内涵与外延更为广泛，更完整地体现了人口发展历程，而人口再生产类型转变构成了人口转变理论的核心内容，离开了人口再生产类型转变也很难解释人口转变的过程。从主要内容看，人口转变不仅包含生育观和生育行为由高到低的转变，还包含了人口年龄结构从年轻型向年老型转变，人口文化素质从低水平向高水平转变，人口的生活质量和生活方式从传统模式向现代模式的转变过程，内容较人口再生产转变更为丰富。

五、人口转变理论

人口转变理论是由美国人口学家汤姆逊于1929年首先提出，法国人口学家兰德里加以补充，后又被美国人口学家诺特斯坦全面发展的人口理论，特指随着社会经济发展，人口再生产从高出生率、高死亡率、低自然增长率模式向低出生率、低死亡率、低自然增长率模式演变的过程。人口转变理论是对这种变化过程的特征、原因以及规律的总结与概述，是解释人口规模和结构随时间推移而变化的理论。

（一）兰德里的三阶段模型

法国人口学家 A. 兰德里最先分阶段论述了人口转变的过程，在1934年出版的《人口革命》一书中，首次系统论述了人口变动的三阶段，即原始阶段、中期阶段和现代阶段。原始阶段是指在生产力发展水平极低的状态下，人们不限制生育，人口增长主要由死亡率的波动所决定，以自然增长率为特征。中期阶段，经济因素通过婚姻关系影响人口的增长，晚婚、终身不婚的发生率提高，生育率降低，人口的自然增长率也随之降低。现代阶段，随着社会经济发展人们的生育观念发生转变，低生育意愿普遍存在，家庭人口规模和生育水平受到限制，使生育水平降低，甚至低于更替水平。

（二）汤普森的三阶段模型

继兰德里之后，美国的汤普森根据世界各国在1908—1927年的人口数据重新对人口增长模式进行总结并分为三类。第一类的主要特征是人口自然增长率从很高水平降到很低水平，不久成为静止人口，开始出现人口负增长，这类国家和地区主要包括美国、北欧和西欧。第二类的主要特征是出生率和死亡率均下降，但死亡率下降速度高于出生率，自然增长率逐渐提高，这类典型国家和地区主要包括意大利、西班牙和中欧。第三类的主要特征是不控制或很少控制生育与死亡水平，人口随生活资料发生变动，主要指世界上的其他地区。

（三）诺特斯坦的四阶段模型

诺特斯坦是公认的人口转变理论集大成者，其主要贡献是提出人口转变的四阶段模型，即前工业化阶段、初步工业化阶段、进一步工业化阶段和后工业化阶段。在前工业化阶段，在生产力发展水平低下的时期，出生率和死亡率均处于较高水平，而人口自然增长率处于较低水平。在初步工业化阶段，出生率维持较高水平，死亡率则随着医疗技术进步开始下降，人口自然增长率持续上升。在进一步工业化阶段，社会经济的发展促使死亡率继续下降，出生率虽下降但滞后于死亡率，形成高自然增长率。

在后工业化阶段形成了低出生率、低死亡率和低自然增长率的特征,甚至会发生人口负增长。

（四）当代人口转变理论

寇尔和卡德威尔等人从社会经济、文化、制度等不同方面对人口转变理论进行了补充,使人口转变理论不断完善,也弥补了经典人口转变理论解释力不足的问题。当代人口转变理论的基本观点包括：第一,人口转变与社会经济发展密切相关；第二,依照出生率、死亡率和自然增长率的变动,人口转变可以划分为不同类型和阶段；第三,在人口转变的过程中出生率下降落后于死亡率下降,两者并不同步发生,使人口变动呈现快速增长阶段；第四,人口转变理论的研究证据主要来自欧洲,对解释发达国家和发展中国家的人口变动过程具有同样的适用性。

以"高、高、低,高、低、高,低、低、低"的三阶段模型为例,人口转变的示意图见图 3.3。

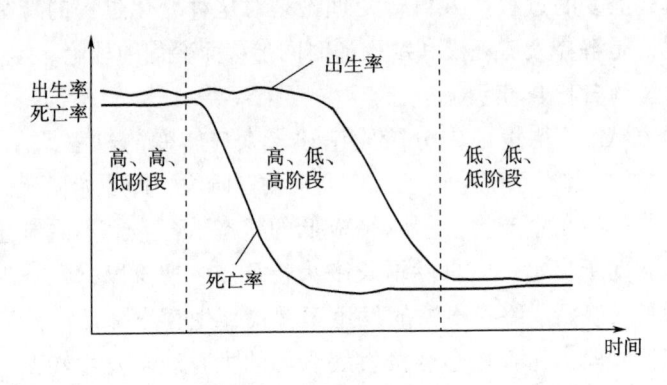

图 3.3　人口转变示意图

第三节　人口结构

一、人口结构的概念与含义

人口结构反映的是一定时间点、一个地区或国家的人口在不同特征和分类下的分布情况。就其性质特征而言,人口结构类别可归纳为人口自然结构、人口社会结构、人口地域结构三大类。人口的自然结构包括年龄、性别等；人口的地域结构包括自然地域、行政区域、城乡结构等；人口的社会结构更为复杂,包括阶级、宗教、民族、婚姻、职业、教育水平、就业、消费、劳动力、收入分配等。从中我们可以看出,自然结构由人口的生物属性所决定,最基本也最稳定。社会结构由人口的社会属性所决定,受社会经济发展状况的影响,也随社会经济状况的变化而变化。不同的特征与标准划分出不同的人口结构,不同的人口结构又具有不同的特点与性质,我们可以从这些不同的侧面对人口的基本状况进行分析与研究。

二、人口结构的分类

（一）自然结构

1. 性别结构

性别结构（又称性别比）描述的是一定时间一个地区或国家男性和女性在总人口中的比例情况。从我国第七次全国人口普查结果来看：全国人口中，男性人口为 723 339 956 人，占比为 51.24%；女性人口为 688 438 768 人，占比为 48.76%。总人口性别比（以女性为 100，男性对女性的比例）为 105.07，与 2010 年第六次全国人口普查基本持平（见图 3.4）。人口性别结构的社会和经济意义十分深远，因此我们需要特别关注性别结构的变化与差异以及背后的社会经济文化含义。例如，出生性别比的范围是 103~107，超出或低于这个范围都意味着出生性别比失衡，可能引发婚姻挤压，甚至发生骗婚、买卖婚姻等社会问题。

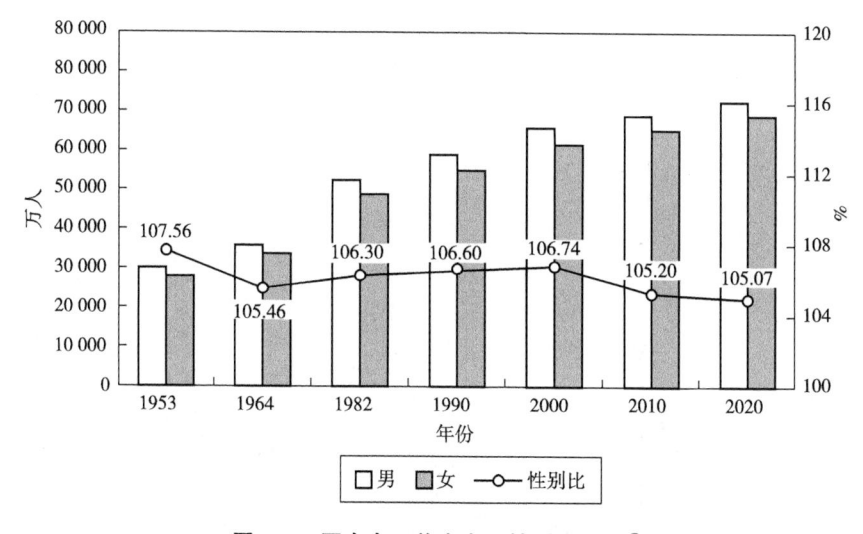

图 3.4 历次人口普查人口性别构成图[①]

2. 年龄结构

年龄结构反映的是一定时间一个地区或国家的人口在不同年龄段上的分布情况。如从我国第七次全国人口普查结果来看：全国人口中，0~14 岁人口为 253 383 938 人，占比为 17.95%；15~59 岁人口为 894 376 020 人，占比为 63.35%；60 岁及以上人口为 264 018 766 人，占比为 18.70%，其中，65 岁及以上人口为 190 635 280 人，占比为 13.50%。与 2010 年第六次全国人口普查相比，0~14 岁人口的比重上升 1.35 个百分点，15~59 岁人口的比重下降 6.79 个百分点，60 岁及以上人口的比重上升 5.44 个百分点，65 岁及以上人口的比重上升 4.63 个百分点。

---

① 数据来源：第七次全国人口普查公报。

表 3.2　全国人口年龄结构① 　　　　　　　单位：人、%

年龄	人口数	比重
总计	1 411 778 724	100.00
0~14 岁	253 383 938	17.95
15~59 岁	894 376 020	63.35
60 岁及以上	264 018 766	18.70
其中：65 岁及以上	190 635 280	13.50

人们通常把年龄结构与性别结构综合起来使用，称为性别年龄结构。将男女各年龄组分左右划成条状，形成一个整体上像金字塔的图形，称为人口金字塔。用人口金字塔可以表示人口性别年龄结构的三种类型（见图 3.5）。

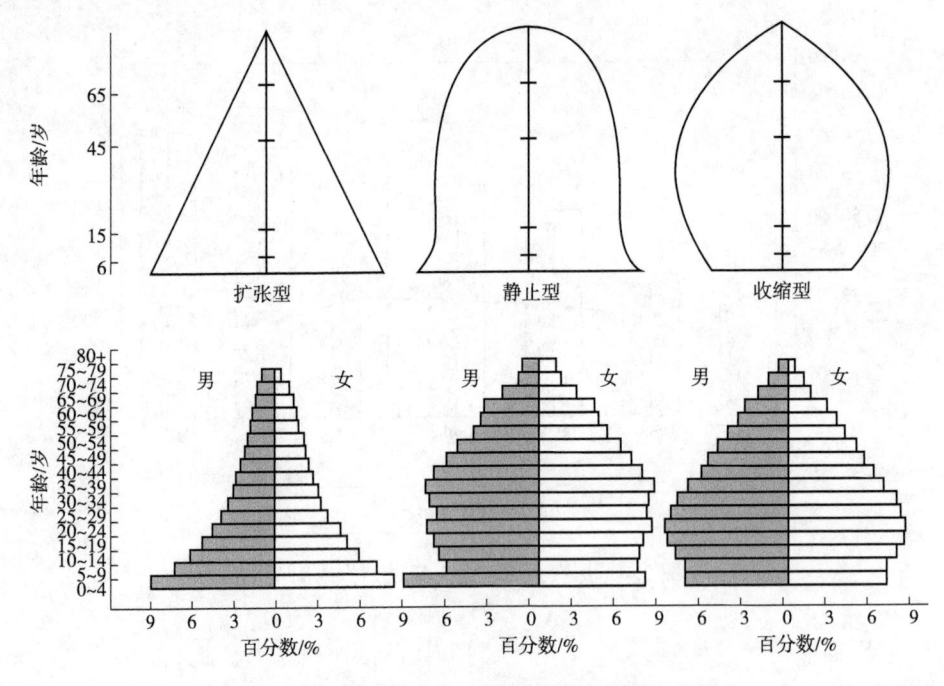

图 3.5　三种类型人口年龄金字塔的示意图与实际图

（1）扩张型。塔形呈上尖下宽，即少年儿童人口比重大，老年人口比重小，从最低年龄组到最高年龄组依次逐渐缩小，年龄构成类型属年轻型。说明未来人口发展呈持续增长趋势。

（2）静止型。塔形上下差别不大，曲线比较平稳，少年儿童人口比重及老年人口比重介于前两种类型之间，除最老年龄组外，其余各年龄组大致相差不多，扩大或缩小均不明显，塔形较直，年龄构成类型属成年型。说明未来人口发展将保持稳定。

---

① 数据来源：第七次全国人口普查公报。

(3) 收缩型。塔形呈下窄上宽，下部向内收缩，表明少年儿童人口比重小，中、老年人口比重大，年轻人口组有规则地逐渐缩小，中年以上各组比重较大，年龄构成类型属老年型。说明未来人口发展呈减少趋势。

人口金字塔形象地表示总人口中各年龄人数的多少和相互比例表明人口年龄构成的类型，反映了人口状况，预示未来人口发展趋势。每种类型的人口金字塔本质上都是一个国家或地区当前人口结构分解的视觉快照，都具有这一国家或地区经济发展阶段的特征。人口金字塔的变化与发展受出生率、死亡率、移民以及社会政策等各种因素的影响。

反映人口年龄结构特征的指标很多，主要有老年系数、少儿系数、老少比、抚养比、老年抚养比、少儿抚养比、平均年龄、年龄中位数和社会负担系数。

(二) 地域结构[①]

1. 自然地域结构

人口的自然地域结构是指按照人口在不同自然地域间的分布状况来划分的人口结构，如：可以按照人口居住的地貌特征来划分（生活在山区、高原、丘陵、平原、盆地等自然地域范围内的人口在总人口的比重）；或按照内陆、沿海进行划分；也可以按照热带、温带、寒带进行划分。

2. 行政区域结构

人口的行政区域结构是按照人口在各个行政管理区域分布情况来划分的人口结构，全国分为省、自治区、直辖市；省、区分为自治州、市、县、自治县；县、自治县分为乡、民族乡镇。人口的行政区域结构变动是会变动与调整的，具有历史性、突变性、政治性与社会性。

3. 城乡结构

人口的城乡结构是指人口按照城镇地区与农村地区的分布状况所形成的人口结构，反映的是城镇人口与乡村人口的比例关系。第七次全国人口普查结果显示，全国人口中，居住在城镇的人口为9.02亿人，占63.89%（2020年我国户籍人口城镇化率为45.4%）；居住在乡村的人口为5.10亿人，占36.11%。与2010年第六次全国人口普查相比，城镇人口增加2.36亿人，乡村人口减少1.64亿人，城镇人口比重上升14.21个百分点。

(三) 社会结构

人口的社会结构与社会经济发展有着十分密切的关系，是按照一定的社会标识、经济标识将人口划分为不同组别。它随着生产力的发展而相继产生，并随着社会生产力的发展而不断变化。

1. 阶级结构和阶层结构

阶级结构随着阶级的出现而产生。1925年，毛泽东同志发表了著名的《中国社会各阶级的分析》一文。在这篇文章中，他运用马克思主义的阶级分析方法，将中国社会各阶级分为五大部分：地主阶级和买办阶级、民族资产阶级、小资产阶级、半无产

---

① 姜又鸣. 人口学 [M]. 保定：河北大学出版社，2012：129-141.

阶级、无产阶级。现在我国已不存在剥削阶级，但由于人们在社会经济活动中的作用与地位存在差异，人口可以分为不同的阶层。中国著名社会学家陆学艺教授在《当代中国社会流动》一书中，以职业分类为基础，以组织资源、经济资源和文化资源的占有状况为划分标准，将中国社会划分为十大阶层：国家与社会管理者阶层、经理人员阶层、私营企业主阶层、专业技术人员阶层、办事人员阶层、个体工商户阶层、商业服务业员工阶层、产业工人阶层、农业劳动者阶层以及城乡无业、失业、半失业者阶层。

2. 民族结构与宗教结构

民族结构是指不同民族的人口数量在总人口中的比例关系。一些国家的人口民族结构比较复杂，如俄罗斯、印度。民族团结是维护国家统一、实现各民族共同发展的根本保证。宗教结构即人口按不同的宗教信仰划分而形成的人口结构。基督教、伊斯兰教和犹太教是中东地区的三大宗教，它们都有着自己独特的文化和传统。耶路撒冷作为它们的圣地，拥有着许多宗教和民族崇拜的圣迹和文物。宗教因素在中国人社会生活的主要方面均具有重要地位。但是在中国社会中，宗教不那么明显甚至难以被人观察到，不像在许多其他文化传统中（如欧洲或是阿拉伯文化）宗教是作为一种独立的因素存在的。因此，学者将中国社会中的宗教称为分散性和制度性宗教。认为宗教在现实生活中的活动基本上是围绕着世俗制度来进行的，通过分散性形式服务于世俗社会制度，来强化其组织，对民众的生活产生系统性的影响。[①]

3. 婚姻结构与家庭结构

婚姻结构反映人口在各种婚姻状态中的分布比例，包括未婚、已婚、离异、丧偶等。家庭结构反映人口在不同类型或不同规模家庭间的分布状态，如主干家庭、核心家庭、联合家庭。主干家庭指的是由夫妻、夫妻的父母、直系长辈以及未成年子女组成的一种家庭形式；核心家庭指的是由一对夫妇和未婚子女所组成的家庭；而联合家庭指的是家庭中任何一代含有两对或者是两对以上夫妻的家庭。

全国第七次人口普查公布的数据显示，目前我国平均每个家庭户的人口为2.62人，比2010年的3.10人减少0.48人，家庭户规模继续缩小，这主要是受我国人口流动日趋频繁和住房条件改善，年轻人婚后独立居住等因素的影响。

4. 行业结构与职业结构

行业结构是指参与社会经济活动的劳动力人口在不同行业间的分布状况及其比例关系。同样的，职业结构也就是参与社会经济活动的劳动力人口在不同职业间的分布状况及其比例关系。随着社会经济的发展，中国整体社会结构在随之发生变化，职业结构也发生了巨大变迁，同时还出现了一些新生的职业。2022年人力资源和社会保障部向社会公示了"机器人工程技术人员""民宿管家""家庭教育指导师""农业数字化技术员"等18个新职业。这些新职业是在数字经济发展中催生的数字职业，是在碳

---

① 杨庆堃. 中国社会中的宗教：宗教的现代社会功能与其历史因素之研究 [M]. 范丽珠, 主译. 上海：上海人民出版社，2007：228-260.

达峰碳中和的发展目标要求下涌现的绿色职业，是在新阶段新理念新格局和人民美好生活的需要中孕育的新职业。

我们日常生活中接触到的快递员、网约司机、网络主播、直播销售员等同样属于新职业。中华全国总工会第九次全国职工队伍状况调查显示，目前全国职工总数 4.02 亿人左右，其中新就业形态劳动者达 8 400 万人，占职工总数的 21%。新就业形态劳动者主要是货车司机、网约车司机、快递员、外卖配送员等群体，以男性青壮年为主，农业户籍人员比例较高。

5. 文化教育结构

文化教育结构是指不同文化程度人口在总人口中的比例关系，反映的是一个国家或地区在一定时期内人口文化素质的高低。通常可分为大学及以上、高中、初中、小学、文盲等。第七次全国人口普查结果显示，全国人口中拥有大学（指大专及以上）文化程度的人口为 2.18 亿人；拥有高中（含中专）文化程度的人口为 2.13 亿人；拥有初中文化程度的人口为 4.87 亿人；拥有小学文化程度的人口为 3.50 亿人。与 2010 年第六次全国人口普查相比，全国人口中 15 岁及以上人口的平均受教育年限由 9.08 年提高至 9.91 年。文盲率由 4.08% 下降为 2.67%，下降 1.41 个百分点。受教育状况的持续改善反映了 10 年来我国大力发展高等教育以及扫除青壮年文盲等措施取得了积极成效，人口素质不断提高。

除上述阶级、宗教、民族、婚姻、职业、文化教育等人口结构外，随着生产力与社会经济的发展与变迁，出现了就业、消费、劳动力、收入分配等方面的人口结构划分。

（四）人口结构与新质生产力

我国人口结构为培育新质生产力创造了独特的人口优势。

第一，人口年龄结构方面，老年人口比重的大幅提高，人口平均预期寿命的延长，积累了老年人力资源的开发条件。作为生产者，老年人力资源特别是拥有较高技能和知识的老年人才可以成为社会生产中的巨大财富，有效填补劳动力数量减少的缺口，为新质生产力的形成提供人力资源动能。作为消费者，老年人的群体需求将创造出新的市场，推动银发经济、智慧养老、数智社会、适老化技术等产业的长足发展，为新质生产力的形成奠定产业基础。

第二，人口地域结构方面，人口流动与人口集聚促进人口空间分布格局优化，为培育新质生产力注入了强劲动力。其一，人口流动是实现劳动力要素在区域间优化分布的关键。随着经济的发展和产业的升级，各个地区对劳动力的需求也在不断变化。人口流动使得劳动力能够根据市场需求和自身能力，在地区间进行合理配置，从而促进了全要素生产率的提高。其二，人口向中心城市和城市群流动和集聚的态势，不仅为城市群发展提供了丰富的劳动力资源和人才资源，也促进了经济主体的信息交流和知识创新，为新质生产力的培育与发展提供了强大的动力。其三，人口集聚还促进了经济主体的合作与竞争。在人口密集的城市与城市群，行业间呈现更为密切的合作与竞争关系，这种竞争压力促使经济主体不断进行创新，提高生产效率，促进新质生产力的发展。

第三，人口就业结构方面，数字经济、零工经济等新业态经济的发展，促进了劳动力资源向现代产业转移，使得劳动力就业结构发生了转变，这不仅提高了整个社会的全要素生产率，还成为培育新质生产力的重要途径。劳动力要素在行业间的重新配置是效率提升的关键（蔡昉，2017），随着经济的发展，劳动力会从低效率的传统产业向高效率的现代产业转移。在这一过程中，现代服务业的生产效率和创新活力相对较高，吸引大量劳动力向现代服务业的转移。这不仅优化了劳动力的就业结构，还通过汇聚人才提升了产业的创新效率，进而促进了科技进步和新质生产力的生产。另外，数字经济、信息技术的普及与应用赋予劳动者更多的知识和技能，也加速了劳动者由传统产业向现代产业的转变。新的就业结构不仅有助于开发劳动力的生产潜能，还能够实现新质生产力的跃升（唐聪聪，陈翔，2023），为经济社会发展注入活力。

拓展阅读

农村地区男性为何结婚晚、结婚难？

第七次全国人口普查结果显示，男性人口占比51.24%、女性人口占比48.76%，男性比女性多3 490万人。其中，20~40岁适婚年龄男性比女性多1 752万人，性别比是108.9。2021年《中国统计年鉴》数据显示，在我国农村20~24岁、25~29岁这两个适婚年龄段的性别比均超过了120，分别为123.09和120.87。这两组数据均反映出农村男女比例失衡的问题。

农村男女比例失衡带来的影响将直接传导到婚恋市场上。2023年春节，经农业农村部新闻办指导，新华网、微博联合武汉大学中国乡村治理研究中心、中国社会科学院新闻与传播研究所传媒调查研究中心联合发起"2023回乡见闻"问卷调查报告公布。数据显示，在农村地区，30岁以上的大龄未婚青年非常普遍。其中，30岁以上未婚男青年的数量要远远高于未婚女青年。22%的乡村中30岁以上未婚男性青年的比例超过1/3。从该报告可以看出，我国农村地区男性青年婚恋问题十分严峻，存在结婚晚、结婚难的情况。究其原因有很多，如彩礼婚宴等经济压力、有车有房的婚姻必备条件等，使得农村很多男青年无法支付婚姻成本。但其中一个主要方面就是男女比例的失衡。学界也对农村男女比例失衡的原因进行了多角度分析。

首先，我国农村或多或少仍受"重男轻女"传统思想的影响，认为男孩可以继承家族血脉、传承祖业，能够帮助家庭更好地发展农业产业，更好地照顾父母并承担家族的养老责任。其次，城乡差异带来农村人口外流。城市提供了更多的教育培训、就业机会、晋升空间、经济收入与公共服务，吸引了大量年轻人口离开农村。农村女性通过自己的努力在城市接受教育或者就业后，有些直接在城里找到伴侣并留了下来，而男性想要定居城市则要面对更大的经济压力。最后，城市提供了更多选择，农村女性可以更自主地选择自己的婚姻对象,并追求更平等的家庭角色分工。同时,离开农村来到城市,农村女性有机会接触新的环境和人际关系,拓宽视野,追求更自由、独立的生活方式,实现个人梦想。因此,越来越多的女性脱离了农村,农村适婚年龄女性越来越少,"一家有女百家求"的现象在农村日益普遍。多种因素交织叠加,使得农村男女比例失衡,进而造成了农村男青年婚恋状况不乐观、结婚晚、结婚难的现状。

习题

1. 简述生命表的概念。
2. 简述人口结构的概念。
3. 简述人口结构的几种类型。
4. 简述人口再生产的度量指标。
5. 简述人口转变理论。

第四章 人口迁移与流动

【本章重点】理解人口迁移的基本概念，了解人口迁移的理论，深入剖析人口迁移的影响因素。

【本章难点】掌握人口迁移的影响因素。

第一节 人口迁移与流动的概念与分类

一、人口迁移与流动的概念

人口迁移与流动的概念起源于1855年拉文斯坦（E. G. Raven stein）发表的"迁移规律"（the laws of migration），总结了人口迁移的七大定律，包括：大量移民是短距离的流动，迁移呈现阶梯性特征，每次人口迁移的主流向都存在着反流向，城镇居民与乡村居民的迁移倾向小，在短距离迁移者中妇女占优势，交通工具以及工商业的发展等技术会促进迁移的增加，迁移目的以经济动机为主。从广义上讲，人口迁移指的是人口在两个地区之间的空间移动，包括居住地的永久性和半永久性的改变（张庆五，1988）。每次迁移活动都包括一个迁出地、一个迁入地和一系列介入障碍，迁移距离是包括在介入障碍内的。

迁移与流动是两种相似但又有区别的现象，迁移人口和流动人口虽然都进行了空间位移，但迁移是在永久变更居住地意向指导下的一种活动。在当前的人口管理体制下，通常我们将伴随着户籍变动的居住空间变动称为人口迁移。相应地，流动人口是人口移动的一种特殊形式，是为了满足某种社会经济生活需要而进行短期移动的人口总体。通常来讲，不论常住还是暂住，没有本地户籍的人口都属于流动人口。

二、人口迁移的分类

根据主要目的地不同，迁移可简单地分为国内人口迁移和国际人口迁移。国内人口迁移主要由相对不发达的地区流向发达地区、由农村地区流向城市地区，如异地就业、经商、求学、务工等。另一种是国际人口迁移，一般是由欧洲流向北美洲、发展中国家流向相对较发达的国家，如跨国的移民、侨民、非法移民、难民，以及劳务输出和留学等。国际人口迁移可进一步区分为合法移民、非法移民、难民和避难者四种类型（张晓青，2001）。

第二节 人口迁移理论

一、人口的"推—拉"理论

20世纪50年代末,唐纳德·伯格(Bogue D. J.)系统地阐述了"推—拉"理论,其主要观点为:基于运动学观点,人口迁移是由两种不同方向力量共同作用的结果,一种力量促使迁移,也就是促进人口迁移的正面积极因素;另一种力量阻碍迁移,也就是不利于人口迁移的负面消极因素(Bogue D. J.,1959)。在迁入地,"拉力"起主导作用,吸引外地人口。"拉力"包括较好的气候条件、较多的就业机会、较高的工资待遇、较好的生活水平和受教育机会、较完善的基础设施和交通条件等方面。同时,迁入地也存在着不利于人口迁入的"推力"因素,包括人口迁移导致的家庭分离、陌生的生活和生产环境以及下降的生态环境质量等方面(肖国燕,2010)。综合来看,迁入地的"拉力"比"推力"更大,"拉力"占主导地位。在迁出地,"推力"起主导作用,将居民推出原居住地。"推力"包括自然资源储备少、农业成本高、农村劳动力过剩、失业问题、经济收入低等方面。同时,迁出地也存在"拉力"因素,例如家庭团聚、熟悉的生活环境、常年的社交网络等方面。相较而言,迁出地的"推力"比"拉力"更大,"推力"占主导地位。

二、二元劳动力市场理论

刘易斯提出了二元经济模型来解释发展中国家劳动力转移的现象。他认为,发展中国家的经济结构由农村经济部门和城市经济部门组成。农村经济部门以传统农业为主,而城市经济部门则以现代工业为主。在农村部门中,存在大量生产力低下或接近于零的劳动力。即使将部分劳动力从农业部门调整到其他部门,剩下的劳动力也能通过增加工作时间来保持总产出的稳定(成谢军,2009)。因此,工业扩张需要增加劳动力,农业部门可以提供无限的剩余劳动力。发展中国家农业存在着边际生产率为零的剩余劳动力,农业剩余劳动力的非农化转移能够逐步转变二元经济结构。在刘易斯模型的研究中,发展中国家改变二元经济结构的途径之一就是将农业中的剩余劳动力转移至生产率较高的工业部门。这意味着可以通过促进工业化和城市化发展,吸引农村劳动力进入工业部门,从而提高经济效率和生产力。

二元劳动力市场理论可以很好地解释人口迁移,尤其是劳动力迁移。该理论假设人口迁移的动机来自城市经济的二元经济结构及其内生的劳动力需求。该理论认为,城市的发达地区存在着两种市场。一种市场是正规的主要劳动力市场,对工人的教育水平和技术能力要求较高,可以提供较好的工资待遇和福利政策;另一种是非正规的次要劳动力市场,工资待遇较低、工作环境不稳定、缺乏良好的发展前景。本地居民一般在主导部门工作,城镇本地居民由于人力资本相对较高占据了主要劳动力市场。条件较差的次要部门对本地居民缺乏吸引力,导致劳动力供给长期不足。为了弥补这一缺口，需要吸引外地劳动力进行补充，由此产生了迁移动因。从落后地区迁入的移民只能在次要劳动力市场谋生，填补本地劳动力的结构性空缺。由此，二元劳动力市场的存在必然会引起人口迁移，导致城市发达地区成为迁入地、农村落后地区成为迁出地。

三、托达罗的人口迁移理论

20世纪70年代，刘易斯模型提出的理想工业化理论在发展中国家的实践中出现了一些问题。实践中发现，过度发展工业对农业造成了严重损害。同时，大量农村人口涌入城市也带来了严重的失业问题和城乡经济发展失衡问题。这些现象与刘易斯模型的基本假设相矛盾，并且该理论本身无法合理解释这些问题（楚永生，2019）。因此，需要对理论进行探讨和修正，更好地应对发展中国家面临的经济转型和劳动力流动的复杂挑战。在此背景下，托达罗提出了农村劳动力向城市迁移决策模型。该模型在某种程度上延续了刘易斯的"二元经济理论"分析框架，同时也认识到了刘易斯模型的不足之处，并进行了相应的改进。

该模型的核心思想是以预期收入差异来解释人口迁移的动机，即预期收入差异越大，流入城市的人口越多。托达罗认为，在任何给定时期，迁移人口在城市现代部门找到工作的概率与现代部门新增的就业机会成正比，同时与城市失业人口数量成反比。这意味着，如果城市现代部门创造了更多的就业机会，那么迁移者在该部门找到工作的可能性就会增加。相反，如果城市失业人口增加，那么迁移者在城市现代部门找到工作的可能性就会减少。这一观点强调了就业机会对人口迁移决策的重要性，同时也指出了城市失业情况对人口迁移的影响。

为了缩小城乡就业之间的不平衡，应当采取综合措施来增加农村中的就业机会。一味地增加城市的就业机会可能导致大量农村剩余劳动力涌入城市，进而增加城市失业率。农村居民受教育水平的提高会导致预期收入的提高，因此不能不加区别地发展教育事业，以免进一步加剧劳动力的迁移和失业问题。政府干预确定城市工资水平，例如制定最低工资线、对城市失业人口给予最低生活补贴等，会导致要素供给的价格扭曲，使更多剩余劳动力进入城市，进而提高城市失业率。因此，应重视农业和农村的发展，开创农村就业岗位，发展农村综合经济，提高教育和卫生水平，改善基础设施，改善农村居民的生活条件，从而缓解农村人口向城市的流动。（赖小琼，余玉平，2004）

托达罗迁移模型准确地描述了人口和劳动力在追求经济利益的驱动下向收入较高的地区或行业流动的理性经济行为。只要存在收入较高的就业职位和机会，该地区就会对收入较低、就业机会不足地区的劳动力产生持续的吸引效应。此外，对迁移成本的评估和预期也是影响劳动力是否选择迁移的重要因素之一。托达罗迁移模型能够准确地解释劳动力迁移的经济行为和决策过程。然而，该模型也存在一定的缺陷。首先，该模型假设劳动力的迁移数量或迁移率直接取决于就业概率的变化。然而，农村劳动力在做出迁移与否的决策时往往是基于对城市就业概率的了解，这可能导致迁移过程相对盲目。其次，托达罗人口迁移理论只考虑了迁移者的迁移成本，忽略了他们在城市的生活成本。实际上，除了迁移成本，迁移者还需要考虑住房成本、生活费用、社交网络等因素，在做决策时他们会综合考虑这些方面。因此，仅仅将迁移成本作为决策因素可能无法全面反映实际情况。总而言之，尽管托达罗人口迁移理论提供了一种解释劳动力流动的理论框架，但也有局限性和不足之处，需要结合更全面的因素或模型才能更准确地分析人口迁移过程。

四、刘易斯与托达罗人口迁移理论的异同

刘易斯模型与托达罗模型是劳动力转移的两大经典理论，存在一些共同之处：

（1）理论基础均为二元经济结构理论。发展中国家的经济系统从产业的角度来看，可以分为两个主要部门：农业部门和制造业部门。农业部门以传统生产方式为主，而城市中的现代部门则以制造业为主，这种二元经济结构刻画了发展中国家的经济特点。刘易斯和托达罗模型均基于二元经济结构理论，将经济系统分为农业部门和现代部门（制造业），探讨劳动力在这两个部门之间的流动情况。此外，两个模型都认为劳动力从农业部门向现代部门的转移是推动经济发展和工业化的重要因素。（楚永生等，2019）

（2）基于理性"经济人"假设，劳动者会根据自身的经济利益做出决策。刘易斯模型关注的是城乡劳动力实际工资差异，认为这是促使劳动力从农村向城市转移的动因。托达罗模型强调城乡预期收入差异。这两个模型都重点考虑了经济因素对劳动力流动的影响，忽略了非经济因素的影响。（楚永生等，2019）

（3）城乡劳动力同质性假设。刘易斯模型和托达罗模型均忽略了城乡劳动力人力资本积累的差异。实际上，教育、技能和经验等方面的差异会导致劳动力市场分割问题，即不同群体在就业领域上面临着不同待遇和机会。（楚永生等，2019）

（4）忽略第三产业的存在。由于刘易斯模型和托达罗模型受到时代背景的限制，并且都基于二元经济结构理论，它们更加关注发展中国家第一产业和第二产业之间的关系，而忽略了第三产业对剩余劳动力的吸纳作用。（楚永生等，2019）

刘易斯模型与托达罗模型之间也存在一定的差异，具体如下：

（1）分析视角差异。刘易斯模型从经济结构角度，认为通过工业化可以实现由二元经济结构向一元经济结构的转变，从宏观层面解决农村剩余劳动力问题。托达罗模型则是从个体决策行为出发，考虑城乡预期收入差异对农村人口向城市迁移的影响，从微观层面剖析农村劳动力转移问题。

（2）理论侧重点差异。刘易斯模型主要关注发展中国家如何通过工业化和城市化来解决经济结构单一和贫困问题，侧重于解决二元经济结构和农村剩余劳动力问题。托达罗模型着重考虑城乡均衡发展，侧重于解决城乡经济失衡和城市失业问题。（楚永生等，2019）

（3）政策含义差异。刘易斯认为扩大工业部门可以转移农业部门的剩余劳动力，侧重于城市工业的快速发展。托达罗模型认为刘易斯的政策可能会导致城市失业问题

加剧,并无法解决不断产生的农业剩余劳动力问题。因此,托达罗主张大力发展农村综合经济,试图在农村范围内实现劳动力转移。(成谢军,2009)

第三节　人口迁移与流动的影响因素

人口迁移与流动是多重因素共同作用的结果,居民的迁移意愿会受到多方面因素影响。具体来讲,影响因素可以分为自然因素、经济因素、政治因素和社会文化因素四类。

一、自然因素

自然环境因素主要包含气候、淡水、土壤和矿产四个方面。气候不仅直接影响人的身体,影响居民的生活条件和生活环境,还会影响一个地区的土壤、植被和水文等方面,通过影响人的生产、生活进而影响人口迁移。淡水资源是人类生产、生活的重要条件,淡水的空间分布在很大程度上决定了人类生产和生活的空间格局,从而决定着人类的迁移方向和规模。土壤是影响农业生产发展的重要条件,影响着居民的农业生产水平和粮食保障水平。矿产资源是生产发展,特别是制造业发展的基础,可以为区域的社会经济发展提供基础的能源材料,为区域发展提供动力。

自然环境曾经是影响人口迁移的最主要因素,决定着原始社会中人类的分布与生产、生活方式。随着生产力的发展和人类对自然适应、控制力的增强,自然环境对人口迁移的影响作用正在逐步减弱,社会经济因素逐渐成为影响人口迁移的主要因素,但是自然环境仍是影响人口迁移的基础因素。

二、经济因素

经济因素是影响人口迁移的主要因素,对人口迁移与流动的意愿和方向起着重要作用。经济发展水平越高,人口在地区之间的迁移流动就越受经济条件的制约和影响。多数情况下,人口迁移是为了追求更高的经济收入,从而能有更好的生活水平。从宏观上看,经济布局的改变会造成大量人口的迁移。例如我国经济特区的设立吸引了大量人口的迁入,形成了人口高密度集聚点。

三、政治因素

政治因素包括人口政策、战争、政治变革以及民族事件等方面。人口政策方面,特别是人口迁移政策的实施会影响人口迁移。合理的政策可促进人口迁移合理正常地进行;不合理的政策,或者政策合理但实施政策的措施不合理,则会产生相反的效果。战争对人民生活会产生严重的影响,破坏人类正常的生活环境和秩序,常常引起人口迁移。例如,第二次世界大战期间,欧洲人口迁移达到3 000万人。20世纪末发生在非洲卢旺达、刚果地区的部族战争以及欧洲巴尔干半岛地区的冲突等事件,导致了数百万人口的迁移。政治变革方面,一个国家政治上的变革、政治中心的改变也会引起人口迁移。例如历史上我国都城变换和朝代更迭引起的人口迁移。另外，种族冲突、政治迫害、民族和种族歧视等原因均会造成人口迁移，甚至导致人口流亡异国他乡等问题。

四、社会文化因素

社会文化因素包括交通通信、文化教育、婚姻家庭以及人类生活的环境要求等方面。交通通信方面，交通通信的发展相对缩小了地区之间的空间距离，减少了各种妨碍人口迁移的困难，为人口迁移提供了更便捷的条件，从而促进了人口的迁移流动。近几个世纪以来，人类越来越大规模、大范围、大跨度的迁移都与此有关。文化教育方面，文化教育事业的发展改变了人们的生活态度和生活期望，也改变了人们认识外部世界的态度，从而促进了人口的迁移流动。婚姻家庭方面，婚姻是影响青年人口迁移的主要因素，家庭因素（如实现家庭团聚）是影响未成年人和老年人迁移流动的重要因素。除此之外，人类生存对环境有一定的要求，环境质量和生态条件会影响人类的生活质量，会影响人口的迁移与流动。

拓展阅读

一、闯关东、走西口、下南洋背后的故事

从明朝中期到民国初期，四百多年间中国经历了多次大规模的人口迁移。其中，"闯关东""走西口""下南洋"的人口规模较大，影响也比较大。这三次人口迁移虽方向不一致，但发生的时间和迁移原因基本相同，都是因为战乱导致的饥荒问题，迫使民众为求生计背井离乡。这三次人口迁移，规模最大的是"闯关东"，迁移人口在3 000万以上，影响最大的当数"下南洋"。

（一）闯关东

所谓"闯关东"，一个"闯"字就已经显示出了其中的凶险。"关"是山海关，"关东"是东北三省。在历史上，生活极度贫困、没有生路的人才会想方设法到山海关外谋生。清朝康熙时期，统治者视关东为龙兴之地，即"龙脉"，于是关闭了山海关，不允许关内汉人到关东种田、采矿。爱新觉罗氏对自己统治中原并不自信，"反清复明"一直没停息过，致使关东大片黑土地一直闲置。咸丰年间，黄河大水，民不聊生，统治者逐步开放山海关。自始，山东、河北先后有几千万民众自发涌入关东谋生。限于当时的交通条件，"闯关东"的人群大部分来自山东、河北地区。因此，在东北地区产生了很多的"山东村"，现今仍保留着山东地区的语言与风俗习惯。

（二）走西口

"西口"指的是"口外"地区，也就是现在长城以北的内蒙古地区。在中国几千年的历史上，蒙古草原一直是游牧民族的天下，从来没有汉族农耕文明试图开发这里。然而，随着社会经济的发展，人口暴增导致山西和陕西等地自身的粮食无法养活当地

人民。于是，清政府为解决这一矛盾，颁布了一系列鼓励政策，鼓励陕西、山西一带的民众翻越长城，去内蒙古呼和浩特、察哈尔、鄂尔多斯等地种田、开矿、经商。自此，"走西口"打开了中原腹地到内蒙古的通道，把农耕文化带到了内蒙古，加强了汉人与蒙古人的交流，成就了当时的晋商。但是，后来人类对蒙古草原的过度开垦，也给当地环境造成了一定的影响。

（三）下南洋

"南洋"指的是东南亚地区的大片海岛和半岛，这里的大片土地都属于热带、亚热带气候，土壤极其肥沃，是汉族人民心目中的宝地。其实，"南洋"泛指菲律宾、马来西亚、印度尼西亚、泰国等地，也就是现在的东盟十国。"下南洋"需要漂洋过海，非常凶险，极度依赖造船业的发展。因此，一直到郑和下西洋，探明了航路之后，"下南洋"才慢慢兴起。明朝和民国时期，中国经历了几次大乱，导致人民流离失所，形成了移民潮。同时，欧洲列强统治的南洋各区也希望华人去开发，大量中国人去东南亚经商，形成了海上丝绸之路。

二、东北人南下的人口迁徙：三亚哈尔滨籍"候鸟"老人

三亚作为一个热带的滨海旅游城市，四季如夏。同时，海南素有"长寿岛""健康岛""无疫岛"等称号，越来越多的老人选择来三亚市过冬。每年的十月份开始，"候鸟"老人们开始迁移到三亚市，通常生活到次年四月份。他们有的生活在专业的养老机构，有的生活在出租房，有的生活在自己购置的房屋里。近年来，每年到三亚市的"候鸟"老人达到四五十万人次，其中东北老人的占比较大。老人来三亚过"候鸟"生活的原因多样，总结起来主要有三方面原因。（杨倩，张琴，2020）

（一）气候原因

相对于北方的冬天，三亚是一个温暖的地方。三亚市位于北纬18度的位置，属于热带季风气候，基本常年处于夏季，即使在冬天，最低温度也很少低于15℃，得天独厚的气候条件得到了人们的一致青睐。而北方地区十月份就开始降温，最冷的时候可达到零下50℃，这与三亚市的四季如夏形成了鲜明对比。另外，由于衰老和一些痼疾，老人身体的产热能力降低，寒冷的冬天对于老年人来说是一段难熬的日子，所以大多数老人喜欢在冬季到三亚市过冬。

（二）家庭原因

家庭方面，三亚市在就业、教育以及高校返聘等方面也吸引了诸多迁移人口。就业方面，2010年国家全力打造海南国际旅游岛，吸引了很大一批想要"捞金"的年轻人。海南省的人才引进政策更是吸引了部分知识分子进入该省。很多老人选择来三亚市养老，是因为他们的子女进入三亚市工作或者创业。教育方面，海南的高考压力相对较小，家长会选择让子女在该地接受教育，而老人是帮忙照顾孩子的最佳人选。所以，老人们也就在三亚开始了自己的养老生活。他们最大的特点就是，大多数会在夏季离开三亚，孩子考试结束后带着孩子回老家，等到孩子开学后再回到三亚。冬天大多数人不会离开，一方面是由于假期短，另一方面是由于北方的冬天太冷。这类老人便是典型的"候鸟"老人。另外，高校返聘是老年人选择来三亚工作和生活的另一个

因素，但这部分老人相对较少。

(三) 自身原因

第一，老年人由于身体机能的不断退化，在老年时期更易出现各种身体问题。对于已出现的身体问题，老人们愿意找一个舒适的环境来疗养身体，三亚因其气温条件和空气质量成为很多老年人养老的最佳选择。第二，企业职工退休后的养老收入可观。调查得知，老人每月养老金在 5 000 元到 6 000 元之间即可供他们到条件较好的城市养老，他们的子女也会定期付给赡养费，越来越多的老人选择在三亚市适合的养老机构养老，或者独居养老。第三，旅游养老逐渐成为流行。由于观念的转变，很多老人不想给自己的子女造成困扰，决定和子女分居生活，加上他们年老难得空闲，想去没去过的地方看看，尝试一些新鲜事物。因此，旅游养老就会被安排进他们的晚年生活。旅游养老的这些老人将三亚市作为他们的首选，并且大多会在三亚市过冬。

三、人口迁移与"空巢""留守"问题

无论是国内移民还是国际移民，年轻人携带父母一起迁移的情况都非常少，这使得"空巢"和"留守"成为人口迁移中的常见现象。我国自 20 世纪 80 年代开始进入快速工业化和城市化的社会转型时期，农村劳动力大规模的迁移与流动是这一时期的典型特征。虽然我国农村青壮年的迁移主要以乡城迁移为主，跨国务工现象并不十分普遍，但由于已有上亿农民工涌入城市，导致我国农村留守老人群体的数量毫无疑问成为世界之最。城乡分隔的二元经济社会结构和户籍制度使我国农村劳动力迁移具有一定的特殊性：外出务工农民很难像其他国家的外出者那样在迁入地扎根，只能"候鸟"一般在乡城间往返；而留守的群体不仅是老人，也包括他们的配偶和子女。

"空巢"和"留守"问题出现的原因主要分为以下两点：一方面，从我国正处于社会转型时期的背景出发，快速的城市化和工业化进程带动大量的农村剩余劳动力向城市转移，转移出来的劳动力主要是年富力强的青壮年，这造成了农村家庭的"空巢化"和农村社会的"空穴化"，出现了大量的农村留守老人和儿童。另一方面，从我国城乡分割的二元经济社会结构这一制度性背景出发，进城农民工无法享受与城市人相同的社会保障和福利待遇，户籍制度等诸多条件的限制使农民工只能往返于乡城之间，并不能将家庭迁至城市，从而涌现了大量农村留守人口。

不少研究证实了人口乡城迁移会导致留守老人的家庭结构和居住方式发生改变。子女外出会使留守老人在居住方式上逐渐趋于隔代化、空巢化，导致家庭结构逐渐缩小。同时，年轻人外出扩大了他们与老年人的代沟，在城市中生活和工作的经历会在不同程度上改变其生活方式和价值观。返回村庄后，他们在观念、习惯及兴趣爱好方面与父母的差异有可能导致两代人分开居住，使农村家庭结构趋于小型化（杜鹏、丁志宏，2004）。因此，政府有关部门需要进一步加强对农村留守、空巢人员的关注，加快对农村老人大病医疗保险等方面的建设，农村基层组织应该积极主动地采取切实可行的措施帮助留守人员解决生活中的困难。

习题

1. 简述人口迁移与流动的概念。
2. 简述人口迁移与流动的影响因素。
3. 简述如何缓解人口迁移带来的"空巢""留守"问题。

第五章 人口老龄化

【本章重点】 理解人口老龄化的概念，了解人口老龄化的定义、特点和发展趋势；分析人口老龄化的产生原因和后果；了解应对人口老龄化的社会政策。

【本章难点】 人口老龄化的原因与后果、人口老龄化的应对政策。

第一节 人口老龄化的基本概念

一、人口老龄化的概念

人口老龄化是人口年龄结构变化最直接的人口学结果。1986年，我国出版的《人口学辞典》将人口老龄化定义为：人口中老年人比重日益提高的现象，尤指已达年老状态的人口中老年人口比重继续提高的过程（刘锋，1986）。应该看到，这个定义中的两句话是有一定差别的。第一句话说的是"老年人比重提高的现象"，这是学术界普遍认同的定义，而后一句话强调"老年人口比重继续提高的过程"，这就使老龄化的概念衍生出两层含义：一个是指任何一个人口中只要老年人比重提高就是人口老龄化，另一个是指老年型人口中老年人口比重的继续提高。

在人口学界，人口老龄化（population of ageing）指的是老年人口在总人口中比重提高的过程，是指人口年龄结构的变化。国际上通常用老年人口比重作为衡量人口老龄化的标准，老年人口比重越高，人口老龄化程度也越高。一般把60岁及以上的人口占总人口比重达到10%，或65岁及以上的人口占总人口的比重达到7%，作为一个国家或地区进入老龄化社会（或老年型人口）的标准。另外，有的学者认为，人口老龄化是人口中位年龄的提高，同样属于人口年龄结构变化的范畴。需要注意的是，我国人口学、社会学、老年学以及相关领域的研究、文件以及宣传报道中，出现了一定程度的老龄化"概念泛化"和"概念模糊化"的情况，把人口老龄化理解成老年人口规模的扩大和增长，或者将比重-结构性问题与规模-数量性问题混在一起来讲，导致人口老龄化概念的不清楚和不规范。例如很多文章写道：随着我国人口老龄化的快速发展，老年人口规模将急剧扩大，或者更直接地说我国人口老龄化数量巨大。这就很容易把老龄化问题和老年人规模问题放在一起来理解。然而，前者是人口学的基本问题或总体性问题，后者是一个亚人口问题，或者说是老年学问题。事实上，大多数国家在人口老龄化过程中老年人口数量都在增加，所以这两个问题有一定联系，但是"人口老龄化"说的只是比重的提高，不包括数量增加的含义。（姜向群，丁志宏，2004）

二、人口老龄化的特点

中国人口老龄化的特点决定于中国的基本国情。中国人口多、底子薄、资源不足、地区经济文化差异大的国情决定了人口老龄化的过程和特点，集中表现为四个方面：老年人数多、老龄化速度快、未富先老和人口老龄化区域异质性明显。

第一，老年人数多是由中国"人口众多"这一突出国情决定的。人口增长的惯性、周期性以及中国人口预期寿命增长较快，决定了中国在21世纪内是世界上老龄人数最多的国家。中国从2000年第五次人口普查开始进入老龄化阶段，此后老年人口总量和老年人口比重一直持续增长。一直到2020年第七次人口普查时，老年人口已达到2.64亿，占总人口的18.7%。如果将65岁作为标准，从2000年到2021年，中国老年人口数量从8 821万增加到19 064万，增长了1.16倍，老年人口占比从6.96%增加到14.2%，增长了近2倍。中国老年人口规模在21世纪前半叶持续增长，预计将于2035年和2050年分别达到4.12亿人和4.80亿人，占比分别达到29.8%和37.8%。老年人口规模的增长时快时慢、呈波浪式，这与历史上中国的年度出生人口数量在峰谷之间不断转换密切相关（图5.1和表5.1）。21世纪中叶之前，与老年人口规模持续但又呈波浪式的增长轨迹相对应，中国老年人口比例也呈现从慢到快，又由快转慢，再从慢变快的增长轨迹。21世纪中叶之后，中国老年人口比例将伴随老年人口规模的零增长及负增长而逐渐稳定在峰值水平。21世纪后半叶的最初约6年间，老年人口数量会维持在略高的峰值水平（4.81亿~4.84亿人）上，而后将迎来负增长，这比中国总人口

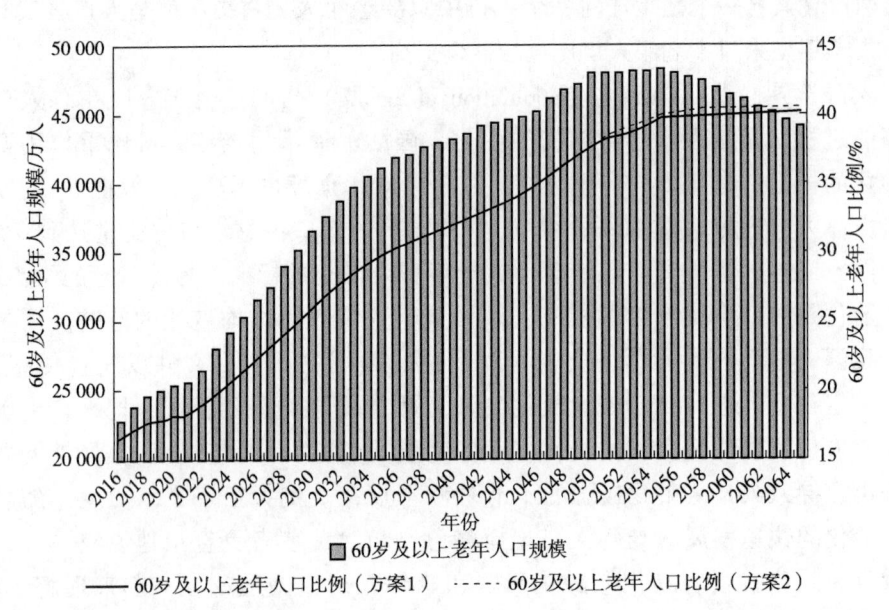

图5.1　中国老年人口的规模和比例变动趋势（2015—2065年）

注：方案1和方案2仅在生育水平参数设定上存在差别，这在预测时期内并不会影响老年人口规模，两个方案的老年人口总体规模变化曲线是重叠的。

资料来源：杜鹏和李龙（2021）。

规模的"拐点"（出现在"十五五"期间）要晚约30年，意味着中国面临至少30年的人口负增长与人口老龄化的交织期（杜鹏，李龙，2021）。老年人的规模主要取决于两个方面：一是死亡率，特别是老年人死亡率的下降；二是进入老年的人口队列。在老龄化进程中，发达地区已完成了从以生育率下降为主导向以老年人死亡率下降为主导的过渡。而中国现阶段老年人数的变化仍主要是人口队列的作用。中国老年人口特别是高龄老人存活率与发达地区间差距很大，老年人口死亡率的下降还有很大空间。

表5.1 中国老年人口的总体、净增、分性别规模及比例变动趋势（2015—2065年）

年份	总体（亿人）	60岁及以上老年人口规模			60岁及以上老年人口比例	
		年度净增（万人）	男性（亿人）	女性（亿人）	方案1（%）	方案2（%）
2015	2.21	958	1.08	1.14	16.1	16.1
2020	2.54	447	1.21	1.33	18.1	18.1
2025	3.04	1 172	1.43	1.61	216.0	21.6
2030	3.65	1 356	1.71	1.94	260.0	26.0
2035	4.12	669	1.91	2.21	29.8	29.8
2040	4.32	286	1.99	2.33	32.0	32.0
2045	4.48	249	2.05	2.44	34.0	34.1
2050	4.80	749	2.19	2.61	37.8	37.9
2055	4.84	267	2.20	2.63	39.8	40.0
2060	4.64	-511	2.12	2.52	40.1	40.4
2065	4.42	-379	2.03	2.38	40.1	40.5

资料来源：杜鹏和李龙（2021）。

第二，人口老龄化速度较快。我国的人口老龄化进程加快起始于20世纪70年代末，随后以每年3.2%速度递增。与1990年相比，2019年中国60岁及以上人口增长了接近1.5亿，到2039年老年人口将高达4亿。《中国人口老龄化发展趋势预测研究报告》显示，发达国家经历这个过程花费了约45年，而中国只用了约27年。另外，中国老龄化人口中的高龄化速度过快，高龄老人（80岁以上）的增长速度远超过老年人口的增长速度。1990年，我国的高龄人口约为801万，至2000年已达到约1 201万，年平均增长率高达约3.6%。到2050年65岁及以上的老年人口预计将增加到约33 578万人，约是2000年的3.81倍，高龄老人将达到约1亿人，约是2000年的8.18倍。（项鑫，王乙，2021）

第三，未富先老，老龄化进程超前于社会经济的发展。从发达国家人口老龄化的历程看，经济增长和老龄化是同步的，但中国是目前唯一以较低收入水平进入老龄化的人口大国（邬沧萍等，2004）。2000年，中国人均国内生产总值只相当于世界平均水平的16.25%，在世界排名109位（丁军强，2022）。而中国60岁以上老年人比例高于发展中地区，与世界平均水平持平。与目前老龄化水平相近的韩国、新加坡、智利、巴西等国相比，中国的人均GDP水平明显偏低。另外，中国的"未富"是全方位的。不仅人均GDP低，在人口城市化、文化教育、卫生水平、产业结构、老年人收入结构、地区差别、城乡差别等方面都有所表现（邬沧萍等，2004）。

第四，人口老龄化区域异质性明显，东部地区人口老龄化水平明显高于西部地区，由东向西呈现区域梯次的特征。从时间上看，东部沿海地区进入老龄化社会较早。上海于1979年进入老龄化社会，是我国最早进入人口老龄化的城市；宁夏于2012年进入老龄化社会，是我国最晚进入人口老龄化的城市。从空间分布看，中国老龄化程度呈现明显的空间异质性，具体可分为四类。第一类，上海属于高度的老龄化地区；第二类，北京、天津、浙江属于中高度的老龄化地区；第三类，辽宁、山东、湖北等，属于中度的老龄化地区；第四类，内蒙古、黑龙江、甘肃等，正处于由成年型向老年型过渡的人口老龄化初始阶段（项鑫，王乙，2004）。

三、人口老龄化与人口红利

人口红利指一个国家的劳动年龄人口占总人口比重较大、抚养率比较低，为经济发展和劳动力供应创造了有利的人口条件，整个国家的经济呈现高储蓄、高投资和高增长的局面。在经济发展过程中，人口结构中的劳动年龄人口比例较高时，就会出现人口红利。然而，随着人口老龄化趋势的不断加强，劳动年龄人口相应减少，人口红利会逐渐消失。

人口老龄化与人口红利消失之间存在一定的联系。从人口结构方面来看，人口老龄化意味着老年人口比例增加，劳动年龄人口比例下降，随着人口老龄化的加剧，人口红利逐渐消失。从劳动力供给方面来看，人口老龄化导致劳动年龄人口减少，劳动力供给不足，人口红利逐渐消失。从经济增长方面来看，随着人口老龄化和劳动力供给的减少，经济增长速度可能放缓，曾经依靠人口红利推动的经济发展动力减弱。从社会保障方面来看，人口老龄化意味着养老支出的增加，社会养老保障压力加大，这对政府的财政压力而言是一个挑战，也是人口红利消失的一种表现。从消费结构方面来看，人口老龄化会对消费结构产生影响。老年人口对医疗、养老等领域需求的增加可能导致消费市场结构发生变化，这也是人口红利消失后的影响之一。因此，人口老龄化是导致人口红利消失的一个重要原因，人口老龄化意味着人口红利阶段的结束，人口红利的减少和消失又会加剧人口老龄化对经济发展的影响。政府需要采取相应的措施来应对人口老龄化和人口红利消失带来的挑战，如推动技术创新、提高劳动生产率、促进人力资源的合理配置等，以实现经济和社会的可持续发展。

第二节 人口老龄化的原因与后果

一、人口老龄化的原因

人口老龄化受多种因素共同影响。出生率下降使年轻人口占总人口的比重下降，老年人口比重相对增加，老龄化水平加剧。死亡率的影响相对复杂，如果年龄别死亡率变动增长或下降的幅度相同，则人口年龄结构保持相对稳定；如果少儿人口死亡率下降会使更多的少儿人口存活，引起逆老龄化；如果老年人口死亡率下降会使更多的老年人口存活，引起老龄化程度加深。由于迁移人口以劳动年龄人口为主，那么区域间的人口迁移则会引起人口迁入地逆老龄化，同时也会引起人口迁出地的老龄化。近年来中国人口老龄化水平日益加深，其原因还包括以下方面：

第一，人口发展规律。人口转变是指人口由高出生、高死亡、低自然增长模式转变为高出生、低死亡、高自然增长模式，随着经济发展和社会进步，最终转变为低出生、低死亡、低自然增长模式的过程。随着人口转变，人口的年龄结构也逐渐老化。因此，伴随人类社会现代化进程，人口老龄化是必然会发生的。

第二，经济发展水平。经济发展水平与人口老龄化存在着密切关系。一方面，经济发展水平越高，对人口的教育和健康方面的投入越高，从而促进人口平均预期寿命延长。另一方面，经济发展水平提高会促进生育观念的转变，从而导致人口生育水平下降，使人口老龄化水平提高。（李永兰，刘媛，2004）

第三，生育政策的影响。20世纪80年代开始，为了控制人口过快增长，降低人口对经济社会发展造成的压力，我国将计划生育政策作为基本国策。此后，人口出生率快速下滑，人口增长速度迅速放缓。1990年我国人口出生率为21.06‰，2000年人口出生率则降低到了14.03‰。到了2010年，我国的人口出生率已经下降到了11.9‰。虽然我国在2016年开始全面放开二孩政策，2021年实行三孩政策，但是计划生育政策产生的影响仍然没有停止。2021年我国全年的出生人口为1 062万人，人口出生率为7.5‰。2022年我国的出生人口为956万人，出生率为6.8‰，相较于2021年，出生率持续下降，且创下了1952年以来历史最低。可见，计划生育政策严重影响了我国的人口出生率，从而引起并且加速了我国的人口老龄化问题。（项鑫，王乙，2021）

第四，生育意愿降低。首先，随着社会进步和养老制度的逐渐健全，养儿防老、多子多福的传统观念已逐渐消失（项鑫，王乙，2021）。其次，由于新中国成立后我国女性经济和社会地位的不断改善，教育水平不断提升，女性劳动参与率高于世界上很多国家和地区，使得女性面临就业与生育之间的矛盾（刘丹，2022）。当前我国生育支持政策的不完善未能缓解女性就业与生育之间的矛盾，使得生育意愿降低。最后，生育成本居高不下也是导致生育意愿降低的重要原因。

第五，医疗水平不断提高。随着我国经济的快速增长和科技水平的不断提高，我国人民的医疗卫生条件和生活水平得到了明显改善，我国的人口死亡率急剧下降，人口平均预期寿命不断延长。2023年10月，国家卫生健康委发布的《2022年我国卫生健康事业发展统计公报》显示，我国居民平均预期寿命由2020年的77.9岁提高到2022年的78.2岁，孕产妇死亡率从16.9/10万下降到15.7/10万，婴儿死亡率从5.4‰下降到4.9‰。对比1990年我国人口平均预期寿命的68.6岁和2000年的71.4岁，我国人口的平均预期寿命有了显著的提高。平均预期寿命的延长也使老龄人口逐渐增多，加剧了我国人口老龄化问题。（项鑫，王乙，2021）

二、人口老龄化的后果

人口老龄化是 21 世纪全球人口发展面临的共同问题。中国作为发展中国家，其人口老龄化具有数量大、速度快等特点，并呈现出发展阶段不均衡性、区域不平衡性、超前性、国际性与特殊性等特征。由此也引发了劳动年龄人口老化、家庭结构小型化、养老模式社会化、社会结构和文化氛围变化、社会活力受到影响等社会后果，以及储蓄与投资水平降低、社会与家庭再分配向老年人倾斜、生产设备闲置、消费结构老年化、社会经济负担加重等经济后果。（张再生，2000）

（一）中国人口老龄化的社会后果

1. 人口年龄结构发生重大变化

在 1949—2022 年间，中国人口年龄结构发生了巨大变化，0~14 岁少儿人口比例从 1949 年的 35.79% 下降到 2022 年的 17.95%；15~64 岁劳动年龄人口比例从 1949 年的 60.06% 上升到 2022 年的 68.55%；65 岁及以上老年人口比例从 1949 年的 4.15% 上升到 2022 年的 13.5%（第七次全国人口普查结果）。这些变化充分反映出生育率下降和平均预期寿命延长对人口年龄结构变化的影响。人口年龄结构从典型的正"金字塔"结构转变为非"金字塔"结构，人口队列之间既不是平稳增加，也不是平稳减少，表现出大起大落的特征（王广州，2019）。此外，劳动年龄人口负增长先于总人口负增长，中国劳动年龄人口在 2013 年已达到峰值，目前劳动年龄人口规模实际上正处于缩减状态（张现苓等，2020）。据估计，65 岁及以上老年人口比例持续上升，在 2049 年前后接近 30%，并长期维持稳定，劳动力老化趋势十分明显（王广州，2019）。由于高龄劳动力的流动性和适应性差，重新培训的费用高、难度大，很难适应产业调整的需要，从而会造成社会的结构性失业，使失业率上升，劳动生产率下降，进而影响社会总产出和经济发展速度。（张再生，2000）

2. 家庭结构和养老模式发生重大变化

随着人口老龄化和社会经济发展，我国传统的大家庭观念日益淡化、家庭结构日益核心化。20 世纪 50 年代，我国家庭平均规模为 5.5 人左右。1995 年 1% 人口抽样调查结果显示，家庭平均规模已缩小到 3.15 人。随着人口老龄化程度的加深，空巢老人家庭和单身老人家庭迅速增加。至 2025 年，65 岁以上的单身老人家庭预计将突破 2 000 万户，其中女性单身老人家庭将占主体。家庭规模缩小、空巢家庭增加，削弱了传统的家庭养老功能，并引起代际关系在供养方式、居住方式、照料方式、交往和沟通方式等方面的变化，使传统的家庭养老模式面临巨大挑战，家庭养老必然向社区和社会养老转化。（张再生，2000）

3. 老年性组织和为老年人服务的社会组织日益增多

随着人口老龄化的发展，我国的社会组织结构也将发生重大变化，以老年人为主的社会组织和为老年人服务的社会组织将不断发展和完善。近年来，我国的老年社会组织有了一定的发展，1983 年我国成立了老龄问题全国委员会，随后各地老龄工作机构迅速发展。至 20 世纪 90 年代初，全国 95% 的省、市和 80% 的县成立了老龄问题委员会，大部分的区、乡、街道也成立了老龄工作机构。为适应未来老年性组织社会化、群众化的需要，这些机构逐渐向老年协会转变。随着未来老年人口数量的急剧增加和社会性老年问题的日益凸显，为实现老年人的经济和政治要求、满足自身生活和娱乐的需要，会形成更多的老年组织和为老年人服务的社会组织，这是社会发展的必然趋势。（张再生，2000）

4. 社会经济制度及文化氛围发生变化

老年人对社会发展曾做出过积极的贡献，是社会财富的创造者。随着老龄社会的到来，老年人的社会经济权益日益受到重视。为适应老龄社会的需要，就要加强老年人的社会保障，改革现有的社会保障制度、完善退休制度、医疗保险及社会服务体系，制定老年人保护法，提高老年人的社会经济地位。同时，还要树立新的老龄社会需要的伦理和价值观念，塑造没有年龄歧视、多代人互相尊重、相互支持的新的文化氛围，建设人人共融、共建、共享的社会。（张再生，2000）

(二) 中国人口老龄化的经济后果

1. 对储蓄和投资的影响

人口年龄结构的变化对储蓄有明显的影响。人们在生命周期的不同阶段，储蓄倾向不同。一般而言，一个社会中老年人口比例的提高不利于储蓄。但西方发达国家的情况有所不同，人口老龄化和老年人口的增多可能不但不会降低总储蓄水平，反而会使之提高（于学军，1996）。在中国和广大发展中国家，随着年龄的提高，储蓄水平降低，老年人的储蓄水平通常低于全国平均水平，中国人口老龄化和老年人口的增多不但会降低总储蓄水平，而且会抑制储蓄增长率的提高，这势必会影响资本的积累和投资，对经济发展产生不利影响（张再生，2000）。

投资是社会经济发展的依托，国家的投资主要来源于政府（社会）投资和个人投资。国民收入中的积累基金是政府投资的源泉。人口老龄化的发展和老年人口数量的增加会导致政府积累基金的减少和消费基金的增加。尤其在当前我国城乡老年福利设施匮乏、社会保障制度不完善的情况下，政府必须拿出大量的财政资金去满足这些需要，从而会进一步增加消费基金，减少积累基金，进而影响社会投资规模。同样，由于老年人的储蓄水平低、预期收入少、承担风险的能力差，老年人口的增加也会降低个人投资的能力和倾向性。（张再生，2000）

2. 对社会及家庭收入再分配的影响

一方面，人口老龄化会减少收入积累并增加消费。人口老龄化使越来越多的老年人退出劳动大军行列，由原来的生产者变为消费者。为保障老年人的生活、医疗和保健需求，政府的支出费用会增加，导致国民消费增加、积累减少。当消费基金增长到一定程度后，会给国家财政和经济发展带来困难和不利影响。另一方面，随着人口老龄化进程的加速，家庭收入和代际收入分配方式也将发生变化。未来我国老年人口的抚养系数将不断上升，但由于初期青少年人口的抚养系数下降得更快，使得总人口的抚养系数呈下降趋势，这一趋势将保持到2025年。随后，由于青少年人口的抚养系数下降减缓，而老年人口的抚养系数加速上升，将使总人口的抚养系数增加。人口抚养系数的这种变化趋势表明，2025年以前人口老龄化虽然已使家庭代际收入分配明显地向老年人倾斜，但在2025年以后这种倾斜将更加明显。（张再生，2000）

3. 对生产和消费的影响

人口老龄化意味着新增劳动力的减少和劳动力结构的老化。2020年以后，我国新增劳动力的数量开始下降，劳动力老化现象已十分明显，导致某些部门和地区的生产资料和技术装备闲置，进而影响到社会生产。同时，劳动力老化又会直接影响新技术的推广和设备的更新，妨碍劳动生产率的提高。人口老龄化使作为纯消费者的老年人口数量增加。从宏观来看，老年人口数量的增加会导致社会对消费基金需求总量的增加，加重社会的消费负担。而在消费基金总量一定的情况下，人口年龄结构的老化又会导致人均消费基金水平的降低，进而降低人均消费水平。从微观来看，家庭人口老龄化会使家庭收入水平降低，从而抑制家庭人均消费水平的提高，使家庭消费向老年人倾斜，进一步对其他家庭成员消费水平的提高产生影响。与此同时，由于人口老龄化导致了社会消费结构变化，为满足消费需求，社会的生产结构、投资结构和产业结构也应做出相应的变化和调整。（张再生，2000）

4. 加重社会经济负担

老年人口的健康问题日益严重，尤其是高龄老人的健康问题令人担忧。为了满足老年人的医疗、陪护等需求而产生的经济成本也较高。1992年中国老龄科学研究中心的调查显示，60岁以上的老年人中，在穿衣、吃饭、洗澡和上厕所等基本生活能力方面，大约有2%~7%的人不能自理或不能完全自理。而85岁及以上的老人中，这一比例上升到10%以上，情况更加恶化。在日常生活方面，需要别人帮助的老年人在城市约占总老年人口的60%，在农村约占75%。由此可见，我国老年人的生活照料负担较大，随着老龄化程度的加深，高龄老人的比重不断增加，老人的生活照料负担日益加剧。（张再生，2000）

第三节　应对人口老龄化的社会政策

一、生育政策

实施鼓励生育的政策有利于遏制人口自然增长率下滑并改善人口结构，是积极应对人口老龄化的重要方式。面对当前我国人口自然增长率下滑、人口老龄化速度加快的严峻形势，政府精准实施鼓励生育政策、构建生育支持体系势在必行。保持合理的人口出生率与自然增长率、确保未来高素质劳动力的供给、"熨平"人口老龄化的高峰是实现人口与经济协调发展的重要保证。因此，要把人口合理增长看成与经济增长同等重要的大事，保障公民行使生育权，促进人口长期高质量均衡发展（杨良初，2021）。一方面，各地应根据具体情况出台相应的鼓励生育政策，给予每个孩子一定数额的社会抚养费，积极加大民生、医疗、教育的投入比例，确保房价持续稳定，降低育儿成本，减少经济负担对我国人口出生率造成的影响；另一方面，积极构建生育支持体系，在医疗卫生、幼儿教育、生育女性权益等方面给予保障，消除生育的后顾之忧（项鑫，王乙，2021）。

二、移民政策

很多移民国家，如美国、加拿大、澳大利亚等都采取引入高素质年轻劳动力的政策来改善人口年龄结构。移民政策不仅缓和了这些移民国家的人口老龄化进程，还提升了移民国家的人力资本水平。但是，移民政策损害了作为移民输出国的国家利益。事实上，移民国家想要的移民也正是移出国需要并想留下的人才。因此，移民政策在一定程度上加剧了全球经济发展的不均衡，导致发展中国家的劳动力供给和需求的不匹配更加严重，从全球意义上讲并没有缓解人口老龄化问题。（齐明珠，2013）

三、其他政策：延迟退休等

鉴于目前我国的人口老龄化问题很难在短时间内从根本上得到解决，适当延长退休年龄、实行弹性退休制度有助于缓解人口老龄化所引起的一系列社会问题。随着我国平均寿命的提高，可以通过适当延长退休年龄来缓解人口老龄化带来的问题，减轻国家的经济负担，增加我国的社会劳动力。此外，实行弹性退休制度同样能够有效缓解人口老龄化带来的压力，可以在退休年龄、退休方式和退休收入等方面采用弹性、灵活的退休制度，改变以往"一刀切"退休制度造成的人才和资源浪费，提升我国老龄人口对社会的贡献率。将上述两方面退休政策有效结合，能有效改善我国人口老龄化问题。（项鑫，王乙，2021）

拓展阅读

一、如何享受到"长寿红利"？

"长寿红利"描述的是老龄社会新形态下的一种全新理想图景，表现为人类在寿命延长与健康提升的状态下，老年人充分参与社会和经济活动、消除一切形式的老年歧视所可能取得的经济社会新机会及文化重构等人类福祉与发展增益。这一概念的界定及发展对于厘清人口老龄化是危机抑或时机的争议具有较为重要的理论意义。长寿红利的概念具有长远性、辩证性和整体性，是老龄社会中一切健康、社会、经济与文化等效益的总和。这一概念既不是量的划分，也不是一种社会类别的标定，而是一种"今天的年轻人亦是明日的老年人"的普遍性立场，这种老龄命运共同体的立场旨在遵循人类生存与延长寿命的根本利益（朱荟，2022）。具体而言，实现并享受到"长寿红利"有以下几个途径：

第一，渐次延展个体生命周期的生产性年龄时长。教育资本的改善普遍推迟了人们进入劳动力市场的时间。低龄段人口的就业延迟与高龄段人口的职场早退，以及劳动年龄底端和顶端的双向挤压，使得我国人口的实际抚养比高于统计抚养比。在长寿时代，必须突破人生三阶段的传统划分模式，通过推行男女同龄退休（除特殊情况外）或延迟退休年龄，把低龄老年群体真正纳入劳动年龄人口，延长个体生命周期的生产性年龄时长，形成"上学更长、寿命更长、工作更长"的人生新格局。2013年，中国政府提出要研究制定渐进式延迟退休年龄政策。2021年，国家出台了落实延迟退休年龄的初步方案。在未来30年内，根据我国人口发展态势顺势而行、顺事而为、顺时而动，以弹性和有一定区间选择的模式，首先实现男女同龄退休，继而将退休年龄渐次推延至65岁，把50/55/60~64岁女性和60~64岁男性人口转变为劳动年龄人口。这是收获长寿红利的最直接路径，可替补劳动力资源的结构性短缺、降低老年抚养比、减轻已然难堪重负的养老金压力，并且可以满足多数老年群体"不服老"和自我实现的诉求。（杨菊华，2022）

第二，着力激发个体多维资本禀赋的潜能。长寿红利具有多面性，要求多维度地开发老年群体的各类资本禀赋，多层次地促进他们的社会参与。长寿时代与数字时代的交叠可为长寿经济形成助力，弥补老年群体的体力劣势，赋能他们继续参与社会生产与价值创造。具体而言，包括三个方面：一是注重多种类型的社会生产。在现阶段，老年群体可在力所能及的范围内，通过续聘、返聘、再就业或政府购买服务等方式，继续在原部门或转到其他部门工作。二是注重家庭参与的社会效应。长寿红利也包括老年群体的家庭贡献。老年群体退出劳动力市场并不意味着他们的价值和贡献就此消失。相反，他们只是从公共空间转入私人空间，承担起更多的家庭责任，使子女可以从家事中抽离出来，更加全身心地投入社会工作中，提升工作效能与创造力，这恰是家庭参与带来的间接长寿红利。三是注重消费参与的经济价值。老年群体消费带来的经济促进是一种"长寿经济"，可以触发一系列经济活动，包括为老年消费而进行的筹资与积累，以及对"老有所为"进行的教育投入等。因此，长寿时代的来临正在赋予老年群体新的社会角色，需要改变工业时代以来的生产组织方式，激发长寿经济的更多可能性。（杨菊华，2022）

第三，注重发挥老年群体在社会教化方面的智慧。当前，老年群体的社会参与主要集中于娱乐、休闲和志愿活动等方面。2018年中国老年社会调查数据显示，约1/3的受访者参与了不同形式的志愿活动。但是，在全部老龄人口中，参与活动的比例较低，参与也多停留在表层，他们身上蕴藏着的更丰富的智慧与才能尚未得以施展。老年群体是长寿时代新文化的主要塑造者，他们身上蕴含的隐性知识不仅可以直接创造经济财富，而且还具有政治、文化、社会治理等方面的重要价值。因此，必须重新认识长寿的意义，消除对老年群体的刻板印象或保护性的歧视，拓展当前以尊老、孝老、爱老为基调的伦理性文化，形成适合于长寿时代的积极的、新型的、更具有包容性的年龄文化。在继续支持老年群体从事志愿活动的同时也鼓励并支持他们进行创业创新活动，发挥他们在经验传授、文化传承方面的优势。对知识分子阶层，亦可鼓励他们适度参加社情、民情、国情调研，为政府部门工作建言献策，提供咨询服务。（杨菊华，2022）

二、老龄化时代，手机应用的适老化改造进展如何？

随着数字经济在生活中的普及程度逐渐加深，老年人对电子产品的使用问题成为社会关注的热点。由于老年人的学习能力较低或身体条件限制，导致他们无法正常使用电子产品。在这一情况下，对常用应用进行适老化改造十分必要。2020年12月25日，工业和信息化部举行了切实解决老年人运用智能技术困难新闻发布会，并宣布于2021年1月起，在全国范围内启动为期一年的"互联网应用适老化及无障碍改造专项行动"。下文对一些常用应用的适老化改造情况进行了对比分析。

（一）网络购物

2016年，淘宝推出了一个针对老年人的"亲情账号"功能，要想在淘宝中使用这一功能，需要在子女的淘宝账号中添加父母等长辈的淘宝账号，之后再使用亲情版，父母就可以使用适合老年人使用的页面。与标准版相比，亲情版的首页少了许多额外内容，字号也相对更大。

（二）网上支付

为优化网上支付流程，便于老年人使用，多地银行推出网上支付的适老版本。上海银行（上银美好生活）、中国建设银行、中国工商银行的官方应用都已经适配了老年人版，中国银行官方应用也提供了大字版。在适老化版本主题下，手机银行功能相对精简，主页面一般设有账户查询、转账汇款等基础功能项，字体通常比标准版大一号。

（三）打车软件

为方便老年人网上叫车，多个应用商推出了应用软件的适老化版本。滴滴出行、申程出行和东风出行先后完成了软件的适老化改造，推出了老年版本。其中，滴滴出行在应用中新加入了关怀模式；申城出行默认采用适老化的"一键叫车"大字模式，也可以在首页轻松切换普通模式、一键叫车和大字模式；东风出行老年版则是一个专门为老年人设计的独立应用。三款应用软件均简化了操作流程，更加方便老年人使用。此外，应用还推出了"摇一摇"、客服叫车、一键报警等功能，使用方式更为多样、便民。

三、如何实现"积极老龄化"？

1997年，在西方七国丹佛会议上，"积极老龄化"的概念被首次提出。1999年，欧洲联盟召开了主题为"积极老龄化"的国际会议，学者们首次从理论上探讨了积极老龄化问题及其解决的现实可能性。2002年1月，世界卫生组织健康发展中心正式出版了《积极老龄化：从论证到行动》一书。2002年4月，联合国召开第二届世界老龄大会，大会接纳了世界卫生组织提交的一份"积极老龄化"书面建议书。会后，世界卫生组织正式公布了一份报告：《积极老龄化：政策框架》。从此，积极老龄化理论成为应对21世纪人口老龄化问题的新理论、政策和发展战略。（宋全成，崔瑞宁，2013）

"积极老龄化"比"健康老龄化"更全面、更概括。"积极老龄化"是指人到老年时，为了提高生活质量，使健康、参与和保障的机会尽可能发挥最大效应的过程。"积极老龄化"的目的在于使所有进入老年年龄段的人，包括那些虚弱、残疾和需要照料的人，都能提高健康水平、预期寿命和生活质量，也能够成为他们亲属、亲友、社区和国家的积极贡献者。"积极老龄化"容许人们在一生中发挥自己在物质、社会和精神方面的潜力，按照自己的需要、愿望和能力参与社会活动，在需要帮助时，能够获得充分的保护、安全和照料。由此可见,"积极老龄化"改变了以往人们的传统观点——尽管老年人曾为社会进步做出了巨大的贡献,但进入老年后,他们就成为社会的负担。相反,"积极老龄化"强调老年人是被忽视的宝贵社会资源,他们健康地参与社会、经济、文化与公共事务,仍然是社会财富的创造者和社会发展的积极贡献者。(宋全成,崔瑞宁,2013)

"积极老龄化"理论认为,积极老龄化政策会在以下三个方面发挥积极作用:第一,积极老龄化政策具有应对个体和群体老龄化挑战的能力。就个体而言,积极老龄化政策有利于降低高生产劳动力的死亡率和患病率,使老年人享有更高的生活质量。就人类群体而言,越来越多的老年人积极参与社会、文化、经济和政治生活,成为社会财富的继续创造者和贡献者。老年人的健康也意味着医疗费用和社会照料支出的减少。因此,积极老龄化政策是人类个体和群体应对老龄化挑战的重要社会政策。第二,积极老龄化政策能够平衡个人责任,增强代际的友好与团结。老年人参与更多的社会、经济、文化和政治生活,增加了收入,降低了因年老失去收入而陷入贫困的可能性,从而具有更好的保证身心健康和自我照料的能力,这既能预防慢性病导致的残疾,又能节约用于健康照料方面的开支。此外,在参与社会生活之外,越来越多的老人在家庭中无偿承担着隔代照料的责任,享受着天伦之乐。一方面让子代有更多的时间参与社会生活;另一方面,子代也愿意更多地承担起照料老人的家庭责任,从而有利于代际的友好、和谐与团结。第三,积极老龄化政策有助于缓解养老金、收入保障计划以及医疗和社会照料支出不断增加的压力。鼓励提前退出劳动力队伍的公共政策造成了大量的劳动者提前退休,而生育率下降又导致劳动人口的减少,造成了社会抚养比的急剧上升,迫使政府增加养老金和社会福利的支出。加之老年人的医疗和社会照料支出不断增加,给社会和政府带来了巨大的压力。实施积极老龄化政策可促进老年人广泛参与社会公共生活,有助于减少养老金、收入保障计划以及医疗和社会照料支出,从而提高社会活力。(宋全成,崔瑞宁,2013)

习题

1. 人口老龄化的概念是什么?
2. 简述人口老龄化的特点。
3. 简述人口老龄化产生的原因及其带来的后果。
4. 数字化时代下老年人如何享受到"长寿红利"?

第六章 劳动力就业

【本章重点】理解就业与失业的相关概念；掌握失业的类型及成因分析。

【本章难点】掌握就业的相关理论；运用理论分析具体就业问题；理解高质量充分就业的相关概念。

第一节 劳动年龄人口、劳动力人口与就业人口

一、概念辨析

人口是劳动力的来源和基础，它不断向物质资料生产过程提供劳动力，因此，人口数量的增长对于劳动力的供给有着直接的影响。劳动力则指具有劳动能力的人口，也指人的劳动能力，即达到法律规定特定年龄的人在创造社会财富过程中支出的体力和智力的总和。这里的年龄与各国法律规定相关，如：中国法定劳动年龄是男性16~60岁，女性16~55岁。因为在诸多国家官方统计数据中常用分类方式为0~15岁（含不满16周岁）、16~59岁（含不满60周岁）、60周岁及以上，因此在国家公布的统计数据中大都将16~59岁（含不满60周岁）的人口归为劳动年龄人口。日本法定劳动年龄是男性15~65岁，女性15~60岁。国际上通常将15~64岁人口定义为劳动年龄人口。综上所述，人口数量和结构影响着劳动力资源的供给，而劳动力的数量、质量和结构则对劳动和劳动力市场产生重要影响。

分析人口与劳动力就业，首先要明确劳动年龄人口、劳动人口、就业人口等相关概念。劳动年龄人口是指社会总人口中处于劳动年龄范围内的人口。处于合适的年龄区间即符合定义，它主要反映的是潜在的劳动力供给数量。劳动人口一般指劳动力人口，是指一个国家或地区劳动年龄范围内具有劳动能力的人，不包括在校学生、家庭妇女和其他不再参加社会劳动的劳动适龄人口。劳动力人口在数量上等于就业人口与失业人口之和，它反映现实的劳动力供给数量。就业人口是指所有劳动年龄人口在调查前一周为取得劳动报酬而工作了一小时以上（包括临时工、依托互联网平台灵活就业、家庭经营无酬帮工等）的人数。那么失业人口一般指劳动年龄内具有劳动能力，有就业要求而未能就业者，在我国仅在城镇统计失业人口。

二、人口与劳动力供需

（一）劳动力需求

劳动力需求是指在某一特定时期内，企业在某一工资率下愿意并能够雇佣的劳动

力数量。劳动力需求是企业雇佣意愿和支付能力的统一，两者缺一不可。劳动力需求的派生性以及它是生产要素需求的组成部分，使得对劳动力需求的分析必须联系产品需求的分析以及劳动力与其他生产要素相互关系的分析。

劳动力需求的理论是关于生产的理论。虽然劳动力需求是一种派生性需求，但是企业在劳动力的雇佣上并不是简单地随产品需求变动而调整其劳动力需求的。如果增加雇佣量能使总收入比总成本增加更多的话，那么企业就会增加劳动力的雇佣；反之，如果总成本比总收入增加得多，企业绝不会增加劳动力的雇佣。因此，在假设其他条件不变的情况下，劳动力需求与工资率存在着如下关系：工资率提高，劳动力需求减少；工资率降低，劳动力需求增加。这是我们分析劳动力需求的一个重要前提。劳动力需求量变动对工资率变动的反应程度被定义为劳动力需求的自身工资弹性。其计算公式是：

$$劳动力需求的工资弹性 = 劳动力需求量变动的百分比 \div 工资率变动的百分比$$

（二）劳动力供给

劳动力供给是指在一定的市场工资率条件下，家庭或个人愿意并且能够提供的劳动时间。劳动力供给量变动对工资率变动的反应程度定义为劳动力供给的工资弹性，也就是劳动力供给弹性。其计算公式是：

$$劳动力供给的工资弹性 = 劳动力供给量变动的百分比 \div 工资率变动的百分比$$

劳动力参与率是衡量和测度人口参与社会劳动程度的一项指标，即劳动力在一定范围内的人口比率。此"一定范围内的人口"可按照不同标志进行分类，如总人口、不同年龄组人口或不同性别人口等。劳动力参与率以总人口计算的称为总人口劳动力参与率，以某一年龄组计算的称为年龄别劳动力参与率，以某一性别计算的称为性别劳动力参与率。具体的计算公式如下：

$$总人口劳动力参与率 = \frac{劳动力}{总人口} \times 100\%$$

$$年龄别(性别)劳动力参与率 = \frac{某年龄(性别)劳动力}{该年龄(性别)人口} \times 100\%$$

劳动力参与率只是用来测度和反映人口参与社会劳动程度的指标，它本身并不是影响人口参与社会劳动的因素，经济的、家庭的经济因素会影响劳动参与的选择和决策，并通过劳动参与率的变化影响劳动力供给。此外，由于劳动力参与率的指标准确地反映了劳动力参与的变动，因此它成为分析劳动力供给变动的工具。

长期看，随着我国老龄化进程的加快和生育率的走低，我国适龄劳动人口将继续减少，劳动力供给规模持续下降。同时，不同年龄人口的劳动参与率也将继续下降，根据发达国家的经验，在后工业化时期可能下降到50%以下。学者基于趋势判断和已有的劳动力供给数据，通过相关模型预测未来十年我国劳动力供给总量。预测结果表明，2020—2030年，我国适龄劳动人口规模从9.89亿人下降到9.63亿人，劳动参与率从68.44%下降到65.17%，按照两项指标自身发展趋势推算，我国劳动力供给规模将不断下降，到2030年降到6.27亿人。[①]

[①] 童玉芬，周文，陈乐鸣，等. 生育政策调整对我国劳动力供给规模的影响评估［J］. 中国劳动关系学院学报，2021，35（2）：107-116.

第二节 就业与失业的相关概念

劳动就业是指达到法定劳动年龄、具有劳动能力的劳动者,运用生产资料依法从事某种社会劳动,并获得赖以为生的报酬收入或经营性收入的经济活动,简称就业。衡量就业状况的一个重要指标就是就业人口比率,即就业人口占劳动力总数的比重,其计算公式为:

$$就业人口比率 = \frac{就业人数}{就业人数+失业人数} \times 100\%$$

失业是指有劳动能力并愿意就业的劳动者找不到工作的一种社会现象,即达到就业年龄、有劳动能力、愿意就业且没有工作的劳动者。其实质是劳动者与生产资料相分离,不能进行社会财富的创造,从而也失去了获得劳动报酬的机会。失业被看作劳动者与生产资料相脱离的一种不良经济状态,它使社会资源分配和使用失当,因而在宏观层面上出现"非均衡"表现。因此,失业的存在无疑对宏观经济的运行以及整个经济增长和社会发展都构成了不良影响。也正因如此,各国政府都将降低失业率作为一个极其重要的政策目标加以考虑。[①]

2018 年的政府工作报告中,我国首次将城镇调查失业率列为国民经济和社会发展的预期目标。同年 4 月起,国家统计局每月定期发布全国城镇调查失业率。调查失业率指根据抽样调查方法推算得到的失业人口占就业人口与失业人口之和的百分比,其计算公式为:

$$调查失业率 = \frac{失业人数}{失业人数+就业人数} \times 100\%$$

我国调查失业率数据来源于全国月度劳动力调查。这项调查采用分层、多阶段、与住房单元数成比例的抽样方法,先在全国范围内随机抽取居(村)委会,再在抽中的居(村)委会内采用随机等距抽样方法抽取调查户。全国每月调查样本约 34 万户,基本覆盖我国内地所有地级市和县级地区。按现有抽样设计,在 90% 的置信度下,全国城镇调查失业率的相对误差在 2% 以内,即如果推算的城镇调查失业率为 5%,则真实失业率有 90% 的把握在 4.9%~5.1%。调查失业率反映了一定时期内劳动力市场的供需状况,是政府判断经济形势、改进宏观调控和制定就业政策的重要依据,其高低受经济结构、经济周期、人口结构、收入和社会保障水平等多方面因素的影响。

当前反映我国失业率的指标有城镇调查失业率和城镇登记失业率,二者的统计方法、指标定义和作用都有明显的区别。调查失业率由统计部门聘用的调查员入户访问获取就业失业信息,对于 16 周岁及以上的常住人口,不论其户籍所在地和类型,只要满足失业定义都属于失业人口。由于经济增长和就业具有密切联系,调查失业率通过反映就业形势的变化来体现经济运行状况,本质上是一项宏观经济指标。登记失业率由人力资源社会保障部门通过行政记录进行统计,失业人口是 16 周岁至退休年龄的人

---

① 杨河清,张琪. 劳动经济学 [M]. 北京:中国人民大学出版社,2014:218-238.

中,满足失业登记要求且主动去公共就业服务机构进行失业登记的人。登记失业率作为政府制定就业政策和为失业人员提供公共就业服务的依据,是就业工作指标。

第三节 劳动力就业的相关理论

一、凯恩斯的就业理论

1929—1933 年资本主义大危机爆发,西方各国空前规模的失业使古典学派的充分就业理论不攻自破。在此背景下,凯恩斯提出了有效需求原理,非充分就业理论应运而生。他认为社会就业取决于有效需求,有效需求由消费需求和投资需求决定,在消费倾向不变的条件下,消费需求取决于总收入量。而消费的增加总是落后于收入的增加,因而,要维持就业量则需要让投资量足以吸收总产量超过消费量的那部分,但资本边际效率随投资增加而下降,导致投资不足。这时有效需求不足就使社会就业量增长陷于停滞。所以国家应该刺激消费、增加投资,提升社会的有效需求。凯尔斯的宏观就业理论为第二次世界大战以后各国谨防失业率上升的政策干预提供了理论基础。

二、菲利普斯曲线

20 世纪 60 年代末,西方主要资本主义国家相继陷入"滞胀"困境,凯恩斯的理论受到挑战。新古典综合学派以菲利普斯曲线为基础来解释该时期的失业问题。美国经济学家萨缪尔森和索罗用通货膨胀率替代货币工资变动率,分析得出,要实现充分就业,即将失业率保持在 3% 以下,就需要把通货膨胀率控制在 4%~5% 以内。菲利普斯曲线机制较好地拟合了美国 20 世纪 60 年代的经济事实。总之,基于菲利普斯曲线的理论认为,为了实现充分就业,就必须忍受更高的通货膨胀率。

三、结构性失业理论

新古典综合学派针对失业和通胀并存的现象提出了"结构性失业"的概念。结构性失业是指因经济结构的变化,劳动力的供给和需求在职业、技能、产业、地区分布等方面的不协调而引起的失业。另外,工资具有刚性,尽管存在失业,工资却不降反升。失业与货币工资上涨并存,进而产生滞胀。由此,引申出治理失业问题的需要加强对劳动力的培训、提供充足的就业信息、促进劳动力在地区间的流动等。

四、现代货币学派

20 世纪 60 年代,以弗里德曼为代表的货币学派提出了另一种失业概念——"自然失业"。自然失业率即为在没有货币干扰的情况下,让劳动力市场和商品市场处于均衡状态的失业率。不论是经济衰退时期还是繁荣时期都存在,即是一种处于充分就业状态下的失业率。自然失业的工人包括:自愿失业、摩擦性失业、结构性失业等。短期内货币存量的变化决定了就业量,而长期看不存在失业与通胀自身的权衡。提升通胀率可能会降低失业率,但是高通胀率并不会降低失业率。因此,自然失业率也可理解为充分就业水平。

五、理性预期学派

以罗伯特·卢卡斯为代表的理性预期学派从总供给的角度对总产量变动、通货膨胀和就业水平的变化进行解释。有两个关键假说:一是理性预期假说。即人们对政策的预期是准确的,具有"前瞻性"。二是持续的市场出清假设,劳动市场不存在"非自愿失业",菲利普斯曲线无论是在短期还是长期都是垂直的。通货膨胀与失业在理论上没有相关性。理性预期学派认为自然失业是市场配置资源的结果,但是自然失业也并非完美,政府仍需在缓解结构性失业问题上做出干预。

六、供给学派

20世纪70年代以阿瑟·拉弗为代表的供给学派兴起,其认为在不受政府干预的市场经济中,供给能创造需求,可以说是"萨伊定律"的延续。还强调应该重视市场经济的自动调节机制。供给学派认为在生产能力不足的情况下,政府依然实行积极宏观政策会导致生产能力更加不足,失业问题更为严重。政府对企业的管制过多反而使企业经营成本上升,缺乏活力和竞争力,雇工减少,从而导致全社会的失业。

七、马克思主义就业理论

在社会主义就业理论中,马克思的就业理论最具代表性。他将就业问题纳入资本主义经济发展的整体框架中,内容涉及相对过剩人口、失业以及工资等。

第一是马克思的相对过剩人口理论。马克思对资本主义生产方式发展初期的失业问题进行分析,他认为失业是资本积累的必然产物。"工人在生产出资本积累的同时,也因日益扩大的规模使他们成为相对过剩人口",并且随着资本积累运动而周期性发生变化。在经济繁荣时期,资本积累扩大,工厂对工人需求量增加,在经济危机期则相反。马克思的相对过剩人口理论既强调劳动供求规律的一般性,又强调劳动供求规律的资本主义制度特殊性,揭示了失业存在的根源和趋势。

第二是马克思的失业与补偿理论。在资本有机构成不变的条件下,马克思认为失业是劳动供求规律作用下的结果。虽然资本积累会增加对劳动的需求,但对劳动力的需求并不一定会增加,甚至会下降,而劳动供给增加也并不意味着就业数量增加。对失业问题起决定作用的是劳动力的供给和需求。"劳动生产力越是增长,劳动供给增加得越快。"

关于机器替代人力的问题,马克思提出了补偿理论。他认为如果机器排挤工人的数量大、替代速度快,那么机器与工人之间的冲突就越发严重。被机器排挤的工人由于技能结构的限制,很难顺利找到其他工作,因而社会的总体失业率会上升。只有迅速追加一定规模的投资,才能解决被机器排挤的部分工人的就业,否则,会导致"机器不仅在采用它的生产部门,还在没有采用它的生产部门,把工人抛向街头。"

第三是马克思的工资理论。马克思认为在相对过剩人口的条件下"决定工资一般变动的，是过剩人口相对量的增减，是过剩人口时而被吸收，时而又被游离的程度"。即工资是由在职劳动的供求决定的，而对劳动的需求不同于对劳动力的需求，前者的增加不会必然导致后者的增加。工资并没有调节人口增减以适应资本积累的作用，它在特殊的生产部门中可能成立，而在整个社会总劳动力与总资本之间并不存在。

八、其他就业理论

（一）新兴古典经济学关于就业的理论

20世纪90年代以来经济增长理论最重要的发展当属新兴古典经济学理论。以华人经济学家杨小凯为代表，其认为失业是与分工相关联的一种经济现象，自给自足的社会没有分工，就没有失业。而当全社会都处于完全分工状态时，每个人都能够进行专业化的生产，那么也不存在失业。当分工研究机制受到阻碍，从事专业化生产的劳动力就处于既不能后退到自给自足的状态，也不能跃升到新的分工水平，那么就会产生失业。该理论对现实具有一定的解释力。分工不足，则市场机制的调节作用低效，经济增长仅有速度而无质量，那么充分就业也很难达到。

（二）工作搜寻理论

美国经济学家戴尔·莫滕森把失业解释为劳动力市场存在摩擦下的劳动者寻求最优工作的自愿行为，即失业反映的是工人宁愿不工作也不接受低薪。费尔普斯提出了职业搜寻理论。他认为在信息不充分条件下，工作搜寻者通过比较工作搜寻的边际成本和可能获得的边际收益来决定是否继续搜寻。较高的"搜寻成本"不仅导致市场效率低下，还造成了资源浪费。工作搜寻理论强调对劳动力市场信息的重视，劳动力供求关系双方存在信息沟通不畅，无形延长了搜寻时间，加剧了"摩擦失业"，因而使劳动力市场上职位空缺和失业现象同时存在。

第四节 失业的类型及成因

学者对失业的类型及成因进行了长时期、深入的讨论研究，根据失业原因划分的摩擦性失业、结构性失业、周期性失业、隐性失业等几种失业类型及其成因被学界广泛认可与接受。

一、摩擦性失业

摩擦性失业是由于劳动力供求信息不对称或个人在转换工作中的时间差导致的短期失业。它可以说是竞争性劳动力市场的一个自然特征，它不是由于工作岗位缺乏而造成的，而是由于寻找工作、达成就业协议的时滞所引起的。因此，它是一种正常性的失业，它的存在与充分就业并不矛盾。摩擦性失业往往涉及的行业广、人数多且失业期限较短。比如：高校毕业生在找到第一份工作之前可能会面临摩擦性失业，他们需要花费一定时间来了解就业市场和寻找适合自己的工作。互联网公司程序员由于晋升空间、工资待遇等原因，在跳槽更换工作单位的过程中，经常会出现摩擦性失业。

摩擦性失业产生的原因：一是劳动力市场的动态属性。由于经济社会发展、产业结构变化、用人单位自身运营状况调整等原因，劳动力市场对劳动力的需求也在随之发生变化。同时，劳动力本身也在市场上不断寻找适合自己的位置，经常从一个雇主转移到另一个雇主，或从一个行业转向另一个行业，无论是自愿的（如寻求更好的职业机会）还是被动的（如因公司裁员而被迫寻找新工作）。总之，劳动力市场是一个快速流动的市场。二是信息不对称，劳动力市场存在信息不对称的情况，即求职者和雇主之间的信息流动不完全。求职者可能不知道有哪些适合自己的工作机会，而雇主可能不知道有哪些合适的求职者。这种信息不对称导致了搜寻工作的时间延长和匹配困难。

二、结构性失业

结构性失业是由于劳动者的技能结构与现有的就业岗位技能结构错位，造成失业与岗位空缺并存的一种失业现象。结构性失衡并不一定表现为劳动力总量上的供大于求，即使在供求平衡状态下，也可能出现"失业与空位"并存的局面。因此，结构性失业往往具有明显的群体性特征与较长失业周期特征。比如：某个地区现代化制造业发展迅速，劳动力市场需要大量的技术工人来操作复杂的生产设备和机器。然而，当地的劳动力主要是从农村迁徙而来的劳动者，他们缺乏所需的技术和专业知识，无法胜任这些技术性工作，因而处于失业状态，也就会产生结构性的失业问题。[1]

结构性失业产生的原因：一是技术变革。科技的进步和人工智能技术的应用改变了许多行业的生产方式，自动化和机器人等新技术可以取代部分传统劳动力，使得某些工作岗位不再需要人力。这导致了一些劳动者在面对新技术的冲击时丧失了就业机会。二是结构转型。经济结构的调整和转型也会导致结构性失业。随着经济的发展，一些传统产业可能衰退或调整规模，而新兴产业则得到快速发展。劳动者在传统产业中失去工作后，可能需要重新适应新兴产业的要求，但这需要时间和培训。三是行业减员。某些行业可能因为市场竞争激烈、需求下降或政策调整而进行裁员或缩减规模。这导致在这些行业中的劳动力供过于求，造成结构性失业。四是技能不匹配。结构性失业还可能是由于劳动者所具备的技能与市场需求不匹配。随着行业和职业的变化，一些岗位需要新的技能和知识，而劳动者可能没有得到相应的培训和教育。

三、周期性失业

周期性失业是指由于经济运行总是处于周期性的循环状态，从而对就业需求产生周期性波动而形成的失业，即由于经济周期或经济波动引起劳动力市场失衡所造成的失业。在经济繁荣期，劳动力市场供求状况良好，就业机会增加，失业率下降；而在经济衰退或经济危机时，生产活动减少，企业经营不景气，裁员和解雇增多，失业率上升。通过分析我们可以看出，周期性失业源于经济总量失衡，劳动力市场上供大于求。而摩擦性失业和结构性失业是在总量平衡的前提下，供求内部出现失衡。周期性

---

[1] 杨河清，张琪. 劳动经济学 [M]. 北京：中国人民大学出版社，2014：240-241.

失业是失业中数量最大、最常见、最难驾驭的一种类型，凯恩斯"有效需求"不足造成的失业即是典型的周期性失业。[①]

从中我们可以看出周期性失业产生的一些原因：一是经济周期中萧条阶段的经济下行所造成的劳动力需求不足，是由于整体经济的支出和产出水平下降而引起的失业。二是在经济不景气的大环境下，由于供需双方信息不对称、人力资源投资的非均衡性以及劳动力市场竞争力的要求等原因，雇主倾向于解雇员工。针对周期性失业，政府可以通过宏观经济政策措施来增加就业机会、促进经济复苏、降低失业率，如增加公共投资、实施货币政策、减税和财政刺激等。同时，企业也可以采取一些灵活的方法来适应周期性失业的状况，例如调整员工工资、缩减工作时间、转换生产线等。

四、隐性失业

隐性失业是指具有劳动能力并在职工作但工作量不足，不能通过工作获得社会认可的正常收入，虽有工作岗位但未能充分发挥作用的失业，或在自然经济环境里被掩盖的失业。即劳动力在就业状态下，实际上没有真正发挥其全部潜力或能力。

隐性失业这一概念是经济学家琼·罗宾逊首先提出来的。其内容是针对发达国家20世纪30年代经济大萧条时期，大批熟练工人不得不从事非熟练工作，生产率远低于潜在的生产率，因而存在着隐蔽的劳动潜力的现象。后来发展经济学家阿马蒂亚·森把劳动和劳动力区别开来，他认为隐蔽性失业的产生"是劳动力的边际生产力在一个相当大范围内为零"。概括来说就是人浮于事，冗员严重。

比如：疫情暴发对中国就业形势产生严重冲击，一些群体如农业转移人口、高校毕业生的就业不稳定性增加，许多人没有失业，但也没上班，或者上班没活干，使得隐性失业人口的数量迅速增长。经济学家弗里德曼发现工人们在用铲子挖运河而没有使用重型机械，询问原因得到的回答是"用铲子是为了创造更多的就业"，这就是无效就业的经典例子，这种就业属于隐性失业。随着灵活就业成为一种重要的就业形态，越来越多的人选择成为自由职业者、临时工、远程工作者，自主性和灵活性很强。但如果遇到风险和困难，这种就业方式就有可能转化为隐性失业。

五、其他类型失业

季节性失业，即由于季节性的生产或市场的变化等原因引起生产对劳动力的需求出现季节性波动，导致劳动者就业岗位的丧失。如：农业生产、旅游景区等的岗位。

自愿性失业，即劳动者不愿意接受现行的工作条件和收入水平而宁愿不工作，自愿退出劳动力市场的一种现象。如青年群体认为工作内容不符合自己兴趣而自愿不工作，又如疫情防控期间司机、家政人员担心自己被感染而自愿失业等。

以上仅是失业类型的一些常见例子，实际情况可能更加复杂。随着社会现实状况的发展变化，失业的原因是复杂多样的，有国内的也有国际的，有长期的也有短期的，

[①] 杨河清，张琪. 劳动经济学 [M]. 北京：中国人民大学出版社，2014：218-238.

是交织叠加的，是多种社会因素和个人因素综合作用的结果。

第五节 新质生产力与高质量充分就业

一、劳动力高质量充分就业

党的二十大报告提出，实施就业优先战略。强化就业优先政策，健全就业促进机制，促进高质量充分就业。我国的就业目标先后经历了"更高质量的就业""更高质量和更充分就业"，再到"高质量充分就业"。高质量充分就业仍然强调"量"和"质"，"量"是指高质量的充分就业，"质"是就业质量。它有两层含义。一是在"量"的方面，我国已经实现了充分就业，近年城镇新增就业年均在1 300万人以上。在新时代新征程中我们要追求"高质量的充分就业"。充分就业有两个层次，低质量和高质量，我们要实现高质量层次的充分就业。二是在"质"的方面，要不断提高就业质量。要通过经济高质量发展带动高质量就业，实现人民群众对高品质民生的新要求。

从宏观层面看，高质量充分就业与国家经济发展、生产要素供给、社会文明进步等紧密相关，应满足国家、市场、社会、就业的需求。从劳动力个体角度，高质量充分就业的内涵应包括较高薪酬、快乐工作、惬意环境、安全劳动、权益保障、发展前景等因素，与之相关的理论主要有人力资本理论、工作满意度理论、双因素理论、市场分割理论、工作找寻理论等。1999年，国际劳工组织总干事胡安·索马维亚首次提出"体面劳动"的概念，指出体面工作意味着生产性的劳动，包括劳动者权利受到保护、足够多的收入、充分的社会保障和充足的工作岗位。体面工作是高质量就业的必要条件，高质量就业的内涵应该包括更多的要素。[①]

从理论上看，高质量就业与充分就业是辩证统一的关系。一方面，充分就业意味着更低的失业率。就菲利普斯曲线来说，减少失业会出现较高的通货膨胀，但从奥肯定律来看，充分就业也反映了经济的健康发展，有利于提升就业质量。另一方面，高质量的就业要求薪酬福利更高，社会保障更好，劳动关系更和谐。这意味着劳动成本的增加，劳动力需求就会下降，而这又可能影响充分就业的实现。

实现劳动力高质量充分就业的影响因素有很多。从宏观上看，我国人口结构与经济结构深度调整，劳动力供求两侧均出现较大变化，产业转型升级、技术进步对劳动者技能素质提出了更高要求，人才培养培训不适应市场需求的现象进一步加剧，"就业难"与"招工难"并存，结构性就业矛盾更加突出，将成为就业领域的主要矛盾。加之国际环境日趋复杂，不稳定性、不确定性明显增加，对就业的潜在冲击日益增强。从微观上看，就业歧视仍然存在，灵活就业人员和新就业形态劳动者权益保障亟待加强；青年群体就业观念发生变化，"躺平一代""啃老族""考公热""逃离北上广""内卷""焦虑"均影响了青年的就业行为。

---

① 岳昌君. 高质量充分就业的内涵与实现路径[J]. 人民论坛，2023（14）：63-66.

推动劳动力实现高质量充分就业，关键在于解决好重点群体的就业问题。做好重点群体的就业工作，就抓住了稳定就业基本盘的"牛鼻子"。应分类研判重点群体的就业问题，聚焦解决重点群体的就业重点、难点和风险点，为重点群体提供"精准"政策支持。一是着力推动高校毕业生"稳就业、扩就业、就业提质"；二是关注城镇青年群体就业价值观，减少失业风险；三是不断完善退役军人群体安置制度，促进市场化就业；四是促进农村劳动力转移，就业群体扩容提质；五是帮扶就业困难重点群体就业。

拓展阅读

为何高校毕业生就业这么难？

每年到了毕业季节，就听到社会上响起各种各样高校毕业生就业难的声音。据教育部统计，2023年高校毕业生人数突破1 158万（见图6.1），千万毕业生大军一同涌入求职市场，就业形势十分严峻。今年以来，青年失业率持续攀升，国家统计局2023年7月17日公布的数据显示，2023年青年失业率为21.3%，再创新高。高校就毕业生就业形势严峻的原因是多方面的，牵涉到多个因素和层面。"大学生太多了，大街上一抓一大把。"这句话其实反映的是劳动力供给与需求角度的现象。

从供给端来看：首先，随着高等教育的普及和大学扩招政策的实施，高校毕业生的数量不断增加，而相应的就业机会与就业岗位不足，这导致了竞争更加激烈，就业市场供需失衡；其次，结构性不匹配，企业有需求但招不到合适的人才，或因应届毕业生的技术技能和工作经验达不到要求，企业不愿招收应届毕业生，这造成了结构性失业的情况，即就业机会不均衡的现象。最后，就业稳定性成首要关注点，高校毕业生渴望"编制"，但体制内工作吸收劳动力的能力有限，"千军万马过独木桥"。

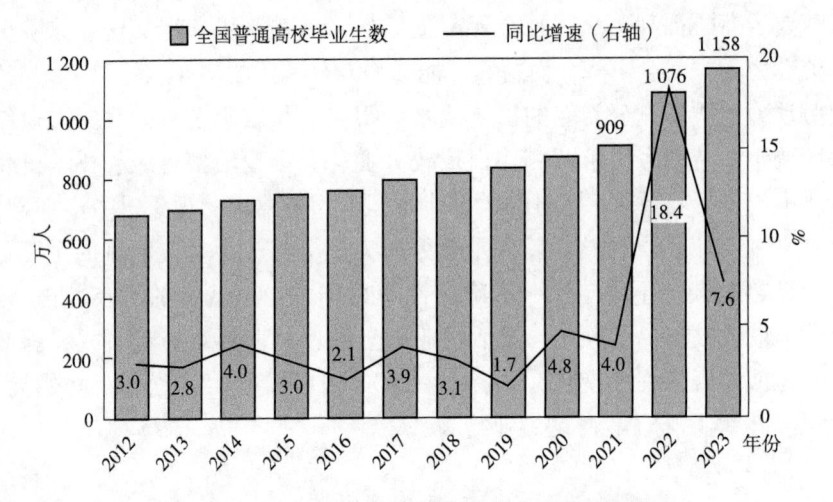

图 6.1　2012—2023年全国高校毕业生数量及增速

从需求端来看：首先，随着产业结构的转型和技术进步，一些传统行业的就业机会减少，而新兴行业和科技领域的需求逐渐增加。高校毕业生还未适应市场需求的变化，导致就业形势的不确定性。其次，随着经济发展和市场竞争的加剧，企业对招聘员工的要求也越来越高。除了专业知识和技能外，往往还需要具备实践经验、创新能力和团队合作能力等软实力，部分毕业生不能满足市场需要，而且经验不足更是成为企业不愿招用应届高校毕业生的重要因素。

二、新质生产力与高质量充分就业的关系

发展新质生产力和实现高质量充分就业是相辅相成、相互促进、互为依托的。一方面，高质量充分就业的实现必须依托发展新质生产力来实现。我们说高质量发展是解决一切问题的关键，而发展新质生产力是推动高质量发展的内在要求和重要着力点。另一方面，新质生产力是由劳动者、劳动资料、劳动对象等生产力要素优化组合而产生质变形成的新生产力形态，其发挥作用的过程就是具备相应的知识、技能和素质的新型劳动者通过新型劳动工具作用于新型劳动对象的过程。因此，推进新质生产力发展离不开新型劳动者，离不开劳动与就业，可以说高质量充分就业是形成新质生产力的重要引擎与培育手段。

三、新质生产力对高质量充分就业的影响

（一）新质生产力对就业数量的影响

首先，新质生产力本质是创新驱动，是新技术的应用，最后落脚点是产业。因此新质生产力的发展通常伴随着技术创新、产业升级和新兴行业的兴起，这些都会催生和创造大量就业机会。其次，新质生产力的发展为创新创业提供了更多的机会和平台，有利于促进就业市场的活力和多样化。最后，以新技术应用为本质的新质生产力推动了技术更新换代和产业结构的优化升级，对劳动力的科学技术能力提出了更高的要求，使得部分劳动力面临结构性与摩擦性失业。因此，可以说新质生产力对就业数量产生的影响既有创造效应亦有破坏效应，而且两者是相互交织的。

（二）新质生产力对就业质量的影响

新质生产力的蓬勃发展，深刻改变了传统的劳动过程。首先，新产业和新技术往往能提供更好的工作条件、更高的薪资待遇和更多的职业发展机会，从而提高劳动者的就业质量。其次，新质生产力的发展对劳动力的素质和技能提出了更高的要求。为了适应新产业的发展和技术变革，劳动者需要不断学习提升自己的技能，这将促进教育和培训的发展，提高劳动力的整体素质。最后，人工智能、大数据、云计算、物联网等新技术优化和重塑了劳动资料，如手机成了广大农民的新农具，直播成了新农活。新技术的广泛应用帮助甚至替代劳动者完成复杂、危险的工作任务，提高了工作效率与工作质量。同时也应警惕技术作用强化、劳动者作用弱化带来的劳动异化，以及传统劳动关系重塑下"去劳动关系化"带来的劳动者权益保障问题。

(三) 新质生产力对就业结构的影响

新质生产力对就业结构的影响涉及地区、城乡、产业、行业、技能、性别等方方面面。首先，新质生产力创造了很多高技术含量的就业岗位，也必然对劳动者的知识和技能提出了更高要求。新质生产力通过培育和壮大新兴产业，推动了产业结构优化升级和生产效率提升，传统产业的消失与新兴产业的崛起必然带来劳动力就业市场需求变化等问题。其次，新质生产力的技术进步推动了就业的行业结构持续调整，一方面促使更多劳动者从事研发、服务等工作，降低了劳动强度，特别是重体力劳动，增加了脑力劳动的比例。另一方面催生了众多平台就业、灵活就业等新就业形态，吸纳劳动力就业的同时，也改变了劳动力的工作方式和组织形式，使其摆脱了劳动空间与时间的限制，就业的自主性与灵活性增加。最后，新质生产力的发展必然伴随着技术的进步，而技术进步下的机会平等，有助于减少因背景、性别、种族等因素而造成的就业歧视。同时，通过提供更广泛的就业机会、降低信息不对称等方式，来提升劳动力市场的包容性与平等性。

习题

1. 简述就业与失业的概念。
2. 简述失业的类型及成因。
3. 简述劳动力就业的相关理论。
4. 如何理解劳动力高质量的充分就业？

第七章 人口质量与人力资本

【本章重点】 理解人口质量的概念与内涵，了解人口质量的测度方式；了解人力资本相关理论。

【本章难点】 人力资本投资收益率与教育投资。

第一节 人口质量

一、人口质量的概念与内涵

人口质量亦称"人口素质"，即人口总体的身体素质、文化素质和思想素质的综合表现，它反映人口总体认识和改造世界的条件和能力。其中，身体素质主要包括健康状况和预期寿命；文化素质主要包括文化科学水平和劳动技能；思想素质主要包括政治思想和道德品质。人口质量是个复杂的概念，单就身体健康状况来讲，就包含了体力、心理、精神状态等方面。因此人口质量就是一种资源，具有经济价值，需要付出代价才能获得，比如教育投资、培训投资、健康投资等。劳动力素质是构成劳动力各种要素状况的综合反映，是指劳动力在体力、知识、技能、能力和态度等方面的素养和水平。

第七次全国人口普查数据显示，2020年中国16~59岁劳动年龄人口为8.8亿人，每年出生人口1 000多万，人口总量规模仍比较大，劳动力资源仍然比较丰富。同时，劳动力的整体素质在提高。16~59岁劳动年龄人口平均受教育年限从2010年9.67年提高到2020年的10.75年，文盲率从2010年的4.08%下降为2.67%。高中及以上受教育程度的人口达3.85亿人，占比为43.79%，比2010年提高12.8个百分点。大专及以上受教育程度的人口占比达23.61%，比2010年的数据提高11.27个百分点。具有大学文化程度的人口为21 836万人，与2010年相比，每10万人中具有大学文化程度的由8 930人上升到15 467人。最后，健康状况持续改善。2020年人口平均预期寿命达到77.9岁，比2010年提高3.1岁。孕产妇死亡率和婴儿死亡率均大幅度下降，分别从2012年的24.5/10万和10.3‰，下降至2021年的16.1/10万和5.0‰，新生儿死亡率从2012年的6.9‰下降至2021年的3.1‰。

总体来看，中国劳动力无论是在总量上还是劳动力素质上，都有巨大的有利条件。中国未来要从过去依靠投入大量低成本劳动力促进经济增长，转向通过技术进步促进经济增长。面对中国人口数量和结构的新变化，我们必须未雨绸缪，高度重视人口及劳动力素质的提高，大力提升"素质红利"。在技术进步的同时，注重对劳动者的教育和培训，减少因此带来的结构性失业和摩擦性失业，努力实现更加充分、更高质量的就业。

二、人口质量的测度方法

（一）单个人口的质量测量指标

平均预期寿命和长寿水平、残疾人口所占比例、青少年身体发育指标、教育水平指标等都属于单个人口质量的测量指标。

1. 平均预期寿命和长寿水平

平均预期寿命是指在一定年龄组的死亡率水平下，该年龄组的一批人从出生到死亡的平均存活年（岁）数。

2. 残疾人口所占比例

残疾人口是指因疾病或伤害造成身体缺陷或生理功能障碍从而部分或者全部丧失劳动能力和生活能力的人口。

$$残疾人口所占比例 = \frac{残疾人口}{总人口} \times 100\%$$

3. 青少年身体发育指标

青少年身体发育指标是指青少年人口每10年平均身体、体重的增长速度。它反映了人口的发育状况与营养水平。

$$魏尔维克指数 = \frac{体重（公斤）+ 胸围（厘米）}{身高（厘米）} \times 100$$

4. 教育水平指标

反映教育流量的指标，包括各级各类学校招生数、在校生数、毕业生数、每万人口在校学生数等。

反映教育存量的指标，包括每万人口中的大学教育程度的人口数、15岁以上人口中的文盲人口数、各年龄组人口的平均受教育年限、识字率等。

（二）人口质量的综合测量指标

生命质量指数（PQLI）也称为人口质量指数或人口素质指数。该指数是美国海外投资委员会于1975年提出，于1977年正式公布的，用以衡量一个国家人口的营养、卫生、保健、国民教育等方面的总体水平。

1. 生命质量指数

$$生命质量指数 = （婴儿死亡率指数 + 1岁预期寿命指数 + 成人识字率指数）/3$$

（1）婴儿死亡率指数。公式为：

$$婴儿死亡率指数 = （229‰ - 某国或地区的婴儿死亡率）/2.22$$

（2）1岁预期寿命指数。公式为：

$$1岁预期寿命指数 = （某国或地区1岁预期寿命 - 38）/0.39$$

（3）成人识字率指数。即15岁及以上人口中识字人口所占比例。

2. 美国社会卫生组织指数

美国社会卫生组织指数（ASHA），主要反映一个国家尤其是发展中国家的社会经济发展水平以及在满足人民基本需要方面所取得的成就。

$$ASHA = \frac{就业率 \times 识字率 \times 平均寿命指数 \times 人均 GNP 增长率}{人口出生率 \times 婴儿死亡率}$$

3. 人类发展指数

人类发展指数是衡量世界各国或地区人类社会发展程度的统一尺度。该指数由预期寿命、成人识字率和人均 GDP 的对数三个指标构成。它们反映的是长寿水平、知识水平和生活水平。

(三) 人口质量的间接测量指标

1. 医疗卫生水平和保健的普及程度

常用的衡量指标有每万人口中医生数、床位数、人均卫生经费以及卫生经费占国民收入的比重等。

2. 人口食物构成和营养状况

常用的衡量指标有每人每天摄取的热量、蛋白质供应量或每年人均消耗指数，如年人均食用肉类、奶类、豆类，人均占有粮食数量和卫生用水状况。

3. 人均住房面积

人均住房面积是反映居民生活水平的一项重要指标。这一指标又可细分为人均建筑面积、人均使用面积和人均居住面积。

4. 体育运动事业的普及程度

体育运动事业的普及程度是指促进身体正常发育和充分发展身体机能的各种锻炼方法和活动的重要指标。

5. 环境监测状况及污染指数

自然环境是人口再生产的物质基础，也是影响人口质量较为重要的因素。环境检测状况及污染指数（环境污染程度或环境质量等级）等可较好地反映人类生活环境的优劣。

6. 间接测量人口指标

间接测量人口指标包括教育经费在国民收入中所占比重，师生比，图书、报刊出版发行量，广播，电视覆盖率等。

三、人口质量与新质生产力的关系

培育新质生产力的核心是提升全要素生产率，提升全要素生产率需要依靠优化配置资本、劳动生产要素，更需要依托创新和技术进步。在经济高质量发展阶段，单纯依靠劳动、资本等传统生产要素的再配置提升全要素生产率的空间正在缩小，需要依靠科技进步与创新培育新质生产力。人口质量成为发展新质生产力的关键因素。人是科技、创新活动中最核心、活跃的因素，通过人口质量的提升有助于科技进步与创新。因此，提升人口质量，锻造高素质、高技能、高学历的劳动者队伍，特别是培育科学家、科技领军人才和创新团队、大国工匠，以及企业家等社会发展的顶尖人才，将为培育新质生产力提供坚实的人才基础。

(一) 人口质量可以增强新质生产力的人口教育基础

全国人口普查资料显示，从 2000 年到 2020 年，我国 15～64 岁劳动年龄人口中低学历人口大幅减少，高学历人口明显增加。其中，专科及以上人口数快速增加，由2000年的4 283万人增加到2020年2.1亿人（王金营，2024）。伴随着高等教育蓬勃发展，代表高层次人才的研究生学历人口由2000年的86万人攀升到2020年的1 071万人。劳动年龄人口受教育水平的提高有利于形成"人口质量红利"，进而提高整体人口质量，促进新质生产力的发展。高素质劳动力不仅具备更强的学习能力和适应能力，能够更快地掌握新技术、新技能，适应新产业、新业态的发展需求，还拥有更强的创新精神，能够为新质生产力提供源源不断的创新动力。因此，需要继续深化教育改革，促进教育资源均等化，提高教育质量，提高教育现代化，培养更多具备高度创新精神和技术能力的劳动力；加强职业教育和终身教育，从终身视域提高劳动力的职业技能和综合素质，使其更好地适应高精尖产业发展的需求。

（二）人口质量可以为新质生产力提供人口健康基础

我国人口健康水平的提升不仅为实现健康中国战略做出了巨大贡献，更为新质生产力的培育提供了有力支撑。根据全国人口普查资料，我国人口的平均预期寿命由2000年的71.40岁增长到2020年的77.93岁，婴儿死亡率由2000年的30‰左右降低到5‰左右，5岁以下儿童的死亡率也下降至6.8‰，居民的健康素养从2012年的8.8%提高到2022年的27.78%（徐策等，2024）。上述指标不仅体现了医疗卫生服务进步，更反映了人口健康水平的全面提升。人口健康水平提升为新质生产力培育提供了大量具备身体健康素质良好的劳动力人口。良好的健康水平使劳动力人口在体能、智力和心理素质方面更具优势，能够更好地适应现代化、高科技的工作环境，为新质生产力的形成和发展提供有力保障。人口健康素养的增强也促进了健康产业快速发展，医疗健康、康复养老、体育健身等产业迎来了前所未有的发展机遇。通过医疗卫生服务的创新性发展，不仅推动了医学科技的发展，为人口提供了更多元、更高质量的健康服务，也为新质生产力提供了新的动力源。

第二节 人力资本的含义与特点

一、人力资本的含义

人力资本是一种与物质资本相对应的资本形式，具体表现为能够为任何人带来永久性经济收入的能力和知识等。从价值的角度看，任何个人对自身进行的知识、技能、智力和健康的投入，如果能够给投入者带来超过投入价值的价值，并由其占有和支配这部分价值而产生更大的投入积极性，那么这种投入所形成的价值便是人力资本。[①] 人力资本同样是一种资源，是个体通过教育、培训和工作经验等方式所积累的知识、技能、能力和健康状况，以及这些个体所拥有的人际关系和社会网络等资源。

需要注意的是，随着人力资本理论的发展，其内涵得到了进一步的扩展，非认知

---

① 杨河清，张琪. 劳动经济学 [M]. 北京：中国人民大学出版社，2014：253-259.

能力成为人力资本重要的组成部分。早期的人力资本理论中人力资本更多的是指认知能力，如熟练的读写算能力、良好的文化和科学技术素质、分析和解决问题的能力以及一些操作性技能等。现代研究者发现，在新经济的发展中，比认知能力更为复杂的非认知能力在生产过程中更为重要。非认知能力同人的性格、态度和动机密切相关，通常包括五个方面：一是心态的开放性、好奇心和打破常规的创新性；二是自信心和责任感以及工作的专注性、条理性等；三是性格的外向性，善于与人交往等；四是亲和力，富有同情心，乐于助人；五是善于掌控情绪的努力等。在工作场所，非认知能力具体表现为更广泛的内容，如良好的道德规范和社会表现、适当的职业期望、有效的时间管理、积极的工作态度、规范的劳动行为和善于与人合作的团队精神等。这种非认知能力有时被称为"社会行为能力"。[1]

二、人口与人力资本的关系

一般意义上人口的概念指的是某一地区或国家在特定时间段内的居民总数，统计学上用来描述特定地理区域内的人口数量。人口是研究社会、经济、环境等各个领域的重要基础信息。通过了解人口的概念和特征，可以对一个地区的人口规模、结构、分布和趋势等进行分析和研究。这对于制定政策、规划发展、资源分配以及社会福利的提供都具有重要意义。人力资本是指个体通过教育、培训和工作经验等方式获得的知识、技能和能力。它是劳动者身上的一种非物质资本，可以用于生产和创造价值。

首先，人口是人力资本的基础。人口提供了劳动力的总量，为人力资本的形成和发展提供了基础。只有具备足够的人口，才能有更多的人才资源用于培养和发展人力资本。其次，人力资本是人口的增值。人力资本通过教育、培训和工作经验等方式对个体进行提升，使其在劳动力市场上具备更高的竞争力和生产力。人力资本的增加可以提高人口素质水平，推动经济发展。最后，人口结构对人力资本的需求和供给产生影响，同时人力资本也影响人口结构和人口变动。一方面，不同年龄、性别和教育程度的人口在人力资本的需求和供给方面存在差异。例如，年轻人口通常具有更高的学习能力和适应性，更容易获取和积累人力资本。另一方面，人力资本的提高可以改变人口结构和变动趋势。例如，良好的教育和培训机会可以提高女性劳动参与率，影响家庭规模和生育率的选择。综上所述，人口和人力资本是相互关联和相互影响的概念。人口规模和结构决定了人力资本的基础和供给条件，而人力资本的增加又可以提高人口素质和劳动力市场的竞争力。

三、人力资本的特点

（一）人力资本是寓寄在劳动者身上的一种生产能力

人力资本通常是以劳动者所具有的知识、技能、资历和工作经验与熟练程度表现

---

[1] 闵维方. 人力资本理论的形成、发展及其现实意义 [J]. 北京大学教育评论, 2020, 18 (01): 9-26, 188.

出来的，即表现为劳动者的生产能力。

（二）可习得性

人力资本通过学习和培训来获取，它涵盖了各种知识和技能，包括学术知识、职业技能、专业知识等。这些知识和技能可以帮助劳动者更好地适应工作环境和需求。

（三）投资和回报性

人力资本是个体对自身发展进行的一种投资。个体通过获取教育和培训，投入时间、金钱和精力，以提高自身的能力水平和竞争力。而这种投资往往能够带来回报，包括更好的就业机会、更高的收入和更好的职业发展。

（四）长期性和可转移性

人力资本是个体的一种长期投资，不容易短时间内快速积累。同时，人力资本通常具有一定的可转移性，即它可以随个体的流动而转移到不同的工作岗位和行业中。这使得个体能够适应不同领域的需求，并在多个领域中发挥作用。

（五）人力资本的所有权不具备转让或继承的属性

人力资本的特点使知识和技能积累对个体和经济发展都具有重要的作用。通过投资和提升人力资本，个体能够获得更好的就业机会、晋升机会和收入水平；而对整个经济来说，高水平的人力资本是提高劳动生产力和推动经济增长的重要驱动力之一。因此，人力资本的培养和发展被视为个体和国家发展的关键策略之一。

第三节 人力资本相关理论

一、舒尔茨的人力资本理论

（一）问题的提出

美国经济学家舒尔茨在长期的农业生产研究过程中发现，促使美国农业经济继续增长的最主要因素不是相对饱和的土地资本和资本积累数量的多少，而是劳动者本身素质的高低。与此同时，他发现工人的工资中有一部分较大幅度增长的收入，无法用现有收益分配理论进行解释，于是舒尔茨将之归结于人力资本投资的功劳。美国相对于其他发展中国家来说，人口数量并不占优势，甚至可以说是劳动力缺乏的国家，但美国对于劳动者进行大量的教育投资，使他们具有较高的生产素质。1960年，舒尔茨在就任美国经济学会主席时，发表了题为"人力资本投资"的演说，人力资本概念才被正式纳入主流经济学，同时标志着人力资本理论的正式形成。

（二）核心思想

舒尔茨的人力资本理论突破了传统理论中的资本只有物质资本的束缚，提出了人力资本，把人的能力与物质资本等同。按照传统经济理论，经济增长必须依赖于物质资本和劳动力数量的增加。舒尔茨提出人力资本的提高对经济增长的作用，远比物质资本的增加重要得多。

舒尔茨认为人力资本包括量与质两个方面，其中，量是指一个社会中从事工作创造价值的劳动力数量、百分比以及劳动时间等；质是指劳动力的知识、工作能力、技术熟练程度等。在舒尔茨看来，现在人口研究主要聚焦人口数量，除一小部分经济学家外，几乎没有人致力于发展质量，应该把质量作为一种稀缺资源来对待。只有当人们把视野从只关注人口数量转向同时关注人口质量时，才谈得到人力资本问题。比如数字经济到来，新技术、新产业、新生产方式一方面使大量的简单劳动力被替代；另一方面，对具备专业素质和职业技能的人才需求增大，这意味着我们对人力资本的需求正在从"量"转向"质"。

人力资本的取得需要花费一定的投资才能形成。投资的形式有五种：医疗保健、在职培训、正规教育、成人教育、就业移民，其中最关键的投资是教育类投资。同时，人力资本投资与物质资本投资一样具有成本。

人力资本可以使经济增长，增加个人收入，从而使个人收入社会分配的不平等现象趋于减少。舒尔茨认为个人收入的增长和个人收入差别缩小的根本原因是人们受教育水平普遍提高，是人力资本投资的结果。教育对个人收入的影响主要表现在三方面：第一，工资的差别主要是由于所受教育的差别引起的，教育能够提高工人的工资收入。第二，教育水平的提高会使因受教育不同而产生的相对收入差别趋于减缓。第三，人力资本投资的增加，可以使物力资本投资和财产收入趋于下降，使人们的收入趋于平等化。舒尔茨指出，在国民经济收入中，依靠财产收入的比重已相对下降，依靠劳动收入的比重在相对增加，其中人力资本对经济增长的贡献也随之增加。

二、贝克尔的人力资本理论

（一）概述

贝克尔在人力资本理论方面有重大贡献，其著作《人力资本》被认为是"经济思想中人力资本投资革命的起点"，其系统阐述了形成人力资本的各类投资及其收益，尤其在人力资源微观经济分析上。他深入探讨家庭生育行为、经济决策及成本-效用分析，提出抚养孩子的直接与间接成本概念、家庭时间价值与时间配置、市场与非市场活动等。贝克尔还分析人力资本形成、正规教育、在职培训、年龄-收入曲线等问题，强调教育与培训对人力资本的重要性。他的研究方法和成果具有开创性，为人力资本理论发展奠定了基础。

（二）核心思想

贝克尔认为人力资本不仅包括才干、知识和技能，还涉及时间、健康和寿命等方面。关于人力资本的特性，贝克尔认为人力资本是一种以人的能力与素质为表现形式的资本，与人本身密不可分。因此，工作的类型和性质都会影响人力资本的使用，同时也揭示了人力资本的私有性质，即如何使用取决于个人。人力资本的生产率取决于拥有这种资本的人的努力程度，因此，适当而有效的激励可以提高人力资本的使用效率，这是人力资本与物质资本的最大区别。人力资本的价值是由人力资本的各项投资所构成，包括实际费用支出和"放弃收入"（即"机会成本"或"影子成本"）。例如，某人在接受学校教育或企业培训时，就放弃了提供其他商品或劳务的时间，从而失去了收入。

贝克尔认为,人力资本可以通过后天投资获得,并影响以后时期的生产率和收益。因此,用于物质资本的投资收益分析方法同样适用于人力资本研究。贝克尔对人力资本的理解极大地突破了传统经济学的局限,使经济学研究朝着主体化的方向发展。

贝克尔在其著作中运用传统的微观均衡分析方法,成功地构建了人力资本投资均衡模型。他指出,人力资本与物质资本投资一样,均与个人未来收入密切相关。基于每个家庭或个人追求效用最大化的假设,贝克尔证明了在人的生命周期的特定阶段,人力资本投资的均衡条件为:"当前人力资本投资的边际成本等于未来收益的当前价值"。

在抚养孩子成本的探讨中,贝克尔引入了"影子价格"的概念,并阐述了家庭在孩子数量和质量之间的选择。他指出,孩子与消费品具有相似的替代性,通过影子价格的作用,孩子数量和质量可以相互替代,从而解释了人口增长与人力资本投资的互动关系。贝克尔还认为,随着经济增长,时间价值提高,已婚妇女的时间价值也随之提高,因此他们可能会选择减少孩子数量并提高孩子质量。此外,他还指出,随着经济增长,对孩子的投资回报率增加,这将会鼓励人们对孩子进行更多的投资。在降低过高的人口增长率方面,贝克尔认为应该采取措施降低每个普通家庭对孩子的投资成本,并完善工资制度以提高技术人员的工资,以刺激劳动生产率,改善人们的投资选择,并提高人力资本投资以减少人口供给。

三、人力资本理论的新发展

美国经济学家丹尼森在舒尔茨结论的基础上,对人力资本要素在国民收入中的作用进行了计量分析,他指出,1929—1957年间,美国经济增长中23%的份额归因于美国对教育的投资。他提出了一套分析"残差"的方法,即用传统经济分析方法估算劳动和资本对国民收入增长所起的作用时产生的大量未被认识的、不能由劳动和资本的投入来解释的"残差"。他将"残差"中包含的因素分为规模经济效用、资源配置和组织管理改善、知识上的延时效应以及资本和劳动力质量本身的提高等。

经济增长问题始终是经济学关注的中心议题。经济学家卢卡斯在1988年的论文《论经济增长的机制》中构建了自己的增长模型。在模型中,整个经济分为两个部门:一个是物质资本的生产部门,它用资本、劳动力和积累的人力资本来进行生产;另一个则是人力资本的生产部门,在现实中,它们可以被理解为学校和培训机构。由于在物质资料的生产过程中,具有更高人力资本水平的劳动力会具有更高的生产率,因此,如果一个经济想要实现更快的增长,就不能只关注产品生产,而应该在产品生产和人力资本的生产之间进行权衡,在两个部门之间合理配置资源。通过这样的配置,经济中的技术或生产率才可以得到提升,经济的增长速度才可以得到持久的跃升。

卢卡斯将人力资本的效应分为内部效应与外部效应。内部效应更多关注个体知识技能的增长对经济的效应,这种效应与物力资本一样会出现边际收益递减的问题。外部效应即脱离个体而存在的人力资本的社会遗传,人力资本促进各种生产要素相互作用的综合效应,以及这种效应对整个社会人力资本水平的影响。卢卡斯提到:"如果仅仅把边际收益递减的人力资本纳入模型,人力资本将不会成为经济增长的动力"。因此,他在以学校教育为主要机制的人力资本增长模型中,将人力资本分为两部分,一部分直接用于生产,一部分用于人力资本积累,积累的结果作为整个社会的人力资本水平纳入增长模型,保证了经济增长的长期可持续性。由此可见,卢卡斯人力资本理论的贡献主要表现在人力资本的增长机制以及人力资本的脱离于个体的社会效应。[①]

经济学家明瑟有关收入方程的经典工作更是给人力资本理论的实证研究以巨大贡献。早在1957年,他在哥伦比亚大学完成的博士论文《人力资本投资与个人收入分配》中,就尝试运用人力资本投资的理论和方法建立个人收入分配与其所受教育和培训量之间关系的计量经济模型。他在1974年出版的《教育、经验和收入》一书中,从微观经济分析的角度把受教育年限纳入收入方程,建立了以他名字命名的"明瑟收入方程",并以此计算教育投资的收益率。大量的实证研究运用"明瑟收入方程"证明了通过教育积累起来的人力资本的确能够增加个人的经济收入。[②]

第四节 人力资本投资

一、人力资本投资的形式

人力资本的形成,特别是人力资本存量的增加主要依靠人力资本投资。劳动力素质结构,如知识存量、技能状况、生理与心理健康状况构成人力资本的实体,凡是有利于形成与增强劳动力素质结构的行为、费用与时间都是人力资本投资。此外,凡是有利于提高人力资本利用率的行为、费用与时间也属于人力资本投资的范畴。综上所述,任何旨在提高人的生产能力并进而提升其在劳动力市场上的收益能力的投资均属于人力资本投资。如通过教育、培训、改善健康状况等投资增加个体所拥有的知识技能水平。如通过重新寻找工作、流动,进而提高个体对人力资本的利用效率,进而提高已有知识和技能带来的收益。

二、人力资本投资的特点

(一)人力资本投资的影响因素较多

人力资本投资的对象或客体是具有智力、体力、精力和生命的人,因此受到社会、经济、文化、家庭等多方面的影响,且投资者的个人先天因素也需要考虑。

---

① 杜育红. 人力资本理论:演变过程与未来发展 [J]. 北京大学教育评论, 2020, 18 (1): 90-100, 191.
② 闵维方. 人力资本理论的形成、发展及其现实意义 [J]. 北京大学教育评论, 2020, 18 (1): 9-26, 188.

（二）人力资本投资主体的多元性

取向受多种因素影响，包括社会经济体制、个人及家庭收入、企业管理方式等。在传统计划经济体制下，教育的投资者主要是政府；而在市场经济体制下，高等教育的投资者开始转向个人，但政府仍承担义务教育的投资。此外，人力资本再投资，如在职技能和专业培训等，其投资主体也可能由企业担当。

（三）人力资本投资者与投资对象交织

人力资本载体既是天然的投资者，需要投入智力、体力、精力、时间等，同时也是被投资的对象。这一点与物质资本投资有着显著的区别。

（四）人力资本投资的相继性

由于人力资本投资需要花费的时间较长，呈现出明显的阶段上的相继性，即后期投资必须以先前的投资为基础或前提条件。典型的教育过程如小学教育、初中教育、高中教育和高等教育，全部教育过程有着明显的阶段性及相继性。人力资本投资的相继性特点，使人力资本投资主体复杂化了。一般情况下，小学和中学教育是义务教育，投资主体是政府；高中教育和高等教育投资主体可以是个人（包括家庭成员）或企业。

三、人力资本投资收益率

通过人力资本投资分析，发现人力资本投资存在最优的投资规模，社会也存在最优的人力资本积累水平。这一结论对各个投资主体都适用，不论是家庭（个人）、企业或国家。在给定时间内，只有按照最优规模均衡配置资源，才能实现效益最大化。投资规模过小或过大都会对资本的回报率产生影响。最优投资规模是指：对国家而言，按照最优经济增长规模确定的人力资本投资规模；对企业而言，按照动态利润最大化确定的投资规模，并按照企业人力资本积累规模确定的投资规模；对家庭而言，按照收入或效用最大化确定的人力资本投资规模。

人力资本投资也存在着最优结构问题。从社会角度看，最优的投资结构应包括：首先，合理分担投资的成本，调整私人收益与社会收益之间的矛盾。例如，在初等教育、基础科研和战略性人力资本投资领域，由于存在外溢性，可能导致私人供给不足，政府应承担必要的成本；而对高等教育、在职培训、人员流动等人力资本投资，私人应承担主要成本。其次，维持物质资本投资、人力资本投资、劳动供给和消费之间的合理比例，并在各自的市场上维持均衡收益（或效用）。替代和互补是人力资本投资中的两个重要关系。替代是资源配置最优的基础，它引起资源的结构性流动；互补可以获取递增的投资收益。人力资本投资既要保持各部门的适当竞争性，又要保持互补性，防止过度投资和投资不足而出现结构性效率下降。

从时间运行路径上来说，人力资本投资不仅要保持静态最优，还要保持动态的最优配置。政府要考虑国家的未来收益，企业必须关注自身生存的可持续性，家庭也要注意人力资本投资的跨代传递效果。由最优均衡经济增长时间路径确定的人力资本积累、投资规模就是人力资本最优增长路径。人力资本投资决策是跨时期的，它影响到经济主体的后续发展潜力，因而必须是战略性的。

第五节 教育投资分析

中国正在经历两个重要的转折点，第一个是劳动力无限供给特征开始消失的刘易斯拐点；第二个是以人口抚养比的止降反升为标志的人口红利消失的转折点。随着人口结构转变的完成，劳动力成本进入周期性上升的阶段。以资源要素和物质资本大规模投入的传统发展方式将难以为继，必须把人力资源开发和人力资本投资作为战略重点，从依靠"人口红利"转向提升"人力资本红利"，以应对人口结构变化对经济社会发展带来的挑战，支撑经济结构的战略性转变。

人们常常用"生之者众，食之者寡"形象地刻画有利于经济增长的人口年龄结构。"生之者"即劳动年龄人口，"食之者"即非劳动年龄人口。很显然，在这样的人口结构中，劳动年龄人口增长快、占比高，非劳动年龄人口增长慢、占比低，能够带来巨大的人口红利。反之，人口年龄结构逆转到"生之者寡，食之者众"的格局，即劳动年龄人口负增长且占比下降，而非劳动年龄人口增长快且占比提高，就意味着人口红利的消失。[1] 2010年以来，人口年龄结构的变化趋势发生了逆转，意味着传统意义上的人口红利迅速消失。如何开启新的、可持续的增长源泉？需要催生"第二次人口红利"。

催生"第二次人口红利"，不是寄望于生育率回到以往的水平，把第一次人口红利的过程重演一遍。新的人口红利，要从制度来，向改革要。劳动年龄人口要创造价值，需要相匹配的工作岗位，需要适应产业结构调整的方向。人口结构已然变化，要实现从"人口红利"到"改革红利"的转变，关键之一是提高人力资本，投资教育。

教育投资分析是从人力资本角度来评估教育对经济和社会发展的影响。它的核心理念是将教育看作一种投资，通过培养人力资本来提高劳动力的生产力和创造力。我们需要着重关注与教育投资相关的一些核心概念。

（1）教育与人力资本：教育被视为一种可以增加人力资本的方式。人力资本是指个体通过教育、培训和技能提升所获得的知识、技能和经验，可以用于生产和创造价值。教育投资旨在提高人力资本的积累和质量，以提高劳动力的生产力和创新能力，进而推动经济增长。

（2）投资回报率：教育投资分析的核心是评估教育投资的回报率。回报率可以通过衡量受教育者在就业、收入、就业稳定性和就业满意度等方面的表现来进行评估。高质量的教育可以提供更好的就业机会和职业发展前景，从而提高个人的收入水平和就业稳定性。同时，具备良好教育背景的人能够更好地适应快速变化的经济环境，具备创造性和创新性，对经济增长产生积极的影响。

---

[1] 蔡昉. "人口红利"新解 [J]. 新型城镇化，2023（6）：22.

（3）教育成本与效益：教育投资分析还考虑了教育的成本与效益之间的关系。教育投资需要大量资源，包括私人成本与社会成本等。评估教育投资的效益涉及个人收益、企业收益与经济和社会获得的收益。详细的有专门的教育投资分析模型、教育投资均衡模型等。

（4）教育与技术进步：教育投资对技术进步和创新也有重要影响。通过提供优质的教育，培养具备创造性思维和创新能力的人才，可以推动技术创新和转化。教育投资能够促进科研和开发，培养专业人才和创业者，从而推动经济的结构转型和产业升级。

（5）社会平等与包容性：教育投资分析也考虑了教育对社会平等和包容性的影响。优质的教育投资可以改善教育机会的平等性，减少不平等现象的出现，提供更多的机会给边缘化群体和弱势群体。这种包容性的教育投资能够促进社会的公平与可持续发展。

教育投资分析强调教育是一种重要的人力资本积累方式，具有促进经济增长、推动创新、提高个人收入和就业机会的潜力。通过评估教育投资的回报率、成本效益、对技术进步的影响以及社会平等和包容性等方面的因素，可以制定更有效的教育政策和资源配置策略，进而提升整个社会的人力资本水平和发展水平。

拓展阅读

资格证书的作用——基于信号理论的分析

企业在雇佣员工的过程中会产生招聘和培训的成本，因为企业要对应聘者进行全方位的调查，要进行一系列的测试与考验来判断其能力是否胜任岗位、匹配岗位，甚至要判断其学习能力和未来的发展潜力。毫无疑问，这个成本是非常高的。在其他条件相同的情况下，企业自然愿意用最低的成本招聘来最满意以及适合岗位的员工。如何降低这些成本？方法之一就是依靠学历、证书等具有信号功能的变量进行判断决策。因为在他们看来，就通常一般情况而言，学历越高代表着知识、技能等水平越高，获得某项资格证书也就意味着掌握了相关能力，符合了相关岗位的基本要求。既然高校或者某些机构已经通过较为权威的方式测试了应聘者的背景情况，企业自然也就无需再次面试与测试。

信号理论认为，持有某种资格证书的个体相较于没有该证书的个体，具备更高的能力与素质，可以提供可靠的信号给潜在雇主或市场参与者。这样的信号有助于减少信息不对称，提高个体在劳动力市场中的竞争力和就业机会。然而，需要注意的是，资格证书的信号并不是绝对的，它只是提供了一个概率上的推断。即使持有某种证书，个体的实际能力和素质也可能存在差异。

习题

1. 请分析劳动力市场均衡的含义。
2. 请用人力资本相关理论辩证分析"拿手术刀的不如拿剃头刀的,搞原子弹的不如卖茶叶蛋的"这一社会现象。
3. 请用马克思主义就业理论分析外卖骑手、直播博主等灵活就业者的就业形态以及如何实现权益保护的问题。

第八章 人力资源管理概述与招聘甄选

【本章重点】人力资源管理概念和发展历程；人力资源管理研究方法；新质生产力与人力资源管理的关系；招聘的影响因素；招聘的基本程序；内部招聘渠道和外部招聘渠道；面试、评价中心技术等甄选工具。

【本章难点】了解人力资源管理研究方法，了解不同的甄选工具，并理解不同甄选工具的优缺点。

第一节 人力资源管理概述

人力资源管理是归属于管理学门类，其一级学科是工商管理学。为深入贯彻落实党的二十大精神，配合《研究生教育学科专业目录（2022年）》实施，国务院学位委员会第八届学科评议组、全国专业学位研究生教育指导委员会编修了《研究生教育学科专业简介及其学位基本要求（试行版）》。在本次修订中，将人力资源管理正式列为工商管理学下设二级学科。

人力资源管理是研究组织成员的素质发展与培养，从而提高组织业绩并满足员工需求的学科。该学科基于管理学、心理学、经济学、社会学、劳动法学、工效学等学科的理论和知识，利用和开发人力资源以最佳地实现组织目标，有效地支持中国式现代化建设。在理论和方法上，既借鉴宏观的劳动经济学（含人力资本理论），又基于微观的组织行为学、管理心理学等。

该学科主要研究方向和内容有：一是战略人力资源管理：人力资源对企业战略制定和实施的影响，人力资源管理策略与企业战略之间的匹配，人力资源对企业目标达成的贡献等；二是人力资源管理：人才的规划、招聘与选拔、培养和开发，员工职业生涯管理，工作设计，绩效考核，薪酬福利，劳资关系、跨文化的人力资源管理等；三是人力资源开发：开发关键岗位的胜任力模型、提升员工素质和职业化等；四是组织与员工激励：将行为理论用于提升组织和个人的效能，包括企业文化、个体动机、团队过程、组织与员工关系等对于员工和组织的影响。

一、人力资源的概念

人力资源是指一个国家、经济或者组织能够开发和利用的，用来提供产品和服务、创造价值或实现既定目标的所有以人为载体的脑力和体力的总和。从经济学角度来看，西奥多·舒尔茨提出人力资本投资理论，强调了人所具有的智力、受过的教育与培训、掌握的工作经验的重要性。该理论认为，经济增长和发展取决于物力资本和人力资本两个方面的投资，并且人力资本的投资收益率高于物力资本的投资收益率，对经济增长的贡献也更大。从管理学角度来看，彼得·德鲁克在《管理的实践》中一书中指出，人力资源是一种特殊的资源，强调其具有独特的协调、整合、判断以及想象的能力。

人力资源既可以指具体的人，也可以指一种以人为载体的能力，重点在于质量而不是数量。从其内涵来看，即包括宏观层面（一个国家或一个经济体）和微观层面（企业组织）的含义，也包括现实的人力资源以及潜在的、未来的人力资源。

从人力资源的特征来看，具有能动性、社会性、开发性和时效性等特点。其中，能动性是指人力资源是价值创造过程中最为主动的因素，对自己的价值创造过程具有可控性；社会性是指人力资源具有人性、社会、道德的一面，与一般的物力资源不同，必须从人性的角度加深理解；开发性是指人力资源不是一种既有的存量，是可以被开发的，知识、技能、能力和经验可以不断积累和更新；时效性是指人力资源涉及时间的概念，必须在特定时间内加以使用才能创造价值。

二、人力资源管理发展历程

人力资源管理是指一个组织为了实现自己的战略或经营目标，围绕一整套员工管理理念而展开的吸引、保留、激励以及开发员工的政策、制度以及管理实践。现代人力资源管理的核心功能在于人力资源的吸引、保留、激励和开发，即人才的选、育、用、留。在价值链分析中，人力资源管理属于重要的支持性活动，其主要作用在于为企业的核心价值创造流程提供支持，以确保主要价值创造活动得以顺利完成。

学界一般把人力资源管理分为六大模块：①人力资源规划；②招聘与配置；③培训与开发；④绩效管理；⑤薪酬福利管理；⑥员工关系管理。人力资源管理六大模块诠释了人力资源管理的核心思想所在，能够帮助企业主掌握人力资源管理的本质。

从人力资源管理的发展历程来看，国外发展要先于国内。早在18世纪后半叶，西方就出现人事管理的萌芽阶段，企业以关心工人福利为主要内容；进入19世纪，随着科学管理的出现，企业对于工人的管理主要以员工雇佣、挑选、安置、娱乐与福利等为主；20世纪初，企业更加关注人际互动以及工作群体对于工人产出和满意度的影响作用；20世纪60年代至80年代，传统人事管理逐渐成熟，人力资源管理职能也逐渐明晰，包括人力资源战略与规划、职位分析、员工招募与甄选、薪酬福利等各项内容，并出现了人力资本理论、行为科学、人力资源会计等内容；进入20世纪90年代，战略性人力资源管理被提出，企业将员工视为一种价值极高的资产，通过制定和执行一套完整的人力资源管理计划来实现组织战略目标。

从国内人力资源管理的发展来看，主要经历了以下阶段：1949—1978年，以计划经济下的劳动人事管理为主，其中人事管理侧重于国家干部的管理，而劳动管理侧重于企业干部和工人的管理（包括劳动力、工资、劳动保护管理等）；1978—1993年，是经济转型时期的劳动人事管理，自1978年改革开放之后，我国从计划经济向市场经济转型，劳动人事管理的理念也在逐渐转变；1993—2008年，是市场经济培育和发展期的人力资源管理，人力资源管理作为专业学科开始出现，中国人民大学、首都经济贸易大学等高校于1993年率先成立了人力资源管理专业，人力资源管理的价值和重要性得到重视和明确认可；2008—2015年，是规范和调整中的人力资源管理，企业人力资源管理实践取得长足进步，在企业内外部环境、管理理念、工具和方法、人力资源体系和专业人员等方面都有明显的进展；2015年之后，进入移动互联网、大数据、云计算、物联网等数字经济时代的人力资源管理，数字技术与管理实践深度融合，人力资源管理模式也在不断创新。

三、人力资源管理研究方法

人力资源管理作为一门二级学科，其研究方法主要包括以下几种：

定量研究：包括统计分析、回归分析、元分析等手段，这些工具用于处理收集到的大量数据，分析各个变量之间的关系。通常用于评估和衡量人力资源政策和措施的效果。

定性研究：包括个案研究、深度访谈、观察法等。它们侧重于理解和解释复杂的社会现象，包括员工的行为、感知和态度，以及组织氛围和文化等因素。

实验研究：在受控的环境中改变某个或某些因素，探究其对结果的影响。可以是实验室实验或者现场实验。这种方法可以帮助理解某些因素对人力资源管理效果的影响。

文献研究：通过阅读和研究已有的论文和资料，进行对比、评论或提出新的理论模型。这种方法常常用于建立理论框架或者查证已有的理论和实践。

行动研究：这是一种结合理论研究和实践改善的研究方法，主要通过参与者观察、小组讨论等方式，在实践中寻找问题，然后采取行动来改进，并根据结果来调整理论。

大数据与机器学习：这是目前人力资源管理领域新兴的研究方法。借助大数据技术，可以收集并处理大规模的人力资源数据，提供更加精确的预测和决策支持；而机器学习则可以自动发现数据中的模式，用于人才选拔、绩效预测等领域。

从人力资源管理的研究范式来看，主要包括组织行为学、战略管理、心理学和经济学等多种范式。每个范式都有其特殊的视角和独特的贡献，而在实际的人力资源管理研究中，研究者通常会结合使用这些理论框架和相应的方法，以全面理解和解决问题。

(1) 组织行为学范式。在这个框架下，研究者主要关注在特定组织环境下，人的行为和决策如何受到影响。使用的研究方法包括观察、深度访谈、案例研究和问卷调查等。重点在于理解组织文化、领导风格、团队动态、工作满意度等可能影响员工行为和业绩的因素。它侧重于研究其中涉及人的行为和决策的各个方面。这包括使用问卷调查来收集标准化数据，例如员工满意度、领导风格的评估等。使用深度访谈以及观察法可以获得丰富的描述性资料，例如组织文化或员工对工作环境的感知。此外，案例研究可以从实际情况入手，了解特定情况下的组织行为和结构。

（2）战略管理范式。此范式着重于研究人力资源管理如何与组织的整体战略相结合，以提升组织的核心竞争力。常见的研究方法包括 SWOT 分析和平衡计分卡等。其中，SWOT 分析（Strengths，Weaknesses，Opportunities，Threats）被广泛用于评估企业的内部优势与劣势，以及外部机会和威胁。平衡计分卡（Balanced Scorecard）是一个强大的管理工具，可以用于跟踪战略目标的实现情况，度量关键性能指标（KPI），并调整战略和战术。

（3）心理学范式。基于这一理论框架，研究方法通常聚焦于理解和测量个体心理变量（如认知、动机、情绪、态度等）与工作表现之间的关系。常用的方法包括心理测量（如能力测试、性格测试等）、实验设计（如行为实验、心理实验等）和统计建模（如回归分析、因子分析等）。其中，心理测量可以通过能力测试或性格测验等了解员工的潜在能力和个性特质。实验设计（如模拟的工作环境或工作任务），可以提供有关员工行为和态度的直接观察数据。统计建模（如回归分析），可以揭示心理变量和工作表现之间的复杂关系。

（4）经济学范式。经济学视角的研究方法通常集中在如何优化人力资源的配置以达到最大效益。在这个框架下，人力资源管理研究往往聚焦于工资和激励制度、工作效率、人力资本投资等经济问题，运用经济模型分析可以预测不同激励制度对员工表现的影响。常用的研究方法包括经济模型分析、成本效益分析和数量经济学等。其中，成本效益分析可以帮助人力资源经理确定投资于特定的员工福利或培训项目是否划算；数量经济学，如计量经济学模型，可以用于分析人力资源管理决策与组织业绩之间的具体关系等。

四、新质生产力与人力资源管理

新质生产力是由技术革命性突破、生产要素创新性配置、产业深度转型升级而催生。它以劳动者、劳动资料、劳动对象及其优化组合的跃升为基本内涵，以全要素生产率大幅提升为核心标志。新质生产力这一概念强调的是生产力在科技创新、产业结构升级、发展模式转变等多重因素推动下的质量提升和形态变迁。在人力资源管理领域，新质生产力不仅改变了人力资源本身的构成和质量要求，还深刻影响着人力资源管理的理念、方法和手段，促使企业在追求高效、创新和可持续发展的过程中，不断优化人力资源配置，发挥人力的最大效能。

从劳动力角度来看，新质生产力的发展要求劳动力具备更高的知识水平、专业技能和创新能力，人力资源管理部门必须注重人才培养和选拔，促进员工能力的持续更新与升级，以适应产业升级和技术进步的需求。新质生产力视角下，人力资源不再仅仅作为执行层面的工具，而是上升到企业战略层面。企业须根据行业发展趋势、技术进步和市场需求，前瞻性地规划人力资源布局，预测并满足未来人才需求。

从劳动工具角度来看，人工智能、大数据、云计算等先进技术的运用，能够极大地提升人力资源管理效率，如精准招聘、绩效评估、薪酬激励机制的设计与实施，以及个性化的职业发展路径规划等。此外，新型生产力环境下，企业组织结构更加扁平化、网络化，人力资源管理需要从传统的行政命令式转变为赋能型管理，鼓励团队协作、跨部门协同和灵活的工作模式，激发个体和团队的创新活力。

从产业深度转型角度来看，新质生产力驱动了人力资源服务产业的升级转型。人力资源服务机构作为连接企业和人才的重要桥梁，在新质生产力发展中起到关键作用。它们需要提供更加精准化、专业化、智能化的服务，帮助企业吸引、培养、留住高质量人才，从而提高整体生产力水平。

新质生产力与人力资源管理紧密相关，二者相互促进、相互影响，共同推动企业发展和社会经济进步。在新质生产力视角下，人力资源管理不仅仅是传统的人员招聘、培训、考核和激励等工作，更是涵盖了如何挖掘、培养和调动员工潜在能力，使之转化为推动生产力发展的关键因素。从新质生产力与人力资源管理创新的关系来看，前者强调创新驱动和知识密集，而后者则聚焦于提升员工的创新能力和专业技能，通过教育培训、科研合作和内部创新氛围营造等方式，培养和引进具有高技能、高创新性和跨界整合能力的人才。从人力资源管理推动新质生产力发展来看，在新质生产力体系中，人力资源的配置不再是简单的劳动分工，而是要按照新技术、新产业、新业态的要求进行重组和优化。这意味着人力资源管理需关注人才结构的调整，确保人力资源与产业转型、技术创新的契合度，从而实现人才与任务、人才与数智化工作场景的最佳匹配。

第二节 员工招聘概述

一、员工招聘的概念

员工招聘，是指企业、组织或个人雇主为满足其发展和运营需求，通过各种方式和渠道寻找、吸引、选拔和聘用合适人才的过程。招聘包括招募、甄选与录用三部分。招募是指组织通过多种途径吸引合适的人才来申报组织空缺职位的过程。甄选是指组织采用特定的方式对候选人进行评估，从而挑选最合适人选的过程。录用是指组织针对候选人在甄选过程中的表现做出决策，确定入选人员，并进行试用和正式录用的过程。

员工招聘是人力资源管理中一个非常重要的环节。人才是组织的核心资源，是执行组织策略和驱动业务增长的关键。一个组织的竞争力在很大程度上取决于组织能否找到合适的优秀人才来承担组织所必须完成的各项工作。恰当、有效的招聘策略和流程能够帮助企业吸引具备当前或未来岗位所需的知识、技能、能力的多元化人才。

组织的招聘策略和流程还是塑造和传承组织文化的重要工具。通过招聘可以搜寻到那些与组织文化和价值观高度匹配的员工，一方面可以确保组织文化和价值观的延续和发展，帮助组织营造良好的工作氛围，另一方面，契合组织文化和价值观的员工对于工作和组织的认同感和满意感往往比较高。对组织和工作缺乏认同感的员工，其工作意愿和工作态度往往并不强烈和端正，容易产生抵触情绪，对其工作绩效有着负面影响。

招聘的结果直接决定了将会有什么样的员工执行组织战略，适合的员工能够迅速进入岗位角色，而如果一开始没有选对人，组织还需要花费成本对员工进行培训，或者试图通过考核和薪酬等方式激励员工，这种方式不仅耗费成本，而且效果较差。一些研究也表明，员工的工作能力和工作态度，其实并不是在员工进入组织之后，而是在员工还没有进入组织的时候就已经开始了。总之，选择了正确的人，不仅能够减少频繁招聘带来的成本，还能够降低培训、激励等人力资源管理环节的成本。

只有吸引到那些具备相关专业知识技能、创新精神和团队协作能力，同时与组织文化和价值观一致的人才，才能促进激发组织内部的创新思维，确保组织的客户获得一流的产品和服务，从而实现组织的战略目标和提升组织竞争力。

【案例阅读】

招最优秀的不如招最合适的

一家公司想要发展壮大，离不开招兵买马。很多企业都想从人力资源市场中找到最优秀的人才，以便形成人才优势。可是，就像最优秀的足球教练无法保证能把豪门俱乐部带出刷新历史纪录的好成绩，那些理论上最优秀的人才也未必能给企业带来可喜的变化，也可能带来双输的结果。

这样的弯路，阿里巴巴就曾经走过。马云感慨道："阿里巴巴在发展过程中犯过许多错。比如在创业早期，阿里巴巴请过很多'高手'，一些来自500强大企业的管理人员也曾加盟阿里巴巴，结果却是'水土不服'。那些职业经理人管理水平确实很高，就如同飞机引擎一样，但是如此高性能的引擎就适合拖拉机吗？业界高手们讲得头头是道，感觉真是很有道理，但结果却是讲起来全对，干起来全错！当时太幼稚，当时公司的发展水平还容不下这样的人。"

按照常理来推断，来自世界500强的高层管理人员在原就职公司有着赫赫战功，具备先进的管理理念，能有效促进公司管理的现代化与规范化。但事实上没那么简单。那些从世界500强公司里引进的高级管理者习惯了以大公司的资源、渠道、人力来运作项目。而当时的阿里巴巴还是处于发展中的中小企业，没有富余的资源与人手去啃大项目；组织结构与人员调配必须保持较高的灵活性，阿里巴巴员工规模不大，还不需要太规范化的制度。为此，这些外来的高级管理者只能改变之前在世界500强中行之有效的管理办法，以更为粗简灵活的方式来解决问题。这是一个重新学习与重新适应的过程，公司必然会为此付出相应的成本与代价。

由此可见，任何人才都需要与企业环境相互适应后才能发挥其最佳效果，人才与企业不合适的组合可能会导致互相耽误的恶果。吸取了这些教训后，阿里巴巴痛定思痛，不再一味追求"最优秀的人才"，而是立足于寻找"最合适的人才"。

（资料来源：陈伟，阿里巴巴人力资源管理，苏州：古吴轩出版社，2017。）

二、招聘工作的流程

一个完整的招聘过程通常包括以下几个阶段：

（一）确定招聘需求

在开始招聘之前，企业需要分析其人力资源需求，明确招聘目标和职位要求。通常情况下，招聘需求是由具体的用人部门和组织的人力资源管理部门共同确定的，包括需要招聘的岗位数量、职位描述、岗位职责和任职资格等。在确定招聘需求时，还需要做出的一个决策是，对于某个空缺的职位，组织是应该从组织内部寻找合适的人才来填补空缺职位，还是从组织外部搜寻和吸引合适的人才呢？前者被称为内部招募，后者被称为外部招募。如若组织采用内部招募的方式，一般会通过组织内部公告栏、内部网页等媒介发布空缺职位的信息，包括职位名称、工作地点、职责描述、任职资格条件、薪资待遇等，对该空缺职位感兴趣的员工可以提出申请。

（二）制订招募计划

组织需要制定细致、全面的招募计划。招募计划通常包括：

1. 招募范围

组织需要在多大的地理范围内实施招募活动，一般来说，招聘范围越大，招聘效果越好，但随之招聘成本也会提高，同时招聘范围的选择也与空缺职位的类型有关，高级总经理、总裁等职位的招聘范围往往大于操作工、一般职员的招聘范围。

2. 招募时间

一般来说，越高的职位以及越不发达的地区往往越需要较长的时间完成招聘。

3. 面试官

对于职位比较低的岗位，比如车间工作人员，往往只需人力资源专员和车间相关负责人即可，但对于部门经理岗位，往往需要人力资源部经理、关联部门经理、公司副总等组成面试团队。

4. 招募规模

一般组织通过招聘录用的"金字塔"来确定招聘规模，招聘的阶段越多（即金字塔层数越多），规模相应就越大，同时各个阶段通过的比例越高，招聘的规模就越大。

5. 招募渠道

招募渠道包括企业官网、校园招募、网络招募、社交媒体、招聘会等，面对不同类型的空缺岗位，组织应该选择恰当的招募渠道。

6. 招募预算

选择恰当的招募渠道能够帮助组织减少整个招募活动所需要的总费用。通常，最终的招募计划只有获得上级主管领导的审批，才能进入实施阶段。

（三）实施招募活动

在这一阶段，组织根据招募计划书，通过恰当的渠道发布招聘信息，以吸引潜在的应聘者，为下一步甄选工作做好准备。发布的招聘信息应简单明了，需要包含空缺职位的名称、职责描述、任职资格等，并且需要注明接收简历的截止时间和投递简历的方式。任职资格条件的清晰描述能够帮助组织筛选那些符合资格条件的求职者投递简历，降低招聘时的筛选成本。

【案例】

百度公司招募广告

职位名称：人力资源专员

工作地点：深圳市

工作职责：

- 负责深圳地区劳动关系管理，员工入、转、调、离手续办理；
- 参与人力资源共享服务平台化、智能化建设，不断提升服务水平；
- 参与人力资源共享服务流程梳理和项目管理工作，确保运营交付的及时性、准确性及合规性；
- 支持人力资源其他团队工作在深圳落地执行。

任职资格要求：

- 人力资源管理、心理学等相关专业，本科及以上学历；
- 1~2年人力资源相关工作经验，2023年优秀应届毕业生亦可，具备共享服务中心相关实习/实践经验，熟悉人力资源共享模块工作；
- 熟悉人力资源相关政策、制度和流程，有大型互联网公司经验者优先；
- 具有良好的沟通能力、组织能力、解决问题能力以及抗压能力。

（资料来源：百度招聘官网。）

（四）收集和筛选简历

招募活动实施后，组织往往会收到大量应聘者的简历，需要对简历进行筛选。这个阶段的主要任务是将明显不符合任职资格要求的求职者剔除，以免增加后续甄选过程的成本。这个过程可以通过人工方式进行，也可以借助简历筛选系统等信息技术工具来完成。

（五）测试和评估

在完成简历的初步筛选后，组织需要对筛选的求职者进行测试，以掌握其所具备的基本知识和技能、沟通能力、性格特点等特征。测试的类型有很多，包括书面测试、性格测试、面试以及基于情景模拟的评价中心测试等。面试过程中,组织需要评估候选人的技能、经验、性格和潜力,以确定求职者是否适合担任相应职位。

(六)背景调查和体检

求职者通过面试后,组织可能需要对其进行背景调查和核实,通过接触求职者过去的同学、同事、直接上级、客户等,对求职者提供的信息加以考证,以确认求职者的工作经历、教育背景和职业道德等方面的信息。尤其对于应聘中高层管理人员或其他关键职位的求职者,背景调查显得格外重要。雇佣求职者之前的最后一道程序是要求求职者到指定医院或体检机构中进行体检。组织需要确保求职者的身体状况能够完成正常的工作任务。

(七)录用和入职

在完成上述阶段后,组织将向合适的候选人发出录用通知,通知的方式可能是电话通知,发送电子邮件、官网通知公示等,并安排他们进行入职培训和相关手续办理。

(八)评估招聘效果

招聘过程结束后,组织需要对招聘效果进行评估,以优化招聘策略和流程。这可能包括分析招聘数据、收集反馈意见等。

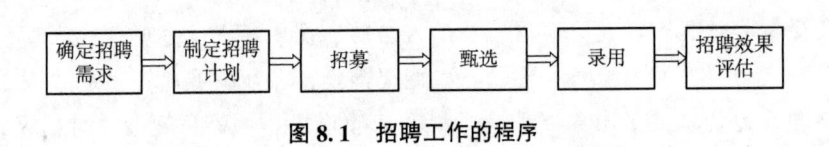

确定招聘需求 → 制定招聘计划 → 招募 → 甄选 → 录用 → 招聘效果评估

图 8.1 招聘工作的程序

三、招聘的影响因素

员工招聘受到多种因素的影响,这些因素可能来自企业内部和外部。

(一)外部因素

任何一个组织的招募工作都会受到多种因素的影响。

一是劳动市场的供需关系直接影响招聘过程。在劳动力市场紧张的情况下,组织可能面临更大的竞争压力,招聘到合适人才的难度也会相对增加。

二是经济环境因素。在经济繁荣时期,组织可能面临更严重的人才争夺战,而在经济衰退时期,虽然有更多的求职者,但空缺的职位可能会减少,组织需要调整招聘计划以适应市场变化。

三是法律和政府管制的因素。招聘过程中需要遵守相关的法律法规,如反歧视法、劳动法和隐私法等。这些法规对招聘流程中的广告发布、简历筛选、面试和背景调查等环节都有一定的规定。例如,美国的公平就业机会法(Equal Employment Opportunity laws)规定禁止在招聘过程中因种族、性别、年龄、宗教、性取向、残疾等因素而歧视求职者。许多国家或地区有法律规定,雇主需要为残障人士提供合理的工作调整,以帮助他们能够参与工作。这会对组织的招聘工作产生影响。

四是行业趋势和技术发展因素。不同行业的招聘需求和标准可能有很大差异。某些行业可能更注重候选人的专业技能和经验，而其他行业可能更看重创新能力和团队协作精神。

（二）内部因素

员工招聘工作也受到许多内部因素的影响。首先，公司的战略方向和目标会影响招聘的需求和策略。如果组织计划扩张或开发新的业务线，则需要招聘具有特定技能或经验的员工。其次，公司的文化和价值观会影响其招聘的类型和方式。如果公司重视创新和风险承担，那么可能会寻找具有创新思维和愿意接受挑战的员工。再者，组织的薪酬福利竞争力、员工晋升机会等人力资源管理政策也会对组织的招募产生影响。组织的人力资源管理政策越完善，其吸引的优秀求职者的数量越多；此外，组织的规模和形象也会影响组织招募工作，一些规模较大或形象良好的组织更容易吸引潜在的求职者，其招募的难度会更小一些。最后，组织现有员工的技能和能力也会影响招聘工作。如果现有员工已经具有所需的技能和能力，那么可能不需要招聘新员工；如果现有员工缺乏某些技能，那么可能需要通过招聘来补充这些技能。

影响员工招聘的因素多种多样，组织需要综合考虑这些因素，制定适当的招聘策略和计划，以确保招聘到合适的人才。

四、数字化时代下员工招聘的特点

数字化时代下，员工招聘过程和方式发生了很多变化。数字化招聘开启了全新的招聘范围和方式。通过在线招聘平台和社交媒体，组织可以将职位信息扩散到全球，吸引更广泛的候选人群体，与更多候选人建立联系，同时组织还能借助社交媒体和平台展示其组织文化和价值观，让潜在候选人更好地了解组织。例如，领英（LinkedIn）是一个全球职业社交平台，其提供了一套强大的搜索工具，企业可以在领英平台上发布空缺职位，搜寻合适的候选人，而求职者可以根据地点、行业、职位类型等多种因素来搜索符合其要求的空缺职位。同时，领英的智能匹配功能可以自动匹配合适的候选人和空缺职位，它会根据用户的职业背景、技能、兴趣和职业目标，以及职位的资格要求和公司的文化和价值观，来推荐最合适的候选人给招聘者，同时也会将最合适的职位推荐给求职者。

候选人可以在任何地方、任何时间搜索和申请职位。随着腾讯会议、Zoom、钉钉等在线协作工具的兴起，候选人进行远程面试和虚拟招聘活动变得越来越方便和高效，这使得招聘过程更加便捷灵活，大大提高了招聘的效率和便捷性。

数字技术如人工智能和机器学习的应用，使得招聘过程更加高效和精确。人工智能和机器学习技术可以帮助组织筛选和排序大量的简历，判断哪些候选人最符合职位要求，节省招聘工作人员的时间。它们甚至可以通过语音和面部表情分析来有效地评估候选人的性格和情绪。HireVue 就是一家提供面试分析服务的公司，它能够使用人工智能来分析候选人的语音、表情和词汇，从而评估他们的性格和技能。例如，它可以分析一个人的语音来判断他的情绪，或者分析他的词汇来判断他的沟通能力。这不仅可以为组织提供更深入的候选人分析，也可以帮助组织在面试中避免无意识的偏见和歧视。组织可以借用数字化技术，针对候选人的特点，设计定制化个性化的面试题目和评价标准。IBM公司引入了一项名为"Watson Recruitment"的应用程序，该程序基于AI技术为不同的工作岗位推荐最佳候选人，用科学的数据、算法代替直觉、经验决策。虽然这些技术无法完全取代人工面试，但它们可以大大减轻人力资源管理人员的工作负担，并且提高初步筛选的准确度。

数字化时代的招聘过程产生了大量数据，如简历、面试评分、招聘渠道效果等。大数据分析工具可以帮助组织了解招聘的各个方面，包括求职者的行为、招聘渠道的效率、招聘过程的瓶颈，以及哪些候选人最有可能成功。通过这些信息，组织可以持续优化招聘策略和流程，提高招聘效率。

尽管数字化招聘带来了许多便利和优势，但也带来了新的挑战，包括如何处理大量的数据，如何保证面试过程的公平性和无偏见，以及如何保护求职者的隐私和数据安全。此外，人工智能和机器学习技术可能会无意识地复制和放大现有的偏见。例如，亚马逊公司曾试图开发一款机器学习工具，用于筛选和评估求职者的简历。该工具通过分析过去十年内的求职数据，学习什么样的候选人最可能成功求职。然而，由于过去的数据中存在性别偏见，这款工具在2018年被曝出会优先选择男性求职者。该招聘系统会自动识别包含"女性"和"女子大学毕业生"等关键词的简历，对这些简历做出低星评级。当算法暴露在有偏见的环境中，训练数据中存在的任何偏差都将在算法中忠实地展现出来，这需要招聘者在使用这些技术时进行谨慎的审查和管理，避免无意识的偏见。[1] 此外，远程和数字化的招聘过程也可能使得人与人之间的直接交流变得更少，这可能会影响到招聘者对候选人的深入理解和评价。

数字化时代的员工招聘更加快速、高效和精确，但同时也需要应对新的挑战。对于企业来说，如何充分利用数字化技术不断完善招聘策略，同时有效管理其所带来的风险，将是他们在未来招聘中的重要任务，也是组织在竞争激烈的环境中能够吸引并留住顶尖人才的关键所在。

第三节　多元化的招聘渠道

企业招募员工的渠道包括内部招募和外部招募两个渠道。这两种渠道相辅相成，共同帮助企业招募适合的员工。

一、内部招募

内部招募是指在组织内部寻找潜在的候选人来填补空缺的职位。这种方法通常包括内部广告职位（例如，在公司的公告板、电子邮件、内部网站等发布），员工推荐，以及提升或转职现有员工。内部招募通常是一种提升员工发展和激励员工的方式，因

---

[1] 黄世英子，龙立荣，吴东旭. 幸福感的危与机：数字化人力资源管理的双刃剑 [J]. 清华管理评论，2022 (9): 12.

为它可以使员工有机会在组织内部寻找新的职业发展机会，同时也有助于为组织保留最有价值的员工。

内部招募的优点包括：第一，节省招聘和培训的成本。内部招募可以节省组织花费在广告、面试、背景调查等方面的招聘成本，而且，内部员工已经了解组织的文化、领导风格和工作流程等，他们通常能够更快地适应新职位和融入新团队，从而为组织节省培训的成本。第二，提高员工满意度。内部招募可以让员工感受到组织关注他们的职业发展和潜力，能够增强员工的工作满意度和忠诚度。第三，促进员工发展。内部招募可以为员工提供更广泛的职业发展机会和更好的晋升机会，能够激发员工的自我价值感和职业发展动力。第四，改善组织文化。内部招募可以通过在组织内部提拔员工，强化组织的文化、价值观和工作方式，增强组织的凝聚力和稳定性。

然而，内部招募也存在一些问题。首先，内部员工可能局限于已有的知识和技能，缺乏新的想法，同时，内部员工通常具有相似的背景和经验，久而久之，组织内部员工知识、技能等逐渐同质化，缺乏创新和活力，这会影响组织的竞争力。其次，空缺职位可能会引起员工之间过度竞争的情况，那些没能得到新职位的员工可能会感到心理不平衡或不公平，容易降低士气。

二、外部招募

外部招募是指组织从外部劳动力市场寻找合适的人选来填补组织内空缺的职位。外部招募通常是组织需要扩大规模或聘请特定技能或经验的人才时使用的一种方式。组织通常通过各种渠道发布招聘广告，如在招聘网站上发布招聘信息、在社交媒体上发布招聘信息、通过猎头公司招聘等方式。

外部招募的优点在于：第一，外部招募可以为组织引入新的理念、技能、经验和创意，促进组织的创新和发展。第二，外部招聘提供了更广泛的候选人资源，组织可以在更大范围内寻找合适的人选，能够帮助组织招聘到优秀的人才，增加企业人才的多样性和包容性。第三，外部招聘可以避免内部员工之间过于激烈的竞争，维护组织内部的和谐氛围。

同样地，外部招募也存在一些缺点，如招聘过程需要耗费更长的时间和更多的资源，新员工可能需要时间来融入公司或组织的文化，组织更难评估外部候选人的能力和潜力，内部感到晋升无望，打击其工作热情等。

内部招募和外部招募是组织招聘人才的两种主要策略，各有利弊，通常被看作是互补的，而不是相互排斥的。在制定招聘策略时，企业需要根据实际需求和资源，综合考虑内部招聘和外部招聘的优缺点。某些情况下，企业可能会优先考虑内部招聘，以提高员工激励，降低招聘成本和风险；而在其他情况下，企业可能会选择外部招聘，以引入新技能和观念，促进企业创新。当然，许多组织会采用内部招募和外部招募相结合的策略，以便从各自的优点中获益。

三、招募渠道

（一）内部招聘渠道

企业可以利用多种内部招聘渠道来寻找合适的人选。以下是一些常见的内部招聘渠道：

1. 内部推荐

企业鼓励员工推荐合适的同事来填补空缺职位。员工对自己的同事熟悉，可能会推荐出高质量的候选人。此外，内部推荐有助于提高员工的参与度和归属感。

2. 部门内部调动

企业可以在部门内部进行调动，将合适的员工从一个岗位调至另一个空缺岗位。这种方式可以充分利用现有员工的技能和经验，减少招聘成本和时间。

3. 岗位轮换

企业实行岗位轮换制度，让员工在不同岗位上轮流工作，以提高他们的技能和适应性。通过这种方式，企业可以选拔出在多个岗位上表现优秀的员工来填补空缺职位。

4. 企业内部培训计划

企业可以通过内部培训计划培养员工的专业技能和领导能力，为担任更高职位做好准备。完成培训的员工可以成为潜在的候选人，从而提高内部招聘的成功率。

5. 内部招聘广告

企业可以通过内部电子邮件、公告栏、企业内部网站等渠道发布空缺职位信息，让员工了解新的职位机会。这种方式有助于提高员工的关注度和积极性，增加内部招聘的机会。

（二）外部招聘渠道

企业可以利用多种外部招聘渠道来扩大招聘范围，提高招聘成功率。以下是一些常见的外部招聘渠道：

1. 招聘网站

企业可以在招聘网站（如 LinkedIn、Indeed、智联招聘等）发布职位信息，吸引潜在候选人投递简历。这些网站通常具有广泛的用户基础，可以帮助企业快速找到合适的人选。

2. 社交媒体

企业可以利用社交媒体平台（如 Facebook、Twitter、微信等）发布招聘信息，扩大招聘范围。此外，社交媒体还可以帮助企业构建品牌形象，吸引更多优秀人才。

3. 招聘广告

企业可以在报纸、杂志、电台、电视等传统媒体上发布招聘广告，吸引潜在候选人。虽然这种方式成本较高，但它可以帮助企业扩大招聘范围，提高知名度。

4. 招聘会/人才交流会

企业可以参加招聘会、就业博览会等，与潜在候选人面对面交流，了解他们的技能和经验。这种方式有助于提高招聘效率，缩短招聘周期。

5. 猎头公司

企业可以委托猎头公司帮助寻找合适的候选人。猎头公司通常具有丰富的人才资源和招聘经验，可以帮助企业快速找到高质量的候选人。

6. 校园招聘

企业可以与高校合作，开展校园招聘活动，吸引应届毕业生加入。这种方式可以帮助企业发掘年轻人才，培养企业的后备力量。

7. 员工推荐

虽然员工推荐通常被视为内部招聘方式，但员工也可以推荐其在外部的亲朋好友。这种方式有助于扩大招聘范围，提高招聘成功率。

8. 行业协会和专业组织

企业可以通过加入行业协会和专业组织，参加相关活动，与潜在候选人建立联系。这种方式有助于扩大企业在行业内的影响力，吸引更多优秀人才。

【阅读材料】

阿里巴巴：在公司内部寻找超过自己的人

外部招聘的最大优点是选才范围广，运气好的话，可以挑到许多能为公司注入新鲜血液的各类能人奇士。公司内部员工长期在本公司工作，倾向于按照同样的思维方式去看问题，容易出现思想僵化的现象。外部招聘是解决这个弊端的最佳良方，但也存在外来人才与本公司缺乏兼容性的风险，那些看起来优秀的社会招聘人才，可能并不符合公司发展的需要。

阿里巴巴也曾经吃过类似的亏。公司在创业早期，高薪招聘过不少国际著名企业的高级管理人才，后来却发现其中很多人并不能很好地融入公司。于是公司调整思路，把重要岗位尽可能多地安排内部招聘，然后再根据需要来补充外来的优秀人才。内招人才都是对本公司业务及文化价值观知根知底的员工，他们对公司的感情更深厚，对公司未来的发展方向往往比外招人才看得更清楚。到目前为止，阿里巴巴集团各子公司管理层还是以内部提拔居多，最初创业的"十八罗汉"依然是核心班底。

内部招聘和外部招聘是互相补充的关系。相对而言，人们更倾向于从外部招聘"空降兵"，而不太相信内部招聘能解决人才缺口问题。"外来的和尚好念经"是社会普遍心态的生动写照。造成这种现象的主要原因是公司各级领导总是下意识地认为自己的下属不如自己高明，有些人甚至抱着"武大郎开店，不许员工比自己高"的狭隘心态打压下属。

对此，马云曾说："如果没有人能取代你，那你永远不会升职，只有有人取代你，你才能成为上一级的领导。如果你出去六个月，找不到能替代你的人，就说明你不会招人，不会用人。领导要把别人身上最好的东西发掘出来，如果你能把别人身上连自己都看不到的优点发掘出来,那才是你的厉害之处。如果有一只老虎在后面追你,你的奔跑速度一定会快到连自己都无法想象。每个人都有潜力,关键是领导要能发掘这个潜力。"

领导者必须学会挖掘下属的潜力,敢于任用某些能力比自己更强的人才。那种担心优秀下属取代自己位置的小心眼领导者,在阿里巴巴非常不受欢迎,也会失去晋升机会。阿里巴巴的发展速度一直很快,人才缺口很大,能力突出的管理干部将得到许多升职机会。平时喜欢打压能干员工的领导把自己的部门或团队变成了离开自己就不能运转的庸人集中地,如果他们升职,将无法再以个人能力维持部门或团队原先的业绩水平,导致部门表现一落千丈。这样一来,公司高层为了保持该部门或团队不散架,只能继续将这种领导者留在原岗位,不把他纳入重要岗位的候选人。所以,阿里巴巴一直推崇"在公司内部寻找超过自己的人"的观念,希望每一位领导者都能成为善于发现人才的伯乐、开发员工潜力的导师。通过这种方式,阿里巴巴基层员工能够获得比其他企业员工更多的晋升机会。这种鼓励人人争当伯乐的做法,大大加强了阿里巴巴人才资源的凝聚力与战斗力。

(资料来源:陈伟. 阿里巴巴人力资源管理 [M]. 苏州:古吴轩出版社,2017.)

第四节 奇招百出的甄选工具

甄选是招聘过程中的关键步骤,其目的是从众多求职者中选择出最合适的候选人来填补组织的空缺职位。这个过程充满了挑战。首先,组织很可能会面临信息过载的问题,需要在较短的时间内,对求职者的知识技能、经验、性格和价值观进行细致评估,判断他们是否能够胜任所应聘的空缺职位以及是否与本组织的文化和价值观相契合。这里需要注意的是,组织甄选的目的并非总是挑选出那些最优秀的人才,而是挑选出最适合该空缺职位且契合组织文化和价值观的人才。

尽管发布的招募信息中有明确的职位描述和要求,但如何公正、客观地评估每个候选人的能力和经验仍然是一项挑战。人为的偏见可能会影响评估结果,例如对某些学校或者过往经历的偏好,甚至可能存在无意识的性别、年龄、种族等歧视。组织需要避免任何形式的偏见和歧视,确保每个候选人都得到公平的对待。

有效沟通在招聘甄选过程中至关重要,可以帮助组织建立与候选人的联系,了解候选人的想法和期望,有助于候选人在入职后更快地融入组织。此外,在甄选过程中,候选人通常希望能得到及时的反馈,了解自己的申请状态。延迟的反馈可能会让候选人感到困惑和不安,也可能影响他们对组织的印象。甄选团队需要及时更新候选人的状态,即使是负面的反馈也需要以尊重和真诚的方式传达。尽管甄选充满了挑战,但只有通过有效的甄选,公司才能找到最合适的人才,实现其长远的目标和愿景。

一、笔试

笔试甄选方法是一种常见的员工选拔方式,通常用于评估候选人的基础知识和专业技能等。笔试测试一般包括选择题、简答题、案例分析、逻辑题等。内容可能涵盖专业知识、逻辑思维、写作能力等各个方面。笔试的结果可以为面试官提供一个初步的、相对客观的方式来筛选候选人，特别是在有大量候选人的情况下，笔试可以有效地缩小候选人的范围。

二、面试

面试是目前运用最为广泛的员工甄选工具之一，它提供了一个直接与候选人互动的机会，面试官通过分析互动过程中候选人的回答以及观察他们的反应来评估候选人是否具备相关职位的任职资格条件，包括知识技能、经验、人格特质（如沟通能力、解决问题的能力、团队合作精神等），以及他们是否契合组织的文化和价值观。面试具有简单快捷、容易操作等优点，但很多研究表明，如果不能精心设计有效的面试问题、公正客观地评估和比较候选人的表现，面试的效度会比较低。根据面试的标准化程度，面试可以分为非结构化面试、结构化面试以及半结构化面试三种类型。

（一）非结构化面试

非结构化面试是一种灵活的面试形式，面试官没有必须遵循的面试问题提纲，也没有预先设定统一的打分规则和评价标准。这种面试形式更像是一场自由的对话，面试官能够相对自由地对候选人进行提问，基于候选人的回答调整后续问题，并根据自己的兴趣点针对候选人的个人特征或一些个性化问题进行深入探讨。这种方法的优点是可以通过自然、有深度的对话，更全面地了解候选人的知识技能、思维方式、性格特质和价值观，而不仅仅是通过预设的问题得到表面的信息。然而，非结构化面试也存在一些缺点。首先，由于缺乏统一的评价标准，非结构化面试过程中可能会存在面试官的主观偏见，不同的面试官可能有不同的评价结果，这会影响面试的公平性。例如，如果面试官对某个主题特别感兴趣，他们可能会过度关注这个主题，而忽视了其他同样重要的能力和经验。其次，由于对不同的候选人提出的面试问题不同，很难确保对所有的求职者都提供公平的机会，而且公平客观地比较不同候选人的表现也会变得更困难。大量实证研究证明，非结构化面试的信度和效度要低于结构化面试。举例如下：

面试官：你好，我是这家公司的市场部经理。欢迎来参加面试。

候选人：你好。很高兴能有机会来这里面试。

面试官：我看了你的简历，你有很丰富的市场营销经验。你能谈谈你曾经遇到的最有挑战性的一次营销活动吗？

候选人：当然，我在前公司负责过一次新产品的市场推广活动。我们的目标是……

面试官：真的很有趣。在这次推广活动中，你是如何确定目标市场的呢？

候选人：我们首先进行了市场调查，分析了不同的消费者群体……

……

在这场对话中，面试官没有遵循固定的问题列表，而是根据候选人的回答进行跟踪式提问。

（二）结构化面试

结构化面试则是一个预先设定的流程，面试官通常会提前准备一份对所有候选人都要提问的标准化问题提纲。这些问题是基于职位分析提炼出来的，可能包括技能相关问题、行为面试问题等。例如："请描述一个你曾经遇到的与同事意见不合的情况，你是如何应对和解决冲突的?"每个问题都设计得非常具体，并且与职位的资格要求直接相关。面试过程中，面试官必须根据面试提纲逐项对所有候选人进行提问。此外，为记录候选人的面试表现，结构化面试还包括预定义的评分系统，用于评估候选人的回答。这种评分系统通常基于预设的准则，可以是一种量化的评分尺度，例如 1~5 的评分，也可以是更定性的描述，例如"优秀""合格"或"不合格"。这种评分系统有助于减少个人偏见，并保证每个候选人的答案都按照同样的标准进行评估。

结构化面试的主要优势在于其公平性和一致性，具有较高的信度和效度。由于所有候选人都回答同样的问题并接受同样的评估标准，不仅能确保重要信息或关键信息不会遗漏，这种标准化操作还能够有效消除面试官的主观偏见。此外，由于问题和评分标准都与职位的关键要求直接相关，因此结构化面试通常能更准确地预测候选人的工作表现。结构化面试也有一些局限性。首先，它可能会限制面试者和候选人的对话，使面试过程显得刻板和僵硬。其次，由于所有问题都是预设的，在某些情况下，面试官对自己发现的很重要的某些问题可能不便过多提问，无法深入探讨候选人的特定经验或技能，如创新能力和应变能力等。最后，结构化面试可能会忽视候选人的个性和创造性，而这些在许多职位中都是非常重要的。举例如下：

面试官：你好！我是这家公司的人力资源经理。欢迎来参加面试。

候选人：你好！很荣幸能有机会参加面试。

面试官：我们开始吧。我会问你一系列的问题。第一个问题是，你能描述一下你在过去的项目中解决复杂问题的经验吗？

候选人：当然，我在前公司的时候，我们有一个项目需要在非常短的时间内完成……

面试官：很好。下一个问题，你能描述你曾经遇到的最有挑战性的沟通方面的问题吗？

候选人：当然，我之前负责过一个团队项目，我们需要设计和开发一款产品……

面试官：非常好。最后一个问题，你认为自己的长处和短处是什么？

候选人：我认为我的优势是……

在这个例子中，面试官使用了一组预设的问题来评估候选人的问题解决能力、沟通能力和自信心等。所有这些问题都直接相关于职位的核心要求，而且每个候选人都会被问到同样的问题。

（三）半结构化面试

半结构化面试是一种结合了结构化面试和非结构化面试的优点的面试形式。在这种方法中，面试官会有一个预设的问题列表，但也有自由度去根据对话内容进行跟踪式提问，或者对候选人的回答进行深入探讨。半结构化面试的主要优点在于其灵活性和深度。它允许面试官了解候选人的经验和技能的多个方面，同时还能深入了解他们的思维方式和问题解决能力。这种类型的面试也更有可能让候选人感到舒适，因为它更像是一场对话，而不仅仅是一连串的问题和答案。

然而，半结构化面试也有一些缺点。例如，由于每个候选人的面试可能会有所不同，因此可能更难进行公平的比较。此外，如果面试官没有足够的训练或经验，他们可能会过多地依赖他们的直觉，而不是候选人的实际回答来做出决策。

选择哪种面试方法取决于多种因素，包括职位的性质、组织文化和价值观、招聘者经验等。一般来说，对于需要高度技能和专业知识的职位，结构化面试可能更适合，因为它可以更准确地评估候选人的能力。对于需要高度人际交往能力和创新思维的职位，非结构化面试可能更适合，因为它可以更深入地了解候选人的性格和思维方式。而对于需要平衡技能和性格的职位，半结构化面试可能是一个好的选择。

在实际招聘过程中，企业可以根据自身需求和目标，选择非结构化面试、结构化面试或二者的组合。结构化面试和非结构化面试在测试候选人的不同方面各有优势，找到合适的平衡点，有助于更全面地评估候选人，并提高招聘效果。

三、心理测试

心理测试是一种通过一系列的工具或手段将人的某些心理特征进行量化以衡量个体心理特性的方法。它可以帮助面试官更好地理解应聘者的性格、智力、技能、价值观等，从而预测他们在特定工作环境和角色中的表现。常用的心理测试方法主要有能力测试、人格测试和职业兴趣测试。

（一）能力测试

能力测试是指个体完成职位职责所要求具备的能力，包括一般能力测试、能力倾向测验和特殊能力测试。一般能力测验主要包括思维能力、想象能力、记忆能力、逻辑推理能力和空间关系判断能力等。比较有代表性的测试方式有韦克斯勒智力量表和瑞文推理测验。能力倾向测验可以测量个体的言语理解能力、数量关系能力、逻辑推理能力、综合分析能力、知觉速度、准确性等。常用的测试方式有一般能力倾向测试（GATB）和鉴别能力倾向测试（DAT）。特殊能力测试是指测量那些与具体职位紧密联系但又区别于一般能力要求的能力，例如公关职位需要具备很强的危机处理能力。测试方式主要有明尼苏达办事员测试、西肖音乐能力测试、梅尔美术判断能力测试等。

（二）人格测试

现代心理学认为，人格是构成一个人的思想、情感及行为的特有统合模式，这个独特模式包含了一个人区别于他人的稳定而统一的心理品质（彭聃龄，2001）。人格具有独特性、稳定性、统合性、功能性等特征。人格测试是一种评估个体的性格特征、行为倾向和心理状态的心理测试。这些测试可以帮助我们更好地理解一个人的行为模式、如何处理压力、工作风格以及如何与他人互动等。

人格测试可以归结为下面两类：

自陈式测试，即编制好一套人格测试问卷后，由被测试者本人根据自己的实际情况或感受来回答问卷中的全部问题，以此来衡量个体的人格。自陈式测试有卡特尔16种人格因素问卷（16PF）、明尼苏达多项人格量表（MMPI）、加州心理调查表（CPI）、爱德华个人爱好量表（EPPS）、梅耶—布里斯类型指标（MBTI）、NEO个性问卷（NEO-PI）、DISC人格测试等。其中，在人力资源管理领域运用较为广泛的两种测试是MBTI测试和"大五"人格测试。

投射式测试，这种方法首先向被测试者提供一些未经组织的刺激情境，然后让被测试者在不受限制的情境下自由表现出自己的反应。其中最著名的两项测试是罗夏墨迹测试和主题统觉测试，这两种测试分别让被测试者看不规则的墨迹和图片，询问被测试者的看法或想象。

人格测试的优点在于提供了一种深入了解个体内在性格特质和行为倾向的方式。但是，人的性格是复杂和多维度的，任何测试都无法完全准确地捕捉到所有的性格特质。人格测试的结果可能受到应试者的自我报告偏差和应试策略的影响。

（三）职业兴趣测试

职业兴趣测试是一种评估个体对不同职业或职业领域兴趣的心理测试。这些测试可以帮助个人理解他们的职业倾向和喜好，从而做出更符合自己兴趣和价值观的职业决策。

在职业选择和甄选中具有较大影响的职业兴趣测试是霍兰德职业兴趣测试（Holland's rIASEC model）。这种测试基于约翰·荷兰的职业兴趣理论，将职业兴趣分为六个类型：现实型（realistic）、研究型（investigative）、艺术型（artistic）、社会型（social）、企业型（enterprising）和常规型（conventional）。

（1）现实型：喜欢物理问题和机械问题，更善于动手操作。此类人群可能对工程或工艺类的工作感兴趣。

（2）研究型：喜欢观察、学习、分析或解决问题，喜欢探索未知领域，对科学或研究类的工作感兴趣。

（3）艺术型：喜欢创新、自由表达自我，更注重想象力和创造力，可能对艺术、音乐、写作或设计类的工作感兴趣。

（4）社会型：喜欢帮助、教育、治疗他人，更善于交际，可能对教育、咨询、医疗等领域感兴趣。

（5）企业型：喜欢影响、说服、领导他人，追求经济或政治成就，可能对销售、管理或领导职位感兴趣。

（6）常规型：喜欢规则和明确的任务，重视数据和细节，可能对会计、行政支持或数据管理等工作感兴趣。

在霍兰德职业兴趣测试中，被测试者会回答一系列问题，这些问题涉及个人的兴趣、技能、价值观和职业偏好。测试结果将显示出被测试者在六个兴趣类型中的得分，以此来帮助他们了解自己的职业兴趣类型，并找到与之相匹配的职业。

四、评价中心技术

评价中心技术是指运用多种测评技术,由多位评价者对求职者在特定的测评情境中表现出的行为进行观察和评估的过程。这种技术最早起源于第一次和第二次世界大战期间德国和英国军方对于军官的选拔,现在已经被广泛应用于企业中,通常用于考察求职者是否具备从事管理类工作所需要的各项技能和能力,如领导力、团队合作、决策能力、沟通技巧、问题解决能力等。目前,评价中心技术也经常应用在考察个人是否具备在一个团队中工作所需要的技能。

评价中心通常由模拟候选人在实际工作环境中可能遇到的情况的活动组成,测评方式可能包括角色扮演、无领导小组讨论、情境测试、公文筐测试、心理测试等。由于不同的评估者可能会注意到候选人不同的行为和特征,评价中心技术通常会有多位评价者,他们会根据预设的评估标准对候选人的表现进行评分,这种多观察者的方法可以确保评估更加全面和公正。

评价中心技术的主要优点在于实用性和真实性。由于所有的活动都是基于实际工作环境设计的,因此该方法可以预测候选人在实际工作情况下的行为表现。此外,这种方法能够评估一些传统面试难以观察到的技能和能力,如团队合作、领导力、解决冲突能力和沟通能力等。评价中心技术也有一些缺点。首先,它需要大量的时间和资源来设计和实施,这可能对一些小型或资源有限的公司来说是个挑战。其次,尽管这种方法可以提供深入的观察和评估,但其结果可能会受到评估者个人偏见的影响。为了减少这种偏见,评估者需要接受适当的培训,并遵循明确的评估标准。

下面主要介绍在评价中心技术中常用的无领导小组讨论、公文筐测试以及角色扮演三种测试方法。

(一)无领导小组讨论

无领导小组讨论是评价中心技术中经常使用的一种测评技术。这种方式模拟真实工作环境中的团队互动,让一组候选人进行集体讨论,面试官观察他们在讨论过程中的行为。

在无领导小组讨论的过程中,通常会有5~8名候选人形成一个小组,他们被要求就一个特定主题或问题进行讨论。这个主题或问题可以是与职位或组织相关的实际问题,也可以是一个抽象或假设性的问题,旨在激发候选人的思考和创意。这组候选人需要在一定的时间内就主题展开讨论并尽量达成共识。组织者不会为该小组指定一名领导者,而是让候选人自由发言,在此过程中,评估者的角色是观察者,他们不会干预候选人讨论,他们的任务是注意候选人如何提出观点、是否能够倾听和尊重他人观点、如何处理意见不同带来的冲突、如何推动小组达成共识等。通过这些观察,评估者可以根据预先设定的评分标准和指标,如团队协作能力、领导力、沟通技巧、问题解决和决策能力等,对候选人进行评估和排序。

无领导小组讨论提供一个非常接近真实工作环境的场景,面试官通过观察候选人在团队讨论中的行为和互动方式,可以在较短的时间内同时评估多名候选人的团队协作能力、口头表达能力、沟通能力、反应灵活性等。这有助于帮助面试官预测候选人在实际工作环境中的表现。但是,这种方法也有一些缺点。首先,评估可能会受到面试官的主观判断或偏见的影响,因此,面试官必须接受过专门的观察和评估培训,能够更准确地识别和评价候选人的行为表现;其次,具备某些性格特征(如内向、沉默寡言、容易紧张)的候选人可能会在无领导小组讨论中表现得并不突出,这可能导致评估结果的不公平,面试官应在评估过程中允许多样性和包容性,确保公平地对待不同背景和性格特征的候选人;最后,无领导小组讨论对测试题目的要求较高,组织需要花费大量的时间和资源来准备和执行。

【经典题目】

私人飞机坠落在荒岛上,只有6人存活。这时逃生工具只有一个只能容纳一人的橡皮气球吊篮,没有水和食物。请选择一位角色登上逃生工具,并阐述理由。
1. 孕妇:怀胎八月;
2. 发明家:正在研究新能源(可再生、无污染)汽车;
3. 医学家:经年研究艾滋病的治疗方案,已取得突破性进展;
4. 宇航员:即将远征火星,寻找适合人类居住的新星球;
5. 生态学家:负责热带雨林抢救工作组;
6. 流浪汉。

(二)公文筐测试

公文筐测试,又被称为公文处理,是一种情景模拟测试,通常用于评估候选人的决策能力、优先事项处理、时间管理、问题解决技巧以及书面沟通能力。在公文筐测试中,候选人会收到一个"公文筐",其中包含了一堆模拟的工作任务,这些任务可能包括电子邮件、报告、备忘录、电话留言或其他资料。参加测试的候选人首先会被要求阅读这些材料,然后需要在规定的条件和限定的时间(通常为1~3小时)内根据这些文件做出正确回应,回应可能包括回复电子邮件、安排会议、分派任务、拟写指示等。通常,这些任务设计得相互关联,需要候选人处理多任务和确定任务的优先级。面试官在测试过程中不会直接参与,在候选人完成所有任务后,面试官会根据候选人在处理文件过程中的行为表现以及做出的书面回应,分析候选人的计划能力、问题解决能力、时间管理能力、书面沟通技巧,以及其能否在短时间内理解和处理大量的信息。面试官往往会使用预设的评估标准进行评分,从而确保评估的公正性和一致性。

公文筐测试的优点在于,它为面试官提供了一个模拟的工作情境来评估候选人在实际工作中可能遇到的挑战和问题。这种方法还可以评估候选人的多任务处理能力和设定优先级能力,这在现代工作环境中尤其重要。

然而，公文筐测试也有一些缺点。首先，设计和实施这种测试的成本较高，且评分比较困难；其次，与无领导小组讨论不同，公文筐测试由候选人独立完成，面试官无法观察到候选人的团队协作能力和人际交往能力等；最后，不同面试官由于自身背景、工作理念等不同，对同样候选人的公文处理方式也会有不同的看法，面试官需要通过专业评估培训和明确评估标准来降低这种影响。

公文筐测试是一种实践性的面试方法，可以让面试官看到你在模拟的真实工作环境中的表现，而不仅仅是通过口头回答问题来了解你的能力。因此，准备好这种类型的面试可以大大增加你成功获得职位的可能性。

（三）角色扮演

在角色扮演中，候选人被要求扮演一个特定的角色，角色可以是客户、管理者、员工等，候选人需要在角色扮演过程中完成一系列与角色和场景相关的任务，任务可能包括与其他角色的沟通、问题和冲突解决等。角色扮演甄选方法可以帮助面试官了解候选人在实际工作环境中的应对能力、沟通技巧、决策能力和团队合作等。面试官根据预先设定的评分标准和指标，对候选人进行评分和排序。面试官可以在角色扮演结束后与候选人进行反馈和讨论，以便他们了解自己的优势和需要改进的地方。

习题

1. 什么是招聘，它对组织有什么样的意义？
2. 招聘工作受哪些因素影响？
3. 数字化时代员工招聘有何特点？
4. 内部招聘和外部招聘各有何利弊？组织应如何利用这两种途径？
5. 甄选工具都有哪些？

第九章　培训和开发

【本章重点】培训与开发的概念；数字化时代员工培训的新变化；培训需求分析；培训方法。

【本章难点】了解数字化时代下员工培训的新特点；了解不同的培训方法。

第一节　培训和开发概述

一、培训与开发的概念

培训是组织出于自身发展的需要，为了提升员工的能力、知识、技能或行为，而进行的有计划的学习和训练活动。这种活动可以是正式的，如讲座、在线课程或研讨会等，也可以是非正式的，如指导、导师制或在岗训练等。

与培训紧密相关的一个概念是开发。培训通常专注于提高员工的工作能力以满足当前的工作需要，而开发则着眼于帮助员工做好应对未来工作需要或员工个人发展需要的准备。开发是一个更长期的过程，强调的是个人的职业生涯成长，可能涉及领导力培养、职业规划、人才管理等。

现实中，大部分组织通常不会刻意区分培训和开发两个概念。事实上，两者常常是相互关联的，它们的共同目的都是通过提升员工的能力和技能来帮助他们更好地适应和应对工作中的变化，从而能够持续地为组织做出积极的贡献。

二、培训活动对组织的作用

开展培训活动能够帮助组织构建和增强其核心竞争力，这对于组织可持续发展有着至关重要的作用。

（1）提升员工技能。通过有效的培训活动，员工可以获得工作所需的技能和更新现有技能，加深对组织战略、工作标准的理解，从而能够更有效地完成工作，提升组织的整体生产力和效率。例如，通过技术培训，员工可以更好地使用新的软件或设备，从而提高工作效率。

（2）吸引和保留人才。提供优质的培训和开发机会可以帮助吸引和保留优秀的员工。许多人才在选择工作时会考虑组织是否提供职业发展和学习的机会；另一方面，通过培训和开发，员工可能会感到更满足和更有价值，从而提高他们的满意度和忠诚度。

（3）提升员工创新和适应能力。培训活动可以帮助员工迅速学习各种新知识技能和思维方式，从而增强他们的创新能力。此外，它还可以帮助员工适应新的技术、市场条件或组织变革，使组织能够更好地应对快速变化的商业环境。

（4）领导力发展。通过领导力培训和开发，组织可以培养强大的领导团队，这对于实现组织的战略目标至关重要。好的领导者可以激励员工，提升他们的表现，以及引导组织应对未来可能会发生的问题和挑战。

（5）塑造良好的组织文化。培训和开发活动也可以用来强化和传递公司的价值观和文化。例如，通过道德和责任培训，组织可以强调其对诚信和社会责任的承诺。

正是由于培训工作的重要价值和意义，中国企业对培训工作的重视程度越来越高，资金和人力投入也逐年增加，很多企业建立了自己的企业大学，如海尔大学、华为大学等。

【阅读材料】

跟随时代的脚步，做好员工培训！

大家都知道美国的 AT&T 公司发明了电话和电报，在 20 世纪初可谓是"未来的发明者"。但是到 20 世纪末和 21 世纪初，这个科技巨人显然已经过时了，在从电信和硬件向网络转型的过程中步履维艰。AT&T 公司面临的竞争不仅来自 Verizon、Sprint 这些老对手，还有谷歌、亚马逊这些互联网巨头。这些互联网企业可以做的事情越来越多，而且和 AT&T 业务重合度越来越高，比如谷歌光纤（Google Fiber）和传统运营商的宽带业务的竞争越来越激烈，而且谷歌公司还打算在 Google Fiber 的基础上推出 VoIP 业务，进一步蚕食运营商的领地。

为了在新的市场环境中重生，AT&T 公司告诉它的员工们，要开始向"云端"转移，通过新技术、新架构的部署，更灵活、更全面地响应客户需求，从而重塑公司，与对手竞争。

然而，重塑公司的最大阻力不是在外界，而在于公司内部。AT&T 公司董事长兼 CEO 兰德尔·斯蒂芬森惊讶地发现，员工们尽管对硬件操作很熟悉，但是对大数据、云计算、软件编程等方面的知识一片茫然。兰德尔认为这样的状况根本无法推动 AT&T 的转型，于是一项名为"Vision 2020"的全员再培训计划在 AT&T 公司内部启动。"因为需要基于 SDN（软件定义网络）技术构建云服务，我们需要员工具有更多的软件开发能力。AT&T 需要员工们掌握的技术是从硬件转向软件，从有线转向 IP 和无线，是从数据记录者向数据科学家的转变。"AT&T 公司发言人表示。

为此，AT&T 公司与线上教育机构 Udacity、佐治亚理工学院以及其他大学合作，向员工提供形式多样的技能培训。培训的内容很丰富，比如软件测试、SDN、数据中心网络、内容分发、数据分析等方面的内容。现在 AT&T 的员工们每周会收到在线教育的邮件或视频。2013年以来，AT&T在这方面已投入2.5亿美元。目前，接受过再培训的员工填补了公司半数技术管理岗位，在技术部门中得到升职的人员有47%来自再培训的员工。

好雇主的意义之一，就是能够为员工提供赋能，带领员工一起完成基因迭代，通过知识分享，帮助员工"变成更好的自己"，快速适应急速变化的世界。

施耐德为此成立了施耐德电气大学，为员工提供行政发展、领导力、客户教育、能源与解决方案、卓越销售与功能性技巧等多个领域的专业学术课程。此外，该公司还开设了施耐德能源大学（Energy University），这是一个免费的在线教育资源，围绕能源效率和数据中心等课题拥有200多套课程。

亚马逊在正式聘用员工之前，拟聘用的员工要先经历为期一个月的强化培训与领导力培训。如果订单履行中心的员工学习工作相关领域的课程，公司会预付95%的学费。亚马逊还有一座"虚拟联络中心"，教员工怎样在家工作。

微软则将成长型心态作为企业的重要文化进行推广，他们提倡员工对任何事物要抱着热情的心态，并挖掘了非常深层次的活动和推广会，覆盖不同年龄、地域和背景的员工。

……

可以预见的是，进入5G时代，人工智能等一系列技术革新将使我们工作的面貌焕然一新。随着技术发展得越来越快，公司需要在人才培养上做得更多。研究显示，所有愿意对员工进行投资，并且为他们准备了丰富的培训与发展项目的企业，其员工满意度、内部晋升机会均大大超出同行，同时也营造了更加能留人的环境。

（资料来源：《最佳雇主制胜之道，做好员工培训》. https: //www.sohu.com/a/434079882_737582）

三、数字化时代培训活动的特点

数字化时代，培训和开发的形式和内容都发生了重大变化。这里我们介绍几个主要的特点：

（一）在线学习

数字化时代的一个关键特点是在线培训和远程学习的普及。爱课程（MOOC）、学堂在线等在线学习平台可以提供各种主题的课程，有些企业为给员工提供学习机会，并确保所有的教育和培训活动能够对齐组织战略目标和支持组织的发展，专门建立了企业大学，如通用电气公司的克罗顿维尔管理开发中心、阿里巴巴集团的阿里学院、海尔大学等。通过这些平台，员工可以在任何地方、任何时间根据自己的需求和时间安排进行学习，这极大地提升了培训的灵活性和便利性。同时，在线学习平台的形式多种多样，包括电子学习（e-learning）课程、网络研讨会、视频课程和游戏等，有助于激发员工的学习热情和提高员工的参与度。

(二) 个性化学习

在线学习平台为员工提供了海量的知识，但员工从纷繁复杂的知识中汲取到对自己工作有用的知识需要耗费时间和精力。利用大数据和人工智能技术，系统可以通过分析员工的学习经历、行为表现和职业发展目标，预测员工的学习需求和偏好并向他推送相关的知识内容；同时也能够帮助组织了解员工的技能差距，从而进行更有效的培训规划。

(三) 社交学习

社交学习指的是员工通过互动和交流来学习知识和技能。它基于这样一个观点，即个体在与其他个体的交流中，可以通过观察、模仿和互动，学习新的行为和技能。社交学习的形式包括面对面的交流、在线讨论、团队项目等。员工可以通过在小组讨论中观察和模仿他们的同事或领导来学习，也可以在在线学习社区中互动和讨论，从而获取新的信息和见解。例如西门子公司推出了一个名为"Knowledge Sharing"的在线社区，该社区鼓励员工分享他们的知识和经验，并进行互动和讨论。在这个社区中，员工可以发布和查找文章、视频、教程和其他学习资源，同时也可以在社区中提出问题、讨论问题和回答问题。此外，社交学习可以激发员工学习的动机和兴趣。当员工看到他们的同事或朋友正在学习新的技能或知识，他们也会被激励去学习。

(四) 微学习

微学习是一种提供小块、精炼的学习单元或内容的方法。每个学习单元通常只需要几分钟的时间，员工可以利用空闲的时间（如通勤、等待时间）进行学习，减少了员工学习的时间压力，非常适合现代忙碌的生活和工作节奏。

(五) 虚拟现实和增强现实

虚拟现实（VR）和增强现实（AR）技术是一种能够创建并模拟真实环境的计算机技术，可以为员工提供沉浸式和交互式的学习体验。例如，医学培训中可以使用虚拟现实技术来模拟复杂的手术过程，让医生在没有风险的环境中进行实践和学习；全球零售巨头沃尔玛采购虚拟现实设备投放于美国各大超市门店用于员工培训，他们利用虚拟现实技术模拟了黑色星期五的购物狂潮场景，让员工能够体验和处理可能出现的各种情况和挑战。

拓展阅读

AR/VR技术应用场景广泛，在线上授课、居家娱乐、健康检测、远程办公、企业实训和职业教育领域中表现优异。尤其是在高成本、高危险领域，可以让受训学员先在AR/VR设备打造的虚拟场景中，通过反复练习实现熟练操作，以此来减少实训成本，降低实训风险，同时让学员获得更真实的体验和更好的理解，从而提升培训品质。

1. AR、VR 应用于企业培训

在企业实训中，越来越多的公司正在或开始利用虚拟现实培训员工。沃尔玛在 2018 年就采用虚拟现实技术培训 120 万员工备战"黑色星期五"。日本全家近年也开始采用 VR 平台 VR 技术训练员工。VR 培训时学员只需要戴上 VR 头显即可反复进行训练和测试，安全又可靠，降低培训的人力、物力投入。

2. AR、VR 应用于警察训练培训

美国斯特拉斯堡警察局为帮助警察更好地处理民众安全，区分事件安全性，开始用 VR 模拟一些常见场景训练警察。警察在 VR 沉浸式培训内容中分别扮演警察和民众两种不同角色，学习处理一般矛盾的方法技巧。其使警察可以设身处地站在民众的立场去理解和感受，通过谈话的方式解决问题，降低暴力执法的几率。

3. AR、VR 应用于医疗教育培训

AR/VR 在医疗教育培训领域发挥了很大作用。传统的医学教育中，在人体标本的解剖和各种手术实训中，受标本、场地等限制，费用昂贵；同时，医学生不能通过反复在病人身上进行操作来将学习的理论知识和实践相结合。通过 AR/VR 增强现实和虚拟现实技术，可以虚拟展现人体各个器官，使医学生和医疗从业人员可以直观地反复体验操作，增强实践性。

4. AR、VR 应用于课堂教育培训

VR 技术能够紧扣知识点还原场景，实现沉浸式和交互式学习，推动教学流程、教育培训课程的全面优化提升。VR 课程这种教学形式很新颖，学生们通过虚拟仿真，可以观察到图片上无法看到的细节，通过动手操作加深对知识点的理解，学习兴趣在无形中被激发出来。例如，VR 新技术与传统文化的碰撞，呈现出更加生动丰富的课堂教学。

5. AR、VR 应用于驾驶培训

据调查，学员使用 VR 驾驶培训时，学习专注度是传统学习环境的 6 倍，透明车身功能能够帮助学员更好地理解各类操作。自 2019 年北京东方时尚驾校应用 VR 驾驶培训模拟器 3 年来，共培训学员人数超过 20 余万人，数据显示，采用智慧驾驶培训模式训练的学员，整体通过率较传统训练模式提高了 10% 左右。

同时，VR+驾驶培训的模式还加速了驾培行业从劳动密集型向技术密集型转变，VR 模拟器使用后，一名教练员可以同时指导六名学员，有效减少了教练员的人员配比，还降低了场地及练习道路、车辆使用及油耗的成本。

（资料来源：《中国虚拟现实（VR）行业市场前瞻与投资战略规划分析报告》，2022，新米产业研究院。）

数字化时代下，组织需要利用新的技术和方法进行员工培训和开发，并且需要定期评估和完善培训活动和培训机会。通过持续的更新完善，组织可以提供更有效、更吸引人和更符合员工需求的学习体验，满足员工的成长需求，支持组织战略目标的实现。

第二节 培训管理活动

一、培训需求分析的重要性

培训需求分析是组织确定是否有必要进行培训以及需要进行什么样的培训的过程，它是培训管理的首要步骤。只有确定好培训需求，才能为这些培训需求设定所要达到的具体目标，制定和实施详细的培训计划。

首先，培训需求分析有助于明确培训的目标。通过识别员工的技能缺口，组织可以设定明确的、针对性的培训目标，从而增加培训的效果。例如，如果销售团队在客户关系管理方面存在困难，那么相关的沟通技巧和客户服务技能培训就可能是一个有效的解决方案。需求分析可以帮助组织有效地分配资源。通过确定哪些人需要哪些类型的培训，组织可以将其有限的培训资源集中在最需要的地方，从而提高资源的使用效率。这一点在面对有限的预算和资源时尤其重要。

其次，需求分析还可以增强员工的参与度和满意度。如果员工认为培训内容与他们的工作需求和个人发展目标紧密相关，他们更可能积极参与培训并从中受益。这不仅可以增强培训的效果，还可以提高员工的工作满意度和忠诚度。

最后，需求分析可以帮助组织应对变化。现代商业环境中，技术的发展、市场的变化和组织的战略调整都可能带来新的培训需求。通过进行定期的需求分析，组织可以及时发现和应对这些变化，保持员工的技能和知识的与时俱进。

二、培训需求分析的主要内容

培训需求分析过程通常涵盖分析组织的需求、明确员工个人的需求、确定完成特定工作任务所对应的相关知识和技能的需求三个方面。

（一）组织分析

首先，组织分析考察组织的整体战略和目标包括理解组织的愿景、使命和战略计划，以确定哪些知识、技能和能力对于组织来说是必要和急需的。其次，组织分析还要考虑组织结构和文化价值观，帮助组织发现在团队沟通合作、领导力、人才梯队建设等方面的培训需求。此外，由于组织的资源是有限的，可能无法满足所有的培训需求，组织分析需要评估现有的资源，以确定当前阶段组织能够提供哪些培训，并根据需求紧迫性、培训的成本效益等设定培训的优先级，从而有效地利用有限的资源实现最优的培训效果。

（二）任务分析

任务分析关注的是某一具体工作或职位所需的知识、技能以及行为表现。首先，任务分析通常通过观察、面试或问卷调查等方式收集信息，识别和记录工作的主要职责、任务、工作环境、工具和设备等。其次，评估每个任务所需的技能、知识和能力。然后根据比较当前员工的技能和知识水平和他们需要达到的水平，确定哪些任务需要进行培训。最后，制定培训的目标、内容和最适合的培训形式和方法。

（三）人员分析

人员分析专注于理解和评估员工的技能、知识、能力和态度，以确定他们的培训需求。通过直接观察、面试或问卷调查等方式，分析员工在某些关键技能或知识领域的缺口，并且综合考虑员工的个人兴趣、偏好和职业发展目标，确定员工可能对何种主题、何种形式的培训感兴趣，从而最大化培训效果。

培训需求分析是一个动态的过程，组织需要定期收集反馈并进行调整。当组织发现某个培训项目效果不佳时，需要及时地重新评估相关的需求，或调整培训的内容和方法。

三、培训计划的制订

制订培训计划是一个全面、系统的过程，需要考虑到培训需求、目标设定、内容和方法选择、时间表和预算制定、培训实施和效果评估等多个环节。以下是制订培训计划的主要步骤：

（1）确定培训需求。首先需要通过组织分析、任务分析和人员分析来确定培训的目标、内容和受众。这可能涉及收集和分析数据、识别员工技能或知识的差距或者了解员工的职业发展需求。

（2）设定培训目标。基于培训需求，需要设定明确、具体、可度量的培训目标。这些目标应该与组织的战略目标和员工的工作任务紧密相关，以确保培训的实际效果。

（3）确定培训内容和方法。接着需要确定培训的具体内容和方法。内容应该覆盖员工需要改进或学习的技能和知识，选择的培训方法则需要考虑到学习的效果和员工的偏好等因素，应该能够最有效地传递所培训的知识或技能。

（4）制定培训时间表和预算。在确定了培训的内容和方法后，需要制定详细的培训时间表和预算。时间表应该考虑到培训的紧迫性、员工的工作安排和学习的持续性等因素，预算则需要考虑到培训的成本效益。

（5）实施培训活动。在制订完培训计划后，可以开始实施培训活动，可能涉及培训课程、培训师、引导讨论等。

（6）培训效果评估和反馈。通过比较培训前后员工的技能和工作表现，以及收集员工的反馈，可以评估培训的效果。基于培训的结果，组织需要找出可能存在的问题，调整或改进员工的培训计划。

第三节 培训方法

一、课堂讲授法

课堂讲授法指的是由培训师准备一个讲授的主题，然后通过口头讲解、演示等方式进行传授的方法。在讲授过程中，培训师也会穿插提问、讨论或案例研究等其他培训形式。如今，课堂讲授法依然是一种最为常用的培训方法，课堂讲授法能够一次性地面向一定规模的受训人群提供培训知识，组织所耗费的成本较低。同时，培训师可以通过语言、视频材料和实践案例等来解释和阐明所要讲授的知识和技能，有助于受训者更好地理解学习和参与。此外，这种方法下，培训师通常按照一个精心准备的讲授计划进行，受训者可以系统地学习知识和技能。

课堂讲授法也有其局限性。首先，不同的受训者有不同的学习风格或偏好，课堂讲授法可能不适合所有的受训者。其次，这种方法可能使学生只是被动地接受信息，而没有机会去批判或应用这些知识。最后，课堂讲授法要求培训师和受训者必须处在同一时间、同一地点，这对于那些分布在不同地区的组织来说，所花费的交通成本和住宿成本较高。

尽管如此，课堂讲授法在培训中仍然有一席之地。为了提高课堂讲授的效果，培训师可以在讲授过程中多多鼓励受训者进行沟通、探讨和实践，并针对个人学习状态和进展进行定期的检查和反馈。同时，培训师也可以结合其他教学方法，如小组讨论、角色扮演、模拟游戏等，来吸引受训者参与和学习。

二、在岗培训法

在岗培训法的核心理念是"学习在工作中发生"，即员工在履行他们的工作职责的同时接受培训。这种培训方式更符合员工的实际工作需求，更直接关联到他们的工作角色和工作环境。

在岗培训的形式多种多样，包括但不限于：指导和教导（一位经验丰富的员工向新员工或较少经验的员工传授技能或知识）、实践学习（员工通过实际操作或模拟任务来学习）、项目工作（员工通过参与实际的工作项目来学习）、反馈和反思（员工接受同事、上级或客户的反馈，并对他们的工作进行反思来学习）。

在岗培训的优点很明显。由于培训直接在工作场所进行，员工可以立即将学到的知识和技能应用到实际工作中，这不仅可以提高学习的效果，还可以提高员工的工作效率和质量。此外，由于培训是在实际工作环境中进行的，员工可以更好地理解和应对工作中的实际问题和挑战。在岗培训也有其挑战和限制。由于在岗培训通常需要投入大量时间和资源，可能会影响到员工的正常工作。组织需要妥善安排和管理在岗培训，以避免过度干扰员工的工作。

拓展阅读

华为全员导师制度

华为的全员导师制通过一帮一的训练方式，让新员工有更多机会掌握更多工作尝试和专业技能，并迅速成长为骨干，不仅有效缩短了员工进入新环境的磨合期，而且增强了员工上下级之间的密切关系和员工的荣誉感。华为内部刊物《华为人》曾经刊登了这样一个故事：一位工人发现一个汽车的圈（零件）总是出现毛刺问题，这位工人就自己买了一把锉刀，将问题零件的毛刺锉掉，这样零件的合格率就达到100%。等到这位员工退休后，同样一批零件大部分不合格，原来，这位员工并没有将经验传授给他人。

这个故事当时在华为引起了很大反响，也引起了华为高层管理者的重视，他们意识到，为那些工作经验不足、工作技能掌握不到位的新员工找一位导师是非常有必要的。于是，就有了华为全员导师制。华为的全员导师制与国企过去的师徒制十分相似，最早在华为内部的党支部以党员为主实行思想导师制度，对新员工进行帮扶，后来制度推广到了整个公司。华为导师的职责比较宽泛，不仅在业务上、技术上对新员工进行"传、帮、带"，还有思想上的引导和生活上的引领，而且华为这一做法不仅限于新员工，而是全员性、全方位的，也就是说，所有员工都有导师。华为认为，所有员工都需要导师的具体指导，实现"一帮一，一对红"。华为的导师制非常值得所有民营企业学习和借鉴，也有不少企业也在实行导师制，但产生实际效果的却少之又少，原因是什么呢？我们从以下几个方面进行分析：

1. 华为全员导师制的基本特点

华为全员导师制与国有企业过去实行的师徒制类似，但又不同。对于调整到新岗位上的老员工，无论资历多长，级别多高，公司都会安排导师，这个导师可以比这位员工的工龄短、资历低，但在这个岗位上业绩突出，就可以成为导师。在华为，毕业进入华为一两年的员工，照样可以成为导师。

2. 华为导师激励制度

华为为了保证导师制的落实，对导师实行物质激励，导师每月可以获得300元的"导师费"，并定期评选"优秀导师"，被评为"优秀导师"的员工可以获得500元的奖励。而且，华为将导师制提升到培养接班人的高度，并以制度形式做出规定："没有担任过导师的员工，不得提拔为行政干部；不能继续担任导师的，不能再晋升"。

3. 华为导师要能上能下

华为在选择导师方面，必须凭借真才实学，不论资排辈，只要在这个岗位上业绩突出，那么他就是导师，这对刚入职的员工而言，也是一种激励。华为规定，如果徒弟出现问题，导师也不能得到提拔，甚至还会降职。这也促使导师承担起培训的责任。

20世纪90年代初，当职业终身制还没有完全退出历史舞台时，任正非就希望用现代科学的管理制度管理企业，实施干部能上能下、末位淘汰等一系列管理制度。然而，既想让员工努力工作，又要让员工能平静地面对淘汰，显然是一件非常困难的事。但任正非知道，自己想要实现理想和抱负，让华为做到在通信行业三分天下有其一，成为世界级企业，就必须用现代理念来管理公司。

要知道，当时在通信行业，华为的竞争对手几乎都已经是世界级企业，而华为只是一个连活下来都不容易的小公司。怎样将现今的管理制度落实？任正非想到了要为员工寻找精神导师。为此，任正非委托华为前党委书记陈珠芳去"两弹一星"基地等机构物色了20余位退休的老专家，成为华为第一批思想导师。在当时只有十几个部门的华为，几乎每个部门都有1~2名思想导师，时至今日，还有少量华为首批思想导师仍在留任，而华为也成了通信行业的世界级企业。

（资料来源：黄志伟，《华为人力资源管理》，苏州：古吴轩出版社，2017。）

三、情景模拟法

情景模拟法指的是通过提供一种模拟现实的情境，可以让受训者在没有真实后果的情况下尝试不同行动策略，进而学习和理解如何在实际情境中做出最佳决策的方法。在这种情境中，受训者可以在没有真实后果的情况下尝试不同的行动策略，进而学习和理解如何在实际情境中做出最佳的决策。情景模拟的形式多种多样，如较为先进的虚拟现实技术等。虚拟现实技术是一种为受训者提供三维空间学习体验的计算机技术，受训者可以在能对他们的行为和反应做出对应反应的虚拟环境中进行实践。

情景模拟的优点显而易见，受训者通过在模拟真实的情境中进行决策，可以将理论知识与实践经验相结合，更好地理解和应用职位所需的知识和技能。同时，情景模拟法能够吸引受训者积极参与，增强受训者的学习动机。不过，情景模拟也有其局限性。如果要使模拟环境与实际工作环境有相同的构成要素，同时，模拟环境还必须能够像在实际工作中一样对受训者发出的指令做出反应，因此，创建和管理有效的模拟环境需要很高的成本，而且后续还需要根据工作环境中的信息更新模拟环境，这对许多组织来说可能是一个挑战。

四、角色扮演法

角色扮演法指的是通过指定受训者扮演某种模拟场景或情境中的特定角色，借助角色的实践演练以提高处理问题能力的方法。受训者被要求扮演某种场景或情境中特定的角色，并根据其他角色扮演者的行为表现来做出适当的反应。例如，受训者被要求扮演一个销售人员的角色，尝试去在某种情境下销售一种产品或服务；或者扮演一个病人的角色，以帮助医学生理解和应对病人的需求和感受。角色扮演一般在受训者较少的团队中运用，这种方法的核心理念是通过亲身体验和实践更加深层次地理解和掌握相关的知识和技能。

五、商业游戏

商业游戏，也称为商业模拟游戏，是一种通过模拟真实的商业环境和情境，让学习者在游戏中进行决策和操作，以达到学习目标的方法。在商业游戏中，受训者可能需要管理一个虚拟的公司，做出各种商业决策，如定价、生产、销售和市场营销等。他们的决策将会影响到游戏的结果。商业游戏具有趣味性，能够激发受训者的学习动力，还能够帮助团队成员迅速构建信息框架并培育一个凝聚力很强的群体。

六、远程学习和视听技术

远程学习是一种利用现代通信技术或计算机技术,向受训者提供远距离培训的做法。在远程学习中,受训者可以通过电脑、平板电脑或手机等设备,利用互联网连接到教育资源和培训师。这种学习方式的主要优点是灵活性和便捷性。受训者可以根据自己的时间和地点选择进行学习,无需前往特定的学习场所。这使生活节奏快、时间紧张或者地理位置偏远的人们接受教育成为可能。

视听技术包括视频会议系统、在线课程平台、互动白板等,为远程学习提供了必要的工具和环境,在远程学习中发挥着至关重要的作用。例如,视频会议系统(如腾讯会议、Zoom 等),能够让培训师和受训者进行实时的互动和交流;在线课程平台,如网易云课堂、Coursera 等,提供了丰富的课程资源,受训者可以自行选择和学习;互动白板和共享屏幕功能,可以让培训师直观地展示和解释复杂的概念;此外,许多系统还提供了在线测试和反馈功能,帮助培训师评估和跟踪受训者的学习进度和学习情况。

远程学习的缺点也比较明显。首先,技术问题,如不稳定的网络连接或设备故障,可能会影响到学习的效果;其次,缺乏面对面的互动和社交可能会影响到部分受训者的学习动机和参与积极性,一些受训者可能缺乏必要的自我管理和学习技能,难以有效地进行自主学习。

拓展阅读

抓好员工的企业文化教育

阿里巴巴有个规定:无论新员工来自何处,都必须到杭州总部参加为期一个月的专项培训。培训内容是企业文化,从第一天开始就系统讲述阿里巴巴的价值观和团队精神。阿里巴巴成立以来总结的九条精神、六大核心理念、"四项基本原则"、三大愿景目标等企业文化内容,都会在这一个月的专项培训中全部讲透。

马云曾说:"如何检验一家公司的好与坏?找七八个员工,问问他们的目标是什么,如果每个人的回答都一样,就说明这家公司是有凝聚力的。我特别为阿里巴巴的员工感到骄傲,我们公司各种各样的人才都有,要把 10 000 多个员工团结在一起,确实是很难的,因为他们每个人都认为自己很聪明,是天下第一,尤其是现在的年轻人。怎样才能把他们团结起来呢?要靠价值观,来阿里巴巴的人必须认同和坚守我们公司的价值观。"因此,高度重视企业文化教育一直是阿里巴巴培训的一大特色。

此外,这也跟公司以前遭遇的惨痛教训有关。2011 年,马云等高层领导者发现,阿里 B2B 平台上不仅存在商家欺诈现象,可能还有个别员工涉嫌勾结无良商家。当时负责这块业务的是阿里巴巴企业(B2B)电子商务总裁卫哲,此前他一直以常规方式调查和处理此事，把作弊商家的比例从 1.1% 降至 0.8%，但他并不清楚有哪些阿里巴巴员工跟作弊商家相互串通。于是阿里巴巴高层的几个关键人物从外地回总部召开紧急会议，决定成立一个调查小组，由当时兼任上市公司独立非执行董事的阿里巴巴上市公司审计委员会主席关明生带头，彻查阿里巴巴的各个 B2B 团队。最终结果是阿里巴巴关闭了几个刚运行一年多的海外办事处，当时公司的 COO（首席运营官）李旭晖与 CEO 卫哲主动引咎辞职。当时阿里巴巴已经成立了十二年，各项业务的运转状况良好。但根据调查小组的彻查，2009—2010 年涉嫌诈骗全球买家的阿里巴巴商家超过了 1 000 个，公司内部确实有少数员工为了冲业绩也配合其中一些无良会员进行诈骗。阿里巴巴以电子商务 B2B 服务起家，而人们对电子商务最大的疑虑就是欺诈问题。所以，阿里巴巴六大核心理念中才有"客户第一"与"诚信"两条铁律。这些员工的行为违反了公司的核心价值观，触动了高压线，为阿里巴巴高层敲响了警钟。阿里巴巴建设 B2B 交易平台是为了让"天下没有难做的生意"。可要是这个交易平台不能坚持"客户第一"与"诚信"的话，交易便利性等优势也就荡然无存，就会从根本上动摇了阿里巴巴的立足之基。

经过这次教训，阿里巴巴高层领导越来越重视对员工进行企业文化教育。公司设置为期一个月的专业培训课程，让全国及海外各地的新员工到杭州总部进行封闭式的企业文化教育，直到培训结束后才让新员工回各自的工作地报道。马云在 2008 年 4 月 14 日的阿里巴巴内部管理者培训"湖畔学院"做过一次演讲。他在演讲中提到一个观点："今天，阿里巴巴有 9 000 名员工，我认为十年以后，整个阿里巴巴集团会有 15 万名员工，至少有 1 万名是干部。这 1 万名干部，不培训，怎么能把我们的价值观灌输给其他员工？只有把我们的干部培训好，才能把我们的价值体系灌输给所有员工。做人做事，要光明磊落，讲究诚信。"可见，阿里巴巴的企业文化教育不只是针对新员工，对干部的要求也同样严格。事实上，阿里巴巴内部也出现过因文化价值观不合而引发的分歧。但通过狠抓企业文化教育，大刀阔斧地整顿公司风气，阿里巴巴基本解决了员工与公司价值观不一致的问题。对于一个公司来说，企业文化教育平时看起来没什么用，但在关键时刻可以让员工顶住不正当利益的诱惑，坚持做业界良心，继续贯彻公司的基本原则。假如平时对此不重视的话，员工并不会自动恪守阿里巴巴的六大核心理念与"四项基本原则"。如此一来，再好的企业文化价值观也会沦为一纸空文。

（资料来源：陈伟，《阿里巴巴人力资源管理》，苏州：古吴轩出版社，2017。）

习题

1. 什么是培训与开发，它们之间有何异同？
2. 开展培训活动对于组织有什么意义？
3. 数字化时代培训活动有什么新的特点？
4. 培训需求分析的作用是什么？
5. 实施培训的主要方法有哪些？

第十章 绩效管理

【本章重点】 了解和掌握绩效和绩效管理的定义；了解和掌握绩效管理与人力资源战略的关系；了解和掌握数智化时代下绩效管理的新趋势。

【本章难点】 利用绩效管理工具和方法对组织和个人开展绩效管理；贯彻绩效导向，使得绩效考核和评价的结果更加科学、客观。

第一节 绩效管理概述

一、什么是绩效和绩效管理

在企业运营中如何考查员工的表现并据此给出对应表现的评价结果呢？绩效便由此产生。绩效是成绩与成效的综合指标，是一定时期内的工作行为、方式、结果及其产生的客观影响。绩效常用于对员工完成工作的数量、质量、成本费用以及为企业做出的其他贡献等的反映[1]。

体现在数据公式上便是绩效方程：个人绩效=能力×动机×组织性支持+机会因素。其中，能力是指技术能力、管理能力、人际关系能力以及概念和抽象思维能力，它反映在知识、态度、性格和品质、价值观和技能上。动机是通过努力工作、承诺和其他类似的工作行为来体现的。组织性支持是指一个人从其直接上级和组织中的其他人那里得到支持以做好工作的程度。

绩效管理，也可以看作是通过系统的方法、原理来评定单位职工在岗位上的工作行为和效果，它能够对单位管理者与员工进行管理和有效沟通。绩效管理旨在改善员工的工作表现，通过调整员工奖金、薪酬以及职务升降等方面的切身利益，调动员工的工作积极性，提高员工的成就感，逐渐实现单位经营目标，达到单位和个人发展互利共赢的目的。从我国多数单位人才资源管理情况来看，领导层对员工进行评价，决定了员工是否可以获得升迁加薪的机会。人力资源管理中的绩效管理包含绩效计划、考核、绩效沟通等内容，它主要通过对员工工作绩效展开评价，并对员工某个时期的工作业绩进行反馈，不仅能促使员工不断提升自身能力，也能保障单位整体绩效良性进步。绩效管理在人力资源管理中发挥着重要作用，主要表现在以下方面：

（1）为管理人员提供可以量化的奖惩指标；

（2）便于考察职工日常工作成果，督促员工不断靠近组织目标。

---

[1] Performance management T. V. Rao.

绩效管理在单位人力资源管理中具有举足轻重的地位，不仅能对员工个人发展和进步产生一定的影响，对整个单位的发展及经济效益的提升也有不可替代的作用。

二、绩效管理如何支持人力资源战略

人力资源战略涉及招聘、培训、奖励和激励、绩效管理等方面多重因素，必须将企业的目标、理念和使命融入其中，以实现人力资源管理和企业发展的协调。可以说，人力资源战略是企业长远发展的基础。

绩效管理是人力资源战略的重要环节之一。通常来看，绩效管理指的是企业领导层与企业员工为了达到设定的目标而制定的一系列行为过程，这个过程包含制订计划、实施辅导、阶段考核、效果反馈等。当代企业发展在绩效管理方面已经逐步完善，绩效管理的激励机制也在员工能力促进方面发挥着重要作用，让员工在工作过程中不断实现自身价值，以自身能力的提升促使企业稳步发展，提升竞争力。

除此之外，绩效管理在战略层面也可提升员工之间的竞争性及凝聚力，在竞争意愿下努力提升个人专业能力与职业素养，让整个团队或组织进一步得以提升。在人力资源管理战略思想下，绩效管理战略成为人力资源管理战略的核心。绩效管理战略需要有机结合绩效管理各项制度及企业的发展目标，通过奖励激励、鞭策促进等方式调动员工的积极性。在明确的目标下，通过个人绩效的提升来提高组织绩效、部门绩效、团队绩效，让员工与企业共同受益[①]。

对于企业绩效管理支持人力资源战略的方式而言，从管理对象上就有明确的区分和规划。根据企业部门设定，可划分为对员工的管理、对部门的管理及对组织的管理。由于管理对象的不同，绩效管理的实施方式及实施目的也有所差异。

员工绩效管理是企业绩效管理的重点所在。员工绩效是指员工在工作过程中其个人投入、专业技能及其产出所形成的比率。员工绩效考核更倾向于对员工个人实际才能的考核，如工作设计、岗位胜任力、出勤率、职业道德等。人力资源部门重点强调对员工个人技能的培训和对其工作的管理等。

部门绩效管理是指人力资源部门对其他部门所进行的管理。传统的考核更倾向于单方面管理，缺乏合作性。随着战略人力资源思想的逐步渗透，新型部门绩效则更强调各部门成员之间的合作，通过团结协作及相互补助来提升绩效，而非单纯的管理促进。

对组织的绩效管理更强调人力资源管理的战略性思想。组织绩效指的是企业组织员工所产生的服务及产品，会受到多种因素的影响，例如人物、环境、组织结构、员工等。要想更好地提升组织绩效，必须对企业组织与环境的关系、组织结构、整合和分化、经营理念等进行统筹管理，同时兼顾员工的个人特点，实现组织绩效的统筹和高质量管理。

绩效管理在支持人力资源战略时也体现了自身独有的特征：系统性、战略性、人

---

① 靳晓梅. 基于战略人力资源管理的绩效管理战略研究［J］. 全国流通经济，2023，2346（06）：128-131.

本性。

系统性指的是相较于普通人力资源管理而言,人力资源战略中涉及的不同职能之间存在相互影响的关系,同时也相互促进,属于无法分割的整体。

战略性指的是企业发展战略以及人力资源管理各项职能发挥的目标战略。绩效管理的核心在于让员工在入职企业后,通过企业及个人共同努力提升工作能力及绩效目标,使之符合企业战略需求,让员工的个人目标能够有效地结合企业发展战略,继而产生相应绩效。

人本性指的是企业战略人力资源管理更注重以人为本。随着当前人力资源及高端人才在企业内部地位的逐渐加重,以人为本的发展理念更符合企业的长远发展需求。

在讨论完管理对象和自身特征后,绩效管理可通过以下几步落实人力资源战略。

(一) 重视战略导向

绩效管理应摒弃传统单纯对事件的管理模式,更强调对人才的管理,将员工工作目标与企业发展目标相结合,让员工能够更好地适应企业发展方向及工作模式。

(二) 全面优化人力资源配置

无论何种企业,在展开战略性人力资源管理的过程中,一方面,需要对企业内部人力资源做到全面保护;另一方面,需适当扩充,以保障企业战略性发展目标尽可能少地受到人力方面因素的制约,实现平稳的可持续发展。人力资源配置必须保障员工的合理分配,让企业各部门、各岗位能够更高效地运行,以保障企业运营处于正常状态。同时,通过高效率的绩效考核及管理增强人力资源核心竞争力,以此提升企业综合绩效。

(三) 建设绩效管理战略体系

首先是构建目标体系。只有明确了高质量且有效的目标体系,才能让企业每个职工根据企业战略目标制定各自的工作要求与岗位条件,保障每个职位都符合企业的战略发展需求。

其次是设计考评方案。在企业人力资源绩效考核中,考评方案的设计尤为重要。不仅关系到能否对员工的个人能力、工作态度起到管理约束及促进作用,还涉及对职位的规划是否符合企业的战略发展目标。绩效考评方案能够对各职工的工作行为、工作态度产生制约作用,并保障绩效体系中评价方案的公平合理性。

再次是明确职责分工。绩效考核过程中涉及的职责分工需要企业组织者或管理者在战略人力资源管理理念下制定考核内容、考核方案、岗位职责等,同时对各部门绩效管理实施过程进行相应的配合引导,让相关人员有组织地实施各项考评并完成资料归档。人力资源部门需要对企业其他部门的工作予以配合或合作,确保各项绩效考评项均顺利完成。

最后要规范实施流程。绩效管理的实施并非一蹴而就,是企业在管理与发展过程中逐渐形成的一项管理体系,在逐步改进下让绩效管理的目标、方式、要求等随之完善,并落实到每个岗位与每位员工。所有岗位与员工都在整体战略目标下为企业总目标做出努力,这样才可最大程度地发挥绩效考核的功效。

（四）对培训模式适时调整

人才战略是企业增强自身核心竞争力的主要战略，人力资源管理模式的战略性直接影响到企业发展的战略水平。因此，企业必须对人力资源管理高度重视，在战略思想的指引下确保企业发展需求符合当前市场变化以及人才发展模式，确保战略管理能够更好地落实。

三、数字化时代下绩效管理有何趋势

绩效管理数字化变得日趋重要。对于大型企业而言，科学合理的绩效管理不仅可以提高企业内部资源利用效率，减少资源闲置等问题的出现，而且可以有效提高企业的核心竞争力，确保企业在瞬息万变的市场环境中始终占有一席之地。在企业人力资源管理工作中，绩效管理发挥着十分重要的作用，其实际管理效果不仅可以影响企业人力资源配置的合理性，还与企业整体发展水平息息相关。传统企业绩效管理考核指标经常会出现误差，但在数字化时代，借助数字技术的多种手段可以将绩效管理中的考核指标量化，最大限度地提升指标的准确性与实际应用范围。此外，从多元化指标考核角度来分析，数字化背景下大数据的支持改变了原有数据单一的考核形式，可以通过数据软件的分析将指标直观地呈现出来。这种绩效管理方式可以帮助职工对自身建立起较为全面的认知，并在管理人员的指导下解决实际工作中存在的问题，在满足员工需求的基础上，进一步提升企业管理工作的整体水平。对于企业而言，数字化背景下实现了绩效考核指标的细化，可以帮助管理人员发掘企业管理工作中存在的客观规律，确保多项考核指标可以落实到实际管理工作的各个方面，在提升人员管理水平的同时，促进企业管理质量的提升。

数字化的绩效管理模式不仅对于大型企业至关重要，对于中小型企业来说，更能提升管理效率，甚至能改变组织架构。

数字化技术提高了中小企业绩效管理的多样性和效率。目前，在鼓励中小企业数字化转型的过程中，在收集到员工更完善多样的工作信息后，可全方位了解其学习、成长及未来的发展趋势，使中小企业绩效管理的多样性得到提高。在数字的时代背景下，中小企业可以利用钉钉等技术制定各类员工的绩效目标，激发工作潜力，并在实施过程中及时监督控制。此外，数字化技术还有助于跨部门之间信息的获取与决策的制定，优化中小企业内部繁琐的上传下达流程，提高组织效率。

数字化技术在加快中小企业扁平化管理上也十分有效。处于数字化时代的中小企业可以利用大数据技术的优势，创新人力资源管理体系，使绩效管理在不同部门之间信息传递效率提高，摆脱不同层级的限制，这样有利于优化组织构架，加快中小企业扁平化管理。中小企业还可以引入数字化绩效管理工具，将收集的员工信息转化为各类数据进行整理和筛选，使绩效数据可视化，通过各类图表按照月份、季度等方式分析某个员工的具体绩效，进而制作出数字化的人才档案。

扁平化管理使中小企业权力下放，增强了员工的决策权与自主性，员工在工作中进行自我管理，从而发挥出人力资源管理的更大价值。

数字化时代企业绩效管理改变着原有的管理观念，并且向更加新兴的绩效管理观念迈步[1]。同时，通过创新沟通方式、革新绩效管理的规定等，不断提高员工的参与度以及提升考核指标的科学性。

数字化背景下的企业绩效管理重点在于激发员工的积极性与创造性。首先，借助大数据分析技术与信息技术对数据指标进行精准预测，使员工公开透明地了解与自身相关的信息的全部内容。在实现员工个人价值的基础上，推动企业实现长久、稳定发展的战略目标。

其次，管理人员不断创新沟通方式，有效应用多种激励手段，激发企业内各部门员工的潜在能力，引导其将组织绩效作为自身工作的核心目标。从绩效沟通的性质出发，这一连续性、不间断的沟通过程迫切要求各管理部门与职能部门建立起良好的沟通渠道、沟通氛围以及科学合理的沟通机制。

不仅如此，管理人员也试图通过改变绩效管理规定，让科学的绩效计划将企业发展战略充分落实到每一名员工的身上，使其认识到自身责任所在，从而促进企业可持续发展目标的顺利实现。企业要想在数字化时代实现可持续发展的目标，必须不断改进绩效管理规定、提升对绩效管理的重视程度，与时俱进、不断创新，实现企业与员工的全面发展。

最后，制定更加科学的绩效考核指标，也在企业绩效管理工作中发挥着至关重要的作用。与传统绩效管理考核指标相比，借助数字化技术的优势，企业管理人员可以对岗位进行全面分析，进而制定合理的绩效考核指标。同时，企业管理人员需要注意，绩效管理指标需要充分保障员工的个人权益，唯有这样，才能最大限度地调动员工的工作积极性。

第二节　绩效导向：从目标到行动

一、如何贯彻绩效导向管理理念？

近年来，随着企业外部环境的不断变化，越来越多的企业试图改变旧有的管理模式。变则兴，不变则衰。作为企业管理的核心工作之一的人力资源管理也在不断改进，众多企业正在着手建立健全高效的绩效导向管理方式，降低企业人力资源成本，提升企业的管理效率和凝聚力。

绩效导向就是将结果作为衡量工作完成度的主要依据，即重点关注绩效的提升、目标的实现和结果的产出。通过建立高效运转的绩效管理模式，一方面能够培养企业内部员工的竞争意识，提升员工的工作效率，激励员工发挥潜力；另一方面能够为企业降本增效。

以绩效导向为主的人力资源管理模式不仅重视企业的管理环境，而且依赖于人员

---

[1] 洪雪. 数字化时代企业绩效管理形式及新思考［J］. 财富时代，2023，214（03）：47-49.

的使用以及配合①。贯彻绩效导向管理理念，应从契合企业战略、完善绩效管理制度、充分理解绩效导向的管理理念三方面着手。

（一）契合企业战略

绩效导向管理理念一方面需体现企业发展战略，包括企业长期发展战略、管理目标、管理体制等方面，另一方面需融合企业内部文化。

企业的发展战略在企业参与市场竞争、发展和壮大的过程中发挥着重要作用。它可以帮助企业建立稳定的成长脉络、健康发展的方式和合理应对风险与变化的长效机制。因此，绩效导向管理理念需要与企业发展战略相结合。具体而言，首先应清晰企业的战略目标，厘清企业未来几年的发展方向，然后在此基础上制定一套与之契合、各方面均完备的绩效导向的管理制度。

此外，企业文化不仅是企业核心价值观的体现，还是企业整体精神风貌的展现。绩效导向管理理念与企业文化相融合，一方面能降低绩效管理在企业内部的推行阻力，更加适应企业内部环境；另一方面还能更好地优化企业内部的管理模式。在绩效导向与企业文化融合的过程中，需要不断协调二者的关系，保持协同发展，使员工能够在不断变化的企业管理环境中逐步适应绩效导向的企业核心价值观。

（二）完善绩效管理制度

一个完善、有效的绩效管理制度，不仅能促进员工积极参与到企业的经营目标和发展战略中，还能与员工的职业发展与个人目标相结合，达到企业与员工"双赢"的状态。完善绩效管理制度不光要具有合理的绩效计划、及时的绩效沟通与辅导、公平公正的绩效评估、具有针对性的绩效反馈，还应该注重发挥绩效激励的作用。具体而言，企业应当明确绩效目标，严格执行相关绩效制度，制定符合公司发展战略和员工能力的考核指标。在满足企业发展需求的同时，兼顾员工的能力，做到企业与员工共同发展。在绩效考核中不光要注重评价的公平公正性，还要关注对时效性的把握。针对绩效考核结果应采取合理的绩效激励手段，例如，提供升职机会，进行奖金激励等。

（三）充分理解绩效导向的管理理念

绩效导向是企业打破原有经营桎梏，促进企业内部经济利润稳步增长的重要保障。由于绩效导向涉及的内容与项目较为复杂，相关管理人员应深入挖掘，充分理解其内在含义及重要性，清楚绩效导向的最终目的是激励员工而非单纯地考核员工。绩效考核的结果必定是有好有坏，需要人力资源管理部门多与员工沟通，积极正向地传达绩效导向的意义，激励员工更好地完成工作任务，避免发生因绩效结果不理想而影响工作的情况。企业亦可通过培训、辅导等手段，帮助员工了解绩效导向的具体实施方式，从而使员工在绩效导向的作用下，发挥主观能动性，做出有利于企业发展的积极行为。

---

① 杜斐斐. 绩效导向的企业人力资源管理模式探讨［J］. 中国储运，2022，256（01）：180-181.

二、如何开展组织绩效管理？

由于组织是一个相对概念，组织绩效因此通常包含两层含义：一是指某个组织机构在一定时期内实现了既定目标，也称"达成性绩效"；二是指这个组织所取得的成果能够被员工认同并获得认可的程度，亦称为"认同度绩效"[1]。综合以上两种观点，组织绩效是指一个组织在特定的时间和环境下，为满足利益相关者的期望而去达成既定组织目标的结果。一般而言，衡量组织绩效优劣的指标主要包括投资回报率、利润率、股票市场价格、市场占有率以及客户满意度、职工满意度、新产品开发速度、资金周转率等[2]。

高效的组织绩效管理可以有效地处理在企业发展过程中遇到的各种问题，从而保障企业的正常经营。组织绩效管理一方面可以使企业充分了解员工的工作状态，对员工的业绩、工作表现等方面进行综合评价，从而调动员工工作的主动性与积极性，提升员工的工作效率；另一方面，组织绩效管理有利于企业科学合理地分配人力资源，可作为组织内部岗位调整、员工培训等活动的重要依据，保证人力资源管理工作的精准性、科学性。组织可以通过明确组织的绩效目标、应用科学的管理模式、达成组织管理绩效的共同意识、提高绩效管理人员素质这四个方面来开展组织绩效管理。

（一）明确组织的绩效目标

组织绩效管理的实施与应用首先需要明确组织的绩效目标，并确保这些目标能够被分解至各个具体环节之中。其中，最主要的内容是要确定绩效考核指标以及选择考核方法，以便实现考核标准化。一方面，目标设定需具备一定的前瞻性，即在组织绩效管理制定的过程中，需以企业未来的发展作为根据，从战略性原则出发来确定组织绩效管理的方向，从而使得组织的整体发展更加适应社会发展趋势。另一方面，要确保各个指标的可分解性与可落地性。通过战略地图、平衡计分卡、组织分解矩阵等方法，实现对组织战略的深度解读与分解，确保分解而成的各个指标可以被各部门加以实施与应用。

（二）应用科学的管理模式

由于组织绩效管理是一个动态和多维的系统，因此组织需要采取更为科学的管理模式，促使企业战略目标以及各项经营指标的实现，增强企业的持续竞争优势，从而促进企业运营效率的不断提高。

在进行组织绩效管理工作之前，组织不仅需要形成明确的组织结构、权责划分，还需要明晰具体的业务流程与日常的企业运营管理。在进行组织绩效管理工作时，应该从实际情况出发，结合组织结构、自身特点以及行业发展趋势，构建出合理的绩效管理体系。在这一过程中，可以借助一些先进的管理技术，如战略地图、平衡记分卡、关键业绩指标考核、流程再造等，来促进组织效率提升。同时，还要注意加强内部控制制度建设，包括完善企业治理机制和管理制度、建立健全风险预警机制等。此外，在执行绩效考核时，还应该注重以结果为导向，重视考评方式方法的科学性。

---

[1] 李惠丽. 企业组织绩效管理体系优化研究 [J]. 现代商业, 2023, 669 (08): 83-86.
[2] 王维玲. 论绩效管理在组织中的应用 [J]. 全国流通经济, 2021, 2304 (36): 100-102.

（三）达成组织管理绩效的共同意识

组织绩效管理的高效开展和实施依赖于每一个参与组织绩效管理人员的共同推动，因此在组织绩效管理中应达成组织管理绩效的共同意识。

第一，对于组织绩效的管理人员来说，需要充分意识到自身在组织绩效管理中的重大作用，严格要求自己，高度重视组织绩效管理，推动构建完善的组织绩效管理体系。尤其对于一些思想观念较为传统的企业管理者来说，更需要及时转变思想观念，积极地参与组织绩效知识和技能的培训与交流，提高专业技能水平，以创新思维方式去指导和推动绩效管理工作。从企业的长远利益出发进行考虑，改变过去传统绩效管理理念的影响，以此来促进企业竞争力的不断提升。

第二，组织绩效的顺利实施还需要发挥企业各层级、各部门工作人员的重要作用。个人通过组织学习绩效管理的有关活动，增强对组织绩效管理的正确认识，不断提高自身的专业能力，在工作中充分发挥自己的能力，从而共同为组织绩效管理的健康、稳定发展作出贡献。

综上所述，组织上下都需要重视组织绩效管理，保障组织绩效管理的顺利实施，形成组织内部绩效管理的良性循环，提升组织运行效率与绩效水平，促进企业竞争力持续提升。

（四）提高绩效管理人员素质

组织内部各项工作的有序开展与科学实施，离不开专业化人才的有效支撑。只有不断提高相关管理人员的专业能力及综合素质，更新工作理念，才能确保组织绩效管理的有效实施。组织内部一方面应注重加强对人才培养的力度，给予相关培训以资金支持，提升组织内部员工的专业能力，适应组织绩效管理理念的不断变化趋势；另一方面，应积极引入绩效管理方面相关优秀人才，壮大组织内部绩效管理队伍，为组织管理增加活力。

三、如何开展团队绩效管理？

团队对于企业的发展日益重要，它正在成为现代企业中广泛应用的组织单元。一个团队的成功与失败，不仅取决于领导者的管理能力和个人综合素质，还离不开团队内每一位成员的辛苦付出和共同努力。尤其在市场经济竞争日益严峻的环境下，团队的长足发展更是依赖于内部成员高效配合与密切协作。

为了实现团队的持续、稳定发展，团队绩效管理作为激励员工积极奋进、协同发展的重要工具之一，被越来越多的企业及团队应用于实际经营管理活动中。影响团队绩效有多种因素，例如，工作设计、团队的组成、工作关系、团队进程等。在企业管理实践中，对于团队绩效衡量也存在着不少的问题。例如，考核工具单一、对团队的认知与理解存在偏差、缺乏对已有成果深入而系统的消化等。因此，在实施团队绩效考核的过程中，有必要针对如何正确开展团队绩效管理工作进行全面细致的探究，以规避管理实践中可能存在的问题，确保团队绩效管理的激励作用与管理效能得到有效发挥。

（一）增强团队管理者的专业能力

作为一名合格的团队管理人员，应理解与支持团队内的绩效考核体系，健全团队绩效管理模式，确保将每一项工作都落实到位，方可发挥出绩效考核所特有的效能。

第一，针对团队绩效进行全面、系统的学习，准确把握其核心内容。团队管理人员只有自身掌握先进而又全面的绩效考核理论知识，才能在具体的工作实践当中更好地配合人力资源部门开展绩效考核工作，确保考核结果的公平与科学性。在这个过程中，也需要人力资源部门给予一定的支持，结合团队的实际情况，及时开展团队绩效的培训工作，针对团队绩效中的疑难，给予相应指导，确保团队绩效考核工作的顺利进行。

第二，对绩效考核给予充分重视。团队绩效管理的重要性亦同于组织绩效管理，需要团队管理者对绩效考核给予高度重视，将绩效考核标准置于工作中的首要位置，进行内部的自我约束与自我管理，深刻理解这一管理方式的基本概念、深远意义、实施方法及相关注意事项，推动团队管理效能的全面提升。

第三，严格执行团队绩效考核。由于团队绩效考核结果是团队调整、奖金发放等主要参考依据之一，因此，团队管理者应严格执行团队绩效管理办法，确保团队绩效考核的公平公正性，既要避免主观因素的影响，还要防止平均主义的思想，在团队内部带头形成不偏不倚的工作氛围，促进团队绩效管理的开展。

(二) 完善团队绩效考核机制

团队绩效考核机制的科学先进性、有效性、实用性及可操作性直接关系到最终的团队管理成效和激励效果。因此，在实施团队绩效考核之前，管理人员需根据团队的实际情况制定科学、完善的绩效考核制度。

第一，保证团队绩效管理制度的综合性与完整性。由于绩效考核结果涉及人才招聘、职业晋升、岗位调动、人才质量及团队业绩等多个环节。为了充分保证通过考核结果能最大限度地评估出团队的真实工作能力与综合素养，需制定具体的管理流程和实施细则，将绩效考核制度与其他相关激励制度融合成一个有机的整体。团队要想赢得更多的绩效奖励，就需要严格按照绩效考核标准加强自我管理，开展团队学习，掌握更加先进的职业技能和工作方法，为团队的发展做出最大贡献。

第二，合理制定绩效考核周期。对于绝大多数企业、行业协会、科研团队或者个人团体而言，以"月度"作为绩效考核周期是比较科学合理的。按"月度"为单位进行绩效考核，一方面是因为团队管理者了解员工及其工作表现需要经过一个过程，过长或过短的周期都无法保证考核评价的时效性与客观性；另一方面是为了便于将绩效考核结果与个人收入和薪资水平相挂钩，体现绩效的激励作用。在实践中，团队亦可根据自身的实际情况，对考核周期进行灵活机动的调整。

第三，制定科学合理的考核指标。团队绩效考核作用与目标能否得以实现，在很大程度上依赖于一个科学合理的考核指标。团队要根据自身特点、管理需求以及发展目标，制定统一、合理的绩效考核标准，最终促进团队工作效能的提升。首先，管理者在制定绩效考核指标时，要尽可能保证考核指标的客观性、实用性以及与工作的密切相关性。团队管理者需要先明确团队内每位员工的具体工作内容、工作性质以及工作要求，在此基础上，制定符合岗位特色的考核标准与考核方式，凸显绩效考核指标的科学合理性以及客观性。其次，管理者尽可能选择具有可行性、可测量性的考核指标，不仅便于团队绩效的评分，而且可确保绩效考核结果的公平性。最后，科学制定各考核指标的权重。在制定绩效考核指标时，管理者要针对考核权重进行合理划分，体现考核内容的重要程度并能够激励团队内部加强自我能力的提升，主动学习先进的工作方法，从而更好地实现职业发展。同时，这样更有助于挖掘人才、显现人才，使优质人力资源得到科学合理的调配应用[1]。

(三) 保持良性沟通

彼得·德鲁克认为，沟通是管理的前提条件。上下级的沟通在团队绩效目标计划、绩效过程控制、绩效考核评估等过程中更是起到关键的桥梁作用[2]。团队的管理人员应和员工形成良性沟通，坚持持续性、必要性、有效性、及时性原则。对于团队的管理人员来说，沟通不仅能够了解下属过去的行为，还能够据此指导、控制下属的行为。首先，团队的管理人员应在沟通中了解员工的工作现状，包括工作进度、工作经验及工作中存在的问题等。其次，团队的管理人员应及时对所了解到的偏离目标的行为进行纠正，指导员工改善目前的工作方式。最后，团队的管理人员应为员工提供力所能及的支持，与员工共同解决目前工作中的难题。

综上所述，在面对愈发激烈的市场竞争情况时，企业越来越关注内部团队管理。企业应正确运用团队绩效管理，从增强团队管理者的专业能力、完善团队绩效考核机制、保持良性沟通三方面出发，激发出每一位团队成员的主观能动性，增强团队成员的动机与责任感，从而为团队发展做出个人最大贡献，实现团队的可持续发展。

四、如何开展个人绩效管理

个人绩效是指员工在履行岗位职责和角色要求过程中的有效产出，是员工在本岗位担负责任的实际结果[3]。个人绩效管理是整个绩效管理制度的重要基石，个人绩效的高低将直接影响组织绩效的水平。通过有效的个人绩效管理，员工能更好地把握自身工作的用力点，做好工作规划，提高工作质量，也有助于增强员工个人的工作能力。

尽管个人绩效管理得到了越来越多的组织和个人的重视，但在实践中仍出现绩效制度设置不健全、考核方式不完善、激励效应不明显、反馈沟通不到位等诸多问题。鉴于此，企业需要不断提高管理水平，基于岗位职责从设定绩效考核指标、优化绩效激励机制、完善绩效辅导机制及监督保障渠道四个方面开展有效的个人绩效管理，为企业降本增效，激发员工成长。

(一) 基于岗位职责设定绩效考核指标

绩效考核指标设置过高会使员工担心无法完成绩效考核目标而失去信心，反之，设置过低会因员工过于轻松地完成而失去推动作用。因此，绩效考核指标的设定应由

---

[1] 赵志华．团队绩效考核中的问题与对策研究 [J]．全国流通经济，2020，2268 (36)：117-119．
[2] 郑宇．绩效沟通在国有企业人力资源管理中的价值作用探析 [J]．企业改革与管理，2023，439 (02)：24-26．
[3] 邓飚．H公司个人绩效管理体系优化研究 [D]．广州：华南理工大学，2018．

上下级共同参与，通过职位说明书等方式对具体指标进行提取，使得最终形成的考核指标处于员工职责范围内，且符合员工的工作能力。通过这种方法完成的绩效考核结果，不仅能够反映出影响岗位绩效的因素，还可以作为岗位绩效考核反馈及改进的依据。同样，在设计个人绩效权重方面，也需要依据不同岗位风险程度和工作难易，保证其权重可以科学、合理、有侧重地考察员工的综合能力[①]。

（二）优化绩效激励机制

绩效管理结果的应用是绩效管理过程中较为重要的一部分，它将直接影响员工的工作态度。若绩效管理结果充分发挥其作用，将会实现员工工作的高效化；反之，若绩效管理结果流于表面，便会降低员工参与绩效管理的积极性，绩效目标也就无法实现。因此，企业开展个人绩效管理应构建灵活多样的绩效激励机制，满足不同层次、不同类型员工的激励需求。例如，可以针对不同员工设立不同的绩效激励方式，包括提高薪酬待遇、提供晋升机会、进行股权激励等。对于工作认真、绩效表现好的员工进行不同程度的奖赏，以提高他们的工作积极性；对于工作不认真、绩效表现欠佳的员工给予相应地批评和惩罚，以督促他们改进工作表现。通过不同程度的激励措施，提高员工追求高绩效的积极性。

（三）完善绩效辅导机制

绩效辅导主要包括绩效理念辅导、绩效目标辅导、绩效实施辅导、绩效结果辅导和绩效提升辅导五个方面[②]。通过绩效辅导，不仅能让员工清楚认识到个人绩效管理的相关内容，还能意识到绩效管理对个人发展的重要意义，从而积极主动地投入绩效管理工作中来。面对不同的工作场景、不同的员工，绩效辅导应当因人而异、因地制宜，利用面谈和工作计划等形式，使绩效辅导更具有针对性，促使员工能够更好地参与到绩效管理工作中。值得注意的是，在对员工进行指导之前，管理者需充分了解员工的实际工作情况，以便提高辅导效率，推动个人绩效持续改进。

（四）完善监督保障渠道

应完善监督保障渠道，设置个人绩效申诉机制。这一举措不仅可以保证员工对绩效管理的相关申诉能得到及时、有效、规范的处理，监督主管权力，把权力关进制度的牢笼，还能够反馈绩效管理体系中的缺陷和不足，推动绩效管理的改进。绩效管理监督申诉机制是为员工对个人绩效结果方面的申诉设置专人负责的渠道。申诉渠道的负责人员首先应秉承实事求是、客观公正的原则。相关人员应排除个人身份、人际关系的影响，对所受理申诉进行深入、透彻的调查。其次，应坚持保密原则。相关人员对接触到的任何申诉信息必须严格保密，谨防信息泄露造成的不良影响。最后，应坚持及时性原则。对于个人的绩效申诉意见，相关人员应及时受理并展开调查，从内部审批开始一个月内尽量完成调查，保证调查工作的效率和质量。

---

① 武晓燕. 个人绩效管理在公共管理类事业单位中的应用研究［J］. 产业科技创新，2022，4（02）：104-107.

② 严根珠. 员工参与是绩效辅导工作的核心［J］. 中外企业家，2017，564（10）：171，178.

第三节 绩效赋能：从组织到个人

一、平衡计分卡（BSC）：支持组织战略

平衡计分卡（Balanced Score Card，BSC），主要指将企业战略目标进行细化，并转变为企业在组织绩效考核中的具体指标的机制。该模型从财务、顾客、组织内部、创新和学习四个维度进行考评，不同于以财务指标为唯一核心的传统绩效管理方法，这种绩效考评体系为高管全方位、迅速地考察组织提供了可行手段。平衡计分卡可以把团队的战略、愿景、使命与绩效考评系统紧密联系起来，把团队的战略、使命转化成可执行的目标和评价指标，并且有助于组织发展实现各方面的平衡，比如短期目标和长期目标之间的平衡。[1] 在此基础上，也可以克服绩效评价的短期行为，共同构成整体上升的绩效循环发展体系，从而实现组织的最终目标。

任何企业运营发展都要得到客户支持，所以企业需要通过提供专业服务、提升产品（服务）质量促进经营效率的提高。而企业为了改善服务质量、提高经济效益，需要加强企业内部建设，在内部经营管理过程中，重视职工学习和成长，加强内部各层级人员之间的沟通、相互理解，形成一致的行为计划，从整体上带动企业运营效益提高，实现自身健康发展。

企业在激烈的市场竞争中要想获得一席之地，就需要不断强化其管理系统与管理制度，采取有效的人力资源考核管理措施，从而形成良好的单位文化氛围，提升企业的核心凝聚力与核心竞争力。那么 BSC 在企业的管理过程中又呈现了哪些必要性呢？

首先，平衡记分卡对企业的财务工作具有一定的帮助。当财务业绩指标足够科学、有效时，就能够准确呈现出企业战略对于提升企业的盈利水平是否具有帮助和贡献。财务目标的设置和企业的盈利能力有一定的关联，包括进一步提高销售额或达到一定的现金流量等[2]。

其次，平衡计分卡可以反映客户层面的内容。对于业务部门而言，管理者会根据单位的实际情况来确认公司主要面对的客户和市场，同时也会为目标客户设计一定的衡量指标。从客户层面来看，包括客户获得率、满意率、保持率、盈利率以及企业在目标市场中所占的客户份额等指标，都会成为影响核心结果的指标。这些概括性的指标实际上是企业管理者在结合战略执行情况后，所获得的一些涉及核心内容的信息。与此同时，还应该包括从客户角度提供的指标，用以衡量企业给目标客户呈现的价值主张。对于企业而言，能够真正影响或驱动核心客户成果的因素，一定和企业所对应的市场有着密切联系，这也可以反映出客户对企业的信任程度，反映出二者之间的诚

---

[1] 沙莎. 现代人力资源管理绩效考核方法比较分析 [J]. 营销界，2019（24）：63-64.
[2] 孙晓云. 平衡计分卡制度在人力资源绩效评估中的实施 [J]. 漯河职业技术学院学报，2022，21（06）：61-65.

信关系。

最后，应用平衡计分卡不仅可以同时满足客户需求和实现财务目标，还能够进一步更新企业内部运营的流程。从内部业务流程层面来看，企业的相关领导人要组织一些比较熟悉与擅长内部流程的员工参与其中。这样企业的内部业务可以通过相应的流程，让每个业务部门都呈现出企业所倡导的价值主张，让企业上下形成一致的行为规范，对客户更有吸引力、竞争力。同时，也可以让企业股东、所有者的期望值得以满足。通过内部业务流程层面的相关内容，能够较好地在传统业绩衡量方法与平衡计分卡业绩衡量方法之间进行比较。

不同的企业在建构平衡计分卡的过程中，会因实际情况的不同而存在一定差异，但结合多个企业建立平衡计分卡的经验来看，其建构流程存在一定的规律。

（一）理清企业的衡量结构

企业若要想建立起科学的平衡计分卡，首先需要挑选出能够胜任此工作的业务部门，理清企业内部的衡量结构。选择的业务部门需要了解企业价值链的各个环节，清楚产品的经营、营销、服务等不同方面的内容。在明确业务部门具体分工的基础上，才能够更合理地构建平衡计分卡。

（二）凝聚对于战略目标的认识

在了解企业发展的历史资料、行业背景以及未来战略愿景等内容的基础上，还要获取与企业有竞争关系的其他企业的相关资料，包括竞争对手企业的竞争实力、所拥有的客户群体、市场发展的规模以及所掌握的技术等多方面的内容。在企业范围内以座谈、问卷调查等方式，最大限度地了解不同职位的员工对于企业战略目标的认识，尤其是要对高层管理者进行详细了解，明确高层管理者初步想要达成的战略构想，并逐步将他们的构想变为平衡计分卡中切实可行的指标、目标等内容。

（三）科学明确指标内容

平衡计分卡中需要设计明确的指标等内容。指标本身是能够传达单位长远发展战略意图的最直观因素。常见的指标体系中，包括核心财务指标、客户指标以及学习与成长指标等。

（四）分步制定时间表

建构平衡计分卡并不是一个一劳永逸的工作，而是在一定时间范围内才具有最佳效果。在这一时间周期里，既可以给予中高层管理者以研讨、适应的酝酿时间，又可以在较为充足的时间内，不断反思和调整平衡计分卡的具体结构、战略部署、信息系统等，形成科学的管理流程。

二、关键绩效指标（KPI）：目标统一与分解

关键绩效指标（Key Performance Indicator，KPI）是通过对组织内部流程的输入端、输出端的关键参数进行设置、取样、计算、分析，衡量流程绩效的一种目标式量化管理指标，是把企业战略目标分解为可操作的工作目标的工具。KPI不仅可以作为考核团队战略谋划最终实施效果的主要指标，同时也可以让部门主管明确部门的主要责任，

并以此为基础,明确部门人员业绩的衡量指标。可见其是企业绩效管理的基础。

KPI法符合一个重要的管理原理:"二八原理"。在一个企业的价值创造过程中,存在着"80/20"的规律,即20%的骨干人员创造企业80%的价值;而且在每一位员工身上"二八原理"同样适用,即80%的工作任务是由20%的关键行为完成的。因此,必须抓住20%的关键行为,对之进行分析和衡量,这样就能抓住业绩评价的重心。由此可见:KPI是一个标准体系,其最大特点是定量化。

在大概了解KPI的含义之后,KPI的具体作用在实施过程中表现出如下特点:

首先,KPI强调了部门和个人关键绩效指标的设置与企业整体战略发展目标的关系。部门和个人的绩效指标是将组织的战略目标进行层层分解而形成的,是企业整体战略目标的体现。KPI是联系企业战略与员工之间的桥梁,通过实施KPI能够让企业员工清晰地认识自身的工作对于企业发展战略目标实现的重要性,从而提升员工的积极性和使命感。

其次,KPI关注的是一定时期内企业组织活动中最重要、最需要解决的问题,关键绩效指标反映的是组织运行过程中和员工工作过程中关键的事情,可以帮助企业员工集中精力处理事关企业战略发展的关键方面。

再次,KPI是基于企业战略目标的分解,促使企业员工和各个部门对自身的工作职责和关键绩效产生清晰的共识,有助于公司上下目标的一致性和行动的一致性。

最后,KPI作为绩效管理的重要工具,能够为企业的绩效管理提供科学的、客观的、可量化的数据,为企业进行科学的绩效考评提供保证,通过对KPI的执行结果进行定期的计算和统计,促进企业管理者清晰地掌握企业经营管理活动的关键绩效参数,从而及时地改进企业绩效管理中存在的问题[1]。

在了解完关键绩效指标的具体定义和内涵作用后,最关键的一步就是制定指标了。制定指标有特定的逻辑顺序,指标的分类也各有不同,一般有以下几步:

(一)企业级关键绩效指标

通过对企业的内外部环境进行分析,明确企业自身的发展目标,制定出企业未来发展的科学合理的战略发展目标和方案,作为企业可持续发展的一种手段,这是企业战略的内涵。

企业战略的目标分解一般从四个维度进行,包括财务维度、内部维度、员工维度以及客户维度。平衡计分卡是实施战略分解的重要绩效管理工具,能够对企业的战略进行详细的表述,并保持企业战略与策略方向的一致性。

(二)部门级关键绩效指标

通过平衡计分卡将企业战略目标转化为企业级的关键绩效指标之后,需要对企业的策略目标进行进一步分解,从而形成部门级的关键绩效指标。企业可以运用矩阵划分图,将企业的策略目标分解到各个部门,并对具体的绩效指标及其相关性进行分析。其次,部门级的目标需要进一步转化形成部门级的KPI指标。部门在确定自身的绩效

---

[1] 乔玲玲. KPI在企业绩效管理的应用 [J]. 当代经济,2014,350 (14):102-103.

指标之后，应该结合部门的职责和业务范围，确定和提炼自身的关键性绩效指标。这样提炼出来的部门级关键绩效指标，才能与企业战略保持一致。

（三）个人关键绩效指标

企业的部门级绩效指标在确定和提炼之后，企业的员工应该按照部门的职责要求以及员工的岗位职责要求，按照目标管理的原则对员工岗位的关键绩效指标进行明确，并制定科学的个人关键绩效指标考核的标准。KPI指标的确定，需要采取量化的评估方式，以有效反映员工个人的绩效水平。另外，为了有效地评价员工的绩效水平，应该进行科学的权重设置，采用定性和定量相结合的评价方法，以有效把握员工工作的重点和难点。

（四）设定关键绩效指标权重[①]

在企业KPI体系当中，权重的设置意义十分关键。关键绩效指标权重设置的过高或者过低，都不利于实施绩效考核，不利于提高员工工作的积极性，甚至影响部门和个人绩效水平的提升。因此，企业在实施KPI的过程中，应该进行上下级充分的沟通和交流，权重的设置应该征得下级的认同。

三、目标关键结果（OKR）：协同与挑战性

OKR（Objectives and Key Results），即目标与关键成果法，是一套严密的思考框架和持续的纪律要求，旨在确保员工紧密协作，把精力聚焦在能促进组织成长的、可衡量的贡献上。其内涵主要体现在紧密协作和聚焦价值贡献。OKR由目标（Objective）和关键结果（Key results）两部分组成。第一部分：目标。目标描述了组织的期望和方向，好的目标应当是有高度的、有难度的、有时限的、鼓舞人心的，且能激发员工主动性。第二部分：关键结果。关键结果描述实现目标必须完成的工作任务，是完成目标的充分必要结果，关键结果应该是量化的、可检验的。

OKR的本质是能够将团队目标、个人目标同企业整体战略目标相关联的一种绩效管理方法。OKR根据企业实际情况，在充分沟通的情况下，鼓励团队和个人设置与企业战略相一致的、具有挑战性的目标，并在公司内部公开。同时，有针对性地设置能够达成该目标的关键结果，实时跟踪反馈，以达到个人与组织共赢的最终目的。OKR是在目标管理思想的指导下形成的一种能够促进组织、团队和个人协同合作、持续沟通、主动创新，并通过对关键结果的制定、监督和反馈来衡量目标达成情况的思维模式[②]。

OKR能够让企业更好地聚焦战略目标、集中配置资源、提高凝聚力和企业效率。作为目前正流行的绩效管理方法，具有以下特点：

（1）内部统一，目标一致。与其他绩效管理方法不同的是，OKR注重人的主观能动性，尊重员工意愿，将激发员工活力看作企业动力。因此，OKR是在充分沟通的基础上形成的统一、明确、具有挑战性的目标，是从基层员工、部门团队到公司整体都

[①] 乔玲玲. KPI在企业绩效管理的应用 [J]. 当代经济，2014，350（14）：102-103.
[②] 赵晗. 基于OKR理论的Y集团地产公司绩效管理体系优化设计 [D]. 天津：天津大学，2019.

一致的并能够聚焦资源的目标。

（2）信息公开，指标透明。OKR与其他绩效管理方法最大的不同，就是考核对象的关键结果及执行情况是透明的，其他成员可以随时互相查看相关信息。公开的OKR一方面有利于员工增进理解，提高协作效率与团队创新能力；另一方面能够建立监督机制，使绩效评价更加公平公正。

（3）源于实践，灵活性强。与传统的绩效管理理论不同，OKR是在英特尔公司的管理实践过程中诞生的，迎合了社会发展需要也满足了管理创新需求。

除了上述特点之外，就是OKR的独到之处更在于可以对传统的KPI绩效考核方式进行改进。

与OKR相比，KPI绩效考核存在一定局限性。比如，考核结果单一，受指标影响，在此种模式下，员工的能动性和创造性被抑制，即使关键绩效指标出现错误，员工也通常唯命是从；为了追求考核指标的穷尽，增加考核压力；考核结果直接影响员工利益，"人情分"影响绩效管理效果。

在此之上的OKR对传统绩效管理模式有如下的几点改进：一是弱化传统KPI绩效管理模式下考核结果与员工奖惩直接关联的强导向作用。基于OKR的绩效管理，明确把评估过程定义为帮助员工认清自我、谋求进步的过程，以此确保员工愿意挑战更高的目标。二是从构成上而言，OKR管理下的绩效考核减少了定量分析的部分，使管理更加人性化和灵活化，增加了对目标的定性分析，使绩效考核更加公开化、透明化。三是能够激发员工积极性和团队凝聚力，有利于引发高层管理者在企业经营发展中的深入思考，用合理的方法和集中的资源解决绩效管理问题，增加与员工之间的沟通，让基层充分了解企业的战略规划和发展方向，提高团队意识。

第四节 案例分析

一、绩效管理制度设计：OKR在互联网企业中的应用

随着绩效管理理论与实践的不断发展与完善，包括关键绩效指标法（KPI）、平衡积分卡（BSC）、目标与关键成果法（OKR）等在内的一系列绩效考核工具被越来越多国内企业所应用。OKR作为一种高效的绩效目标管理工具，具有及时和双向聚焦企业和员工目标、重过程动态调整和评估复盘、激发员工内生动力、推动企业快速发展等优点，受到越来越多互联网企业的青睐。OKR在中国，百度、华为、字节跳动等企业都已被使用和推广。

字节跳动科技有限公司（以下简称"字节跳动"）成立于2012年，公司发展早期主要以今日头条客户端的研发为主，收集大量的信息，通过深度的数据分析以及用户研究与分析深度扩张企业市场[1]。现公司旗下产品抖音短视频App是企业战略级的产

---

[1] 罗静，吕婧. 字节跳动与快手发展战略对比分析 [J]. 合作经济与科技，2023，696（01）：99-101.

品，日均播放量过亿，面向全年龄的短视频带火了各种产品，深刻地刺激了市场经济和大众消费能力。依靠高流量、高点击率，字节跳动快速占据了中国短视频平台和直播的大部分市场。

字节跳动从2013年5月开始导入OKR，是国内率先使用OKR的互联网公司之一。经过一段曲折的探索，通过创新型文化的构建、自驱型组织的打造和协作型平台的应用，字节跳动顺利实现了从KPI到OKR的管理模式转型，形成适应数字经济环境的新型管理模式，即以OKR管理模式变革为主导，通过制定明确的目标，激发员工自我实现，快速地配置人力资源，大幅提高了团队的运转效率。

OKR在字节跳动的成功应用离不开以下几个方面[①]：

（一）透明化

OKR的落地得益于字节跳动平等的企业文化。在字节跳动，强调不分级别、不分资历、充分公平等。通过淡化等级的文化，剔除上下级关系的困扰，鼓励员工充分发挥个人创造性，做出独立判断。OKR在字节跳动中的实施亦是不设边界，完全公开的，上到CEO，下到基层职工，OKR在彼此是完全透明的。通过OKR，员工互相可以看到彼此的真实进度，甚至可以为其他员工的OKR进行评论，发表个人观点。这种公开可见的设置不仅可以快速了解一个人的工作职责，确保员工工作目标的一致性，增强部门之间的业务协作，还可以让员工能清晰地感知自己工作对组织的价值，思考如何为组织做出更大贡献，为企业赋能。

（二）360度"对齐"

不同于KPI的层层向下，字节跳动的OKR是自上而下和自下而上相结合而形成的。在字节跳动，OKR先由小组讨论中提出，再经由跨部门协调"对齐"，并参考上级OKR中公司任务的优先级。员工发起的OKR，既要支持上级，也要支撑其他人的OKR，相互"对齐"。字节跳动特别设有一个面向所有员工的CEO面对面环节，由管理层人员分享公司业务的进展、面临的问题、取得的成就。同时，公开下一个双月的OKR以便相关部门的同事对齐，确保每个员工的目标跟公司的大目标都是一致的、正确的。除了CEO面对面环节，员工还可以通过飞书中的OKR管理功能模块，对齐组织的目标与关键结果，使基层员工也能清楚公司的目标，及时了解战略动态，保障每个人的自驱前行。在这个对齐的过程中，OKR将公司的所有职工紧密凝聚在一起，向着共同的目标而努力，实现企业和个人的双赢。

（三）及时跟进

在字节跳动，OKR是与日常工作结合起来进行定期追踪的。首先，字节跳动在具体实施过程中，采取按期开展例会的方式，就OKR为主题展开讨论。会议内容一般包括目标的达成情况、遇到的问题和风险、需要的资源支持等，关键成果的达成情况、遇到的问题和风险，列出To do清单并设定具体的责任人和时间点。通过会议的形式，

---

① 何斌，赵楠，何琴清等. 管理模式转型视角的数字化管理适应性变革研究——以字节跳动为例［J］. 北京交通大学学报（社会科学版），2022，21（02）：29-36.

及时跟进个人进度。其次，在每个季度结束时，上级主管会及时认定季度 OKR 的完成情况，OKR 的责任人需要将每一个方向的总结进行细化，汇总到上级主管。通过层层细化、落实到人的方式，明确每个人 OKR 的完成情况。最后，字节跳动强调"以能定级、以级定薪、以绩定奖"的激励方式。对员工先进行 360 度评估，采取分同事、直属领导、隔级领导与 HRBP 三级评价方式，对于表现优异、评分高的员工及时给予足够的激励。

传统以 KPI 为主导的绩效管理难以解决创新型员工和探索型岗位的激励问题，无法适应创新企业和创业公司的管理需求。然而，OKR 作为一种新型绩效管理方法，实现了企业绩效管理的高效化，更加适应市场环境、用户需求和内部员工的快速变化形式。完善的 OKR 运行机制和操作规则，不仅能够提升团队效能、有效激发团队活力，还能够形成新的核心竞争力，快速实现组织的战略目标。

二、绩效考核与评价中常见的问题

在企业人力资源管理中，职工绩效考核是至关重要的管理环节。然而，在企业绩效考核与评价的实施过程中，特别是国有企业的绩效管理，会存在一些根深蒂固的问题，比如没有建立明确的绩效考核指标体系，或是员工认为自己没有受到公正的评价和待遇，抑或是绩效考核结果难以运用等等，这些困境直接使员工的绩效满意度降低、工作积极性变差，进而影响企业人力资源的开发与利用，削弱企业的核心竞争力。下面将以 A 公司为例具体分析企业在绩效考核与评价中常见的问题[①]。

A 公司是中国联通在 H 省设立的市级分公司，该公司前身为中国联通红筹公司 1988 年在 H 省设立的分支机构，后伴随企业的重组改制于 2008 年正式更名为 A 公司。A 公司目前办公地点设立在省会城市 Z 市，全面负责 Z 市的通信服务业务。在 A 公司的绩效工作中主要存在绩效考核指标设计不够科学、各绩效考核指标权重不够平衡、绩效考核执行不够严格三方面问题。

（一）绩效考核指标设计不够科学

企业目前的绩效指标制定不够科学，不能精准聚焦各部门的关键绩效要素，尤其是各部门内部没有形成一套行之有效的考核机制，导致员工对绩效考核不够重视，很多部门的员工会产生"干多干少一个样"的心理，不求有功但求无过的心态也比较泛滥。不能够建立起科学、规范、完整的绩效考核指标，就不能最大程度地激励员工，致使企业无形中损失了劳动生产力。

在设置绩效指标的过程中，企业习惯借助于现有指标，且客观指标较少，多为主观指标及定性指标，导致指标不符合部门内部实际情况，缺少量化标准及相关性，在应用过程中经常会出现问题，不能有效发挥出绩效管理的作用。例如，固网运营维护部经常需要进行户外作业，在户外作业的过程中常有居民围观或者媒体采访，在受访过程中，部分工作人员可能会做出一些不当的言行和表述。但是，在现行的绩效考核

---

① 何子龙. 固网运营维护部绩效考核研究 [D]. 河南大学，2021.

维度中未涉及对部门员工个人言论安全内容的考核，不能够对员工进行有效约束和管理。

（二）各绩效考核指标权重不够平衡

各指标的权重值分布直接影响到考核结果。合理的指标权重设计将有助于全面评价部门的工作，从而实现部门与公司之间的双赢。但在实际操作中，绩效考核指标权重设计缺乏兼顾性成为较为突出的问题。由于公司对于财务方面较为重视，其指标权重设计会自然而然地偏向于财务维度。这直接导致员工为改善绩效考核结果，优先完成涉及财务相关的工作，其他非财务相关的工作需要让位于财务层面相关的工作，由此来提高财务维度的绩效考核得分。这种行为给部门员工带来了较大的短期业务压力，使员工对绩效考核体系产生不满，甚至出现离职的行为。

（三）绩效考核执行不够严格

绩效考核的严格执行是充分发挥绩效考核价值的重要保障。在实践中，A公司的绩效考核小组受到多种因素的影响而出现绩效考核执行不严的现象，具体表现为：一方面，考核人员存在一定的"中庸"思想，对于考核往往不做严格的要求，在对员工进行绩效评价和薪酬分配时平均主义思想严重。另一方面，考核人员主观意识强。由于各指标内容缺乏全面解释或者明确的评价规定，使得在具体考核中考核者的主观认知对考核结果具有较大的影响。因此，在具体的考核中会出现对同一经营活动不同考核打分的结果，且差异较大。另外，受考核人员主观意识影响，会出现偏袒、"一言堂"的现象，致使考核结果缺少公正性，员工对于绩效考核的结果失去信心，从而削弱工作积极性。

除了以上问题外，一些企业还面临负责考核的人员缺乏专业性、考核结果缺少必要反馈、激励效果不佳等问题[①]。

首先是负责考核的人员缺乏专业性。对于一部分企业来说，人力资源管理部门需承载企业其他业务，例如党建或行政工作，致使从事人力资源业务的员工并非学习人力资源出身，负责实施绩效考核的人员可能不擅长人力资源工作，或是尚处于人事水平阶段。当企业内部出现绩效考核指标变动的需要时，绩效负责人员缺少相关专业知识去独立解决问题，往往需要第三方的介入才能解决问题，这不仅导致了工作效率的降低，还增加了成本。

其次是考核结果缺少必要反馈。绩效考核的结果往往会作为员工工资以及年终奖等福利发放的主要依据，财务部门据此发放奖金、核算工资。在完成绩效评价环节后，各部门并没有将绩效评价结果及时地反馈给员工，而是将绩效评价结果和报告直接作为文件，递送到人力资源管理部门存档。这也导致很多员工对工作业绩不了解，容易对绩效管理产生错误的认识，影响绩效管理工作的顺利落实。在这个过程中，企业没有对绩效考核中发现的问题进行深入分析，缺少反馈与诊断以及沟通等方面的工作，员工只是单方面地被动完成绩效考核，并没有参与其中。当出现绩效不佳的情况，员

---

① 林津津. 国企人力资源管理中绩效考核问题分析［J］. 现代企业，2023，449（02）：33-35.

工也无从下手。由于缺少沟通反馈的机制，员工不清楚未来应在哪方面进行改进，绩效不能得到有效提升。

最后是激励效果不佳。国有企业不同于其他类型企业，其工资制度较为固定，尽管绩效作为薪酬发放的一种依据，但是在国有企业也面临区分度不大的问题。许多企业在使用绩效考核时，往往陷入"考而不用"的误区，致使绩效考核流于表面。业绩好的人并没有得到更多的奖励，业绩差的人也不会因为业绩不佳而影响到收入。长此以往，绩效考核失去了激励的意义，员工也就不再为了追求高绩效而努力工作，企业的效益因此受到影响。

绩效考核与评价是构成企业管理的重要组成部分，对企业的良性发展有着直接影响。在具体的实践应用中，管理者应给予绩效考核以充分重视，结合本企业的实际情况，制定详细、可操作的工作计划，科学设定绩效考核指标，完善绩效考核体系，引导绩效考核工作顺利进行，发挥绩效管理的实际价值，在给企业吸引与挽留更多人才的同时，增强企业核心竞争实力，促进企业未来更好发展[1]。

三、数智化对绩效管理的赋能[2]

随着新一代信息技术的快速发展，各种新兴计算机技术不断涌现，信息化、智能化手段已渗透到各行各业的管理与应用中。数智化将数据和人工智能技术应用于企业的决策制定和经营管理过程中，通过数据的采集、整合、分析和挖掘的方式，实现企业经营管理的高效化、精细化、智能化。现如今，数智化转型成为越来越多企业发展的重要趋势之一，以云计算、大数据、人工智能、物联网等技术为抓手，广泛赋能企业经营管理的众多领域。

资源基础观（RBV）指出，卓越的企业绩效归因于企业特有的、稀有且难以被竞争对手模仿的资源和技能。因此，数字技术与员工管理的深度融合，成为改变企业绩效管理的新思路和促进企业绩效提升的新手段。下面将以网约车行业中的滴滴出行为例，分析数智化对绩效管理的赋能路径。

网约车平台产生于2009年美国加州的Uber公司。在我国，网约车平台最初产生于2012年的滴滴出行。自2012年上线以来，滴滴出行仅用1年时间便占据了网约车行业59.4%的市场份额[3]。经过数年的快速发展，滴滴出行已成长为集出租车、快车、专车、豪华车、共享单车等多种服务于一体的综合移动出行平台。尽管随着共享经济在交通领域的不断发展与壮大，我国逐渐形成了以滴滴出行为代表、多家网约车平台共同发展的新局面[4]。但是滴滴出行依旧保持着网约车服务行业的龙头企业地位，无论是

---

[1] 钱黎静.企业绩效考核存在的常见问题及改进建议[J].财经界，2021，604（33）：177-178.
[2] 董毓格，龙立荣，程芷汀.数智时代的绩效管理：现实和未来[J].清华管理评论，2022，101（05）：93-100.
[3] 石尚然，赵银龙，姬严松.共享出行中道德风险的形成机理——基于滴滴出行的案例研究[J].管理案例研究与评论，2020，13（05）：523-537.
[4] 索明利，张子辰，刘成浩.共享经济下我国网约车平台发展路径[J].交通企业管理，2023，38（03）：32-35.

活跃用户数量、司机数量还是订单数量都居行业之首。

（一）数智监控

传统的绩效监控需要管理者承担起关注员工的工作进度及工作中出现的问题等繁琐任务，然而，数智化的绩效系统省去了其中人力的环节，利用大数据等技术可以更加系统地实时关注每位员工的绩效水平、投入，甚至是健康等多方面情况，及时发现员工在工作态度、工作能力、工作结果等方面存在的问题，随时随地反馈至管理者并提供个性化的关怀，强化管理人员与员工的双向交流，增强目标设定的协作性，全面提升员工的工作关注度和满意度。

对于网约车司机来说，司机在平台上的接单数量、每单的行驶时长和路径都会被大数据记录在案，作为日常个人绩效管理的重要依据。这种模式改善了企业的传统绩效考核方式，更加注重过程的公平、公正，从而有效提升了员工工作表现。另外，运用算法完成对目标完成情况进行动态预警和精准管理，对于偏离目标的行为进行特别提醒，引导管理者从各个维度持续强化个人绩效管理、提升个人绩效、促进价值创造。例如，大数据会根据该司机当日累计的工作时长，智能判断工作疲劳度。对于超负荷工作的行为，系统也将自动调整为休息模式，制止司机继续揽客的行为，从制度上减少司机因疲劳驾驶而造成交通事故的情况。

数智监控的优势在于它能够通过多种媒介，如摄像头、智能手环、语音系统、屏幕点击、网站访问等，收集和记录大量信息和指标，并根据大数据算法自动分析和处理这些有关员工行为、动作及绩效的异质性数据，从而形成判断员工绩效水平的依据。这种实时分析功能可以增强绩效管理信息的时效性，有利于防止数据应用各环节出现滞后性等问题，实现对数据的高效处理，促进个人和组织绩效的持续提升。数智监控会为组织提供更全面的信息使其进行有效管理、为员工提供实时反馈使其及时调整自身行为，从而自觉减少与绩效无关的行为。每一位员工的工作时长、工作地点都会被精确记录，甚至有些工作还会被全程录音、录像。员工的薪酬则直接与系统所记录的这些工作时长、工作质量信息挂钩，并将个人绩效直接反映在薪酬水平上。

（二）数智评估

运行良好的绩效评估体系不仅能对员工的工作业绩及表现进行合理的评价，还能够引导员工关注工作进度，不断提高工作目标。滴滴出行会利用系统智能，系统地分析平台各司机的接单率、拒单率、准时率、好评率等指标，并获取乘客对消费体验的评分，以综合确定司机的工作表现，做出绩效评估。在这个过程中，为了保证乘客能够真实评价反馈司机的服务质量，滴滴出行采取了用户匿名评价的机制，用户的评分、评论和投诉不会在司机端即时显示，司机也无法根据时间推算出具体用户的评价。

（三）绩效辅导

绩效辅导是绩效管理的重要环节，是指管理者为帮助员工完成绩效计划，给下级以指示、指导、支持、监督、纠偏及鼓励等帮助行为[1]。在实际操作中，网约车平台利

---

[1] 王匡正，王翊. 企业如何有效实施绩效辅导与沟通 [J]. 中国劳动，2013，334 (10)：41-43.

用数字库、算法等技术手段,科学地分析网约车司机在个人绩效中表现欠佳的具体环节,给予管理者和个人以相应提示,据此由表及里地制订个人学习计划,同时利用系统及时督促个人保质保量地完成阶段性学习任务,以此提高个人专业能力和综合素质[1]。在这个过程中,通过数智化技术的应用,有利于管理者发现在工作中表现相对较差、绩效评分较低的员工,并对他们提供相应的数智化绩效辅导,帮助他们改进工作表现,进而提升个人绩效。

(四) 激励作用

一方面,绩效管理的激励作用体现在司机接单上。乘客发布订单后,滴滴平台调度系统会根据大数据、云计算实现智能调配车辆。系统会通过路途远近、路线交通状况、打车人数等因素,判断该订单是否适合司机。司机若是主动在高峰期接单或是在接路线拥堵的冷门单,滴滴会根据起始终点间的距离随机给出奖励滴米数。当系统判定有多个司机适合一个订单的情况时,系统会根据司机与乘客实际距离派单,司机也可支付滴米来与其他距乘客更近的司机竞争订单。因此,司机为了抢到更多热门订单,就需要通过提高服务数量来积攒滴米,以此起到激励作用。

另一方面,绩效管理的激励作用体现在薪酬管理上。通过数智化人力资源管理系统,提前设定算法规则,建立起科学、合理、灵活、高效的激励体系,系统将自动计算考核结果,按业绩计算应发薪酬,期末也能够自动计算年度考核得分,按考核得分高低将员工考核结果划分等级,实现考评结果的公开透明管理,有效激发团队活力,促进业绩提升和价值创造。具体而言,网约车平台利用算法决定网约车司机的薪酬,通过大数据计算得出司机的最低薪酬,如果该司机的工作量达不到最低标准,则只有微薄的底薪,没有提成。除此之外,对服务评分高的司机,滴滴同样设有 100~1 000 元不等的奖励,且服务评分越高,司机越容易接到订单[2]。

(五) 助力决策

绩效考核的结果可以辅助决策的制定。通过大数据分析等科学技术,可以将员工绩效走向等信息进行可视化分析,满足个性化需求,实现信息共享,切实解决数据采集难、流程不规范、数据共享慢、分析不全面等现实问题。在具体实践中,网约车平台将绩效考核的结果以司机的星级和服务分进行呈现,更加直观,一方面有利于乘客据此做出是否乘坐的决定,另一方面有利于平台管理者进行横向比较,对绩效排名较差的员工采取相应惩罚措施。

随着新一代信息技术的深层次演化、跳跃式升级和普遍化应用,人类社会正由传统工业经济时代向数智化时代转变,数字化、网络化、智能化已经成为产业转型升级的趋势所向。要充分发挥海量数据和丰富应用场景优势,促进数字技术与人力资源管理的深度融合,赋能传统绩效管理转型升级,打造有竞争力的先进管理模式。

---

[1] 谢金煌,吴珊珊,庄泽埭,等. 我国网约车平台绩效管理优化研究 [J]. 才智, 2018 (11): 206-207, 209.
[2] 韦雨晨. 论滴滴出行的员工绩效考核制度 [J]. 中国市场, 2018, 970 (15): 71-72, 81.

习题

1. 名词解释

绩效;绩效管理;平衡计分卡(BSC);关键绩效指标(KPI);目标关键结果(OKR)。

2. 简答题

(1) 在实践中,绩效管理如何支持企业人力资源战略?

(2) 如何对组织、团队和个人开展绩效管理?

(3) 数智化时代下的绩效管理有何变动趋势?

第十一章 薪酬管理

【本章重点】 了解和掌握薪酬和薪酬管理的定义；了解和掌握薪酬管理与人力资源战略的关系；了解和掌握数智化时代下薪酬管理的新趋势。

【本章难点】 学会开展以职位价值为导向的薪酬设计；理解物质激励和非物质激励的主要手段和产生的不同效果。

第一节 薪酬管理概述

一、什么是薪酬和薪酬管理？

（一）薪酬的概念与特征

俗话说，不劳动者不得食，相反，让工人只干活而没有回报也是不可能的。因此，当员工为企业付出劳动后，企业应当给予员工相应的补偿和回报，从而满足员工物质和心理上的需求，而这种补偿就是我们常说的薪酬。

薪酬的概念，存在于有雇佣关系的企业与员工之间。员工通过为所属企业做出一定的贡献，企业为员工提供的各种形式的报酬。这其中包含基本工资、绩效工资、激励工资等经济型报酬，同时也包含福利和有形服务等。因此，薪酬的概念也不等同于工资、报酬等。从广义上来讲，除经济性报酬与福利之外，薪酬还应当包含了由于良好的工作环境、组织特征等带来的心理影响。总的来说，薪酬实际上是员工与其所在企业之间的一种等价交换关系，正如我们常说的"劳有所得"。

薪酬的特征主要可以总结为以下几点：

1. 多样性

不同的员工根据其岗位、能力、绩效等因素，可以获得不同的薪酬水平和结构。而不同的企业战略和企业文化，也会产生不同的薪酬水平和结构。

2. 动态性

随着市场、组织、员工等的变化，薪酬也会相应地调整和变化。

3. 激励性

通过合理的薪酬设计和管理，可以激发员工的积极性、创造性和忠诚度，提高组织的效率和竞争力，是吸引激励和管理员工的有效手段。

4. 公平性

在确定和分配薪酬时，会考虑内部公平和外部公平，避免出现薪酬差距过大或不合理的情况。

(二)薪酬管理的概念

薪酬往往是员工保持长久工作热情、工作动力的重要因素,因此,对薪酬进行系统的管理对于企业来说是至关重要的。薪酬管理往往是企业高管和员工最为关注的内容。

薪酬管理是指企业为了实现其战略目标,根据员工的绩效、能力、潜力等,综合考虑内外部多种因素的影响,对员工薪酬水平、薪酬结构以及薪酬形势进行确定、分配和调整的动态管理过程。薪酬管理是企业人力资源管理的重要组成部分,它与招聘、培训、考核、晋升等环节密切相关,影响着员工的工作满意度、忠诚度和创造力。它是一种持续的过程,需要根据企业内外部环境的变化,不断地进行调整和优化,以适应市场需求、竞争压力及员工需求。

薪酬管理涵盖的内容有很多,本书将薪酬管理的内容总结为五个方面:薪酬制度的管理、薪酬水平的管理、薪酬结构的管理、薪酬目标的管理和特殊行业的薪酬管理。在薪酬管理的过程中会涉及经济学、管理学、社会学、心理学等多领域知识。

影响薪酬管理的因素有很多,不同组织的薪酬结构和水平是存在差异的,而同一组织不同员工的薪酬水平也有差异。对于企业所处的内外部环境来说,薪酬管理最容易受到经济发展水平和劳动生产率等社会大环境的影响,同时也与相关政策法规有关。对于企业内部,首先,企业战略往往会很大程度上影响薪酬管理,企业战略决定了组织自身需要搭建什么样的架构,而薪酬管理则应当制定与组织战略相匹配的相关制度;其次,企业的经营状况和担负能力直接决定了员工的工资水平、企业的文化和价值观,有效的薪酬管理应当是建立在企业文化的基础之上;最后,对于员工自身来讲,员工的工作能力、教育水平、工作绩效以及员工所处岗位自身的特征也会影响薪酬管理。

二、薪酬管理如何支持企业战略?

薪酬管理的目标主要在于吸引高素质人才,激励员工工作的积极性,实现个人价值与组织目标的协调发展,满足组织灵活性的需求,提升组织的竞争优势。优秀完善的薪酬管理,可以激励员工,提高工作效率和质量,促进组织目标的实现;可以吸引和留住优秀的人才,增强组织的竞争力和发展潜力;可以建立和维护公平、合理、透明的薪酬体系,增强员工的认同感和满意度;可以调节内部和外部的薪酬差距,保持薪酬的合理性和市场性,可以体现组织的价值观和文化品位,塑造良好的企业形象和声誉;可以优化组织结构和人力资源配置,提高资源利用效率和成本控制能力。因此,薪酬管理对于企业来说是至关重要的。

薪酬管理是企业管理的核心职能之一,它与企业的经营战略、财务战略和人力资源战略都有着密不可分的关系。为了使薪酬管理更好地实现其目标性,就应当将薪酬管理上升到战略层面,企业可以通过合理的薪酬管理策略来支撑企业的经营战略,从而帮助企业获得竞争优势。

企业在进行薪酬管理时,往往要遵循公平性、合法性、竞争性、激励性、战略导向性等原则。薪酬管理受多方面因素影响,在通过薪酬管理制定能够支持企业发展战略的相关规则制度时，首先要做的是对企业现状有清晰的认识，了解企业目前所处的经济形势、市场形势以及内部的企业文化、企业战略、人力资源战略、企业员工基本信息等，从而明晰企业适合什么样的管理方案，以及企业员工的真正诉求。企业在制定支持企业战略的薪酬管理制度时往往应遵循以下程序：

第一步：分析企业的战略目标和核心价值，确定薪酬管理的目的和原则；

第二步：设计薪酬结构；

第三步：制定薪酬政策；

第四步：实施薪酬管理；

第五步：评估薪酬管理的效果。

薪酬管理对于企业战略的支持具体体现在以下方面。

（一）与员工绩效相结合，发挥激励作用

薪酬管理最主要的目标之一就是发挥其激励性特点，通过激励员工来提高员工的工作积极性、创造性，从而进一步支持企业战略发展。而薪酬的激励作用之所以有效，很大一部分原因是它通常与员工的绩效有着紧密的联系。绩效管理制度是企业中非常强有力的激励手段，它能够准确度量员工的表现以及评价员工对于企业业绩的贡献，将绩效管理制度与薪酬相结合，针对员工的不同绩效，实施针对性的薪酬激励，进一步提升薪酬管理的激励作用。如果员工想要提高自身薪酬水平，则必须提高自己在工作中的绩效水平，这也使得员工在工作中更加积极，使企业的生产效率提高，促进企业高质量发展[1]。

目前，许多企业提出了全面薪酬概念，这是一种为达到企业战略目标而实施的薪酬策略。与传统薪酬管理不同的是，全面薪酬战略包含了更为丰富的激励方案，将基于岗位的薪酬战略转型为灵活、基于绩效的薪酬战略，关注影响企业绩效薪酬的各个因素，考虑企业长远发展，包含奖酬激励、福利激励、成就激励、组织激励等多个方面，通过更为灵活和高效的薪酬策略，最大限度地发挥薪酬对企业战略的激励和支持作用。

（二）与企业文化相结合，提升企业形象

企业文化象征着一个企业的品牌形象，是一个企业价值观、目标追求的体现，当下越来越多的企业意识到塑造企业文化的重要性，而不同的企业文化必然会导致不同的管理观念和制度上的差异。因此，在进行薪酬管理时，薪酬管理是与企业文化相配合的，薪酬管理对企业文化具有引导作用，并促进企业文化的形成。与企业文化相符合的薪酬制度，可以起到加强企业文化的作用，有利于企业文化在企业中的渗透，加强企业文化的特性。随着企业文化的不断更迭，薪酬管理也要发挥其灵活性，薪酬体系的创新能为改进管理制度以及塑造积极向上的企业文化氛围提供极大的帮助。企业文化与薪酬管理是互相制约的，企业的薪酬管理必须适合企业自身的经营和价值导

---

[1] 刘笑荣. 绩效薪酬管理对企业财务战略的影响和应用研究［J］. 中国市场，2022，1123（24）：168-170.

向[①]。如果二者存在冲突，不利于企业文化的建设，同时也会降低薪酬激励的作用，不利于企业健康发展。

由于企业面临的环境是不断变化的，因此需要定期对薪酬管理体系进行检查和评估，判断其是否可以适应当前背景下的企业发展战略，通过对管理效果的评估和分析，不断优化和完善薪酬管理体系。

为使薪酬管理更好地支持企业战略，在制定薪酬管理制度时有以下建议：

1. 制定符合企业发展阶段的薪酬管理制度

企业的发展阶段可以大致归纳为初创期、快速成长期、稳定期、衰退期四个阶段。不同的发展阶段适合的薪酬管理战略各不相同，应当结合企业自身的发展情况，因地制宜。具体来讲，初创期的企业资源投入大，发展不稳定，薪酬管理的重点应当在于提升外部竞争性，吸引更多人才，提高奖金比例，承诺长期激励等；对于快速成长期的企业，进行薪酬管理时应当注重内部的公平性以及外部的竞争性，重视绩效工资，强调长期激励，使企业维持、稳定地发展；成熟期的企业规模、占有率均在最佳状态，在进行薪酬管理时应更加重视内部的公平性，提供较高的基本工资和福利，强调团队绩效激励，提升企业继续扩大市场的动力；而进入衰退的企业，薪酬管理应当注重其激励性，为原有员工提供高基本工资和高福利，此时绩效奖励和长期激励的意义就不再重要了。

2. 发挥薪酬管理的灵活性和创新性

对于企业，薪酬管理可以实现的创新点是如何根据当前时代环境的变化，设计出更具激励效果、灵活性和适应性的薪酬制度。例如：引入多元化的激励工资形式，如期权、期股、红利等，以增强员工的归属感和长期目标；建立与绩效管理相结合的薪酬模式，如按照个人、团队或组织的业绩来确定薪酬水平或奖金分配；采用宽带工资制度，以适应组织结构扁平化和员工岗位轮换的趋势，提高员工的职业发展空间和灵活性；建立个性化的薪酬方案，以满足不同员工群体或个人的需求和偏好，如根据员工年龄、家庭状况、职业规划等因素来提供不同的福利或服务。

3. 加强员工在薪酬管理中的参与度

员工作为薪酬管理的目标人群，在进行薪酬管理时，可以适当提升员工的参与度，与员工进行沟通交流，共同探讨当前的薪酬体系及管理方法，让他们理解企业制定当前管理方案的原因，更清晰自己的绩效是如何与工资、奖金等相关联的，明白自己未来在企业中重点工作的方向，明确企业薪酬的评定依据及薪酬的构成情况；同时，企业听取员工提出的建议，必要时更新管理制度和标准，从而达到员工和企业的双赢状态，使薪酬管理服务于企业战略。

三、数字化时代下薪酬管理有何趋势

所谓数字化时代，就是指越来越多的企业选择利用数字化技术来进行企业日常工

[①] 李诗诗，唐更华. 如何实现薪酬体系与企业文化的有效结合 [J]. 江苏商论，2007，272（06）：124-125.

作，利用大数据、云计算、机器学习等新型技术为企业带来更大价值，从而会产生业务模式的转变以及商业模式的变革[①]。在此背景下，薪酬管理体系也会不断优化和转型，以更好地顺应时代的要求，保持企业的竞争优势，确保企业在日益激烈的竞争环境下顺利发展。

在数字化时代下，薪酬管理的趋势主要有以下五点：

（一）个性化的薪酬方案

企业会根据员工的个人特征、能力、绩效、职业发展等因素，设计出更符合员工需求和期望的薪酬方案，以提高员工的满意度和忠诚度。薪酬管理需要利用数字化数据，深度分析、挖掘员工价值和潜能，制订个性化和差异化的薪酬方案，从而进一步激发员工创新和成长。

（二）数据驱动的薪酬决策

随着数字化时代的到来，企业把重心逐渐放在收集、分析、挖掘各种内外部数据上来，如市场行情、竞争对手、员工反馈等，以便更科学、合理、公正地制定和调整薪酬策略，提高薪酬管理的效率和效果。同时，企业运用数据分析工具，对员工能力、贡献、潜力等进行量化评估，制定合理的薪酬分配原则和方法，实现薪酬与价值的匹配。

（三）透明化的薪酬沟通

数字化时代下，信息也变得更加公开透明，企业建立更便捷、直观、互动的薪酬沟通渠道，如移动应用、在线平台等，可更及时、清晰、全面地向员工解释和说明薪酬政策和制度，实现实时的薪酬管理和沟通，从而提高员工的信任和认同。企业通过公开透明的薪酬报告等，展示企业的社会担当，扩大企业的社会影响力，提升企业品牌形象和声誉。

（四）灵活化的薪酬结构

企业根据不同的业务场景、项目需求、团队组合等因素，灵活地调整和分配薪酬资源，如固定工资、奖金、股权、福利等，提出更多元化的薪酬组成，更有效地激励和激发员工的创新和协作。同时，薪酬管理需要适应时代背景下不同行业、不同地区、不同岗位的市场变化，灵活调整薪酬水平和结构，保持内部公平和外部竞争。

（五）智能化的薪酬管理系统

随着数字化技术的不断普及，数字化技术可以帮助企业利用人工智能、机器学习、区块链等先进技术，构建更智能、安全、高效的薪酬管理系统，如自动计算、发放、核对薪酬，预测和优化薪酬成本和效益，保护和共享薪酬数据，预测员工流失风险，推荐最优薪酬方案等。同时也提高薪酬计算、发放、申报等工作的效率和准确性，降低成本和风险。

---

① 张琳琳，张妍. 数字化转型视域下员工薪酬管理体系优化设计研究［J］. 数字通信世界，2022，213（09）：41-43.

第二节 薪酬设计：职位价值导向

一、薪酬设计的原理

(一) 薪酬设计的三个核心问题

1. 内部一致性和薪酬结构

内部一致性指的是同一组织内部不同岗位之间或不同技能水平员工之间薪酬的比较，这种对比是以各自对组织目标所作贡献大小为依据的。内部一致性是影响不同岗位薪酬水平的重要因素，如何科学、合理地设计不同岗位薪酬之间的差距，是管理者面临的巨大挑战。内部一致性决定着员工的内部公平感，岗位评价是解决内部一致性问题的一种方法。

薪酬结构是指组织内部员工的薪酬差异性，包括不同层级员工薪酬差别、同一层级不同岗位员工薪酬差别、同一岗位不同任职者薪酬差别三个层面。薪酬结构由薪酬等级数目和薪酬等级差别两个方面来决定。一般情况下，薪酬等级是两个维度的，包括职等数目和薪级数目。薪酬等级差别包括职等差别和薪级差别两个方面。职等差别反映相邻职等薪酬的差别，这个差别一般比较大；薪级差别则反映同一职等、相邻薪级间薪酬的差别，这个差别往往比较小。

2. 外部竞争性和薪酬水平

外部竞争性是指企业如何参照竞争对手的薪酬水平给自己企业的薪酬水平定位。外部竞争性决定着薪酬目标的两个方面——公平和效率，因此外部竞争性是薪酬策略最核心的内容。一方面，企业确定薪酬水平时，应使员工感觉到外部公平，否则就不能保留和吸引优秀员工；另一方面，应使薪酬水平的增加能给企业带来更大的价值，实现薪酬的效率目标。

薪酬水平问题是外部竞争性问题，企业通常通过薪酬调查来解决薪酬外部竞争性问题。企业应考虑当地市场薪酬水平以及竞争对手薪酬水平，来决定企业的薪酬水平。

3. 员工贡献度和薪酬构成

员工贡献度是指企业相对重视员工业绩的程度，对高绩效员工的重视和激励程度直接影响着员工的工作态度和工作行为。

平均主义导向和个人业绩导向是两种极端的模式。在某些组织中，员工的收入与其对组织的贡献是没有关系的；而在某些组织中，员工会感受到比较大的业绩压力，如果不能给组织带来价值，将被组织淘汰。

薪酬构成是指薪酬由哪些元素构成、各元素间的比例关系等。实行不同的基本工资制度有不同的薪酬构成元素，无论实行何种工资制度，工资收入都可分为固定部分薪酬和浮动部分薪酬。固定部分薪酬占主体，还是浮动部分薪酬占主体，是薪酬设计中很关键的问题。

（二）薪酬设计的原则

1. 战略导向原则

企业的薪酬管理不仅仅是一种制度，更是一种机制，应该将薪酬体系构建与企业发展战略有机结合起来，使薪酬管理在实现企业发展战略方面发挥重要作用。在薪酬设计中，应驱动那些有利于企业发展战略实现的因素得到成长和提高，使不利于企业发展战略实现的因素得到有效的遏制、消退和淘汰。薪酬管理的上述作用是通过制定恰当的薪酬策略来实现的。薪酬策略包括薪酬水平策略、薪酬结构策略、薪酬构成策略、薪酬支付策略以及薪酬调整策略等几个方面。

2. 相对公平原则

公平包括三个层次：结果公平、过程公平和机会公平。

薪酬制度本身的设计就是为了实现过程公平，应该保证制度得到切实、有效地执行，保证制度的权威性和严肃性，因此在薪酬设计和薪酬分配过程中要体现过程公平。

结果公平包括三个方面：自我公平、内部公平和外部公平。自我公平是员工对自己付出与获得报酬比较后的满意感觉，人的本性决定了人往往是不知足的，因此对于自我公平来说，企业应该追求的是相对公平；内部公平和外部公平是薪酬设计应该注意的问题，因为只有实现内部公平和外部公平，才不会导致员工不满意。

结果公平是所有企业最应关注的问题，同时企业不能忽视过程公平问题，因为过程不公平会对结果公平带来影响，如果只关注过程公平而忽视结果公平，过程公平是没有意义的。事实上，很多企业实行的薪酬保密制度是与过程公平原则相违背的，但也有其存在的道理，因为只有在保证结果公平的前提下，过程公平才有意义；如果结果不公平，追求过程公平是没有意义的。

机会公平是最高层次的公平，其能否实现受到企业管理水平以及整个社会发展水平的影响。员工能够获得同样的机会是一种理想状态，因此在薪酬决策过程中要适度考虑机会公平；组织在决策前应该与员工互相沟通，涉及员工切身利益问题的决策应该考虑员工的意见，管理层应该考虑员工的立场，应该建立员工申诉机制等。

3. 激励有效原则

在绩效管理模型中，激励效应、技能因素、外部环境、内部条件是影响绩效的四个因素。在这四个因素中，只有激励因素是最具主动性、积极性的因素，因此只有实现激励效应，个人绩效和组织绩效才能得以提升。

激励有效原则主要体现在激励内容和激励方式要符合个体实际情况，以下几个方面应该得到企业管理者的重视：

（1）在我国目前发展阶段下，绩效工资、奖金等报酬具有比较强的激励作用，因此在激励内容上，应该详细研究固定收入与浮动收入的比例关系，在固定收入满足员工生活基本需要的前提下，加大绩效工资、奖金等激励薪酬的比重；另外，在重视物质激励作用的同时，不能忽视精神激励的重要作用。

（2）在激励方式上，首先应该加强激励的及时性。很多企业奖金全部采用年终发放形式，延迟发放往往使绩效考核数据信息存在偏差，如果奖金分配过程缺乏透明度，将致使员工不会将工作业绩与奖金多少直接联系起来，这大大降低了奖金的激励作用。其次，要平衡使用正激励和负激励。

（3）企业在进行薪酬设计时要充分考虑薪酬激励作用的投入产出关系，因为薪酬激励是有成本的，成本就是对人力资源额外的投入，产出就是企业效益的增加。应该对给企业创造更多价值的环节给予更多激励，不能给企业创造更多价值的环节则给予较少激励。

（4）激励效应要发生作用首先需解决内部公平问题，而真正解决内部公平问题要根据员工的能力和贡献大小将薪酬适当拉开差距，让贡献大的人获得较多报酬，以充分调动他们的积极性。不同的岗位价值不一样，同一岗位不同任职者能力也有差别，所以员工贡献不可能一样大。因此，进行薪酬设计时要将员工收入根据岗位因素、个人因素、业绩因素等适当拉开差距。

（5）企业在进行薪酬设计时，一方面，要将不同层级员工间的收入适当拉开差距，调动员工的积极性和工作热情，让员工看到奋斗的目标和方向；另一方面，这个差距也不能过于悬殊，过于悬殊的薪酬政策容易导致员工内部不平衡，影响员工的积极性，影响上下级之间的工作关系，拉开上下级之间的距离，不利于团队氛围的形成。

4. 外部竞争原则

高薪收入对优秀人才具有不可替代的吸引力，因此若要保留和吸引优秀人才，企业薪酬水平应该具有一定的竞争力。

在薪酬设计时应考虑以下两个方面：

（1）劳动力市场供求状况是进行薪酬设计必须考虑的因素。目前，我国人力资源市场的主要特征是：新毕业大学生、基层管理人员、普通专业技术人员供给充足，人力资源总量供大于求；而中高层管理人员、中高级专业技术人员还比较缺乏，尤其是某些行业高级管理人员、高水平的专业技术人员更是供不应求；技术工人尤其是高水平技术工人也比较缺乏；普通操作工人供求存在严重结构失衡，除某些地区供过于求外，在我国大部分地区存在着供不应求的状况。

对人力资源市场供应比较充足、工作经验要求不高的岗位，不宜一开始就提供太高的薪酬，应该提供具有适度竞争力的薪酬，或者不低于市场平均水平的薪酬，根据业绩表现淘汰不合格者，同时给业绩优秀者留出足够的晋级空间。对于中高层管理岗位、中高级专业技术人员，应根据人力资源市场价格，提供具有竞争力的薪酬。对于企业发展所需的战略性、关键性人才，薪酬水平应在市场上具有一定的竞争力，以便保留和吸引这些人才。

（2）公司行业地位、人力资源储备以及公司财务状况都是企业进行薪酬设计时考虑的必要因素。如果公司在行业内具有重要地位，员工以在该公司工作为荣，那么一般情况下不必采取市场领先薪酬策略，因为员工在这里工作除了获得经济性薪酬外，还获得了其他非经济性薪酬，比如社会地位、培训发展机会等；如果公司在行业内不是处于领先地位，那么薪酬就不能低于行业平均水平，否则就存在着难以招聘到优秀人才以及优秀人才流失的风险。

公司人力资源储备比较充足，说明公司整体薪酬水平（经济性薪酬和非经济性薪酬）是令员工比较满意的，因此在进行薪酬设计时，薪酬水平不应大幅度提高；如果公司处于快速发展阶段，人力资源储备严重不足，应及时调整薪酬策略，使员工薪酬水平保持一定的竞争力。

如果公司赢利情况较好，为股东创造了更多价值，可以适度提高员工的收入水平，以实现股东、管理者和员工的多赢；如果公司赢利情况比较差甚至亏损，员工尤其是中高层管理者薪酬水平应该适度降低。

5. 经济原则

薪酬设计必须充分考虑企业自身发展特点以及支付能力，平衡股东和员工利益的关系，平衡企业的短期和长期发展。薪酬设计要进行人工成本测算，将人工成本控制在一个合理范围内。以下几个方面应该得到管理者的重视：

（1）吸引人才不能完全依靠高薪政策。很多企业为了吸引和保留优秀人才，不惜一切代价提高薪酬标准，其实这是不可取的。吸引人才的方式方法有多种，除了优厚的薪酬外，良好的工作条件、和谐的人际关系、施展本领的舞台和职业发展空间等都是非常重要的因素。如果一味地提高薪酬标准而在其他方面仍存在较大缺陷，那么高薪不仅不会带来预期效果，可能还会带来严重的负面影响：部分员工的高薪首先大大增加了企业的人工成本，其次可能会引起薪酬内部不公平，严重影响其他员工的积极性。

（2）进行薪酬设计时要进行人工成本测算，详细分析人力资源投入与产出的关系。如果高薪聘请了优秀人才，却发挥不了作用，创造不出预期绩效，这样的高薪也就失去了意义。

（3）进行薪酬设计时，要根据行业特点以及公司产品竞争策略制定合适的薪酬策略。对于资本密集型企业，人工成本在总成本中的比重较小，应该将注意力集中在提高员工的士气和绩效上，不必过分计较支付水平的高低；对于劳动密集型企业，人工成本在总成本中的比重较大，因此需要详细进行外部市场薪酬调查分析，给员工支付合适的薪酬水平，薪酬水平与行业薪酬水平要基本一致；对于知识密集型企业，一般情况下人工成本占总成本比重较大，而对这类企业而言，高素质的人才是企业发展不可缺少的，因此薪酬水平应该在行业内具有一定的竞争力，同时应仔细研究企业产品或服务价值创造过程，分析各环节所创造的价值，给予员工合适的薪酬水平，平衡股东、管理者和员工的利益。

6. 合法原则

薪酬设计要遵守国家法律、法规和政策规定，这是薪酬设计最基本的要求。特别是有关的国家强制性规定，是企业在薪酬设计中不能违反的，比如最低工资制度、加班工资规定、员工社会养老保险规定、带薪年休假制度等，企业必须遵守。

（三）薪酬体系设计过程

薪酬体系设计过程包括九个步骤，如图11.1所示。

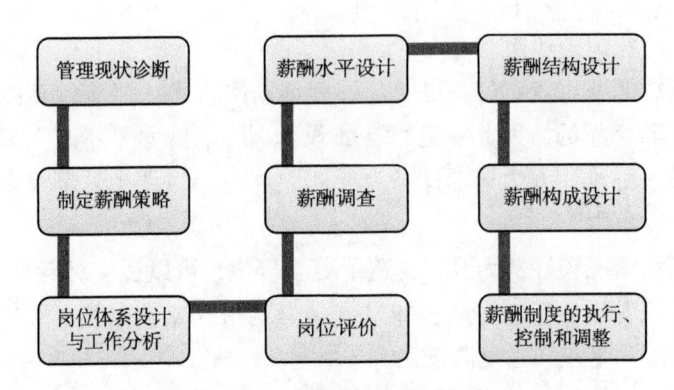

图 11.1　薪酬体系设计过程

1. 管理现状诊断

薪酬管理现状诊断就是要判断公司目前薪酬策略是否支持公司发展战略以及人力资源战略，薪酬管理的激励作用和公平目标能否实现，公司薪酬制度是否具有可操作性，公司薪酬管理能否达到经济性要求，能否用比较经济的人工成本创造最大的价值等各方面。

2. 制定薪酬策略

薪酬管理现状诊断之后，接着要明确企业的薪酬策略。确定薪酬策略是薪酬设计的基础，薪酬策略也是企业人力资源战略和实施举措的重要组成部分。薪酬策略包括薪酬水平策略、薪酬结构策略、薪酬构成策略、薪酬支付策略以及薪酬调整策略等几个方面。

3. 岗位体系设计与工作分析

岗位体系设计与工作分析，是实行岗位工资制的前提，直接关系到薪酬结构、薪酬水平设计合理与否。

4. 岗位评价

岗位评价是薪酬设计的基础，只有对岗位价值做出判断，才能解决内部公平问题。

5. 薪酬调查

薪酬体系能根据人力资源市场价格进行动态调整，而掌握和了解人力资源市场价格的有效方法就是薪酬调查，参照区域、行业内的薪酬水平，根据公司的薪酬策略确定公司薪酬水平，才能解决薪酬的外部竞争问题。

6. 薪酬水平设计

薪酬水平设计是薪酬设计的关键步骤，薪酬是最具保健和激励性质的因素，对激发员工积极性具有最重要的作用，过低的薪酬水平会抑制员工的积极性，而过高的薪酬水平又会增加公司的运营成本。

7. 薪酬结构设计

组织内部员工的薪酬具有差异性，根据公司所处的行业特点和规模情况，针对不同层级、同一层级不同岗位、同一岗位不同任职者设计科学合理的薪酬结构。

8. 薪酬构成设计

根据企业实际情况，判断薪酬应由哪些元素构成、各元素间的比例关系如何。固定部分与浮动部分的比例是薪酬设计中很关键的问题，合理设计固定工资、绩效工资、奖金、补贴津贴等的计算、发放形式，是薪酬设计的核心环节。

9. 薪酬制度的执行、控制和调整

薪酬预算、薪酬支付、薪酬调整属于薪酬日常管理工作，严格执行、加强控制、适时调整是薪酬管理成功的关键因素，合理设计有关薪酬预算、薪酬支付、薪酬调整的制度和规定也是薪酬体系设计的关键环节。

二、为何要进行职位分析

职位分析是指从企业发展战略、组织结构以及业务流程出发，对组织中各工作岗位的设置目的、工作内容、工作职责、工作权限、工作关系等工作特征以及任职者的知识技能、工作经验、能力素质等进行调查、分析并描述的过程。职位分析的结果是岗位说明书。

（一）职位分析是企业人力资源管理的基础

职位分析对人力资源管理提供了基础支持，具体如下：

1. 人力资源规划

在不断变化的市场环境下，有效地进行人力资源预测和计划，对于企业的生存与发展具有十分重要的意义。人力资源规划的一个首要环节就是对现有岗位设置的必要性进行分析。职位分析可以形成岗位描述和岗位规范等有关工作的基本信息，这些信息为人力资源预测和规划提供了依据。有了这些基础信息，人力资源规划才能有的放矢，才能做好人员规划工作。

2. 人员招聘、任用

职位分析的结果即岗位说明书，对各岗位工作的任务、性质、特征以及任职者的能力、素质、要求都做了详细的规定说明，在招聘、任用员工时就有了明确的选聘依据和标准。

3. 绩效考核

绩效考核以人员为对象，通过对其工作绩效的考核来判断其是否称职，并依此作为奖惩、报酬和培训、任免的依据。而职位分析则以岗位为中心，分析和评定了各岗位的功能和要求，明确了各岗位的职责、权限和任职者必需的资格条件。从工作程序来看，职位分析是绩效考核的前提，职位分析为绩效考核的项目、内容以及绩效考核指标的确定，提供了基本依据。

4. 薪酬设计

在进行薪酬设计时，薪酬通常与工作的复杂性、工作本身的难度、职责大小和岗位的任职资格等紧密联系。为了研究对各岗位任职者支付薪酬的水平，需要对各岗位的工作有清楚的了解，需要评估各岗位的价值，进而优化企业内部的薪酬结构，提高报酬的内部公平性。而职位分析以及职位分析结果（岗位说明书）就提供了这些信息，因此职位分析是薪酬设计的前提。

5. 人力资源培训与开发

职位分析可以提供做好该项工作所需能力素质的相关信息，从而为分析任职者的培训需求提供了依据，有利于提高整个人力资源培训开发活动的效率和效果。职位分析的结果是岗位培训的客观依据，对员工具备的技能以及任职资格提出了要求。

6. 人员配置与职业生涯规划

职位分析可以为人员配置提供前提和基础，并提高人岗匹配的工作成效，将最合适的人放在最合适的岗位上，从而提高整个企业的效率以及长远竞争力。职位分析可以明晰相关岗位在工作内容和任职资格等方面的内在差异与逻辑关系，这是员工职业生涯路径规划的前提，可以提高员工的职业发展成功率。

(二) 职位分析促进企业的战略落地与组织结构优化

职位分析对于企业的战略落地与组织结构优化具有非常重要的意义，主要表现在以下几个方面：

1. 实现战略传递

通过职位分析，可以明确岗位设置的目的，明确该岗位如何为组织创造价值，如何支持企业的总体战略目标和部门目标的实现，从而使企业战略在垂直纵向指挥系统上能够得到落地。

2. 界定职责岗位边界，验证岗位设置是否合理

通过职位分析，可以清晰界定各岗位的具体职责与权限，消除岗位之间在职责上的模糊和相互重叠之处，尽可能避免由于职责边界不清出现互相推诿现象，防止各岗位之间的职责真空，使组织的各项工作能够真正落到实处。另外，通过职位分析，可以发现岗位设置中存在的问题，优化岗位设置，同时确定岗位编制数量。

3. 实现权责对等

通过职位分析，可以根据组织需要和各岗位的职责来确定或调整企业的组织结构和内部分权体系，从而在岗位层面上使权责对等找到落脚点。

4. 提高流程效率

通过职位分析，可以明晰岗位的职责与其工作流程上下游之间的关系，明确岗位在流程中的具体角色、作用和权限，消除由于岗位设置不合理或岗位界定不清晰造成的流程不畅、效率不高的现象。

三、基于职位评价的薪酬设计

(一) 职位薪酬体系的特点及适用性

所谓职位薪酬体系，就是首先对职位本身的价值做出客观的评价，根据这种评价的结果赋予承担这一职位的人与该职位价值相当的薪酬，这种基本薪酬决定制度就是职位薪酬体系。职位薪酬体系是一种比较传统的确定员工基本薪酬的制度，它的最大特点是员工担任什么样的职位就得到什么样的薪酬。与新兴的技能薪酬体系和能力薪酬体系相比，职位薪酬体系在确定基本薪酬时会重点考虑职位本身的价值，很少考虑人的因素。这种薪酬制度是建立在这样一种假设前提基础之上的，即每一个职位上的

人是合格的，不存在人和职位不匹配的情况，也就是说，担任某种职位工作的员工恰好具有与工作难易水平相当的能力。这种薪酬制度并不鼓励员工拥有跨职位的其他技能。因此，在这种薪酬制度下可能会看到，虽然有些员工的个人能力大大超过了其担任的职位本身所要求的技术或资格水平，但是在职位没有变动的情况下，他们只能得到与当前工作内容对等的薪酬水平。根据以上分析，我们可以看到，职位薪酬体系既有明显的优点，同时也存在一定的不足（见表11.1）。

表 11.1 职位薪酬体系的优点和缺点

优点	缺点
①实现了真正意义上的同工同酬，因此可以说是一种真正的按劳分配体制； ②有利于按照职位系列进行薪酬管理，操作比较简单，管理成本较低； ③晋升和基本薪酬增加之间的连带性增强了员工提高自身技能和能力的动力； ④根据职位支付薪酬的做法比基于技能和能力支付薪酬的做法更容易实现客观和公正，对职位的重要性进行评价要比对人的技能和能力进行评价更容易达成一致	①由于薪酬与职位直接挂钩，当员工晋升无望时，也就没有机会获得较大幅度的加薪，其工作积极性必然会受挫，甚至会出现消极怠工或者离职的现象； ②由于职位相对稳定，与职位联系在一起的薪酬也就相对稳定，这不利于企业对多变的外部经营环境做出迅速的反应，也不利于及时地激励员工； ③强化职位等级间的差别，可能会导致官僚主义滋生，员工更为看重得到某个级别的职位，而不是提高个人的工作能力和绩效水平，不利于提高员工的工作适应性； ④可能会引导员工更多地去做有利于职位晋升的工作，而不鼓励员工横向流动以及保持灵活性

虽然传统上那种严格、细致的职位薪酬体系在很多时候已经无法适应现代企业所面临的复杂多变的市场环境及其对员工的灵活性要求，但职位薪酬体系仍然具有很大的实用性，在薪酬决策中具有不可替代的作用。实际上，从世界范围来看，采用职位薪酬体系的企业数量远远超过采用技能薪酬体系和能力薪酬体系的企业数量，即使是那些采用技能薪酬体系和能力薪酬体系的企业，也大都是从职位薪酬体系转过来的。这是因为，即使采用了技能和能力薪酬体系，仍然要依赖职位薪酬体系所强调的职位的概念，尤其是不同职位或不同系列的职位对员工的任职资格的差异性要求。

从一定程度上来说，职位薪酬体系在操作方面比技能薪酬体系和能力薪酬体系更容易、更简单，适用的范围也比较广，因此，对于我国的许多企业和大部分工作岗位来说还是比较实用的。但从当前我国企业的薪酬管理实践来看，由于我国没有经历过大规模的科学管理阶段，所以，许多企业对职位的了解和分析还很粗糙，大多数企业还没有制定规范系统和具有实效性的职位说明书，再加上没能很好地掌握职位评价的技术，因此在实践中犯了许多明显的错误。许多企业的岗位工资制（即职位薪酬体系）实际上是根据岗位的行政级别或者员工的资历，而不是根据真正意义上的岗位或职位来确定基本薪酬的。

（二）实施职位薪酬体系的前提

企业在实施职位薪酬体系时，必须首先对以下情况做出评价，以考察本企业的环境是否适合采用职位薪酬体系。

1. 职位的内容是否已经明确化、规范化和标准化

职位薪酬体系要求纳入系统中的职位本身必须是明确具体的。因此，企业必须保证各项工作有明确的专业知识要求和责任，同时，这些职位所面临的工作难点也是具体的、可以描述的；换言之，必须具备进行职位分析的基本条件。

2. 职位的内容是否基本稳定，在短期内不会有大的变动

只有当职位的内容保持基本稳定的时候，企业才能使工作的序列关系有明显的界线，不至于因为职位内容的频繁变动而使职位薪酬体系的相对稳定性和连续性受到破坏。

3. 是否具有按个人能力安排职位或工作岗位的机制

由于职位薪酬体系是根据职位本身的价值向员工支付报酬，因此，如果员工本人的能力与所担任职位的能力要求不匹配，必然会导致不公平的现象发生。故而企业必须保证按照员工个人的能力来安排适当的职位，既不能存在能力不足者担任高等级职位的现象，也不能出现能力较强者担任低等级职位的情况。当个人的能力发生变化的时候，他们的职位也能够随之发生变动。

4. 企业中是否存在相对较多的职级

在实施职位薪酬体系的企业中，无论是比较简单的工作还是比较复杂的工作，职位的级数应该足够多，从而确保员工随着个人能力的提升能够从低级职位向高级职位晋升；否则，如果职位等级很少，大批员工在上升到一定的职位之后就无法继续晋升，结果必然是堵塞员工的薪酬提升通道，加剧员工的晋升竞争，影响员工的工作积极性以及进一步提高技能和能力的动机。

5. 企业的薪酬水平是否足够高

即使是处于最低职位级别的员工也必须能够依靠薪酬满足基本的生活需要。如果企业的总体薪酬水平不高，职位等级又很多，处于职位序列最底层的员工所得到的报酬就会非常少。

(三) 职位薪酬体系设计的基本流程

职位薪酬体系的设计步骤主要有五步：第一步是了解一个企业的基本组织结构和职位在组织中的具体位置；第二步是收集与特定职位的性质有关的各种信息，即进行职位分析；第三步是整理通过职位分析得到的各种信息，按照一定的格式把重要的信息描述出来并加以确认，编写成包括职位职责、任职资格条件等信息在内的职位说明书；第四步是对典型职位的价值进行评价，即完成职位评价工作；第五步是根据职位的相对价值高低对它们进行排序，即建立职位等级结构，这一职位等级结构同时也是薪酬的等级结构。这一流程可以用图11.2来描述。

组织结构分析 → 职位分析 → 职位描述/职位规范 → 职位评价 → 职位/薪酬等级

图 11.2　职位薪酬体系的设计流程及其步骤

第三节 薪酬激励：驱动员工创新

一、物质激励与非物质激励

当下人力资本已经成为企业获得竞争优势的关键因素，如何激励和留住人才、充分发挥员工的工作积极性成为企业人力资源管理的核心问题。对于员工来说，激励的方式主要可以分为两种：物质激励和非物质激励。

（一）物质激励

物质激励是激励手段当中最为重要的方式，包括工资、奖金、福利、股权、福利等，具体表现为加薪、津贴、补助等，是一种通过货币性价值来激励员工的方式。物质激励是员工的基础追求，它解决了人们衣食住行等最基本的生存问题，因此也是最为重要的激励方式，不少企业将物质激励作为企业留住人才、调动员工的重要动力。但是，物质激励的激励面有限，单一使用物质激励会增加企业成本，难以长久地激发员工的积极性，因此还存在着非物质激励方式。

（二）非物质激励

非物质激励，顾名思义，就是企业采取货币以外的方式来激励员工。非物质激励的出发点是满足人们的心理需求，它的投入成本低、适用范围广，能够进一步激励员工在工作中实现个人价值，同时增强团队凝聚力，塑造积极向上的企业文化，为企业实现战略目标提供更加强有力的支撑[1]。非物质激励的方式主要可以总结为以下几个方面：

1. 工作环境激励

良好的硬件环境有助于员工更加热爱和专注于自己的工作，这里所说的工作环境不仅是外在的工作条件，还包括工作氛围、工作公平感、工作目标等。打造公平公正的工作环境是有效开展非物质激励的基础，同时制定完善的企业发展目标，让员工切实感受到企业是有发展前途的，自己的未来是有保障的，从而发挥激励作用，促进员工更好地工作，这也被称为目标激励。

2. 相互关系激励

员工之间的相互关系注重对于员工精神层面的激励，员工之间应当建立友好的交流关系，同时满足员工对于个人价值认可、尊重等方面的心理需求，因此相互关系又包含着尊重激励、沟通激励、荣誉激励、认可激励几个方面。

3. 发展需求激励

大部分员工希望自己能够在事业上有所成就，因此在进行非物质激励时也需要满足员工的发展需求。发展需求激励又包括晋升激励、培训激励、参与激励。晋升激励在一定程度上满足了员工的事业发展需求，这也是对于个人工作成绩的肯定，满足了

---

[1] 邓沙，相增辉. 有效构建非物质激励体系 [J]. 人力资源，2022，503（2）：120-121.

员工多方面的心理需求；培训激励满足了员工不断提升自我的需求，能够有效调动员工的积极性；参与激励是指让员工不同程度上参与企业决策管理，以此调动员工工作积极性的激励方式。

物质激励和非物质激励只有互相结合，才能够取得良好的激励效果，因此企业在制定激励制度时应当注意二者的有机结合，从而有效发挥其激励价值。

二、绩效薪酬的应用

绩效薪酬是对员工超额工作部分或工作绩效突出部分所支付的奖励性报酬，旨在鼓励员工提高工作效率和工作质量，也是对员工过去工作行为和已取得成就的认可，根据员工的行为表现进行相应的变化[①]。其设计的基本原则是通过激励个人提高绩效来促进整个企业的绩效提升，保证员工的薪酬因绩效成绩而有所不同。绩效薪酬体系包括短期奖励计划、个人奖励计划、群体奖励计划三个方面，其中，短期奖励计划又包括绩效加薪、一次性奖金、特殊绩效认可计划；个人奖励计划包括绩效奖励计划、长期绩效奖励计划、股票所有权；群体奖励计划包括利润分享计划、收益分享计划、成功分享计划等。

那么，绩效与薪酬之间的影响关系究竟是什么呢？绩效是体现企业工作水平的指标，研究表明，提高薪酬水平能够对企业的绩效产生正向的影响[②]，但与此同时，薪酬激励的强度与其对于企业绩效的激励作用之间也存在着"倒U形"关系，也就是随着激励程度的升高，企业的绩效水平先增后降[③]，因此制定合理的薪酬激励制度是关键。具体地，对于管理层来说，货币薪酬激励可以有效地提高企业的绩效水平，而股权激励则对企业绩效影响不大，甚至会造成负面影响。这其中蕴含着权力配置的问题[④]。有学者针对企业高管薪酬激励的明确程度与企业绩效之间的关系进行实证研究，得出的结论是：激励的明确性与企业绩效之间存在曲线关系，给予高管明确的薪酬激励政策在一定程度上促进了企业的绩效水平，但是过于明确的制度反而会使高管心理上感知的自由性降低，进而影响工作积极程度[⑤]。

接下来是有关绩效薪酬的具体应用案例。首先，我们引入A超市的绩效薪酬实例。A超市在进行薪酬管理时采用赛马制度，将员工的薪酬水平与员工所处门店的销售绩效相结合，对门店进行评级，具体的评级条件如表11.2所示。

---

① 绩效薪酬-MBA智库百科（mbalib.com）.
② 葛广宇，陈佳妮，魏向杰.上市公司高管薪酬激励对企业绩效的影响研究——基于服装行业上市公司样本数据[J].现代管理科学，2021，329（06）：70-79.
③ 刘艺洁.普通员工薪酬激励对企业绩效的影响研究[J].财会通讯，2020，856（20）：42-45.
④ 王新霞，温军，赵玮.股东权力关联、薪酬激励与企业绩效——以政府控股公司为例[J].山西财经大学学报，2014，36（12）：70-82.
⑤ Jana Oehmichen; Laura Jacobey; Michael Wolff. Have we made ourselves (too) clear? —Performance effects of the incentive explicitness in CEO compensation. [J] Long Range Planning. Volume 53，Issue 3．2020. 101893-101893.

表 11.2 评级条件

评级	评级标准
AAA	日均销售额 50 万元以上，年利润额 1 000 万元以上门店
AA	日均销售额 50 万元以上，年利润额 800 万元以上门店
A	日均销售额 30 万元以上，年利润额 500 万元以上门店
B+	日均销售额 30 万元以上，年利润额 300 万元以上门店
B	日均销售额 30 万元以上，年利润额 100 万元以上门店
B-	日均销售额 20 万元以上，能盈利的门店
C	年度亏损 100 万元以内的门店
C-	年度亏损 200 万元以内的门店
新店	日均销售 30 万元以下，开业未满半年的门店

公司根据门店的评级结果来决定这一门店员工的薪酬水平，与此同时，评级高的门店将会获得奖金以及公费出国培训深造的机会，例如评级为 A 类门店的员工将得到人均 2 000 元的奖金，评级为 B 类的门店员工将每人得到 1 000 元的奖金。而评级低的门店也会受到相应的惩罚，C 类评级的门店将会汰换一名合伙人，门店店长合伙人团队的薪酬水平将会整体降级，这样的绩效薪酬大大提升了员工的工作动力和积极性。

零售行业巨头沃尔玛的利润分享计划在业界广受关注。沃尔玛的利润分享计划是指，只要员工加入企业达到 1 年以上/工作 1 000 小时以上，就可以按照一定比例与公司一起分享当年所得到的利润，在离开公司时可以金钱或股票的形式带走工作年限内的累计利润。随着公司的销售和利润的增长，员工的红利也在增加，员工为公司发展努力的同时，也因此获益。

三、短期激励与长期激励

激励的方式按时间长短可以分为短期激励和长期激励。

当员工在本职工作上取得了较好的绩效，形成了个人的工作成果后，往往希望立刻得到回报，这种回报的一般表现形式就是短期激励。短期激励常见的方式包括绩效工资、奖金、年终奖金等，它关注员工的短期利益需求，是企业实现当下目标的重要激励手段。短期激励常常与员工的绩效表现、工作情况相结合，是激励员工达成或超越企业预期目标的手段。然而短期激励只适用于关注眼前利益的员工，仅仅依靠短期激励是远远不够的。

长期激励的目的在于保障组织的核心人才，使其能够长久地留在企业当中，与企业共同成长发展，达成企业的长期战略目标。长期激励的方式主要分为现金型和股权型，现金型的长期激励可以提高被激励者的物质满足感，是非常直接的激励方式[①]。合理的长期现金激励，可以有效地协调管理层的行为和股东目标之间的平衡关系[②]，可以让高管在心理上认为这是企业对自身能力的一种认可，从而会把重心放在更长远的研发投资、提升企业市场竞争力等方面；对于管理层来说是保障收益的"定心丸"[③]，而当个人的利益得到保障后，决策会更加理性和客观。实施股权激励的重点在于，使企业的核心骨干人员能够分享公司未来的成长收益，增强公司股权结构的长期吸引性与包容性，让企业的核心团队具有更强的凝聚力，从而更好地发挥其能力。股权激励可以缓解高管为短期利益而做出有损企业的行为，促进高管与股东权益的一致性。货币薪酬与企业利润联系紧密。与货币薪酬不一样的是，股权激励更加重视企业价值的增长，但对于某些国有企业，由于管理层持股比例较低，以及信息非对称的情况下激励机制导致的过度投资，使得股权激励有时难以有效发挥其激励作用，导致股票期权这种激励工具的使用逐渐减少[④]。

在企业不同发展阶段，短期激励和长期激励的侧重也有所不同，当企业以短期业绩或市场份额的提升为导向时，应该以短期激励为主；当企业具备科学的顶层设计和长远规划时，则应该以长期激励为主。短期激励和长期激励二者之间并不矛盾，而是要充分结合、相互弥补，从而发挥积极效果。企业应当既能在员工业绩突出时给予短期激励，也能结合企业发展现状和目标，设定长期激励。

四、总报酬模型

随着薪酬理论的不断发展，提出了一种与传统薪酬管理不同的概念——总报酬模型。美国薪酬协会对总报酬模型的解释为：任何员工认为具有价值的东西都可能成为总报酬模型的组成部分。总报酬模型主要由五大要素构成：薪酬、福利、工作与生活、绩效与认可、个人发展与职业机会。它将物质激励和非物质激励相结合，是在传统薪酬管理概念基础上的一大突破，有效解决了薪酬管理激励不足的问题，能够更为有效地吸引、激励和留住优秀人才，符合当下时代和企业的实际需求。

下面对总报酬模型的五大构成要素逐一进行解释：

（1）薪酬。薪酬是总报酬模型的重要组成部分。这里的薪酬包括固定薪酬和浮动薪酬，固定薪酬也就是员工的基础薪资，浮动薪酬则会根据员工的业绩表现灵活进行变动和调整。

（2）福利。福利是除现金报酬之外对员工提供的补充报酬，包含保险计划、员工

[①] 郑海元，李小盼，李桂花. 竞争战略框架下薪酬激励与内部控制研究——基于高管权力的调节作用 [J]. 财会通讯，2019，809（09）：76-80.

[②] 袁知柱，袁紫夕，冯化文. 管理层薪酬激励与企业劳动力投资效率 [J/OL]. 会计之友，2023（10）：109-116.

[③] 胡苏，张娅婕，张念明. 财务柔性、企业金融化与技术创新——基于高管货币薪酬激励的调节效应 [J]. 会计之友，2022，691（19）：76-84.

[④] 薛明皋，毛卫华. 股票期权薪酬激励机制对投资决策的影响分析 [J]. 统计与决策，2016，467（23）：65-69.

服务及特权、带薪休假等。薪酬和福利在总报酬模型中发挥着基础性的作用，解决了员工的基本利益需求。

（3）工作与生活。工作与生活是指为员工提供灵活的工作时间和安全宽松的工作环境，同时重视员工的身体健康及生活状况，支持和改善员工的生活质量，在员工努力工作的同时能够提高其生活品质，使其在事业和家庭都能取得成功。

（4）绩效与认可。强调通过有效的引导来实现企业绩效、团队绩效和企业发展目标是总报酬模型的特征之一。当员工达成或超越自身工作的绩效目标时，就需要得到认可，需要得到价值承认，这是一种心理需要。及时有效的认可能有效地促进员工长期保持良好、积极的工作状态，有利于企业战略的实现。

（5）个人发展与职业机会。个人发展与职业机会是指企业为员工提供学习和培训的机会，使员工提升工作能力。大部分员工都渴望能在工作上不断进步、有所成就，为员工提供相应的晋升空间能够更好地激励员工发挥个人最大作用，增强员工对于自身岗位的忠诚度和认可度。

以上几个部分着重强调的是员工的工作体验，也是总报酬模型不同于传统薪酬模型的原因之一。总报酬模型的特征可以基本总结为：真正做到以员工需求为导向，能够针对员工的不同需求制定不同的薪酬组合，将有限的资源最大化利用；更加强调薪酬战略与企业战略的一致性，结合企业所处环境将多种激励方式融汇在一起，最大程度地支持企业战略的实现；更加重视员工的沟通和参与，保证员工对于薪酬公平性的认同，也提高了薪酬管理的有效性；付酬计划更加具有弹性，员工不再只是关注薪资的高低，而是通过员工与企业的共同合作来节约人工成本。

越来越多的员工在选择雇主时不仅仅关注工资和福利，良好的工作环境、灵活的工作安排、优秀的企业文化都成为他们在选择雇主企业时关注的方面，因此，总报酬模型的出现和推广也是必然的方向。企业在运用总报酬模型时，也需要注意不能一味求新或完全照搬，而应当结合自身实际情况和管理需要，以及企业的愿景与战略目标；同时，加强相关薪酬管理人员的专业素养和工作能力，面对更为全面复杂的薪酬管理模型，管理人员应当能够随机应变；要加强总报酬模型实施过程中的沟通机制，了解对于员工最为重要的判断因素，并及时做出优化和调整，尽可能减少因沟通不足、认识不统一而带来的相关负面影响，使总报酬模型能够真正给员工带来价值。

第四节　案例分析

一、薪酬管理制度设计：中小企业的薪酬激励方案

在企业人力资源管理中，薪酬管理是至关重要的管理内容，它关乎企业的成本问题，也关乎员工的切实利益。在薪酬管理中非常重要的一项内容是制定适合企业发展需要的薪酬激励方案，而薪酬激励方案是架起企业和员工之间关系的桥梁，是实现企

业既定目标和经营理念的重要一环,也是充分体现企业价值理念并对员工所创造价值给予认可的标志。

中小企业作为市场主体之一,对于促进就业、维护社会秩序以及带动地区经济发展起着重要的作用,因此重视中小企业的健康稳定发展是时代的要求。对于中小企业而言,如何激发人的积极性是关键,而薪酬激励正是激发员工积极性、为企业留住人才、维持企业健康发展的必要途径。下面以 A 公司的薪酬激励方案为例进行分析。

(一) A 公司概况

A 公司位于山东临沂,是一家工艺品有限公司,专门生产柳制品和布艺制品,产品包括柳产品、铁制品、园艺类、木制品及布包等。A 公司主要产品为柳制品,而公司的柳制品背后的柳编技艺在汤河镇已经有 800 多年的历史,历经数代民间艺人的传承、革新,已成为具有广泛代表性的民间艺术形式,其实用价值、审美价值和社会价值都得到了普遍认可。

(二) A 公司员工的薪酬分配现状

1. 基本薪酬

一线工人的基本薪酬是 1 000 元,车间组长基本薪酬是 2 800 元,车间主任和部门经理基本薪酬是 4 000 元。

2. 绩效薪酬

对 A 公司绩效薪酬的设置主要从两个角度分析:车间一线工人、公司中高层管理人员。

(1) 车间一线人员绩效薪酬设置标准。生产车间一线员工的绩效薪酬所得,完全是按照多劳多得、少劳少得的原则来实施的,即公司对车间一线工人实施计件工资制,车间工人所得绩效薪酬的多少,完全取决于生产出产品的件数和价格。但是工人生产产品件数超过一定数量(设规定数量为 m)过后,产品单价会相应做出提升(设提升后单价为 p)。

(2) 中高层管理人员绩效薪酬设置标准。中高层管理人员绩效薪酬的设置,取决于公司月度内的生产效益情况,如果公司月度生产效益高,则中高层绩效奖励高,反之,如果公司本月度生产效益低,则中高层管理人员绩效薪酬低。具体设置标准:公司中高层管人员的绩效薪酬,大约占公司月度生产效益的25%,所以,绩效薪酬=公司月度生产效益×25%÷公司中高层管理人员总数。

3. 员工福利

福利作为一种间接薪酬形式具有越来越重要的作用,它不仅有利于企业吸引、留住企业核心人才,培育和谐、积极的企业文化氛围,降低企业税收成本,而且福利如果设置合理,还可以满足不同员工的需要,激发员工的工作积极性。

目前 A 公司所有员工多数的福利政策,主要是缴纳各种社会保险以及住房公积金,基本没有法定假期福利政策以及其他员工服务型福利政策。企业并没有根据员工不同的需求,制定相应的福利政策。

A公司在员工福利方面，也没有将福利的设置与员工的绩效考核结果挂钩，并且员工福利政策统一为员工社会保险以及缴纳住房公积金，这不能体现员工福利的多样性，使A公司的福利设置缺乏弹性。

（三）A公司薪酬激励存在的问题及原因分析

1. 基本薪酬——基本薪酬水平低且没有与绩效挂钩

通过对同地区同行业的员工基本薪酬进行对比发现，A公司目前基本薪酬的相对水平普遍偏低，而且，A公司员工的基本薪酬没有与员工绩效进行挂钩。

2. 绩效薪酬——绩效管理制度不规范、绩效薪酬在总薪酬中占比低

A公司员工的绩效考核内容设置不够具体，绩效管理流程不规范，且员工的绩效薪酬和基本薪酬的比例大致为1∶1，这就使得激励因素所占比重偏低，从而会降低绩效薪酬的激励效果。

3. 员工福利——设置缺乏弹性

A公司目前大多数员工的福利政策，仅仅包括员工的各项社会保险以及缴纳住房公积金，而且几乎所有员工的福利都是相同，并没有根据员工的绩效考核结果设置能够满足不同员工需求的福利组合。

（四）提升A公司薪酬激励作用的改进措施

1. 基本薪酬的改进

（1）基本薪酬水平的设计。由于本地区一线工资平均基本薪酬为1 700元，所以本次提薪在此基础上上涨为1 800元。基本薪酬的提高可以为企业留住工人，为企业节省招聘培训成本。

（2）绩效加薪。绩效加薪，即在年度绩效考核后，企业根据员工的绩效表现来确定其加薪的幅度。具体规则如表11.3所示。

表11.3 员工绩效加减薪情况

绩效考核得分	大于90	大于85	大于60	小于60
绩效评价等级	A	B	C	D
绩效加减薪幅度	+15%	+10%	+5%	+0%

2. 绩效薪酬的改进

由于绩效薪酬直接与绩效挂钩，而A公司员工的绩效考核指标以及绩效管理制度流程都不规范，致使员工薪酬设置不合理。所以在对绩效薪酬进行改进之前，应该重新设计A公司的绩效管理流程与绩效考核指标。

（1）改变基本薪酬和绩效薪酬的比例。绩效薪酬在总薪酬当中是直接与绩效挂钩的，即绩效薪酬在总薪酬中与员工绩效考核得分联系最为紧密，相比基本薪酬更加具有激励性。所以，企业应当尽量提高绩效薪酬在总薪酬中的比例。随着职位的升高，员工的基本薪酬占比应该降低。

（2）绩效薪酬的分配制度。首先，根据公司往年的经营效益核定公司每月可分配

的绩效薪酬总额，随后根据职位等级确定合理的员工每月既定绩效薪酬额度，再根据员工月度绩效考核结果，设置合理的员工绩效薪酬考核系数，从而得出员工每月实得绩效薪酬。

（五）设置弹性福利政策

福利的设置可以从不同的员工、不同的需求出发，制定满足这些需求的福利组合，从而可以提高期望理论中的绩效价值，使福利更加具有激励性。然后，将这些福利组合与员工绩效挂钩，不同的绩效水平对应着不同的福利组合。

综上所述，当前 A 公司薪酬管理中存在较多问题，企业要稳定发展就应该对企业员工的薪酬管理制度制定具有针对性的办法。通过上述的策略可以有效地提升 A 公司员工薪酬的管理水平，企业领导阶层要重视企业员工的自身价值和重视人员的心理状况，制定出科学、合理的激励员工绩效的可实施的对策，使企业员工做出更大的贡献，有利于提高企业的整体经济效益。

二、总报酬模型在跨国石油企业壳牌公司中的应用

壳牌公司成立于 1907 年，是由壳牌运输和贸易有限公司（英国）与荷兰皇家石油公司股权合并而成的国际油气集团公司。目前在石油化工领域主要从事石油、天然气的勘探、开发、生产、提炼、销售等业务。它在全球范围内有雇员约 10 万余人，并在全球各地有 130 多家办事处和分支机构。壳牌公司如此大的规模与公司高度有效的薪酬福利体系有着不可分割的关系。壳牌秉承"以人为本"的人才战略，在薪酬、福利、晋升、职业生涯设计等方面都充分考虑了员工的需求及对员工的激励作用，值得国内公司学习和借鉴。

壳牌认为，薪酬的高低，难以衡量员工对工作的热情度。假如员工感觉自己在企业缺乏关爱，即使提供再高的薪酬，也不会激发起他的工作乐趣。毕竟，物质只是人的最低需求，而在壳牌，员工则能体会到精神需求远高于物质需求。壳牌实力强大，是通过员工的热情工作来实现的，而员工的工作热情，则是通过充满人性化的薪酬机制和福利保障来提升的。

（一）薪酬激励

薪酬作为总报酬模型的重要内容，包括固定薪酬和浮动薪酬两个部分。固定薪酬是我们平常所说的基薪或基本工资，通常是固定发放的，不会随工作结果的变化而改变。浮动薪酬则通常随绩效水平的变化而变化。浮动薪酬一般包括短期激励（如加薪、一次性奖金等）和长期激励（如现金奖励、股票期权、利润分享等）两类。

薪酬激励作为企业激励中最重要的也是最有效的激励手段，其目的之一是有效地提高员工的工作积极性，在此基础上提高效率，最终促进企业发展。在企业盈利的同时，员工的能力也能得到很好的提升，实现自我价值，这才是薪酬激励的核心理念。

根据这一理念，壳牌遵循对外保持竞争性、对内保持公平性的原则设计了薪酬激励体系，即根据市场的动态发展状况以及公司本身所确定的市场定位来进行薪酬体系设计。公司的薪酬体系主要包括：工资体系、奖金体系与股票期权等。壳牌公司的工

资体系简单、明晰。

薪酬方面实行的长效激励机制，也是壳牌能吸引并留住优秀人才的重要因素。壳牌人力资源服务部的布瑞·欧文明确指出，企业"不可能给每个人一样的薪酬"，因为人与人的贡献是不一样的。壳牌重视员工的个人贡献，通过与绩效相关联的工资和奖金对其加以补偿。同时，还通过与绩效相关联的工资和奖金方案来表彰及激励杰出的个人贡献。另外，特殊的绩效优秀者还可受益于奖励绩效股份计划，以调动员工的积极性、主动性、创造性，提高工作绩效，推动企业蓬勃发展。

壳牌对薪酬的长效激励机制还反映在对员工储蓄基金的管理和回报上。即公司为员工提供对等储蓄基金，同时负担这部分的所得税，员工离开公司时可以领取这笔储蓄，不必负担公司提供部分信托基金的所得税（见表11.4）。员工在存进储蓄基金后，可以选择三种投资方式：购买公司的股票，存入摩根银行管理的权利基金，或是存入固定利率的储蓄账户。这是壳牌的一种独特的薪酬支付方式，这种方式不仅为企业员工创造了符合个人意愿和能力的薪酬体系，而且增加了员工对企业的满意度，使大家更能安心工作。

表 11.4 壳牌员工储蓄基金操作例表

服务年限	月存入薪酬总额的百分比	企业补贴存入
三年	2.5%	2.5%
五年	5%	5%
七年半	10%	10%
七年半以后	按七年半存值封顶	按七年半存值封顶

（二）福利体系

福利是雇主为员工现金报酬所提供的补充。福利计划通常被设计用来保护员工及其家庭免受财务风险的影响，大致可以分为社会保险、集体保险、非工作时间报酬等几类。

除基本的法定体系制度外，壳牌还实行长期薪俸制，即对于在公司内部工作超过一定年限的员工，当其离职或是退休时，根据已工作的时间长短，按一定比例支付长期薪俸奖金。奖金的多少是依据员工在公司的工作年限及离职时的具体工资水平综合制定的。另外，壳牌还规定一定工资级别以上的员工可以享受住房补贴计划，以鼓励员工长期工作。

在养老金方面，壳牌从1993年开始就实行了养老金制度，这项制度是以员工在壳牌服务年限和退休前最后一个月的薪金进行折合统算，就是壳牌员工退休后发放的养老金。这项制度有效地补充了社会养老金制度，让壳牌的员工在退休之后没有任何后顾之忧。

在生育、大病、配偶保障等方面，壳牌的福利也一应俱全。在壳牌，所有生育的女员工在产假期间的薪酬都全部照发，而且还会收到公司馈赠的礼金和津贴；对身染大病的员工，公司除了社保报销的额度，还会额外提供一笔数额不小的大病津贴，帮助患病员工度过治疗期,以良好的心态回到工作岗位;而员工的配偶一旦失业,壳牌也会给这些人缴纳各项社会保险,为员工解除后顾之忧。

(三) 工作与生活平衡

工作与生活平衡是帮助员工在事业和家庭方面同时获得成功的政策和制度规定,有时候甚至只是一种惯例或者价值观。工作与生活平衡主要包括提供弹性工作时间、安全宽松的工作环境、重视员工的身体健康、关心员工的赡养对象、提供信贷支持、支持员工融入社区生活、鼓励员工参与管理和变革等。

在员工的工时和休假制度上,壳牌与众不同。壳牌的员工每天只需保证6个小时的高效工作,而且企业还允许部分员工根据自身情况灵活调整工作时间。此外,壳牌员工每年还享有至少15天的年假。

壳牌十分注重员工工作与生活的平衡,通过建立"外援之家"等隐性福利措施,积极解决家属陪同、子女就学、养老等员工的后顾之忧。壳牌的福利还充分体现了其民主文化,全体员工一视同仁,不与职级挂钩。例如,凡是连续飞行时间超过4小时的航班,员工无论职级高低均可乘坐公务舱。

(四) 绩效与认可

总报酬模型强调要通过有效的引导机制来实现企业绩效、团队绩效和个人绩效的一致性,进而实现企业的发展目标。认可是指承认员工的绩效贡献并对员工的努力工作给予特别关注。被认可并承认自己对组织的价值,是员工一种内在的心理需要。如果企业能够创造一种尊重员工贡献,认可员工价值的氛围,企业将会很快看到员工的工作状态向着积极的方向改变,无论这种认可是正式的还是非正式的。

绩效评价是指用一套正式的结构化的指标体系,来衡量、评价并影响与员工工作的特性、行为和结果,了解员工可能的发展潜力,以期获得员工与组织的共同发展。同时,通过绩效评价可以达到以下目标:确定员工的劳动支出、努力程度和贡献份额,为员工支付薪酬,给予奖励提供依据、及时为员工指明努力方向。

壳牌公司对每一个职位都有详细的职位描述与权责划分,职位描述是公司进行相关工作的基础。壳牌公司的绩效测评可以分为两大部分:员工的绩效表现评级与定期的工作总结评估。壳牌公司推崇以绩效表现为根据的薪酬福利体系。绩效表现评级每年进行一次,评价标准主要可以分为工作业绩、工作态度、对公司的贡献与提出的改进意见、团队精神与表现。壳牌公司要求部门经理尽量将目标量化,员工与部门经理都有责任定期对它进行讨论、评估甚至纠正。

壳牌公司凭借着其在组织文化基础上产生的独特的管理模式,使其成为世界三大石油公司之一且是世界上最大的跨国投资商,而其独特的管理模式被有关人员深入研究并发展出更系统、更完善的管理思想,从而被应用到更广泛的管理领域。

(五) 个人发展与职业机会

个人发展指企业为员工提供有价值的培训和学习机会以提升他们的工作能力,通常和员工的业绩改善高度相关。职业机会指企业重视人才的培养发展,并在企业内部提供工作轮换的机会和职位晋升的空间,确保优秀的员工能够在企业内部获得事业发展,并发挥出最大的作用。

为保证员工的晋升真正与员工个人的潜质和表现挂钩,壳牌要从内部实行一种潜质评价体系,即公司由经过培训的经理和人力资源部人员共同参照内部固定完善的衡量标准,每年定期随绩效评级一起对所有人员进行潜质评级,并将每个员工的潜质记录在案。

壳牌认为,激励政策应以员工职业发展规划为主线,从员工自身的角度来看,随着员工素质的提高和自我价值实现需求日益强烈,员工更加重视职业发展问题,更加关注在公司发展的同时自己的发展路径和发展空间。只有将企业发展目标和员工个人发展目标相结合并协调一致,才能发挥员工的最大潜力,激励他们快速成长,形成公司与员工共同成长的双赢局面。

因此,壳牌有一整套员工的发展体系,包括员工的培训、员工素质架构分析、员工的指导帮助体系、员工职业生涯设计、公司干部培养计划等。另外,壳牌非常重视完善集团化组织架构下的人才培养,集团与各子公司的人才培养保持互动协作的关系,既有一致性的统一,强调规范化、系统化,也有差异化的不同,强调个性化、针对性。

第五节 薪酬外部竞争性:薪酬调查的应用

薪酬体系的设计和管理是极富挑战性的工作。企业的内外部环境是不断变化的,也是不可预测的,因此,一个好的薪酬体系不应该是僵化的,而是随时可以做出调整的。薪酬调查的目的是调查与本企业生产相同、相似产品或处于同一劳动力市场的其他企业的薪酬水平。其最终成果是薪酬政策曲线,它体现了职位的工作分析分数(职位的内部价值)和市场薪酬水平(职位的外部劳动力市场价值)之间的线形关系。那么,如何进行有效的薪酬调查呢?

一、薪酬调查的步骤

薪酬调查的第一步是确定关键职位。关键职位是指企业中可以直接与外部劳动力市场上的职位相比较的职位,其工作内容相对稳定,易于在其他企业中找到相同或类似的职位。

关键职位确定后,下一步就是获取关键职位的市场薪酬数据。企业可以自己进行薪酬调查,或者从某些公共渠道获取市场薪酬信息,也可以从一些咨询公司购买市场薪酬数据。不论选择哪个渠道,都应该确保被调查的企业具有以下特征:第一,被调查企业的员工与本企业的员工有相同或类似的技能;第二,被调查企业与本企业属于相同的行业。

薪酬调查应以获取以下信息为目标:被调查的企业的基本情况(企业规模、员工数量、所属行业等),给予员工的全部薪酬(直接和间接薪酬)。只有比较总体薪酬水平,薪酬调查才是有意义的。薪酬调查应该提供每一个关键职位的最低、最高、平均市场薪酬水平。通过这些数据，企业可以为每一个关键职位确定一个市场薪酬水平和变化率，进而建立企业自己的薪酬政策曲线。

关键职位只是企业全部职位的一部分，还必须为其他非关键职位确定合适的市场薪酬水平。实际上，只要获得了关键职位的市场薪酬数据，通过离散方程等数理统计方法就可以确定企业中所有职位的工作分析分数和市场薪酬水平的线性关系。这个线性关系就是市场薪酬曲线，反映的是企业中所有职位的工作分析分数和市场薪酬水平之间的线性关系。

薪酬调查完成之后，市场薪酬曲线往往需要做出一些调整，这主要是因为调查得到的市场薪酬数据往往具有一定的滞后性。调整的依据主要是关键职位的市场变化和物价指数的变化，即当关键职位市场薪酬增长率较大、通货膨胀比较严重时，需进行大的调整。反之，只需进行微调。

除了上述调整外，市场薪酬曲线还需进行一些调整以反映企业独特的薪酬政策：企业希望自己的薪酬水平是高于、低于市场水平还是与市场水平持平。

二、薪酬调查中的关键性决策

（一）哪些职位是"关键职位"？

企业中可以被看作是关键职位的工作应具备以下特征：①要照顾到企业所有类型的职位，应从每个相同或相似的职位群中挑选关键职位；②关键职位在被调查的其他企业中都能够找到；③关键职位较容易界定，且具有比较稳定的工作内容；④关键职位对任职者的要求（教育水平、工作经验等）不同，反映在胜任水平和绩效上也有明显的差别，能够提供比较好的参考价值；⑤关键职位可以很容易地从外部劳动力市场填补；⑥关键职位的供给和需求相对稳定，不会受短期影响；⑦入门职位（决定整个企业薪酬结构的起点）和面临劳动力市场激烈竞争的职位可以被认为是关键职位；⑧任何一个存在问题的职位都可以作为关键职位（因为职位存在问题很有可能就是薪酬问题）。

（二）如何获取市场薪酬数据？

调查关键职位的市场薪酬水平可以由企业亲自去做或委托专业咨询机构去做，主要考虑费用、本企业人员是否具有执行薪酬调查的能力、数据的质量、时效性等。获取市场薪酬数据要注意以下几个方面：①采用哪种方式更容易获得目标企业的合作，从这个角度说，最好由第三方来做；②企业是否有合适的人员承受因薪酬调查额外增加的工作负担；③第三方做是否会增加结果的可信性，以及是否有足够的预算请第三方进行薪酬调查；④企业现有的能力（如计算机资源、统计知识等）能否恰当地分析薪酬调查的结果，企业是否有能力调查非现金收入；⑤不信任问题，第三方是否会把调查数据用于别处。

如果企业决定从其他渠道获取市场薪酬工资数据，首先可以向某些咨询公司或者招聘网站购买与本企业有关的行业或其他企业的工资数据；其次，某些商业协会、工业企业联合会可为他们的会员提供薪酬调查；最后，也可以从某些政府部门获取市场薪酬数据。

(三) 哪些企业可作为被调查对象?

被调查的企业应具备以下特征:①这些企业与本企业处于相同或类似的行业;②这些企业雇佣的技术类型与本企业类似;③被调查的大中小企业的数量要均衡,但不必调查太小的企业;④如果可能的话,尽量选择那些有比较成熟的工资管理体系的企业;⑤被调查的企业与本企业的地理位置接近,员工之间可以相互流动。

也许最简单的经验法则就是"员工倾向于流向哪些企业?"或"可以从哪些企业挖来需要的人员?"

(四) 哪些数据是有效的?

薪酬调查所要收集的有效信息包括:企业的特征、工资特征、职位特征、福利水平和工资管理情况等。企业的特征包括规模、规章、地理位置、产品和服务的类型。工资特征包括最高工资、最低工资、中间工资和平均工资等。职位特征包括工作说明书和工作描述、职位雇佣的员工数量、员工流动率、晋升阶梯和奖金计划。

(五) 哪些市场职位与企业职位相匹配?

企业职位和被调查的市场职位是否匹配应着重于工作内容,而不仅仅看职位名称是否相同。一般来说,如果两者之间有70%或更多的工作内容是相似的,那么两者就是匹配的。

一种测验两个职位是否匹配的方法就是用本企业的工作分析系统分析被调查的市场职位,被调查职位的工作分析分数如果与本企业对应职位的工作分析分数相同或相似,那么就可以说两者是匹配的。如果两者之间存在差距,那么就应该调整市场薪酬数据。

(六) 如何确定职位阶层与劳动力市场工资率之间的关系?

通常,统计学方法被用来解决这个问题。因为企业中每一个职位的工作分析分数与劳动力市场薪酬率之间存在一个线性回归关系,使用一定的统计学方法很容易就可以算出两者之间的线性关系。其具体公式如下:

$$Y = a + bx$$

式中:a 是直线在 y 轴上的截距,b 表示 x 变化一个单位所导致的 y 的变化值。

根据市场调查数据可以计算出此方程中 a 和 b 的值。x 代表的是工作分析分数,Y 代表的是市场薪酬水平。如果企业关键职位的现有薪酬水平与市场薪酬水平相等,那么此回归曲线的关联率就是100%。表现在图形上,就是所有企业职位的工作分析分数对应的市场薪酬水平都在此回归曲线上。

通过观察上述回归曲线和相关数据,可以诊断出可能存在的问题:

第一,企业职位与被调查的职位可能是不匹配的,此时,应找寻一个与企业职位更匹配的市场职位。如果找不到更匹配的市场职位,那就应该调整市场薪酬调查数据。

第二,企业职位的工作分析结果可能不正确。如果出问题的职位主要是由一种性别的任职者担任,那就应该检查选取的报酬因素是否适合企业和工作分析执行者是否采取了性别中立的态度。企业还应检查分配给各个报酬因素的权重是否合适,评估它们是否反映了企业的价值观和战略。

第三，薪酬调查方向是否正确。举例来说，某个特定工作的市场薪酬数据可能主要来自一个低工资水平（或高工资水平）的行业和企业，这样调查来的市场工资水平不是偏高就是偏低。

第四，企业必须理性地判断回归曲线是否反映了职位阶层和劳动力市场薪酬水平之间的理性关系。通过线性方程可以计算市场的最高、最低工资水平，这样就可以更好地分析薪酬竞争，帮助企业确定其薪酬体系在相关劳动力市场中的战略定位。

（七）如何调整市场工资曲线以确保数据的时效性？

当企业获得市场薪酬数据并使用时，这些数据可能已是半年或更长时间以前的了，在中间的这段过渡时期，市场薪酬水平可能已发生了变化。因此企业必须调整市场工资曲线以反映市场工资水平的变化。一般来说，企业应做一个宏观调整（将市场薪酬曲线看成一个整体），而不是对单个职位做逐一调整。

有些企业可能采用通货膨胀率作为市场薪酬水平未来调整的依据。但必须指出，通货膨胀率并不能直接反映薪酬水平，因为消费物价指数的反应有时滞，所以调整薪酬水平往往落后于消费物价指数的变化。

（八）如何调整市场薪酬曲线以反映企业的薪酬政策？

企业会调整市场薪酬曲线以反映他们的工资政策。薪酬政策反映了企业对薪酬水平市场定位的态度，是领先于市场工资水平、落后于市场工资水平还是与市场工资水平持平。

为了使市场薪酬曲线的调整能够反映企业的薪酬政策，企业必须收集未来年度市场薪酬增长率的信息。这些信息可在上述的薪酬调查中获得，也可以根据历史上的行业薪酬变化情况、消费物价指数变化情况等做出调整。第一，如果企业想使自己的薪酬水平在市场上领先，那么企业的薪酬水平在一年中都要高于市场薪酬水平。第二，如果企业的薪酬政策是紧跟市场薪酬，从经验上讲，企业的薪酬水平在上半年应高于市场水平，下半年则应低于市场工资水平。第三，如果企业的工资政策是落后市场工资，那么企业的工资水平在整年内都应低于市场工资水平。这意味着企业可以对预计的市场薪酬增长率不做反应。

当经过以上的决策过程后，市场工资曲线就变成了工资政策曲线。工资政策曲线是企业工资结构。举例来说，如果某企业根据薪酬增长预期数据预测本年度企业薪酬水平会增长3%，此企业采取的是紧跟市场的工资政策，同时根据历史同期数据预计本年度的市场薪酬平均增长率应为2%，因此企业薪酬水平的调整率应为5.1%（$1.03 \times 1.02 - 1 \approx 0.051$）。

习题

1. 名词解释

薪酬；薪酬管理；职位分析；总报酬模型；物质激励和非物质激励

2. 简答题
(1) 在实践中,薪酬管理如何支持企业人力资源战略?
(2) 物质激励和非物质激励的特点有哪些?
(3) 数智化时代下如何利用总报酬模型对青年员工进行激励?

第十二章 员工关系

【本章重点】了解员工关系的基本概念及特性,认识员工关系管理的重要性。
【本章难点】如何在无边界生涯下做好员工关系管理?

第一节 员工关系概述

一、什么是员工关系

员工关系是一种经济的、法律的、心理的和政治的关系,在这一关系中,雇员为实现雇主的利益投入时间、专业知识并换取一定的财务或非财务的个人报酬。

综合而言,员工关系是指在组织环境中雇主与员工之间的复杂而动态的互动关系。它涵盖了塑造工作环境的各种关系、互动和沟通。现代企业员工关系超越了传统的雇主—员工交易关系,强调了在双方之间建立积极和富有成效的联系的重要性。它是一个多维度的概念,涉及对雇主和员工之间的经济、法律、心理和政治动态的研究和管理;涵盖了各种关系,如合作、冲突、权力动态和谈判,受到经济、社会、文化和法律因素的影响。

从人力资源视角来理解,员工关系是人力资源管理中的一个重要领域,涉及雇主与员工之间的相互作用和关系,是指人力资源管理中与雇主与员工之间的互动和关系相关的一系列活动。它涵盖了员工与雇主之间的交流、合作、争议解决、员工权益保护等方面的内容。员工关系旨在建立一个积极、和谐和稳定的工作环境,以满足员工和组织的共同利益。

二、员工关系的特性

员工关系具有以下特性:
(1) 相互依存性:员工关系是基于雇主和雇员之间的相互依存关系。雇主需要员工为组织提供劳动力和专业知识,而员工则依赖雇主提供工作机会和经济回报。双方的利益和目标相互关联,彼此之间的合作和支持对双方的成功和发展都至关重要。
(2) 动态性:员工关系是一个不断发展和变化的过程。它受到内外部环境的影响,如经济状况、行业竞争、政策变化和组织文化等。员工关系需要根据这些变化做出相应的调整和适应,以保持良好的合作关系和互动。
(3) 多样性:员工关系涉及不同背景、能力、经验和价值观的员工。组织内部可能存在不同职能、职位级别、文化和种族等多样性因素。员工关系需要处理这种多样性，促进相互尊重、包容和合作，以创造一个积极和融洽的工作环境。

（4）互动性：员工关系是建立在相互互动和沟通基础上的。有效的沟通和反馈机制对于建立良好的员工关系至关重要。雇主需要倾听员工的需求和意见，员工也需要积极参与组织的决策和活动，以实现双方的共同目标。

（5）影响力和权力：员工关系中存在权力和影响力的因素。雇主作为组织的代表拥有决策权和资源分配权，而员工则通过其专业技能和工作贡献来影响组织的运作和发展。良好的员工关系需要建立合理的权力平衡和公正的决策机制，以确保员工的权益得到保护和尊重。

（6）目标一致性：员工关系的目标是实现雇主和雇员的共同利益。雇主追求组织的成功和利润，而员工追求职业发展、工作满意度和经济回报。通过合作、沟通和共同努力，双方可以实现目标的一致性，从而促进组织的长期可持续发展。

从人力资源领域来说，员工关系具有综合性，是人力资源管理中一个综合性的领域，涉及组织内部的各个层面和环节。它涵盖了员工的招聘、培训与发展、绩效管理、薪酬福利、劳动关系等多个方面。员工关系管理需要在各个领域之间进行协调和整合，以确保员工与组织的良好互动和合作。这些特点共同构成了员工关系的基础，企业需要认识和理解这些特点，以便有效地管理和发展良好的员工关系，从而实现组织和员工的共同利益。

第二节 员工关系管理的重要性

一、员工关系的实质

员工关系的实质是冲突与合作，员工关系管理有助于提供适当的沟通渠道和机制，以便员工能够表达自己的关切和问题，并寻求合理的解决方案。员工关系管理还可以提供调解、协商和仲裁等机制，帮助各方达成共识并解决冲突。

员工关系中存在各种潜在的冲突，包括以下几个方面：①利益冲突。员工与雇主之间可能存在利益上的冲突，例如薪酬、福利、工作条件等方面的分歧。②观念冲突。员工和雇主可能在观念、价值观、期望等方面存在差异，导致意见不合和冲突。③权力冲突。组织内部的权力分配不均可能引发员工之间或员工与管理层之间的冲突。④沟通冲突。沟通不畅或信息传递不准确可能导致误解和冲突的产生。

尽管员工关系中存在冲突，但也有许多机会和动力促使各方合作：①共同目标。员工和雇主都希望实现组织的成功和个人的发展，这是一个共同的目标，可以促使双方合作。②利益交融。雇主和员工的利益是相互依存的，双方需要相互合作以实现各自的利益最大化。③互补性。员工和雇主在知识、技能和经验方面具有互补性，通过合作可以共同创造更大的价值。④沟通与合作。有效的沟通和合作是构建良好员工关系的基础，能够增进理解、建立信任和共享信息。

因为员工关系具有冲突与合作的矛盾特性，员工关系管理在组织中起着重要的作用。员工关系管理有助于解决员工之间以及员工与管理层之间的冲突，并促进合作与和谐，它涉及制定和执行政策、程序和实践等。

首先，通过员工关系管理能够构建较为有效的沟通渠道，使员工能够与管理层和其他员工进行有效的交流和反馈。通过定期的沟通和反馈机制，员工可以表达他们的意见、需求和建议，而管理层可以及时回应和采取措施。其次，员工关系管理有助于构建一种合作和共享的文化。这涉及促进团队合作和协作，以及知识分享的实践。通过鼓励员工之间的合作和互助，组织可以建立积极的工作氛围，提高工作效率和员工满意度。另外，良好的员工关系管理有助于管理权力平衡。员工关系管理需要管理层意识到权力的合理分配和使用对于良好的员工关系至关重要。它涉及确保组织内部的权力平衡，避免权力滥用和不公正的行为。员工关系管理应该建立公正的决策机制和制度，以确保每个员工的权益得到保护和尊重。综合来说，通过解决冲突、促进合作，员工关系可以朝着更加和谐、互利共赢的方向发展。组织可以采取多种措施进行管理，以使员工关系向着积极的方向发展。

二、人力资源管理中的员工关系管理

员工关系管理在人力资源管理中具有重要的位置。

（1）人力资源开发：员工关系管理有助于促进多层次的员工能力开发。通过建立积极的员工关系，组织可以提供培训和发展机会，支持员工在工作中不断学习和成长。员工关系管理还可以鼓励员工参与职业规划和个人发展计划，帮助他们实现职业成功感。

（2）人力资源保留和维护：员工关系管理对于人力资源保留和维护至关重要。通过建立良好的员工关系，组织可以提高员工的工作满意度和参与度，从而减少员工流失率。员工关系管理包括建立公正的绩效评估制度、提供有竞争力的薪酬福利、关注员工的工作环境和福利等方面，有助于保留和留住优秀的员工。

（3）员工流动：员工关系管理涉及员工流动的管理和组织。它包括招聘和选择过程，以确保组织聘用合适的人才。此外，员工关系管理还关注员工的内部流动，如晋升、跨部门调动和岗位轮岗等，以向员工提供发展的机会和多样化的经验。

（4）绩效评估：员工关系管理与绩效评估密切相关。它包括建立有效的绩效评估系统，为员工设定明确的目标和标准，并提供及时的反馈和发展建议。良好的员工关系管理有助于确保绩效评估的公正性和准确性，从而激励员工提高工作绩效。

（5）安全健康：员工关系管理涉及员工的安全和健康。它包括确保员工工作环境的安全和卫生，遵守劳动法规和相关法律，提供必要的培训和资源，以确保员工的安全和健康。员工关系管理还可以关注员工的工作生活平衡，提供支持和资源以促进员工的身心健康。

综上所述，员工关系管理在人力资源管理中具有重要的角色定位。它涵盖人力资源开发、人力资源保留和维护、员工流动、绩效评估和安全健康等多个方面，旨在提升员工的能力和发展，促进组织和员工的共同成功。

良好的员工关系管理对组织人力资源管理具有积极意义。良好的员工关系建立了一个积极的工作环境，对组织和员工都产生了诸多好处：

首先，良好的员工关系有助于提高员工的满意度和工作动力。当组织管理者能够建立积极的员工关系并关注员工的需求和福利时，员工更有可能对工作产生兴趣，并积极投入工作。员工满意度和工作动力的提高有助于提高员工的绩效和工作效率，为组织的成功做出贡献。

其次，维护良好的员工关系有助于促进沟通和冲突解决。在一个积极的员工关系环境中，员工更愿意与雇主进行有效的沟通，分享想法和反馈。这有助于减少雇主与员工之间的误解和矛盾，提高员工的工作效率和协作能力。同时，当雇主与员工发生冲突时，良好的员工关系可以提供一个平衡和公正的平台，以解决问题并维护员工和组织的权益。通过促进良好的沟通和构建冲突解决方案，组织能够建立一个和谐的工作环境，提高员工满意度和团队合作能力。

此外，良好的员工关系有助于塑造组织的雇主品牌形象。员工是组织的重要代表，他们的满意度和对组织的评价直接影响到外界对组织的看法和形象。当组织能够与员工建立良好的关系并满足员工的期望时，员工更愿意为组织发声，积极推广组织的品牌价值。这有助于吸引优秀人才，并树立组织在市场中的良好声誉。维护良好的员工关系对于组织的品牌形象和长期发展具有积极影响。

最后，维护良好的员工关系有助于降低员工流失率和成本。员工离职对组织来说是一项昂贵的成本。而良好的员工关系可以提高员工的忠诚度和留任率，降低员工的流失风险。员工在一个支持性和令人满意的工作环境中感到满足和认可，更有动力留在组织中，并为组织的长期发展做出贡献。通过降低员工流失率，组织可以减少招聘和培训新员工所需的成本，并保持组织的稳定性。

综上所述，维护良好的员工关系对于人力资源管理和组织的成功至关重要。它有助于提高员工的满意度、工作动力和绩效，促进沟通和构建冲突解决方案，塑造组织的雇主品牌形象，并降低员工流失率和成本。通过投资于良好的员工关系，组织能够建立一个积极、和谐和成功的工作文化，实现组织和员工的共同利益。

员工关系管理对现代企业具有重要的意义。现代企业面临着许多新的特点和挑战，如科技的快速发展、数字化转型、网络化通信、区域联动和能源节约等。在这些新特点的背景下，员工关系管理展现出新的重要意义：

（1）随着科技的不断进步，现代企业变得更加数字化和自动化。员工关系管理需要关注员工在数字化环境中的工作和生活需求，以确保员工能够适应新技术并保持高度的工作效率。此外，数字化工具也可以用来改进员工关系管理，例如通过在线调查和反馈系统来更好地理解员工的需求和反馈。

（2）企业的数字化转型不仅改变了业务模式，还影响了员工的工作方式。员工关系管理需要协助员工适应新的数字工作环境，包括远程办公、虚拟协作和在线培训。同时，数字化转型也提供了更多机会来改善员工关系，例如通过在线培训和发展计划来提高员工技能。

（3）互联网和社交媒体使员工能够更容易地分享信息和意见。员工关系管理需要密切关注社交媒体上的员工反馈和声音，以及如何回应这些反馈。积极参与社交媒体和在线平台，与员工建立更紧密的联系，可以增进员工对企业的忠诚度。

（4）许多现代企业进军全球市场，这意味着员工可能分布在不同的地理位置。员工关系管理需要处理多元文化和跨文化沟通的挑战，以确保员工在全球范围内都能获得公平和一致的待遇。这包括考虑不同地区的法规和文化差异。

（5）企业在追求可持续性和能源节约方面扮演着越来越重要的角色。员工关系管理可以帮助企业建立可持续的工作文化，通过减少浪费和提高资源效率来实现能源节约目标。这也可以通过激励员工采用可持续的工作方式来实现。

总之，员工关系管理对现代企业的重要意义，体现在适应科技和数字化转型、促进团队协作和网络化通信、促进区域联动和多元文化管理、推动能源节约和可持续发展等方面。通过有效的员工关系管理，企业可以提高员工的技能和适应能力，构建协作和创新的工作环境，推动可持续发展，并在竞争激烈的市场中取得成功。

第三节 无边界生涯下的员工关系管理

一、无边界生涯下员工关系管理的特点与趋势

无边界生涯下员工关系管理展现出新的特点。无边界生涯意味着员工不再局限于特定地理位置或组织，他们可以在全球范围内寻求就业机会。这导致了劳动力市场的全球化，企业需要面对不同国家、文化和背景的员工。因此，企业需要关注员工关系管理的趋势，以应对多元化和跨文化的挑战，并确保员工的需求和期望得到满足。无边界生涯的发展促使企业采取更加灵活的工作安排，如远程工作、弹性工作时间和灵活的工作地点等。这些工作安排的变化对员工关系管理提出了新的要求。企业需要制定相应的政策和流程，以确保员工的工作与个人生活平衡，同时保持高效的沟通和协作。随着数字化技术的迅速发展，企业在员工关系管理中越来越依赖于数字化平台和工具。这些技术可以用于招聘、培训、绩效管理和沟通等方面，为员工关系管理提供更高效和便捷的方式。企业需要关注数字化技术的发展趋势，适应并整合这些技术，以提高员工关系管理的效果和效率。

无边界生涯下的员工更加注重工作的意义和个人发展。他们希望参与决策过程，有更大的自主权和责任。因此，企业需要关注员工参与的趋势，鼓励员工参与和合作，以实现更高的工作满意度和员工忠诚度。无边界生涯促使企业面临更加多元化和包容性的员工群体。员工关系管理需要关注多样性和包容性，确保公平、平等和包容的工作环境，尊重和重视不同背景、观点和经验的员工。

员工关系管理面临着新趋势。首先是弹性的工作安排。随着科技的进步和数字化的普及，员工可以更加灵活地安排工作时间和工作地点，远程工作、弹性工作时间和分布式团队成为现实。员工关系管理需要适应这种趋势，制定灵活的工作政策和流程，提供

支持和资源，确保员工在灵活工作安排下仍能保持高效和协作的状态。其次是多元化和包容性。现代企业越来越重视多元化和包容性，以促进创新和提高绩效。员工关系管理需要关注员工的多样性，如文化背景、性别、年龄、残疾等，并采取相应的措施来创建包容性的工作环境。这包括制定多元化招聘政策、提供培训和教育以增强意识、倡导平等和公正的机会等。与此同时，还体现在员工发展与学习方面。在无边界生涯下，员工需要不断发展和学习新的技能和知识，以适应快速变化的环境。员工关系管理需要重视员工的发展和学习需求，提供培训、教育和发展机会，以帮助员工保持竞争力和适应性。

另外，无边界生涯下的员工关系管理也面临一些挑战。员工可能分散在不同的地理位置，形成虚拟团队和远程协作的工作模式。员工关系管理需要提供适当的技术工具和沟通平台，促进虚拟团队的协作和信息共享。同时，也需要制定明确的目标和期望，建立有效的沟通和协调机制，以确保团队的协作和目标的实现。社交媒体和数字化沟通成为员工之间交流和互动的重要方式。员工关系管理需要利用这些工具，促进员工之间的互动和交流，建立良好的工作关系和团队合作。此外，也需要关注员工在社交媒体上的声誉管理和隐私保护等问题。最后，员工关系管理需要关注员工的福利和健康，提供支持和资源，以帮助员工平衡工作和个人生活，减轻工作压力，提高员工的幸福感和工作满意度。

二、新形态下企业的员工关系管理应用

在人力资源领域中，有效地管理员工关系对于员工在组织中的不同阶段至关重要。

（1）当员工加入组织时，建立积极和友好的环境至关重要。在入职阶段，组织应该实施全面的入职过程，向新员工介绍公司的文化、价值观、政策以及他们的角色和责任。入职过程不仅仅是处理文件和进行培训，它也是与组织的使命和价值观相连的机会，帮助新员工理解他们的贡献并建立归属感。然后建立信任和融洽关系，鼓励开放和透明的沟通，提供导师或伙伴计划，并促进团队建设活动有助于培养积极的关系并创建同事之间的友谊。还应该提供必要资源，新员工应该能够获得在工作中取得成功所需的资源和支持。这包括：为他们提供必要的工具、设备和培训计划。此外，指定一位导师或联系人，可以在初始阶段引导他们，帮助新员工更顺利地融入组织。

（2）员工在职期间，管理员工关系对于参与度、工作满意度和生产力至关重要。在职期间的员工关系管理的关键是建立员工与主管之间的开放沟通渠道。例如定期进行反馈会议、绩效讨论和对成绩的认可有助于建立信任，确保员工感到受到重视和支持。创造一个能分享员工的想法、关切和建议的舒适环境非常重要。另外，为员工提供成长和发展机会对于他们的职业发展和工作满意度至关重要。这包括如提供培训计划、导师计划、辅导会议或工作轮岗机会。组织还可以建立职业发展路径，帮助员工设想自己在组织中的未来，激励他们提升技能和知识。组织应该促进工作与生活的平衡，并支持员工在工作和个人生活之间保持健康的融合。这些均可以通过实施灵活的工作安排、推广健康计划和鼓励员工休假来实现。通过优先考虑工作与生活的平衡，组织展示了对员工福祉的承诺，为创造一个积极和富有活力的工作环境做出贡献。

(3) 员工离职前的关系管理意义重要。在实践中，组织首先需要注意离职面谈环节。组织应提供一个安全和保密的环境，让离职员工感到舒适，并愿意分享他们真实的反馈。这些反馈对于改进组织实践以及解决可能导致员工离职的潜在问题非常有价值。与即将离职的员工进行离职面谈，可以了解他们决定离开的原因。积极解决员工可能存在的关切和问题至关重要，这包括解决工作相关的挑战、提供职业发展机会以及解决员工对工作环境不满意的问题。定期与员工交流，进行滞留面谈以评估他们的工作满意度，并采取措施解决他们的关切，这些都有助于减少员工流失的风险。另外，组织应做好知识转移和过渡。在员工决定离职时，顺利的过渡非常重要。组织应确保适当的知识转移、流程文件化，并为离职员工和剩余团队成员提供支持。这包括制定过渡计划，进行交接会议，并提供协助，以确保知识和责任的顺利转移，避免团队内的中断。

(一) 新形态下的员工关系管理

在新形态下，从员工关系的冲突与合作展现出一些新的应用特点。具体来说，新形态下的员工关系呈现出更多的灵活性。雇主和员工之间可以通过合同、协议或项目合作等形式建立更具弹性的雇用关系。这种灵活性使得企业能够更好地应对市场需求的变化，根据需要雇用临时工、合同工或兼职人员，同时也给员工提供了更多选择和自主性。新形态下的员工关系强调协作和合作，更加注重团队合作和项目协作。企业倾向于组建多学科、多专业的团队，促进不同部门和职能之间的协同工作。这种协作式的员工关系强调共同目标、知识共享和相互学习，以提高创造力和绩效。新形态下的雇佣关系管理借助数字技术工具实现了更高程度的数字化。企业使用在线招聘平台、员工绩效管理系统、远程协作工具等数字化工具来管理员工关系。数字化的员工关系管理使得信息流动更加便捷、透明，提高了沟通效率和工作效能。新形态下，网络社交平台对员工关系产生了重要影响。员工可以通过社交媒体和专业网络平台与雇主、同事和其他行业专业人士建立联系和交流。这种网络社交的影响促进了信息的共享和知识的传播，对员工关系的冲突解决和合作发挥了积极作用。新形态下，员工关系管理更加关注多元化和包容性。企业倾向于雇用来自不同背景、文化和国籍的员工，注重促进多样性和包容性的工作环境。多元化和包容性的员工关系管理能够激发员工的创新潜力，增强团队的创造力和适应性。

综上所述，新形态下的员工关系展现出弹性化、协作式、数字化、网络社交的特点，以及对多元化和包容性的关注。企业应根据这些特点合理管理雇佣关系，促进合作、解决冲突，建立积极和谐的工作氛围，提升组织的绩效和员工的满意度。

与新的员工关系相对应，在新形态下的员工关系管理中，需要关注的重点方向有：①弹性工作安排：新形态下的员工关系管理需要关注弹性工作安排，包括远程工作、弹性工作时间和地点等。企业应提供灵活的工作安排，以满足员工的需求，提高工作效率和员工满意度。②技能培养和学习支持：在快速变化和创新驱动的环境中，员工关系管理应注重技能培养和学习支持。企业应提供持续的培训和学习机会，帮助员工提升技能，适应新形态下的工作要求。③员工参与和沟通：新形态下的员工关系管理需要强调员工参与和有效沟通。企业应建立良好的沟通机制，鼓励员工参与决策和问题解决过程,增强员工的归属感和参与度。④虚拟团队协作和协调:随着虚拟团队和远程协作的普及,员工关系管理应注重虚拟团队的协作和协调。企业需要提供合适的技术工具和平台,促进虚拟团队成员之间的合作和信息共享。⑤员工福利和福利适应性:员工关系管理应关注员工福利和福利适应性。企业应根据员工需求和背景,提供具有灵活性和适应性的福利方案,以满足员工的多样化需求。⑥职业发展和晋升机会:新形态下的员工关系管理需要注重职业发展和晋升机会。企业应提供发展规划和晋升机制,为员工提供成长和晋升的机会,激发员工的动力和积极性。⑦员工健康和福祉:员工关系管理应关注员工的健康和福祉。企业应提供健康保障、工作生活平衡和心理健康支持,关注员工的身心健康,增强员工的幸福感和工作满意度。

综上所述,新形态下的员工关系管理的重点包括弹性工作安排、技能培养和学习支持、员工参与和沟通、虚拟团队协作和协调、员工福利和福利适应性、职业发展和晋升机会,以及员工健康和福祉。通过关注这些重点方向,企业可以适应新形态的变化,提高员工满意度和绩效,促进组织的成功和可持续发展。

(二) 新形态下的员工关系管理实践

新形态下的员工关系管理应该以《中共中央关于制定国民经济和社会发展第十三个五年规划的建议》指出的新的发展理念为指导,用创新、协调、绿色、开放、共享作为实践应用的方向。

第一,为了更好地迎合经济新形态创新驱动,中国经济正从传统的劳动密集型和资源驱动型模式转向以创新为核心的驱动模式。员工关系管理在实践应用中应该坚持以下方面:①重视创新文化的培育:建立鼓励创新和探索的文化,鼓励员工提出新想法、尝试新方法。通过培养创新意识和创造力,企业可以激发员工的创新潜力,促进组织的创新发展。②重视创新能力的培养:通过提供创新培训和发展机会,帮助员工掌握创新方法和工具,培养解决问题和创新思维的能力。通过培养员工的创新能力,企业可以更好地应对经济新形态的挑战和机遇。③重视创新项目的管理:建立创新项目管理机制,促进跨部门和跨职能的协作与合作。通过设立创新项目团队、明确项目目标和资源分配,企业可以推动创新项目的顺利进行,并提供员工参与创新的机会。④设立创新奖励和认可机制:设立创新奖励机制,激励员工积极参与创新活动,并对创新成果进行认可和奖励。如奖励创新项目的成功实施、专利申请和技术突破等,以鼓励员工在创新方面做出卓越贡献。⑤构建创新沟通和知识共享:建立创新沟通渠道和知识共享平台,促进员工之间的交流和合作。通过数字化工具和平台,提供员工分享创新经验、专业知识和最佳实践的机会,加强团队之间的协作与合作。⑥创新思维融入日常工作:将创新思维融入员工的日常工作中,鼓励员工提出改进和创新的建议,推动工作流程和业务模式的创新。通过激励员工提出创新想法和解决方案,企业可以实现持续改进和创新驱动的发展。

通过将创新驱动的理念和方法融入员工关系管理中,企业可以激发员工的创新潜能,提高团队的创造力和竞争力。这将有助于企业在经济新形态中保持敏捷性和适应性,实现持续创新和持续发展。

第二，从数字经济层面，随着信息技术的快速发展，数字经济在中国迅速兴起。互联网、移动支付、电子商务、人工智能等数字化产业和服务正在改变传统经济模式，推动经济的数字化转型。企业可以将以下方法应用于员工关系管理中，以适应数字化转型。①数字化的沟通和协作工具：利用互联网和数字技术提供多种沟通和协作工具，例如实时消息应用、在线会议平台和共享文档工具等。这些工具可以促进员工之间的沟通和协作，打破时空限制，提高工作效率和团队合作能力。②在线培训和学习平台：通过数字化平台提供在线培训和学习资源，例如网络课程、电子书籍和在线学习社区。员工可以随时随地获取所需的培训和学习材料，提升技能和知识水平，并适应数字经济时代的需求和挑战。③数字化的绩效管理和反馈系统：采用数字化的绩效管理工具和系统，帮助员工设定目标、记录工作进展，并进行定期的绩效评估和反馈。这样可以提高绩效管理的准确性和透明度，增强员工的绩效意识和激励效果。④数据驱动的决策和人才管理：利用大数据和分析技术，从员工数据和行为数据中获取洞察力，支持人力资源决策和人才管理。通过分析数据，企业可以了解员工的需求和偏好，为员工提供个性化的发展机会和福利待遇。⑤强化数字安全和隐私保护：随着数字经济的发展，信息安全和个人隐私保护变得更加重要。企业应加强数字安全意识培训，确保员工的数据和隐私受到充分保护。同时，企业也应遵守相关的法律法规，保护员工的个人信息安全。⑥利用人工智能和自动化技术：人工智能和自动化技术在数字经济中扮演重要角色。企业可以探索利用人工智能和自动化技术来改进员工关系管理，例如智能招聘系统、自动化薪酬管理和聊天机器人等。这些技术可以提高工作效率和员工体验，优化人力资源管理流程。

通过将数字经济的理念和技术融入员工关系管理中，企业可以提升员工体验和工作效率，适应数字化转型的需求。数字化工具和平台可以促进员工之间的沟通和协作，提供个性化的学习和发展机会，并支持数据驱动的人力资源决策。同时，企业也需要关注数字安全和隐私保护，确保员工的信息安全和个人隐私得到充分的保护。

第三，中国经济正朝着服务业升级和消费升级的方向发展。服务业在国内生产总值中的比重不断增加，尤其是现代服务业如金融、文化娱乐、旅游和健康医疗等领域蓬勃发展。从服务业升级的角度来看，企业可以将以下方法应用于员工关系管理中，以适应服务业的发展和消费升级。①员工培训和专业发展：提供员工培训和专业发展机会来提高员工在现代服务业领域的专业能力和知识水平。通过数字平台，提供在线培训课程和学习资源，帮助员工掌握行业最新动态和专业技能，提升服务质量和客户满意度。②以客户为导向的服务意识的建立：培养员工的客户导向意识，注重提供个性化和高质量的服务体验。通过建立客户反馈渠道和数字化的客户关系管理系统，收集客户反馈和建议，及时响应和改进服务，提升客户满意度和忠诚度。③团队协作与合作：促进团队协作与合作，打破部门壁垒，实现跨部门和跨职能的合作。通过数字化的协作平台和工具，提供团队协作、项目管理和知识共享的功能，加强团队之间的沟通与协作，提高工作效率和服务质量。④员工参与和激励机制：鼓励员工参与企业决策和问题解决过程，提供员工参与决策的机会，增加员工的归属感和责任感。同时，设立激励机制,如奖励优秀服务员工、员工满意度调查和反馈机制等,以激励员工提供优质的服务。⑤关注员工福利和工作环境:关注员工的福利待遇和工作环境,提供舒适、安全和有益健康的工作环境。通过数字平台,提供员工福利信息和服务,例如健康保险、健身设施、员工活动等,增强员工对企业的认同和忠诚度。⑥员工反馈和持续改进:建立员工反馈机制和持续改进机制,鼓励员工提供对服务流程和业务的改进建议。通过数字平台,收集员工反馈和意见,并进行认真分析和改进,不断提升服务质量和效率。

通过将服务业升级的理念和方法融入员工关系管理中,企业可以培养员工的专业能力和服务意识,提升团队协作和工作效率,关注员工福利和工作环境,提供优质的服务体验。数字平台可以提供相关的培训、协作和反馈机制,促进员工的参与和贡献,实现员工关系的良好发展和服务业的持续升级。

第四,绿色发展理念具有重要意义,环境保护和可持续发展成为中国经济发展的重要目标。绿色发展的理念同样可以应用到员工关系管理中,以促进环境保护和可持续发展的目标。①环境意识培养:通过培训和教育活动,提高员工对环境保护和可持续发展的意识。企业可以组织环境保护知识的培训和分享,让员工了解绿色发展的重要性和自身的责任。②环保行为引导:通过制定环保行为准则和政策,引导员工采取环保行动。例如,鼓励员工减少用水、用电,提倡垃圾分类和资源回收等。企业可以设立奖励机制,鼓励员工积极参与环保行动。③绿色创新和技术应用:鼓励员工提出绿色创新的想法和建议,推动绿色技术的应用。企业可以设立绿色创新奖项,鼓励员工在环境友好产品、服务或流程方面的创新。④绿色工作场所:改善工作环境,推行绿色工作场所的概念。例如,减少能源消耗、节约水资源、提倡废物分类和回收利用等。通过数字平台,提供员工相关的绿色工作场所信息和指导,鼓励员工积极参与绿色行动。⑤绿色供应链管理:与供应商建立绿色供应链合作伙伴关系,共同推动绿色发展。企业可以优先选择环保、可持续发展的供应商,共同致力于减少环境负荷和推动可持续供应链管理。⑥环境报告和透明度:积极开展环境报告和信息公开,向员工传递企业的环境绩效和改进成果。通过数字平台,提供环境信息和数据,加强企业与员工之间的沟通和透明度。

通过将绿色发展理念融入员工关系管理中,企业可以激发员工的环保意识和行动,促进员工参与环保活动,并将环保理念融入日常工作中。企业可以通过数字平台提供相关的培训、奖励机制和信息,促进员工对绿色发展的认同和支持,共同实现环境保护和可持续发展的目标。

第五,中国经济正加强区域协调发展,推动东部沿海地区与中西部地区之间的经济协同。一系列政策和措施被实施,以促进区域之间的资源配置和产业协同。区域协调发展的理念可以应用于员工关系管理中,以促进区域间的经济协同和资源的合理配置。①跨地域合作与协作:鼓励企业不同地区的员工之间进行合作和交流。促进不同地区团队之间的沟通与协作,共享经验和资源。通过数字化工具和平台,提供跨地域协作的机会和支持。②员工流动与交流:鼓励员工在不同地区之间的流动和交流。企业可以设立员工流动机制,提供员工在不同地区工作的机会,增加员工的经验和视野,促进区域间的人才交流和合作。③统一的企业文化和价值观:建立统一的企业文化和价值观,跨地域统一宣传和推广。确保不同地区的员工都能共同认同企业的核心价值观和文化,增强员工的归属感和凝聚力。④分布式团队管理:针对跨地域的团队,采用分布式团队管理的方法。通过数字化协作工具和沟通平台,提供跨地域团队管理的支持,促进团队之间的协作与合作,确保任务的高效完成。⑤区域差异的关注与支持:针对不同地区的员工,关注和满足其特定的需求和关切。了解各地区的文化差异、法律法规和员工福利的差异,提供相应的支持和解决方案。⑥区域协调发展的意识教育:开展员工教育和培训,提高员工对区域协调发展的意识和理解。通过培训课程、内部沟通和知识分享,使员工了解企业对区域协调发展的战略和目标,并理解自身在其中的角色和贡献。

通过将区域协调发展的理念融入员工关系管理中,企业可以促进区域间的经济协同和资源的合理配置。企业应重视跨地域合作与协作,鼓励员工的流动与交流,建立统一的企业文化和价值观,采用适合跨地域团队管理的方法。同时,企业也应关注不同地区员工的需求和差异,提供相应的支持和解决方案。员工教育和培训也是重要的一环,帮助员工理解和参与区域协调发展的目标和战略。

第六,中国经济不断扩大对外开放,积极推动自由贸易和投资便利化。中国积极参与全球经济合作和多边贸易体制,加强与其他国家和地区的经济联系和合作。从扩大开放的视角来看,企业可以将以下方法融入员工关系管理中,以适应中国经济对外开放的趋势。①跨文化交流与合作:鼓励员工参与跨文化交流与合作,提高员工的国际视野和跨文化沟通能力。企业可以组织国际交流项目、外派任务或国际团队合作,让员工积累国际经验和拓宽视野。②多语言能力培养:培养员工的多语言能力,以适应与外国客户、合作伙伴和同事的沟通需求。通过提供语言培训、外语学习资源和国际交流机会,提高员工的语言沟通能力。③国际业务知识培训:为员工提供与国际业务相关的知识培训,包括国际贸易、海外市场、跨国投资等领域。帮助员工了解全球经济合作和多边贸易体制,提高对外开放的理解和适应能力。④跨国法律法规与合规培训:对涉及跨国业务的员工进行跨国法律法规与合规培训,确保企业在国际经营中遵守相关法律法规和合规要求。⑤跨国团队协作与管理:针对跨国团队,采用跨文化团队协作和管理的方法。建立有效的跨国团队沟通渠道,采用跨时区的协作工具和技术,促进团队协作和信息共享。⑥关注国际人才引进与培养:积极引进和培养具备国际背景和能力的人才,以适应企业国际化的需求。通过国际招聘、海外留学生计划、海外实习等方式,吸引和培养具有国际视野和能力的人才。

通过将扩大开放的理念融入员工关系管理中,企业可以促进员工的跨文化交流与合作能力,提高员工的国际视野和语言能力。跨国团队的协作与管理、国际业务知识培训和法律法规合规培训也是重要的一环。同时,企业应重视国际人才的引进与培养,以适应企业在国际化发展中的需求。这样可以帮助企业更好地适应中国经济扩大开放的趋势,加强与其他国家和地区的经济联系和合作。

第四节 案例分析

本节分析雇主品牌与员工关系——以领英的社交招聘创新模式与员工关系为例。

现代企业尤其是高新技术企业都会把员工关系的管理作为最重要的资源。良好的员工关系也能够说明企业内部的整体工作环境、工作内容和强度比较符合员工期望，从而使员工能够为企业创造更大的价值。

随着经济全球化的发展，高端人才已成为各公司组织争相抢夺的资源。领英（LinkedIn）作为全球最大的职业社交网站，致力于向全球职场人士提供沟通平台，向各公司组织提供具有竞争力的人才，在全球化趋势下，为世界经济发展和人才流动提供了巨大的帮助。在 2022 年，领英总营收 138 亿美元，其中人才解决方案和营销解决方案营收 60 亿美元和 50 亿美元。下面介绍领英的社交招聘创新模式

一、雇主品牌

雇主品牌是企业引才和留才的新型传播工具，是企业在人才市场上的新战略，从品牌的视角包装雇主，用人力资源专业的工具和方法提升雇佣体验，以此来提升雇主形象，赢得企业人才的竞争优势。优秀并鲜明的雇主品牌形象，可以增强企业在行业内的知名度与美誉度，有效吸引外部人才对企业的关注，扩大企业软实力及 JD 吸引度。

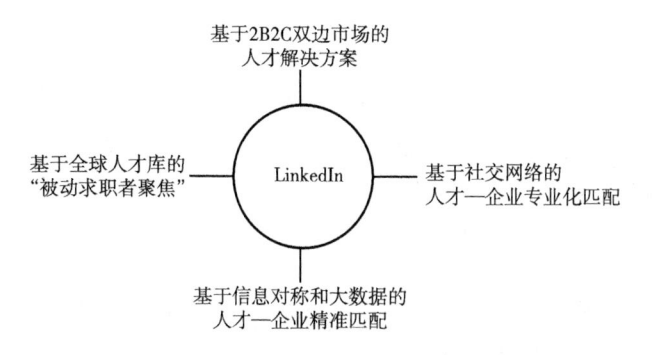

二、领英（LinkedIn）的社交招聘创新模式

社交招聘创新模式如图 12.1 所示。

图 12.1 社交招聘创新模式图

（一）基于 2B2C 双边市场的人才解决方案

领英一改传统的网站招聘方式，以社交网络的方式连接企业（2B）和求职者（2C），为求职者和企业提供服务。对于人才招聘，领英一直坚持着如下理念：①个人品牌大于个人简历；②更相信公司有找好人才的需求，而不仅仅是人要找好工作；③关注"被动求职者"，被动求职者往往质量更高，是产业链的更上游；④以 SNS 的模式改善传统猎头行业的不规模经济；⑤以社会化媒体的方式，在个人品牌公开化平台

相互监督，提高信息可信度。

（二）基于全球人才库的"被动求职者"聚焦

LinkedIn 关注到一直以来被广为忽视的大规模群体"被动求职者"。被动求职者普遍显示出专业能力高、对工作状态满意、不主动跳槽但在好的工作机会出现时不排斥跳槽的特征。LinkedIn 率先打造了社交服务，再基于社交网络提供"求职"服务，即"先社交，再求职"的模式。目前 LinkedIn 中文版用户中，42%的用户拥有等同于"经理"以上的职位。定位于专业化职场网络的 LinkedIn 吸引了大量的被动求职者用户，针对该群体社交需求的聚焦使 LinkedIn 成了一个"高端用户"人才库，极大地提高了企业的招聘质量。

（三）基于社交网络的人才—企业专业化匹配

LinkedIn 试图改变传统的雇用情景，提供了职业社交的网络平台，致力于为拥护拓展人脉提供服务，以人脉为核心搭建职场社交网络，实现新雇佣关系下的人才—企业专业化匹配，强调人脉是形成网络的关键。社交网络的方式除了拓展人脉以外，也更有效地提供了人才评价和网络"follow"的功能。

（四）基于信息对称和大数据的人才—企业精准匹配

LinkedIn 利用信息对称和大数据处理日益实现了人才—企业的精准匹配。无论是求职者的个人职业信息，还是企业的招聘信息和雇主品牌形象，都在公开化的平台上得以公示，并且求职者通过 LinkedIn 可以进一步了解更多的信息以及信息的准确性，使得求职者与企业的信息日渐对称。通过运用大数据技术，LinkedIn 使招聘变得更加智能，通过在算法中加入更加完善的搜索条件，以便在申请人甚至是在暂时没有申请意愿的人才中选择合适人选。

三、雇主品牌对员工关系管理的影响性分析

随着时代的发展，传统的雇佣关系正在被破坏，创建新型雇主—雇员契约的时机已经到来。LinkedIn 创始人认为，把员工视为合伙人才是留住他们最好的方式。他们采取三种简单直接的方式使契约关系变得切实可靠：①在权责清晰的"盟约"理念下招聘员工；②鼓励甚至资助员工在公司以外建立人脉；③创建活跃的人际网络，它能在整个职业生涯中促进雇主与前任员工的关系。具体可通过图 12.2 了解。

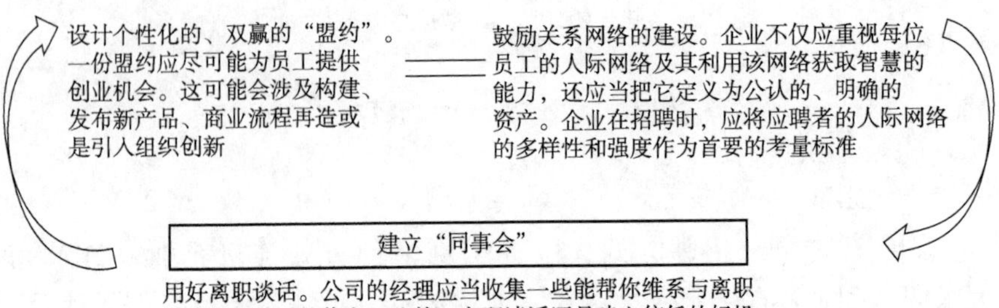

设计个性化的、双赢的"盟约"。一份盟约应尽可能为员工提供创业机会。这可能会涉及构建、发布新产品、商业流程再造或是引入组织创新

鼓励关系网络的建设。企业不仅应重视每位员工的人际网络及其利用该网络获取智慧的能力，还应当把它定义为公认的、明确的资产。企业在招聘时，应将应聘者的人际网络的多样性和强度作为首要的考量标准

建立"同事会"

用好离职谈话。公司的经理应当收集一些能帮你维系与离职员工之间关系的信息。此外，离职谈话还是建立信任的好机会，也是一个听取改进方法的好机会。如果即将离职的员工是位明星员工，那么应当提供更高级别的服务

图 12.2　新型雇主—雇员关系图

综上所述，LinkedIn 作为一个超级网络平台，企业可以通过在该平台建立自己的价值网络，并在社交互动的过程中传播其客户导向理念，最终达到提升其雇主品牌形象、吸引更多人才的目的。在该模式下，LinkedIn 也建立了新的契约关系。新型契约关系的首要原则就是互惠。作为联盟，雇主和雇员都试图为对方增加价值，都致力于帮助彼此走向成功。

习题

1. 请简述员工关系的含义及特性。
2. 请从人力资源管理角度简述员工关系对现代企业的重要意义。
3. 结合"十三五规划"的新形势谈谈无边界生涯下企业如何做好员工关系管理。

第十三章 职业生涯规划

【本章重点】了解职业生涯规划的核心要素和重点理论。理解职业生涯规划在个人和组织发展中的重要性,以及它对职业生涯的协调和发展的影响。

【本章难点】了解并探索如何利用数字时代的机会,做好职业生涯规划。

第一节 职业生涯规划概述

一、什么是职业生涯规划?

职业生涯是指一个人依据心中的长期目标所形成的一系列工作选择,包括与其相关的教育或培训活动,是有计划的职业发展历程。[1] 职业生涯规划(career planning),是指个人与具体的组织(工作单位)相结合,在对一个人职业生涯的主客观条件进行测定、分析、总结的基础上,对自己的兴趣、爱好、能力、性格、价值观等进行综合分析与权衡,结合时代特点,根据自己的职业倾向,确定最佳的职业奋斗目标,并为实现这一目标做出行之有效的安排。[2] 根据中国职业规划师协会的定义,职业生涯是指人一生的职业历程,是指一个人一生所有与职业、职位相连的行为与活动以及相关的态度、价值观、愿望等,也是一个人一生中职业、职位的变迁及职业目标的实现过程。

另外,职业是指一个人在职业生涯中从事的特定职业或工作。它包括个人在特定领域或行业中从事的职责、职位和职业身份。职业不仅仅是谋求生计的手段,更是实现个人价值、发挥潜能和追求事业成就的途径。正确地选择与自己兴趣和能力相匹配的职业对职业生涯的成功至关重要。职业规划是指个人在职业发展历程中制定的一系列有计划的职业目标和行动方案。它综合考虑个人的兴趣、爱好、能力、性格、价值观等要素,以及当前职业市场和社会环境的特点,旨在帮助个人实现自己职业生涯的最大化发展和个人价值的实现。

综合而言,我们将职业生涯理解为个人在职业生活中所经历的一系列职业发展阶段和职业选择。它涵盖了一个人从学习阶段到退休阶段的整个职业历程,包括不同职业岗位、职位晋升、行业转换以及个人在职业发展过程中所做的各种决策。职业生涯是一个持续发展的过程,个人在此过程中通过不断学习、成长和适应变化来实现自己

---

[1] Mcfarland H S N. Human learning: a developmental analysis [M]. Routledge & K. Paul, Humanities P. 1969.
[2] 苏文平. 职业生涯规划与就业创业指导 [M]. 北京:中国人民大学出版社,2020.

的职业目标和生涯愿景。

二、职业生涯规划的特点

职业生涯规划涉及个人对自身的深入了解和对职业市场的认知，以及对职业发展方向的明确规划。同时，规划的实施需要个人积极主动地学习和适应变化，不断提升自己的能力和知识，以实现职业目标和个人成就。一个良好的职业生涯规划不仅有助于个人的职业发展，也有助于个人在职业生涯中找到更多的自我认同和满足感。其具体来讲具有以下几个特点：①可行性。职业生涯规划需要基于实际情况和事实依据。制定目标和计划时，必须考虑个人的实际能力和条件，避免只是空想和不切实际的梦想，以免计划失败或延误机会。②适时性。职业生涯规划是关于未来的行动和目标的设定，因此，应该根据不同的时间阶段来安排主要活动和完成目标的时序。合理的时间安排有助于规划的有效实施和持续推进。③适应性。职业生涯规划必须具备一定的弹性，因为职业发展过程中会涉及多种变化因素。在实施规划时，需要根据实际情况和环境的变化进行灵活调整，以确保规划与时俱进，更好地适应新的挑战和机遇。④持续性。职业生涯是一个连续的过程，每个发展阶段都有其独特的特点和目标。职业生涯规划应该考虑各个阶段之间的持续性、连贯性和衔接性，以确保职业发展的平稳推进和目标的顺利实现。详见表13.1。

表 13.1 职业生涯规划的特点

特点	说 明
可行性	职业生涯规划需要基于实际情况和事实依据，避免空想和不切实际的目标
适时性	根据时间阶段合理安排主要活动和目标，确保规划有效实施
适应性	规划需要灵活调整，以适应职业发展过程中的变化和新挑战
持续性	职业生涯是连续的，规划要考虑各个阶段的持续性和衔接性

第二节 职业生涯规划的理论及意义

一、职业生涯规划的理论

（一）舒伯的生涯发展理论

舒伯的生涯发展理论将个人生涯视为个人从出生到死亡的全部历程，包括：成长阶段、探索阶段、建立阶段、维持阶段和衰退阶段。第一是成长阶段（0~14岁）。这是个人生涯中最初的阶段，主要侧重于学习和发展基本技能，如语言、认知和社交能力。在这个阶段，个人开始形成对职业的模糊认识和兴趣。第二是探索阶段（15~24岁）。这个阶段是个人生涯中的探索期，年轻人开始探索不同的职业选择和兴趣。他们可能在大学学习不同的学科，参加实习或志愿工作，以了解自己的兴趣和职业倾向。

第三是建立阶段（25~44岁）。这个阶段是个人开始建立职业和家庭的阶段。在此期间，个人会着重发展职业技能，建立职业身份和稳定的职业轨迹。同时，他们也可能面临家庭责任和事业平衡的挑战。第四是维持阶段（45~65岁）。在维持阶段，个人通常已经建立了稳定的职业生涯，并在职业上取得了一定的成就。这个阶段注重在现有职业中继续发展，并为退休做准备。第五是衰退阶段（65岁以上）。这是个人职业生涯中的退休期，个人可能逐渐从职业生涯中退出，享受退休生活。

舒伯的生涯发展理论将职业生涯视为持续的发展历程，强调个人在不同阶段所做的职业决策对未来的影响。职业生涯规划在舒伯理论中扮演着重要角色，帮助个人在不同阶段做出适应性决策，寻找适合自己的职业道路，实现个人职业目标，以及为退休做准备。舒伯的理论提醒我们，持续的职业规划和发展对于个人的职业成功和满足感至关重要。

（二）米歇尔罗茨的职业生涯规划理论

米歇尔罗茨所指出的职业生涯规划被称为"职业生涯规划"或"职业规划"。他认为，职业生涯规划具有突破障碍、开发潜能和自我实现三个积极意义，这些因素对于个人的职业发展和成就非常重要。职业生涯规划帮助个人在职业生涯中制定目标，综合考虑个人的兴趣、能力、价值观等因素，并根据个人的职业倾向确定最佳的职业奋斗目标，从而实现自我价值的实现和职业成功。

具体来说：①突破障碍。职业生涯规划帮助个人识别和克服职业发展中的障碍和挑战。通过制定明确的目标和计划，个人可以更好地应对职业上的困难，并寻找解决问题的方法。②开发潜能。职业生涯规划鼓励个人充分发挥自己的潜能和优势。通过认识自己的兴趣和能力，个人可以更好地选择适合自己的职业道路，并发挥自己的潜力。③自我实现。职业生涯规划有助于个人实现自己的职业目标和理想，从而在职业生涯中获得满足感和成就感。通过积极地规划和实施职业目标，个人可以更好地实现自我价值和意义。

（三）霍兰德的职业兴趣理论

霍兰德职业兴趣理论（Holland's Vocational Choice Theory）由美国心理学家约翰·霍兰德（John Holland）提出。该理论认为个人的职业兴趣可以划分为6种类型：现实型、研究型、艺术型、社会型、企业型和常规型。个人根据自己的兴趣类型选择适合自己的职业领域，以及发展相应的职业技能和能力。

霍兰德理论强调个人职业兴趣和职业选择之间的关系。根据霍兰德的理论，个人的职业满意度和成功程度与其兴趣类型和职业环境的匹配程度密切相关。因此，职业生涯规划在霍兰德理论中被看作是帮助个人了解自己的兴趣类型，识别适合自己的职业领域，并为发展相关的职业技能和能力提供指导。通过职业生涯规划，个人可以更准确地选择适合自己的职业，提高职业满意度和成就感。

（四）克鲁伯的职业生涯发展理论

克鲁伯职业生涯发展理论（Krumboltz's Theory of Career Development）由美国心理学家约翰·克鲁伯（John Krumboltz）提出。该理论强调个人职业发展受到环境因素、社会学习以及个人特质的影响。他认为职业决策是一个连续的过程,个人通过经验和学习来逐步确定和调整职业目标。

克鲁伯理论将个人职业决策看作是一个受到多种因素影响的复杂过程。个人职业发展受到环境因素、社会学习和个人特质的影响。在克鲁伯理论中,职业生涯规划被视为帮助个人逐步确定和调整职业目标的重要工具。通过规划,个人可以更好地认识自己的职业愿景和理想,同时根据环境变化和个人特质做出灵活调整,以实现个人职业成功。

(五) 戴维斯的职业决策模型

戴维斯职业决策模型(Davis's Career Decision-Making Model)由美国心理学家戴维斯(Gary W. Peterson)提出,该模型分为五个阶段:自我了解、职业探索、职业决策、实施行动和职业适应。个人通过这些阶段逐步发展职业决策的能力。

戴维斯模型强调职业决策是一个连续的过程,需要经过多个阶段的思考和行动。职业生涯规划在该模型中被视为帮助个人逐步发展职业决策能力和解决问题的方法。通过规划,个人可以更清楚地了解自己的兴趣和优势,分析职业选择的利弊,制定明确的职业目标,并实施相应的行动计划。这有助于个人做出明智的职业决策,迈向成功的职业生涯。

职业生涯规划对于个人职业发展具有至关重要的作用。这些职业生涯规划的理论和模型在不同的文化和教育背景下有不同的适用性,但它们都为个人提供了一种理论框架和方法来进行职业规划和决策,帮助个人更好地认识自己,了解职业市场,并制定合理的职业发展计划。

二、职业生涯规划对大学生的意义

职业生涯规划对于个人职业发展具有至关重要的作用。当今社会,高校毕业生数量不断增加,而工作职位数量相对有限,大学生面临激烈的就业竞争。这使得大学生需要更加明确自己的职业定位和发展方向,以提高在竞争中的优势。现代社会职业多样性增加,新兴行业和职业不断涌现,大学生需要认识到职业选择的广阔性,了解不同职业的发展前景和要求,以便做出明智的职业决策。并且,技术和科技的快速发展带来了职业市场的变革,一些传统职业可能会受到自动化和人工智能的影响,而新的技术岗位和数字化职业也在不断涌现。大学生需要及时了解这些变化,并适应职业发展的趋势。除此之外,现代职场灵活用工模式的兴起,如兼职、自由职业和远程工作等,为大学生提供了更多的职业选择。但同时也要求大学生在规划职业生涯时考虑灵活性和多样性,根据个人情况做出灵活的职业安排。全球化的发展使得海外就业和跨国公司就业成为可能,大学生的价值观也因此更加多元,越来越多的大学生选择创业或自主就业,创业环境由此变得更加包容。职业生涯规划可以帮助大学生评估自己的创业意愿和适合创业的条件,为创业做好准备。大学生进行职业生涯规划可以帮助他们明确自己的职业目标和发展方向,了解职业市场的需求和趋势,提高自身竞争力和适应性,从而更好地应对就业竞争和职业挑战,实现自己的职业目标和人生价值。

职业生涯规划对于大学生在当前就业环境下的发展具有重要的意义和影响力。从实践应用层面更具体来说：第一，职业生涯规划鼓励大学生对自己进行深入反思和了解。了解自己的个性特质、兴趣、价值观和优势，有助于明确适合自己的职业方向。通过规划，大学生可以找到与自己个性相匹配的职业，从而提高在工作中的满意度和幸福感。第二，大学生处于职业生涯的起点阶段，职业生涯规划可以帮助他们设定明确的职业目标。有明确的目标可以帮助大学生更有动力和方向地朝着职业目标前进，并在职业生涯中有所成就。第三，职业生涯规划不仅涉及短期的职业目标，还包括个人职业发展的长远规划。大学生可以在规划中设定适合自己的职业阶段性目标，并规划如何在不同阶段发展自己的职业技能和经验。第四，职业生涯规划帮助大学生更有针对性地寻找适合自己的职业机会。了解自己的兴趣和优势后，可以更有针对性地选择适合自己的实习、工作和培训机会，从而提高职业竞争力。第五，职业生涯规划引导大学生关注发展职业技能和能力。通过规划，大学生可以选择与所选职业相关的专业课程和实践经验，提高自己在职场中的竞争力。第六，在职业生涯中，大学生可能会面临各种挑战和困难。职业生涯规划使他们能够提前预测并解决问题，增强应对压力和挑战的能力。第七，职业生涯规划有助于大学生选择符合自己兴趣和价值观的职业。通过规划，大学生可以更好地实现职业满意度，享受工作和成就带来的快乐。

综上所述，从大学生的个人角度来看，职业生涯规划的重要性体现在认识自己、明确职业目标、规划成长路径、寻找适合职业机会、提升职业竞争力、克服职业挑战以及实现职业满意度等诸多方面。职业生涯规划有利于帮助大学生更好地了解自己，培养自我意识和职业定位，有利于帮助其更好地把握职业发展机会，追求更符合自己价值观的工作和职业，从而在职业发展中取得更多的成就。

第三节 "出谋划策"数字时代的职业生涯规划

一、数字时代下的职业生涯规划的新特点

在数字时代下，职业生涯规划呈现出许多新特点，这些特点主要是由于数字技术和互联网的发展所带来的变化。①信息获取更便捷。在数字时代，通过互联网，大学生可以轻松地获取大量的职业信息。他们可以在职业规划平台、社交媒体、公司网站等地方找到各种行业和职位的信息，了解职业发展的趋势和需求。②多元化的职业选择。数字时代提供了更多元化的职业选择。新兴技术和行业的涌现使得大学生可以选择更适合自己兴趣和能力的职业道路，不再局限于传统的职业选项。③在线学习和培训。在数字时代，大学生可以通过在线学习平台获得丰富的职业技能和知识，可以在网上参加各种培训课程，提高自己的职业竞争力，同时也更灵活地安排学习时间。④网络社交与交流。数字时代为大学生提供了更广阔的社交和交流平台。他们可以通过社交媒体和专业网络来与行业专家、校友和同行进行交流，获得实用的职业建议和

信息。⑤远程工作的普及。数字时代的到来使得远程工作成为可能，越来越多的公司和组织开始接受远程工作模式。这为大学生提供了更多的职业选择，也使他们可以在更广阔的地域范围内寻找职业机会。⑥数据驱动的职业选择。数字时代大数据和人工智能的应用，使得职业选择更加精准和受数据驱动。大学生可以利用数据分析来了解不同职业的薪资水平、发展前景等信息，以便做出更明智的职业决策。⑦创业和自主就业机会增多。数字时代为创业者提供了更多机会。大学生可以利用互联网平台和数字技术开展创业活动，实现自主就业和创新创业。

综上所述，数字时代下的职业生涯规划展现出了信息获取便捷、职业选择多元化、在线学习和交流、远程工作普及等新特点。这些为大学生提供了更多的职业机会和选择，可以更有效地利用资源。大学生可以利用互联网搜索引擎、职业规划平台、社交媒体等，获取职业信息、行业趋势和就业市场的动态。这些资源可以帮助大学生更好地了解职业发展机会，规划个人职业道路。另外，在数字时代，许多公司和组织提供线上实习和项目机会。大学生可以通过线上的形式参与实习和完成工作任务，有利于积累更为丰富的实践工作经验，培养多样化的职业技能，促进自我学习和发展。数字时代无疑为大学生提供了更多元化的职业视野。大学生可以关注新兴行业、新技术应用和创新型企业，不断开阔职业选择的广度，结合个人兴趣和价值观，寻找与自己价值观相契合的职业。数字时代的职业发展更加灵活多样，为大学生更好地进行职业生涯规划提供了条件，有利于大学生全面了解职业市场和职业发展趋势，更好地规划自己的职业生涯，最终迈向成功的职业道路。

二、数字时代职业生涯规划的实践方法

（一）运用职业生涯相关理论

运用不同职业生涯理论，可以采用多种实践方法来规划和发展个人职业生涯。这些理论和方法（见表13.2）为大学生提供指导和支持，帮助他们更好地认识自己、了解职业选择，并做出明智的职业决策。

表13.2　职业生涯相关理论

职业生涯理论	作者	实践方法
资源导向理论	John Krumboltz	自我认知和定位：通过职业性格测试、能力评估等，了解个人职业优势和兴趣，进行职业定位
萨维科斯的生涯建构理论	Mark Savickas	利用在线资源：通过互联网搜索引擎、职业规划平台、社交媒体等，获取职业信息，进行职业建构
盖蒂的生涯决策模型	Gati	参与实习和项目：通过实习和项目参与，接触真实的工作环境，明确职业方向和目标
库伦伯茨的职业学习理论	John D. Krumboltz	持续学习和提升技能：通过参加在线课程、培训班等，不断学习和提升职业技能

续表

职业生涯理论	作者	实践方法
班杜拉的社交学习理论	Albert Bandura	网络社交和人脉拓展：通过专业网络平台、社交媒体等，与行业专家和同行建立联系，获取行业信息
萨维克斯的生涯建设理论	Mark L. Savickas	开放心态和灵活性：保持开放心态，敢于尝试新兴行业和职业，适应职业市场变化
弗兰克帕森斯的职业决策过程理论	Frank Parson	设定明确目标和计划：设定短期和长期职业目标，并制定实现目标的具体步骤和时间计划
戴维斯的职业调适理论	R. A. Davis	寻求职业咨询和指导：寻找专业的职业规划师、就业指导老师或职业导师，获取专业建议和支持

注：作者总结整理。

资源导向理论（John Krumboltz）：该理论强调个体通过认知、获取和整合资源来实现职业目标。在实践中，大学生可以通过自我认知和定位，运用职业性格测试、能力评估等工具，深入了解自己的职业优势和兴趣，从而更好地进行职业定位。

萨维科斯（Mark Savickas）的生涯建构理论：该理论认为个体通过主动探索职业信息和建构职业形象来规划生涯。在数字时代，大学生应充分利用在线资源，通过互联网搜索引擎、职业规划平台、社交媒体等，获取职业信息，进行职业建构。

盖蒂（Gati）的生涯决策模型：该模型指出实习和项目参与有助于个体做出职业决策。在新时代，大学生通过实习和项目参与，可以接触真实的工作环境，了解不同行业和职业的工作内容和要求，从而更明确职业方向和目标。

库伦伯茨（John D. Krumboltz）的职业学习理论：该理论强调个体在职业生涯中需要持续学习和不断提升技能。在数字化时代，大学生应该不断关注新技术和行业知识的发展，通过参加在线课程、培训班等不断充实自己的知识和技能，以适应职业市场的需求。

阿尔伯特·班杜拉（Albert Bandura）的社交学习理论：该理论指出通过社交互动和人脉拓展，个体可以获得职业知识和经验。在新时代，大学生可以通过专业网络平台、社交媒体等，与行业专家和同行建立联系，积极参与讨论和交流，获取行业信息和职业机会。

萨维克斯（Mark L. Savickas）的生涯建设理论：该理论认为个体需要具备开放心态和灵活性，主动规划和调整职业生涯。在数字时代，职业市场和职业选择更加多元化和快速变化。大学生应该保持开放的心态，愿意尝试新兴行业和职业，敢于面对职业挑战和变化，不断调整职业规划，寻找适合自己的职业道路。

弗兰克·帕森斯（Frank Parson）的职业决策过程理论：该理论强调个体在职业决策中需要设定明确的目标和计划。大学生应该设定短期和长期的职业目标，并制定实现目标的具体步骤和时间计划。有明确的规划可以帮助大学生更有方向地前进，并持续投入实现目标的努力。

戴维斯（R. A. Davis）的职业调适理论：该理论认为个体在职业生涯中需要不断调整和适应。在实践职业生涯规划的过程中，大学生可以寻求职业咨询和指导。可以找专业的职业规划师、就业指导老师或职业导师，进行深入交流和咨询，获取专业的建议和支持。

（二）职业生涯规划的实践方法

1. 职业生涯需要获得的能力

大学生需不断提升自己的能力来更好地应对新数字时代中职业生涯面临的挑战，力求实现自己的职业目标，并取得长期、持续的职业成长和发展。

（1）数字化能力。数字化能力对于大学生职业生涯的发展至关重要，指的是使用和运用信息技术进行沟通、创新、解决问题和获取信息的能力。掌握数字化技能和工具，不仅有助于在职业市场中找到更多机会，还可以提高工作效率和创新能力，使大学生在竞争激烈的职业环境中脱颖而出。

（2）创新能力。在新时代，创新能力对于职业生涯规划尤为重要。大学生应培养自己的创新思维和解决问题的能力，不断寻找创新的职业机会和发展路径。创新能力可以让他们在竞争激烈的职业市场中脱颖而出，找到新的职业增长点。

（3）资源转化能力。新时代的职业生涯规划需要将资源转化为有价值的能力和经验。大学生应学会将学习成果、实习经验、人际关系等资源转化为职业发展的机会。善于将资源转化为实际能力和竞争力，可以更好地应对职业挑战。

（4）跨领域能力。新时代强调跨领域和综合性的能力。大学生应培养自己在多个领域的知识和技能，拥有跨界交叉的优势。这样的能力有助于他们在职业生涯中灵活应对不同行业和领域的需求，实现多样化的职业发展。

（5）适应性和韧性。新时代职业生涯规划强调适应性和韧性。大学生应具备适应不断变化的职业环境和技术发展的能力，勇于面对职业挑战和困难。适应性和韧性让他们能够在不断变化的时代中持续成长和发展。

（6）全球视野。新时代的职业生涯规划需要拥有全球化的视野。大学生应关注国际化发展趋势，了解全球职业机会和跨国公司的需求。拥有全球视野可以帮助他们在国际职场中获得更多的机遇和发展空间。

（7）自主学习能力。新时代职业生涯规划鼓励自主学习和不断进取。大学生应具备主动学习的意识，通过自主学习和自我提升，持续拓展自己的知识和技能。自主学习能力让他们能够适应职业需求的变化，保持竞争力。

（8）社会责任感。新时代的职业生涯规划倡导拥有社会责任感。大学生应意识到自己在社会中的角色和责任，积极参与公益活动和社会实践，为社会做出贡献。具备社会责任感可以让他们在职业生涯中取得更多的满足和成就感。

2. 实践方法

具体来说，大学生可以采取的实践方法有：

（1）自我认知和定位。大学生应该深入了解自己的兴趣、价值观、优势和弱点。可以通过职业性格测试、能力评估等工具，了解自己的职业倾向和特点，从而更准确地定位适合自己的职业方向。

（2）利用在线资源。在数字时代，大学生可以利用互联网搜索引擎、职业规划平台、社交媒体等在线资源，获取职业信息和行业动态。这些资源可以帮助他们了解不同职业的要求和发展前景，为职业选择提供参考。

（3）参与实习和项目。实习和项目参与是职业生涯规划的重要一环。通过实习，大学生可以接触真实的工作环境，了解不同行业和职业的工作内容和要求。同时，参与项目可以锻炼实际操作能力和解决问题的能力，为未来的职业发展积累宝贵经验。

（4）持续学习和提升技能。在数字化时代，持续学习和不断提升技能是至关重要的。大学生应该不断关注新技术和行业知识的发展，通过参加在线课程、培训班等不断充实自己的知识和技能。掌握新技能可以提高职业竞争力，适应职业市场的需求。

（5）网络社交和人脉拓展。在线社交和人脉拓展对于职业生涯规划非常重要。通过专业网络平台如 LinkedIn、行业论坛、社交媒体等，与行业专家、同行和潜在雇主建立联系。积极参与讨论和交流，获取行业信息和职业机会。

（6）开放心态和灵活性。在数字时代，职业市场和职业选择都更加多元化和快速变化。大学生需要保持开放的心态，愿意尝试新兴行业和职业，敢于面对职业挑战和变化。灵活适应职业市场的需求，不断调整职业规划，寻找适合自己的职业道路。

（7）设定明确目标和计划。职业生涯规划需要有明确的目标和计划。大学生应该设定短期和长期的职业目标，并制定实现目标的具体步骤和时间计划。有明确的规划可以帮助大学生更有方向地前进，并持续投入实现目标的努力。

（8）寻求职业咨询和指导。在实践职业生涯规划过程中，大学生可以寻求职业咨询和指导，找到专业的职业规划师、就业指导老师或职业导师，进行深入交流和咨询，获取专业的建议和支持。

通过运用理论、提升自身能力以及采用适应时代的具体实践方法，大学生可以更好地进行职业生涯规划，明确职业目标，拓展职业选择，并为未来的职业发展做出有意义的决策。

（三）数字化工具与"个人品牌"打造

在数字时代，大学生为了更好地适应时代不仅仅要掌握基础的理论知识，还应该熟练地使用数字化工具并进行个人品牌的打造。首先，对于当代大学生来说，数字化技术在职业生涯规划中发挥着至关重要的作用。各种数字化工具和在线平台为个人提供了更多获取职业信息、拓展职业选择、培养技能和学习知识的机会。例如，职业规划平台、在线学习网站、虚拟实习等，都使得职业生涯规划更加便捷和灵活。其次，数字时代的职业生涯规划注重个性化定制。个人可以根据自身兴趣、能力和发展需求，量身定制职业规划。数字化工具和数据分析技术使得职业规划更具针对性，帮助个人找到更贴合自己特点的职业方向。另外，数字时代职业生涯规划强调不同领域的跨界融合。数字化技术催生了许多新兴职业和行业，需要具备多领域知识和技能的综合型人才。个人应具备学科交叉和综合应用能力,以适应职业发展的多样化趋势。

因此,在数字时代,大学生可以采取以下方面来进行"个人品牌"打造,以更好地应对职业发展的挑战和机遇。①利用数字化工具。积极利用数字化工具和在线资源,如职业规划平台、招聘网站、在线学习平台等,获取职业信息、拓展职业选择、学习新知识和技能。数字化工具使得职业生涯规划更加智能化和便捷化。②持续学习与自我提升。在数字时代,职业知识和技能更新迅速。个人应保持持续学习的习惯,参与在线课程、培训班和认证项目,提升自己的专业能力和竞争力。③参与实习和项目。数字时代的职业生涯规划鼓励参与实习和项目,积累实践经验和项目经历。通过参与实习和项目,个人可以了解真实的职业环境,增加自己的工作经验,为将来的就业做好准备。④拓展社交网络。在数字时代,社交网络对职业生涯规划至关重要。个人应积极参与线上线下的社交活动,拓展人脉和职业联系,了解行业动态和职业机会。⑤建立个人品牌。在数字时代,建立个人品牌对于职业生涯规划非常重要,可通过社交媒体和个人博客等渠道,展示个人的专业知识和能力,提高个人的影响力和竞争力。⑥适应变化和创新。数字时代职业市场和职业发展都在不断变化,个人应保持开放心态,勇于尝试新领域和新技术,积极适应变化和创新,在激烈的职业竞争中占得先机。

其中,在"个人品牌"的打造中,最核心的环节是数字化工具在职业生涯规划中的应用。表13.3是一些常见的数字化工具在职业生涯规划中的应用方案。

表 13.3 常见数字化工具及应用案例

数字化工具	应用示例
职业规划平台	使用职业规划平台进行自我评估和职业匹配
招聘网站	在线搜索和申请职位
在线学习平台	参与在线课程和专业培训,提升职业技能
社交媒体	利用社交媒体展示个人专业知识和参与行业交流
虚拟实习平台	参与虚拟实习项目,获得实践经验和项目经历
个人网络平台	在个人文字共享平台或者短视频平台上分享职业见解和经验
在线人才库	将个人简历和作品集上传至在线人才库,增加职业曝光度和机会
在线评估工具	使用在线评估工具了解职业兴趣和职业匹配程度
跨区域职业市场	可以通过在线劳动力平台申请线上工作,可以关注国际劳动力平台等线上职业市场
其他	更灵活的多种职业方式

注:所有网络使用办法及线上劳动力市场均应遵循法律法规。

通过充分利用这些数字化工具,大学生可以更加便捷地进行职业生涯规划,找到适合自己的职业方向,增强职业竞争力,实现职业目标。同时,数字化工具的应用也使得职业生涯规划更加精准和智能化,帮助个人在职业发展中不断前行。

第四节 案例分析

一、岗位晋升机制：互联网行业的职位晋升机制

下面以腾讯、阿里巴巴、华为三家公司为例进行介绍。

（一）公司介绍

腾讯是 1998 年 11 月成立的一家互联网公司，是目前中国最大的互联网综合服务提供商之一，也是中国服务用户最多的互联网企业之一。

阿里巴巴成立于 1999 年，作为一家以电子商务为核心的跨国公司，为全球海量用户提供服务，是我国极具影响力的互联网企业之一。

华为成立于 1987 年，作为全球领先的信息与通信解决方案供应商，经过 20 多年的努力，已经从一家民营企业发展为世界 500 强公司。

（二）职级情况

腾讯原有的职级体系是双通道员工职业发展体系，级别划分为两大部分，即管理发展通道和专业发展通道。每个专业通道分为六大级。

阿里巴巴集团采用双系列职业发展体系，专家路线也就是技术岗共 14 级，从 P1 到 P14，校招最低从 P4 开始。

华为员工级别分为 13~22 级，每一级分 A/B/C 三小级（技术岗不分大小级），23 级及以上为高级别 boss，内网不予显示。

具体如表 13.4 所示。

表 13.4 员工职级

公司	职级情况	
腾讯	1级	助理工程师
	2级	工程师
	3级	高级工程师
	4级	专家工程师
	5级	资深专家工程师
	6级	权威专家
阿里巴巴	P4	初级工程师
	P5	中级工程师
	P6	高级工程师
	P7	专家
	P8	高级专家
	P9	资深专家
	P10	研究员

续表

公司	职级情况	
阿里巴巴	P11	高级研究员
	P12	资深研究员
	P13	科学家
	P14	资深科学家
华为	13	工程师
	14	
	15	
	16	
	17	
	18	
	19	领导/专家
	20	
	21	
	22	
	23	高级 boss

（三）晋升机制

腾讯以前每年会有两次晋升机会，现在是每年一次。晋升标准主要有两部分，一是硬性指标，即工作年限、考核成绩、是否有重大贡献等；二是答辩，即通过专业通道考试。3级是一个门槛，从2级、3级开始会有硬性指标的严格要求，并有严格面试。三星绩效可以参加答辩。如图13.1所示。

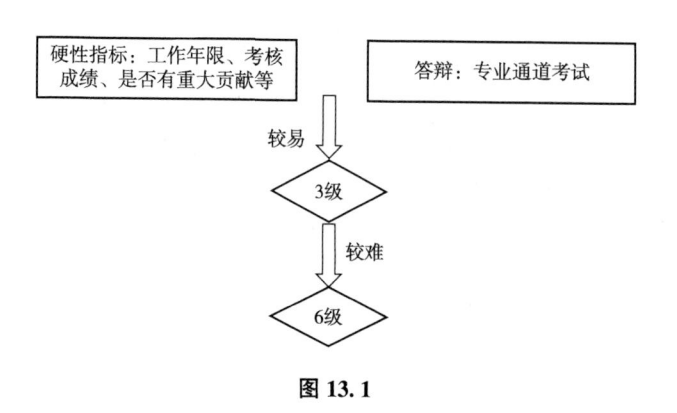

图 13.1

阿里的晋升机制是：首先上年度 KPI 要达到 3.75，这样才有晋升资格，其次需要有主管提名，再次是晋升委员会的面试（委员会一般由合作方业务部门的资深专家、

HRG、该业务线的资深专家组成），最后还需要晋升委员会投票。一般来说 P3 升 P6 相对容易，之后会越来越难，一般到 P7 就都是团队技术领导。如图 13.2 所示。

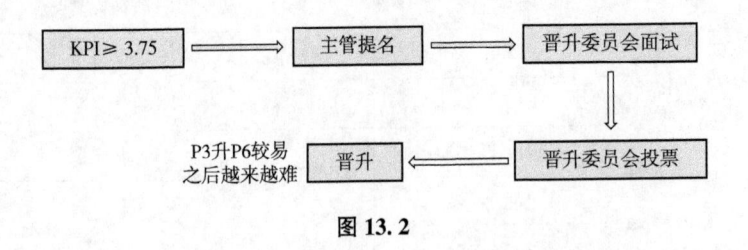

KPI ≥ 3.75 → 主管提名 → 晋升委员会面试 → 晋升委员会投票 → 晋升（P3升P6较易 之后越来越难）

图 13.2

华为的晋升机制是：正常情况下一年升 1 级，表现好的可以升两级，业绩非常突出可以破格升三级。工作 1~3 年就是 13 级，3~5 年是 14 级，5 年以上会进入 15 级以上的级别。如图 13.3 所示。

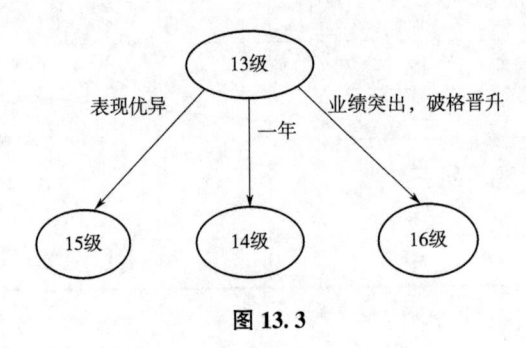

13级 →（表现优异）15级；（一年）14级；（业绩突出，破格晋升）16级

图 13.3

（四）员工发展

有相关学者对互联网大厂 95 后员工进行了满意度调查。报告显示，腾讯、阿里巴巴和华为满意度均位于前四的位置，其中阿里巴巴以 86.1% 的满意度居首，华为以 81.1% 位于第三，腾讯以 80% 位于第四。各大厂员工发展情况如表 13.5 所示。

表 13.5

公司	员工发展情况
腾讯	78% 的 95 后认为公司业绩好、有发展前景。除了薪资待遇和办公环境等基础性需求外，公司的硬实力很强，强调技术的重要性。员工平均工资为 20 383 元/月，其中 23% 的工资收入为 20 000~25 000 元/月，年终奖平均为 61 332 元
阿里巴巴	阿里巴巴拥有巨大的市场份额，并且拥有优秀的管理团队和先进的技术平台，员工晋升体系比较完整且具有考验性，福利待遇非常好。员工平均工资为 28 176/月，其中 21% 员工的收入在 20 000~25 000 元/月
华为	80% 以上的员工认为工资收入比较理想，学习能力和抗压能力得到增强，并且工作环境舒适。华为非常注重对员工的培养，并采取股权制激励员工，工作 10 年及以上的员工职务会达到中高层管理水平

习题

1. 你认为个人的职业规划为什么重要？列举至少三个理由来支持你的观点。

2. 为什么适应变化对于职业生涯规划至关重要？提供一个例子，说明在职业生涯中如何应对变化。

3. 如果你目前是大学生，你会如何打造"个人品牌"来实现自己的短期和长期职业目标？

第十四章 什么是人才和人才学?

【本章重点】理解古今中外"人才"的定义;掌握人才学的定义;理解人才学的研究对象和研究内容;了解人才学的理论体系。

【本章难点】理解人才学与人力资源管理的异同;了解人才学学科的发展历史;了解人才学的研究视角;了解人才学的研究方法。

第一节 人才的定义

一、中国传统"人才"定义

我国传统上就有人才界定。《诗经·小雅》注中:"菁菁者莪,乐育材也。君子能长育人材,则天下喜乐之矣"。《易·系辞下》有"兼三才而两之"。这些是史料中最初有关人才(材)的记载。

各个历史时期人才的代表性定义有:西周时期,从《周礼·大司徒》可以提炼出的人才定义是有道德伦理和知识技艺的人。西汉时期,汉武帝刘彻将人才隐喻为器,用人要量德、量才而用。相似地,晋代葛洪《抱朴子·广譬》中写道:"人才无定珍,器用无常道。"可见人才可以解释为人的才能。

唐朝时期,刘知几用才、学、识定义人才。一个人如果有学问而无才能,好比拥有巨大的财富,却不会经营它;相反,如果有才能而无学问,则像本领高超的工匠没有刀斧,无法建造宫室。北宋时期哲学家、思想家李觏曾说:"人莫不有才,才莫不可用。才取其长,用当其宜,则天下之士皆吾臂指也。"总结起来即是每个人都有自己的长处,若管理者善用人之长,则天下无不可用之人。

明朝时期,刘斌在《复仇疏》中用德、量、才定义人才。三者皆备的人,方能担当大任。清朝时期,恽敬在《兵部侍郎裘公神道碑铭》中写道:"今上加意人才,大臣多以公名举奏,升内阁侍读学士。"这里面人才主要指有才学的人。康熙则在《治国圣训》中强调:"先心术,次才学。心术不善,纵有才学何用""论才则必以德为本,故德胜才谓之君子,才胜德谓之小人。"可见,"以德为先"是当时帝王用人的首要标准。

综上,中国古代人才的概念大多是用"贤""能""士"表达,指有德行、有才干的人(叶忠海,2013)。

二、中国当代"人才"定义

随着时代的发展,我国学者对人才有了更加系统的研究。早期对于人才分类研究的主要关注点是微观个体层面。王通讯（1979）指出人才是对人类进步和社会发展做出具有贡献性、创造性劳动的人，认为进行有贡献性、创造性的劳动是人才的本质。随着对人才学的进一步研究，学者们开始探究宏观层面的人才观，例如管理学者黄津孚在2001年提出人才是指在对社会有价值的技术、知识和意志方面有非凡的水平，并在一定社会背景下能对社会做出较大贡献的人。罗洪铁（2003）在当时已有的代表性定义的基础上提出优化思路：第一，只强调创造性劳动还不够，应该强调创造性劳动的成果；第二，既往研究忽视了人才进行创造性劳动的内在因素，即人的素质；第三，已有关于一定的社会条件的研究，没有涵盖自然条件等因素的影响。基于这些分析，罗洪铁提出了人才的定义，人才是指那些具有良好的素质，能够在一定条件下不断地取得创造性劳动成果，对人类社会的发展产生较大影响的人。叶忠海（2005）对人才的定义是在一定社会条件下，具有一定知识和技能，能以其创造性劳动，对社会或社会某方面的发展做出某种较大贡献的人。该定义首先强调了"创造性劳动"，即规定人才劳动的性质——"创造性"；其次，强调了"贡献"，即规定人才劳动的方向性和进步性；最后，强调了"在一定社会条件下"，即规定人才劳动的社会历史性。

我国党和国家政策中也对人才进行过界定。1982年国家教委第一次对专业人才进行界定，即"具有中专以上学历和初级以上职称的人员"。2003年12月，第一次全国人才工作会议重新定义人才为"有知识、有能力，能够进行创造性劳动，在政治、精神、物质三个文明建设中做出积极贡献的人"。2010年出台的《国家中长期人才发展规划纲要（2010—2020）》重新定义了人才，即"人才是指具有一定的专业知识或专门技能，进行创造性劳动并对社会做出贡献的人，是人力资源中能力和素质较高的劳动者"。总体而言，我国继承和发展马克思主义关于人才广泛性的思想，吸纳了我国人才学界的研究成果（叶忠海、郑其绪，2015）。

三、国外的"人才"定义

国外有关人才研究文献中，早期多用"gifted person""genius"，指所谓的天才和杰出人才。具有代表性的是美国心理学家孟推（Terman L.）的天才问题研究，他对1528名天才儿童进行了几十年的追踪研究，完成了五卷本的《天才儿童的追踪研究》，总结了天才儿童成长的规律。美国心理学家艾伯特（1988）基于长时间、大样本的创造性研究，对天才提出了一个描述性的定义：不论他/她拥有其他什么特征，或者他/她认为自己具有什么特征，他/她都能在一段很长的时间内从事很大一批研究，这些研究在许多年中对许多人产生了显著的影响。

在人才定义中，国外专家学者更加侧重于能力因素。Gagne（1998）指出，人才是具有经过系统培养的才能，能在一个或多个人类职能领域中表现出色的人。学者Periathiruvadi和Rinn（2013）指出，人才是具有不凡的能力，而且在社会中展现出自己卓越表现的人。Cappelli（2008）指出，人才可以根据研究者个人的意愿进行定义，人才既可以指他/她们的专长、方法，也可能是指他/她们拥有的非凡成就、教育水平、贡献、创造、生产能力、魄力和决断力、行业或领域的地位等因素，以及这些因素的组合。Nijs 等（2014）指出，人才是拥有系统培养出来的优秀才能，这些才能被他们运用到自己感兴趣的、自认为比较有意义的，并愿意投入自己的时间和精力的领域中，可以在一个或多个人类职能领域中发挥非凡表现。

开创新经济增长理论研究先河的学者罗默在 1986 年发表的《收益递增与长期增长》中，把经济活动中投入的人力区分为非专业化的原始劳动和具有专业化知识的人力资本两种类型，并认为只有人力资本才能促进经济增长。本书所指的人才就是具有专业化知识的人力资本。

总结来看，中国传统人才定义侧重在政治型人才；中国当代人才定义侧重在人人皆可成才；国外人才定义的侧重在有天赋的人才，即天才。本书沿用《国家中长期人才发展规划纲要（2010—2020）》的定义，认为人才是指具有一定的专业知识或专门技能，进行创造性劳动并对社会做出贡献的人，是人力资源中能力和素质较高的劳动者。

第二节 人才学的定义、研究对象、研究内容和理论体系

导入案例

人才学能否成为一个单独的学科？

人才学始于中国，界定人才学的定义，不妨追本溯源。20 世纪 70 年代，关于人才学能否成为一个单独的学科，在学术界是有争议的。1979 年，《人民教育》杂志刊登了学者王通讯与雷祯孝的《试论人才成功的内在因素》，引起社会极大关注。但有关人才的研究能否称得上"学"，人才学究竟有没有研究的必要？当时有两种观点，一种认为没必要，教育学就是人才学。这是教育界很多人的观点。然而，思考一个简单的问题"为什么每个行业的顶端人才都鲜有历年的高考状元呢"，可以看出，一个人在素质教育阶段的成功不代表其最终能够成才。曾经有一句影视台词，大意是，"对于芸芸众生，在俗世洪流中站得住脚已经千辛万苦，想出人头地，恐怕难于登天"，引发了很多人的共鸣。出人头地、成才，自古是一首绚丽的诗，一个多彩的梦。多少人为之探索、为之憧憬。关于人的成才规律、社会展才规律，可谓博大精深。正因如此，学者王通讯认为，人才学涉及的诸多领域是教育学难以囊括的。除了人才培养，还有人才使用、人才激励乃至人才规划、人才战略，这些问题仅靠教育学理论是难以解释、指导的。可见人才学成为一个单独的学科是有必要的。事实也证明了这一点。人才学于 1992 年作为三级学科列入《学科分类与代码》；2012 年正式列为社会学下的二级学科，通俗地讲，人才可以作为大学专业招生了，扭转了人才学学科边缘化的尴尬局面，缓解了人才学研究"后继无人"的问题。

一、人才学的定义

（一）关于人才学概念界定的不同观点

随着人才学研究的不断深入，领域内专家学者相继对人才学进行了定义：

叶忠海（2004）认为："人才学是以人才现象作为自己研究对象的一门学科，是一门研究人才运动及其发展规律的学科。"

殷凤春（2008）认为："人才学是专门研究人才发展及其规律的科学。人才学是研究人才运动现象和人才运动规律的基础性学科。"

岳文厚（2012）认为："人才学是以人和人才问题为研究对象，以人人成才、人尽其才、人才辈出为主要研究内容，综合自然科学和人文社会科学而形成的一门新兴学科。它遍布文学、史学、哲学、理学、工学等学科大类，涉及政治学、经济学、文化学、社会学、生物学和系统论、控制论等诸多学科理论。"

综合以上专家观点，本书认为：人才学是一门研究人才现象、揭示人才规律的学科。

从人才学的定义出发，毫无疑问，人才学的主要研究对象是人才。但人才学研究具体包括人才的哪些方面，不同专家都有自己的观点。

罗洪铁（2003）认为："人才学的研究对象是人才成长和发展规律。它研究的是如何开发人才和发挥人才的作用。其中，人才开发的对象是尚未成才的人（潜人才）和已经成才的人，针对后者研究关注的是现有人才如何进一步成长发展的问题。"

周启元等（2003）认为："人才学的研究对象就是研究什么样的人是人才、怎样培养和吸引人才、如何配置和使用好人才等的理论及其规律性的学科，旨在为国家和社会创造或提供更多的经济效益和服务。换言之，人才学是研究人或人群中的精华部分（人才）的学科。人才学的研究内容极其广泛，涉及与其有关的各个方面的理论和实际问题。理论研究具体包括：人才资源是第一资源的研究，人才资源的发展趋势，人才资源的国际比较，人才资源管理方式变化的方向，人才学的理论体系，人才的国际交流，人才的国际竞争，人才安全问题，人才规划和人才战略，人才成长规律以及现实出现的各种人才问题和理论等。偏重实际应用方面的问题更多，如：人才的使用和培训，人才的发现与提拔，人才的招聘、录用，人才绩效的考核，人才素质测评，人才市场问题，人才价格与薪酬，人才激励机制，人才咨询和诊断，人事工作及其改革，公务员、企业家、科学家等各类专业人才的开发问题，人才库的建立和使用等。"

殷凤春（2008）认为："人才学的研究对象也是人，人是一个极其复杂的高级动物，具有复杂的个性心理。人才学关注的是人过去的行为对未来的影响，关注人才发展过程中外界因素对人才个性行为养成的影响，关注人才思想、行为的演化过程。人才学研究的是人才个体。"

我们认为：人才学是一门综合性的社会科学，仅仅局限在研究人才个人、人才开发与管理的具体技术等方面都是狭隘的，这些仅仅是一门学科研究的某一方面。人才学的研究对象既包括人才个体，也包括各种人才现象和人才规律，同时包括人才生存的社会环境、自然环境、管理制度、管理技术方法等方面。人才学的研究目的是"促进社会进步，促进人的全面发展，有助于创新人才学科建设。"

（二）人才学与人力资源管理的关系

人才学与同是本书重点的人力资源管理学有何异同？人才学创始人之一王通讯研究员认为人才学与人力资源管理既有区别又有联系，他还形象地将人才学和人力资源管理与开发学说比作中医与西医。人才学是人力资源管理学说在中国的具体化，不仅具有深厚的历史基础，而且被赋予了亿万人民亲切的乡情。

本书总结人才学与人力资源管理有三个共性特征：

第一，开发实质：二者的开发实质都是提高劳动者素质。不论是人才学还是人力资源管理都关注如何将劳动者的潜在素质转化为显态素质，如何提高劳动者现有素质。

第二，根本目的：二者均是以开发人的潜能、促进人的全面发展为目的。人才学和人才资源管理都是为了开发、培养劳动者，使其能够最大程度地为社会创造财富。

第三，研究基点：不论是人才学还是人力资源管理，在研究影响劳动者的各种因素中，都将成长环境、教育和社会实践活动作为外在因素，将人本身作为内在因素。

由于两门学科产生的历史、文化背景不同，两学科还具有明显的区别。而关于人力资源管理与人才学有哪些本质上的区别，当前学术界并未形成一致的意见。通过对人力（才）资源开发主流期刊与书籍中的观点进行汇总，可以看出，出现频率较高的对比维度包括：研究对象、学科框架、研究内容等，具体如表14.1所示。

表14.1 人才学与人力资源管理的差异

维度	全国人才学基础理论研讨会（2003）	罗洪铁（2003）	马士斌（2003）	周启元等（2003）	叶忠海（2013）	萧鸣政（2016）	厉伟等（2022）
学科类型/代码	★				★		
研究对象/性质	★	★	★	★	★	★	★
开发对象		★					
学科框架/结构	★	★	★		★		
研究内容/观点					★		★
研究方法	★				★	★	★
产生背景		★		★			
战略支点							★
效用时间						★	

资料来源：本研究整理。

综上，本书认为人才学与人力资源管理的差异体现在：

第一，研究产生的背景不同。人才学有自己特有的概念和术语，有本学科的原理和规律，有学科的特色和优势。而人力资源管理的内容和观点多是从西方国家尤其是美国引进的。

人力资源管理学说发源于20世纪60年代的美国，于90年代初期进入中国后亦在我国生根发芽，在企业中得到广泛应用，我国人力资源管理学快速发展。而人才学诞生于20世纪70年代末的中国，并在80年代得到迅速发展（华才，2003）。党的十八大以来，党中央做出全方位培养、引进、使用人才的重大部署，推动新时代人才工作取得历史性成就、发生历史性变革。人才学的本土化性质使其在工作重点和分析思维上与人力资源管理有着较大的差别。

第二，二者研究对象的侧重不同。人才学与人力资源管理由于产生的时代背景不同，所培养的人也不同。人力资源管理要培养的是掌握劳动技能的劳动者和管理者，重点强调人力。人才学产生于科学技术迅速发展的时代，所培养的重点在于掌握知识技术的人才。

培养对象的不同使得研究对象不同。人才学的研究对象是人才成长和发展规律，是研究如何开发和发挥人才作用的学科。人力资源管理的研究对象是人力成长和发展规律，注重于研究如何开发和使用人力。人才学研究人力资源中较为精华的先进部分、较高层次部分。人力资源管理研究一般劳动力。

第三，学科框架不同。学者罗洪铁认为，人才学既研究基础理论，也研究应用问题，如强调人才的自主开发，强调社会对人才的整体性开发等。经典的人力资源管理从企业人力资源管理工作流程（即选、育、用、留）出发建立学科框架。

第四，研究方法不同。学者叶忠海指出，人才学运用社会科学综合研究方法，吸收多学科研究成果对人才和人才问题加以综合研究。人力资源管理主要运用经济学、管理学的理论和方法，特别是劳动经济学和管理心理学的研究方法。

总之，人才学研究者需要将人力资源管理与人才学融会贯通，建立我国人才学话语体系，推动人才学研究的国际化，唯有这样才能更好地推动人才学的繁荣发展。随着经济社会发展，人才逐渐受到社会的广泛重视，为人才学的发展提供了良好机遇。新世纪人才学建设要与时俱进、创新理论框架、深化研究提高学科水平，以及取长补短增强使用价值。结合人力资源管理学科的优势，建设好发源于中国、扎根服务中国实践、具有国际影响的人才学。

二、人才学的研究对象和研究内容

人才学的研究对象是人才现象的特殊矛盾性，即把人才现象作为物质运动的一种特殊形式来研究。因此，人才学是以人才现象作为自己研究对象的一门学科，是一门研究人才运动及其发展规律的学科。具体说来，人才学是一门研究人才运动现象、揭示人才运动规律、促进人才工作科学化、促进人才全面发展的学科。

王通讯和钟祖荣（1989）认为，人才学的研究内容主要包括以下四个方面：第一，关于人才的基础研究，其中包括对人才的概念、本质、标准、基本要素、类型、结构、作用和价值的研究。第二，关于人才成长和发展规律的研究，其中包括对人才成长和发展过程及其阶段、人才成长和发展的基本原理、内外因素及其相互作用、个体人才成长和发展规律、群体人才成长和发展规律以及社会人才总体发展运动规律（社会人才辈出规律）等的研究。第三，关于人才主体的自主开发的研究，其中包括自主开发的战略思想和战术问题研究。第四，关于人才的组织开发和人才的社会开发的研究，即关于人尽其才的研究，其中包括对人才的预测规划、教育培训、考核评价、选用配置、使用激励、保护，以及人才流动和人才市场等研究。

上述四个方面的研究，又可划分为人才学的基础理论研究和应用理论研究两大部分。前者为后者提供科学依据，后者是前者的应用发展。反过来后者又丰富充实前者，两者相辅相成，相互促进，缺一不可，共同构成了人才学的框架体系。

三、人才学的理论体系

人才学研究自创立至今，从当初对人才概念的模糊到对人才定义、人才规律、人才研究方法的逐渐统一，从对个体的调查研究走向人才模型的创建，从专家的只言片语到系列专著文献的问世，很多人才学研究成果已被党和政府、企事业单位采纳运用，产生了良好的社会效果和经济效益。作为一门新学科，应该具有什么样的理论体系？我国人才学者桂昭明（2012）认为，人才学理论体系包括人才基础理论、人才成长理论、人才发展理论三个方面。其中，人才基础理论包括三类，即人才学通论、人才功能理论、人才要素理论（如人才资源理论、人才资本理论）。人才成长理论包括两类，即育才理论和成才理论。人才发展理论包括十类，即人才科学发展观、党管人才理论、人才优先发展理论、人才以用为本论、人才流动集聚论（包括人才流动理论、人才吸引和集聚理论）、人才国际化理论、人才解放论、人才素质理论、人才工程理论、人才环境理论。

第三节 人才学的发展史、研究视角和研究方法

一、人才学的发展史

治国兴邦，关键在人。在中国数千年的政治活动中，历朝历代明君贤人都非常重视人才的价值，通过尊重人才、招纳人才、引荐人才、辨识人才、授任人才的生动实践，总结形成了系统的人才理论体系，对后世产生了深远的影响。改革开放以来，我国人事人才领域发生了惊人的变化，有关研究取得了长足进展（叶忠海，2013），当代的人才学可以划分为诞生、发展、深化、显现四个阶段。

第一阶段（1979—1991年）：人才学提出和开创阶段。

随着改革开放的全面实行，国家的重点工作转移到经济建设上。为服务于现代化经济建设，人才学应运而生。1981年12月，中国人才研究会成立。在人才学初创阶段，我国人才学已初步形成了框架体系和专门研究方法。在这一时期，关于人才学理论方面的著作成果较为丰硕，《人才学通论》《人才学概论》《人才学概说》等著作相

继问世，同时也产生了一些与人才学有着密切联系的交叉学科。1992年新兴的人才学被国家所承认，作为三级学科列入《学科分类与代码》（中华人民共和国国家标准）。

第二阶段（1992—2001年）：人才学蓄势和繁荣阶段。

受多方面因素影响，我国人才发展在这一阶段中较为艰难。但仍有不少学者在中国人才研究会的支撑下，坚守人才学阵地，人才学发展依然取得了较为显著的成就。其表现为：人才学研究向多方位开拓，人才学分支学科发展迅速。一方面，学科向宏观人才学方向发展，另一方面，随着社会主义市场经济体制的建立，人才学研究聚焦于人才市场、人才资源、人才经济等领域。此外，人才学教学层次提高，呈现多层次性、多样化的特点。人才学理论成果广泛运用于社会主义现代化建设重大项目之中，走出了一条服务经济社会发展之路。

第三阶段（2002—2011年）：人才学拓展深化阶段。

进入21世纪后，中央提出"研究制定人才战略"重大任务，人才学界表现出空前的历史主动性。2003年全国人才工作会议的召开，党和国家做出进一步加强人才工作的决定，提出了实施人才强国战略。2010年，党和国家召开了第二次人才工作会议，颁发了《国家中长期人才发展规划纲要（2010—2020年）》，对人才工作问题进行了深入布局。这一时期我国形成了"人才优先发展""人才以用为本""人人皆可成才""党管人才"等一系列的科学人才发展理念。这个时期，人才学科体系构建取得新进展。其主要标志为徐颂陶作为总主编的新世纪人才学理论丛书的出版问世，其中包括《马克思主义人才思想史》《人才学基本原理》《人才学新论》等11部著作。2011年国家标准化管理委员会发布了《学科分类与代码》1号修改单，将人才学调整为二级学科，使人才学学科体系更为完善，分支学科更为细化和深入。总的来说，人才学从单一发展逐步走向综合，在这一阶段处于拓展深化时期，学界根植于我国人才开发实践开展人才学科体系建设。

第四阶段（2012至今）：人才学蓬勃发展阶段。

从党的十八大开始，中国特色社会主义进入新时代。党中央做出全方位培养、引进、使用人才的重大部署，推动新时代人才工作取得历史性成就、发生历史性变革。2022年10月，党的二十大报告提出"强化现代化建设人才支撑，进一步加强人才工作"，将教育、科技、人才"三位一体"统筹安排、一体部署，首次将人才与教育、科技放置在如此突出的战略高度，为新时代人才学研究与发展提供了重大机遇与行动指引。人才学的发展越来越受到国家层面的重视，制度上的保障和政策上的引导给人才学发展带来了强劲的动力。我国人才学发展进入新阶段，成为当世之显学，如火如荼、浩荡天下。这一时期，我国继承性地创造出了"聚天下英才而用之""要大兴识才爱才敬才用才之风""综合国力的竞争说到底是人才竞争"等一系列的科学人才发展理念，出版了《新编人才学大辞典》《中国人才研究40年》等有影响力的著作。在这一时期伊始，中国人才研究会组织学界力量，出版了"人才强国研究出版工程·人才学理论研究"丛书，包括《新编人才学通论》《宏观人才学概论》《微观人才学概论》等系统性、高水平著作，首都经济贸易大学劳动经济学院与中国人力资源和社会保障出版集团合作联合策划了全国高校人才学课程系列教材，出版了涵盖人才学各研究方向的共10余部教材。这些事件加强了中国特色人才学理论及学科体系建设。

纵观我国人才学发展的轨迹，从零散研究走向系统研究，从单兵作战走向群体联合攻关，从个体成才研究走向社会人才整体开发研究，从单一学科本体研究走向学科体系研究，取得了不凡的成就，并蓄力迎接未来的挑战。

二、人才学的研究视角

人才现象是复杂的现象，需要运用多学科的理论和方法，才能深入揭示人才运动的规律性。人才学有复杂性、综合性的特点，和许多学科有关系。对人才问题进行思考和研究，要有相关学科理论及方法的视野。

（一）人才学研究的经济学视角

经济学是研究资源配置的全过程及决定和影响资源配置的全部因素的科学。它既研究生产、分配、交换、消费等生产和再生产过程，也研究配置的因素，诸如计划和市场等配置手段、生产关系等。简单说，它研究的是如何用有限的资源创造出更多的物质财富，以满足人们不断增长的需要。

人才从经济学的角度说，是经济活动中一种重要的战略资源。美国著名学者西奥多·舒尔茨提出了著名的人力资本理论，为解释现代社会的经济发展提供了一种很好的理论，引发了世界各国对人力资本的重视和对人才资源的开发的浪潮。所谓人力资本，即把对人力的投资也看作一种可以带来利润的资本，它包括教育投资、培训投资、健康投资、流动投资等。人力资本理论认为：在经济增长中，主要的潜力应来自人力资本开发，人力资源是促进经济发展的关键。

从经济学视角看，研究人才关键是发挥人才的作用，让人才产生最大的经济价值。经济学也是一门价值科学，它为我们研究人才资源的数量与结构、人才资源的供求关系和资源配置（人才的预测规划、宏观调控、人才市场），以及如何提高人才的价值和效率提供了理论上的视角和方法。

经济学还研究经济过程。人才资源本身作为一种经济发展中的资源，有一个开发和再生产的过程，也是一个经济过程，涉及投入和产出、生产、流通和使用，成本和效益，这些都需要借助经济学的理论和方法来进行分析。

据此，人才学界要加强从经济学视角研究人才学。其基本思路：一是研究人才资源的经济效果，即人才资源对经济运行、经济发展的作用和效果；二是研究人才资源的经济决定因素，即研究经济环境、经济条件对人才资源形成和发展的影响；三是研究经济人才的开发。由此，形成和发展人才资源经济学。

（二）人才学研究的社会学视角

社会学是研究社会单位及其运动规律的学科。社会的单位小到家庭，大到社会组织、族群、种族，而社会的运动包括结构与功能、社会网络与社会互动、社会的运动与变迁、社会的控制等。社会学也是个学科群，其中的社会学原理、社会学方法、人口社会学、科学社会学等与人才学关系密切。

人才是在一定社会环境条件下成长和发展的。研究人才成长和发展规律，必须研究人才所处的客观社会环境和条件，找出影响人才成长和发展的社会原因，从而总结出一般规律。此外，从社会学角度看，人才成长和发展过程就是人才社会化的过程，社会化过程中各种环境的影响，个体与社会的互动，形成的社会网络及其社会资本，都是人才学需要研究的问题。

人才又是以群体形式存在的。人才群体如何组织和运作，群体内部个体间如何相互影响，也可按照社会组织和社会群体的理论进行分析。人口的迁徙、社会的流动在人才中同样存在。而通过社会流动形成的社会分层在科学界同样存在，科学界的社会分层就是人才学研究已经取得一定成就并需继续研究的一个领域。

社会学有功能论、冲突论、互动论三大基本理论。功能论强调社会的各部分均是有其功能的，各部分形成一个系统，共同保持社会系统的稳定状态。冲突论认为社会的资源有限，人群之间因为利益的分配而引发社会冲突，社会秩序是冲突的结果。互动论是采用微观的视角，认为人与人之间是通过互动过程相互作用的，并且是带着不同的目的、动机、价值观在相互作用。三大理论对我们解释各类人才的功能、各种社会环境对人才成长和发展的影响、人才的社会分层以及人才政策的形成都可以提供理论和方法上的启示。此外，社会调查方法在人才学中有广泛的运用，社会网络分析方法在人才学中也有广泛的运用前景。

科学社会学是与人才学关系十分密切的学科，由美国社会学家默顿开创，其中关于科学首创权、科学中心、科学的评价与奖励机制、科学界的社会分层等问题，实质上也是人才学要研究的问题。

据此，我们要加强从社会学视角研究人才学。其基本思路有三个：一是研究人才成长和发展的社会化过程、社会环境和社会资本等作用；二是研究人才特别是高层次人才对社会发展的推进；三是研究社会管理人才、社会工作人才的开发。由此，形成和发展出了人才社会学。

（三）人才学研究的心理学与生理学视角

心理学是关于人的重要的学科领域，它对于揭示人的发展规律有非常大的贡献。心理学的研究涉及人的认知、人的人格、人的社会性，其主要分支是认知心理学、人格心理学、社会心理学。关于人才的研究，就其渊源来说，心理学也是其中之一。心理学对人才的研究最多、最具体，特别是现代认知心理学对问题解决、创造性、专家与新手的比较研究等，都直接有助于对人才规律的揭示。因为认知和思维是人才最重要的心理活动，发端于认知心理学的专长心理学，是"对人类高水平思维过程及其获得的研究"（胡谊，2006），与人才学有异曲同工之妙。它所研究的问题是：谁是专家？专家会做什么？专家是如何形成的？成为专家的方法是什么？但它所用的方法和研究层面与人才学不同，它是从行为水平、计算水平和生理水平三个层面来研究的。目前，专长心理学在国际上已有大量成果，比如：本纳（Benner P.）的《从新手到专家：临床护理中的优秀者与特异者》（1984）、格拉泽（Glaser R）的《专长的实质》（1988）、霍夫曼（Hoffman R.）的《专长心理学：认知研究与实证的AI》（1992）、艾瑞克森

(Ericsson K.)的《优秀者之路：艺术、科学、体育和竞赛中的专家行为获得》（1996）、米基（Mieg H）的《专长的社会心理学》（2001）、斯滕伯格（Sternberg J.）的《才能、能力与专长的心理学》（2003）、艾瑞克森（Ericsson K.）的《剑桥专长与专家行为手册》（2006）。我国学者胡谊对专长心理学进行了比较系统的梳理和研究，出版了《专长心理学》（2006）。

在心理学中，还有许多分支学科对人才学的研究也是有价值的。比如发展心理学，它是研究人的心理发展的学科，它与人才学最大的相似之处就是都研究发展问题，包括发展的阶段、发展的关节点、发展的任务、发展的模式等问题。发展心理学关于研究的纵向方法，也是人才学中最重要的方法，即通过寻找发展的轨迹来揭示发展的规律。此外，人本主义心理学流派对人的需要、人的潜能、人的潜意识等的研究，也直接触及人才的本质和特点，对我们认识人才的特点是有启发的。

心理历史学是一门与人才和历史相关的学科，"作为一门研究历史动机的科学"（德莫斯等，1989）始于20世纪初，最早的著作是1913年史密斯写的《以精神分析观点看路德的早期发展》一文。1957年兰格担任美国历史学协会主席，号召大家运用精神分析理论开展历史研究，自此心理历史学发展起来。1972年美国历史学协会成立"历史学应用心理学小组"，出版《心理史学评论》，次年又出版《心理史学杂志》，1977年成立了"政治心理学国际协会"，1972年在纽约成立了以德莫斯为首的心理史学研究所。据统计，到1979年，西方心理史学著作达到1 723种之多。心理史学包括两类：一类是对个体生平的研究，即心理史学传记；一类是对群体历史的研究，即一般心理学史，诸如儿童史、家庭史、民族史等。尽管心理史学的研究受到许多的质疑，但心理史学的研究无疑对人才的个案和群案分析是有借鉴价值的。

创造学是一门历史不长的新兴学科。关于创造性的研究，虽然早在19世纪就开始了，但研究的高峰是在20世纪50年代，这和当时科技的发展有关。其中美国的许多心理学家、工程师做出了贡献，包括陶兰斯、吉尔福特、奥斯本等人。创造学现在已经有很多具体的分支，包括创造心理学、创造性社会心理学、创造教育理论、创造工程论等，这些学科从不同的学科理论和视角分析创造的规律和方法。归纳起来，创造学具体研究的内容涉及创造的本质、创造的过程、创造的思维、创造的技法、创造的环境、创造性的测量、创造性的培养等。这些研究使人们对人类智慧体现的创造性有了更深入、具体的了解。由于人才的本质特征是创造性，所以，创造学的研究无疑是对人才学最大的理论支持。人才学的主轴和核心就是要研究人才的创造性是怎样培养起来的，人才又是如何创造的，人才创造需要什么样的环境和条件等。可见，创造学的理论，是人才学研究的重要基础。

遗传学、优生学，是与人才问题紧密联系的学科。早期的人才研究学者，如高尔顿、潘光旦等，都对遗传和优生等问题很有研究。人才之智慧、创造性等，都有生理的基础和机制，而其生理特点，又是遗传的。那么，遗传在人才成长中起多大的作用？如果作用比较大，能否通过遗传改进人才成长的生理基础？又如何通过优生改进遗传因素的作用？这些都是人才学要研究的问题。这些研究，也是遗传学和优生学研究的领域。所以真正揭示人才成长规律，是离不开遗传学和优生学的理论成果的。

人的智慧在于人的大脑，人才的秘密也在大脑。无论学习也好，创造也好，实践也好，其生理上的根源在于大脑的工作。大脑是如何工作的？科学家、艺术家、政治家的大脑又是如何工作的？这也是人才学关注的问题，是需要深入研究的前沿问题。大脑极其复杂，研究的难度也可想而知，因此，脑科学或者神经科学从发展上说是一门新的科学，是最近几十年科学家研究的结晶。其中，由美国学者格赞尼加（Cazaniga）主编的《认知神经科学》（1995）一书就总结了感知觉、注意、记忆、语言、思维与表象、意识等认知过程的神经科学成果。脑科学研究的内容包括脑的发展、脑的结构和功能、脑化学、皮层的电活动，认知、情绪、运动等的脑机制，大脑和电脑的关系等内容。脑科学的一些著名的理论，比如三级脑结构的理论、大脑演化发展的理论、大脑分区的理论、左右两半球分工的理论、大脑协同工作的理论、模块理论等，对我们认识人才的大脑思维特征、认识人才的类型、认识人才创造性工作的原理，对我们更好地开发人的大脑潜能，都是非常重要的理论支撑。比如赫曼的脑优势测验、右脑开发的技术等，都是人才研究领域对脑科学理论的运用，而脑科学的方法和技术，包括脑电成像技术、扫描技术、核磁共振技术等，当然也是可以借鉴到人才研究中来的，但是这种方法的移植可能还需要一段比较长的时间。

综上所述，人才学界要在原有基础上发展人才心理学研究，突出人才创造性研究；与此同时，要加强从脑生理学、优生学、遗传学视角研究人才学，充分开发人才的潜质和潜能。

三、人才学的研究方法

如何运用科学的方法，揭示和发现人才运动的规律？研究的过程包括选择研究对象、搜集材料、分析材料三个主要环节，各个环节均需要运用科学方法。常用科学方法如下：

（一）文献研究法

文献研究法是对记载有人才成长事实的资料进行搜集、整理、分析的方法。有关人才事实的文献主要有人物传记、报告文学、人名词典、人物年谱、家谱、人物统计资料等。其中，人物传记是最重要的文献，既有单人的传记，也有多人的传记汇集。由于文献中记载了大量的信息，有利于研究者在比较短的时间内搜集到比较多的信息，因而它是一种方便的研究方法。高尔顿最早使用家谱的方法进行人才的研究。我国大量的人才研究成果也是运用人物传记进行材料搜集的。

文献研究法当然也有它的局限性。一般来说，传记等资料主要是记载历史上的人物，这些资料与传记作者的观点、对材料的取舍等都有关系。所以传记中的材料是否客观，所需要的资料是否都能找到，是值得研究的问题。

科学运用文献研究法进行研究，需要注意几点：第一，研究某一个人物时，要尽可能使用多种资料、多本传记，这样可以作一些比较，容易发现有出入的地方，便于考证和进一步查找。同时，由于各种资料有详略等区别，参照多本也有助于全面掌握某人的资料。第二，要尽量选择和使用看来比较权威可信的资料。第三，在阅读文献时，要根据自己的研究需要，对事实进行标注或者编码，比如用人才学中的概念对有关事实进行标注，这样便于后续分析。

（二）问卷调查法

问卷调查法是调查的一种，是调查者事先设计好一系列的问题，通过直接发送或邮寄的方式把问卷发给调查对象，请调查对象填写后再收回整理分析的方法。

这种方法有诸多好处。一是比较主动，可以根据自己的研究构想和思路去设计题目，容易搜集到自己想要的资料，而不像文献研究法，只能被动地从现成的材料中去寻找、选择所需要的材料。二是可以进行定量化的处理，通过统计得到一定的量化结果，有助于量的研究。三是比较快捷简便。四是运用这种方法研究当代的人才，可以和人才有一定的互动性。当然，问卷调查法也有它的局限性，这就是得到的信息往往比较简单，研究的深度受到限制。

在人才研究中，使用问卷比较突出的是著名心理学家推孟，他对天才儿童的研究，就是运用了问卷调查，他每隔几年就发一次问卷，看这些儿童的发展变化情况。盖洛普对成功人士的调查也使用了问卷。我国学者叶忠海对女性领导人才的研究、张长城对有突出贡献的中青年专家的研究，也是使用问卷调查进行的。

运用问卷调查法进行研究，最关键的是进行问卷的设计。设计的步骤主要有：第一，根据研究的目的确定调查的内容体系、框架结构，对大的内容进行逐级的分解，形成具体的调查的指标体系。在分解的过程中，必须对每个概念都有明确的规定，这样才能准确地分解，使它的内涵和外延都比较清楚。比如，人才的品德，是指人才各方面的品德，还是指人才在创造性劳动中表现出来的品德？前者比较宽，后者则比较窄。第二，根据构建的指标体系去设计问题，问题有多种形式，有是否式、选择式、排序式情景式、填空式、开放式等。在设计问题的过程中，还要注意设计的一系列原则，比如周延性、互斥性、意义明确性等，以提高问卷的信度和效度。

（三）访谈法

访谈法是研究者对调查的对象进行访问、谈话以搜集材料的方法。是质的研究方法中主要的一种。

访谈法对于搜集材料来说，是非常有效的方法。它的特点在于研究者能够直接与调查对象进行比较深入的交谈，能够获取有深度的资料，比如人物的心理活动、深入的考虑，对揭示现象的原因很有好处。有时，一种事件对人产生了什么样的影响，通过问卷或者看文献是很难了解的，而通过谈话就能够做到。当然，这种方法需要花费大量的时间，不仅要谈话，还要进行整理和分析。有时一次谈话还不够，需要多次的交谈。

在运用访谈法方面，非常经典和成功的例子是朱克曼对诺贝尔奖获得者的采访。她在《科学界的精英》一书中附录了《采访超级精英》一文，介绍了采访的过程和经验，大体包括：了解对象的下落，去信联系约定采访日期，进行采访的准备，列采访的提纲，进行采访。在采访经验方面，主要谈到了采访前的准备及其作用，录音机的使用，注意采访者的形象和角色等。此外，布鲁姆、奇凯岑特米哈伊等学者都运用了访谈研究的方法研究青年英才和创造性人物。我国人才史学研究者侯建东对当代人才学专家的研究中也大量采用了访谈法。

（四）测量法

测量法是研究者运用测量工具对调查对象进行测量，以了解其素质和特性的方法。测量法是量的研究中最典型的方法。它在准确了解人的素质特点方面，是其他方法难以企及的。

目前对于人才的测量主要有：智力的测量、人格的测量、创造性的测量、职业兴趣的测量、行政职业能力的测量、脑优势的测量。在人才研究中，高尔顿、推孟最先使用了能力和智力的测量，比较突出的创造性测验有陶兰斯、吉尔福特的测验。现在，测量法超出了心理测量的范围，比如赫曼的《全脑革命》，把人的大脑分四种类型，通过几十道题就能够了解人的脑优势，对人了解自己的特点、职业的适应性等非常有帮助。运用测量法要求研究者熟悉各种量表，在测量方面有一定的专业素养。

（五）概率（频率）统计法

这种方法是根据某事物出现的频率，以说明某种因素作用的大小。一般说，出现的频率高，说明该事物的作用比较大，与人才成长之间有一定的关联。比如，对人才的各类家庭出身的统计，可以说明家庭出身与成才之间的关联性；对取得成果的最佳年龄的统计，可以说明年龄与成才之间的关系；对早年丧亲经历出现频率的统计，可以说明成才与此经历的关系。当然，简单的数量关系不能直接说明两因素之间有必然联系，有时需要透过这些数量去分析真正的影响因素到底是什么。而且也不能以统计概率去说明所有的个体。

要注意进行统计检验，具体有 T 检验和 Z 检验。通过检验，确定某因素在控制组与对照组两个群体之间是否有显著的差异，如果有显著差异，说明某因素与成才之间是有关联的。

（六）关系图描绘法

为了说明人才现象各种因素之间的关系，可把它们用线条和箭头连接起来，成为直观的图形。这种图形能够直观具体地揭示事物之间的关系。关系图的描绘需要对事物之间的关系有客观的分析和把握，根据它们关系的性质、方向、数量、大小等进行描绘。在人才学中有许多这样的关系图，如，师徒型人才链图，人才合作关系网络图，人才地理分布图，科学中心转移图，人才的社会流动图，人物之间相互影响社会关系网络图等。

社会网络分析技术是关系图中比较突出的一种。社会网分两种：自我中心社会网和整体社会网（罗家德，2005）。自我中心社会网主要分析社会连带，不能分析网络结构；整体社会网则相反，主要分析社会网络结构，而分析连带的能力差，因为两节点之间的关系是 0 和 1 的类别资料（即有无连带关系，具体内容难呈现）。自我中心社会网通过提名生成与提名诠释，来研究连带的强度，包括互动频率、亲密程度与互惠内容等，有助于分析社会资本及其作用。整体社会网通过选取两个封闭的网络，通过节点、连线、方向、节点程度（一个节点相连的线段数目）、路径、距离、中心性等概念对网络结构进行分析。社会网分析有许多软件可用，比如 UCINET。目前，关于科研合作的网络分析比较多,如谢彩霞(2010)关于纳米科技领域的论文合作、国际合作、跨学科合作等网络分析就是一个较好的案例,她是使用 Pajek 软件进行分析的。

(七)时间分析法

人才成长同时间有直接关系,时间是实践的尺度和证明,时间是成长发展的条件。因此,我们可以通过对时间这一影响人才成长的基本条件和因素的分析,来说明人才形成过程中的诸多现象。其中,成才周期和成才关键期是时间研究的两个主要课题。通过时间量的统计,说明其成就大小的原因(如马克思写作《资本论》花了近 40 年的时间);通过时间段(年龄区域)的统计,说明成才的关键期及其原因;通过对创造的开始时间和取得成果时间的分析比较,可以找出成才的一般周期。

心理学中有反应时法,是一种即时性的时间研究,一般在几分钟以内,比如回答问题、做出动作反映的时间长短。人才研究中的时间分析则是中长期时间分析,犹如经济学中的长波周期研究,一般在几个月或一年以上,更长的在若干年乃至几十年或数百年,比如人才出现的高峰与低谷的周期。由于时间长,人才活动时间的计量可能存在困难,目前处于初步的阶段,还需要深入总结使之规范化。关于时间与创造力之间关系的研究已引起关注,并进行了逻辑构建,还有待具体化和深化(李小平,张庆林,2007)。

(八)比较法

有比较就有鉴别,通过比较最容易凸显事物的特征。比较有两方面,一是人才与非人才的比较,二是不同人才之间的比较。首先,是在确定研究对象时,不仅要选择人才,还应选择一般人、普通人(非人才)作为对照组,进行对比。没有这种比较,很难说明人才的特殊性或特征。当然在选择对照组时,应是同时代、同背景(有可比性)的。艾伯特(1988)说:"在天才人物的研究中,如果没有足够的控制组以及纵向的研究计划,那么,关于影响着一个人职业生涯成功和另外一个人一事无成的因素及经历,我们将始终得不到实质性的知识。"其次,是通过对不同时代、地域、行业、专业、性别人才的比较,可发现其差异及其原因,进而揭示某个时代、地域、行业、专业、性别等的人才成长的特殊规律。某种意义上,差异就是规律。缪进鸿通过对《中国大百科全书》各类人才的调查进行了比较,发现了许多规律,并在此基础上提出建立比较人才学的设想。

习题

1. 人才学的定义和研究对象是什么?
2. 人才学的研究内容包括哪四个方面?
3. 人才学的理论体系是什么?
4. 如何理解人才学的经济学视角、社会学视角、心理和生理学视角?
5. 人才学的主要研究方法包括几类?每种方法用于解决什么问题,其优势和不足是什么?

第十五章 人才发展战略

【**本章重点**】了解国家人才发展战略;了解人才强国战略的提出背景;理解人才强国的内涵。

【**本章难点**】了解人才强国战略的理论基础;了解实施人才强国战略的关键点;了解人才发展战略的监测与评估。

第一节 国家人才发展战略

一、什么是人才发展战略?

战略,最初是一个军事概念,是研究战争全局的规律的学问。通俗地讲,战略是对"是谁""在什么范围""运用什么手段""达成什么目的"等问题的回答。

进入21世纪,和平发展成为主旋律。我们今日提到的战略,更多的是经济社会发展战略,简称发展战略。人才发展战略是战略主体基于内外形势和总体战略的要求,对人才资源发展和人才开发与管理活动全局的整体谋划(丁向阳,2005)。

从定义可以看出,人才发展战略的产生和发展,与内外部环境、总体战略等密切相关。具体而言,第一,人才战略是战略理论和实践发展的结果。人才资源是经济社会发展的要素,国家、区域、企业组织的发展和竞争都离不开人才,各类战略亦离不开人才战略。人才战略是为国家、区域、企业组织的发展和竞争提供人才支撑服务的。人才战略常常是国家、区域、企业组织整体战略的一部分。第二,人才战略是人才竞争普遍化、激烈化的产物。人才竞争早就存在,但由于人才竞争领域不够广泛、普遍,人才竞争不够激烈,因而没有研究制定人才战略的需要。第三,人才战略是人才资源作用空前提高的结果。进入知识经济时代,人才资源在经济社会发展中的作用空前增强,成为影响国家、区域和企业组织全局和长远发展的战略资源,人才问题因而被提高到战略高度,被纳入总体战略的范畴,成为总体战略的重要组成部分(丁向阳,2005)。

二、人才发展战略的内容与形式

(一)人才发展战略的内容构成

人才发展战略的内容构成包括:战略目标、战略方针、战略措施、战略过程。

1. 战略目标

人才战略目标是人才战略预定要实现的结果,是人才战略的指向(丁向阳,

2005)。人才战略目标主要由三部分构成:第一,人才资源发展目标,如人才资源总量目标、人才素质目标、人才资源结构目标(人才资源内在结构,专业、年龄、层级等结构,其调整主要是通过人才培养)等;第二,人才开发与管理工作目标,如人才资源管理体制目标、人才资源管理机制目标、人才环境目标等;第三,人才工作为总体战略服务的目标,如人才效能目标、人才配置目标(这主要是指人才资源分布结构,如行业配置、地区配置、城乡配置、所有制配置、不同类型单位配置、企业研发人员数量及比率等,其调整主要是通过人才配置)。人才战略目标是由上述这些目标构成的目标体系。

人才战略目标的确定要建立在科学的分析、研究基础之上。一是通过调查研究和人才竞争力分析,明确人才队伍状况和存在的问题。二是研究内外形势对人才资源和人才发展与管理工作的要求。三是进行人才资源需求预测。根据经济社会发展对各类人才的需求,来确定人才资源发展目标。

案例

《国家中长期人才发展规划纲要(2010—2020)》中的人才战略目标

《国家中长期人才发展规划纲要(2010—2020)》中的人才战略目标是,到2020年培养和造就规模宏大、结构优化、布局合理、素质优良的人才队伍,确立国家人才竞争比较优势,进入世界人才强国行列,为在21世纪中叶基本实现社会主义现代化奠定人才基础。具体而言:

第一,人才资源总量稳步增长,队伍规模不断壮大。人才资源总量从现在的1.14亿人增加到1.8亿人,增长58%,人才资源占人力资源总量的比重提高到16%,基本满足经济社会发展需要。

第二,人才素质大幅度提高,结构进一步优化。主要劳动年龄人口受过高等教育的比例达到20%,每万劳动力中研发人员达到43人年,高技能人才占技能劳动者的比例达到28%。人才的分布和层次、类型、性别等结构趋于合理。

第三,人才竞争比较优势明显增强,竞争力不断提升,人才规模效益显著提高。在装备制造、信息、生物技术、新材料、航空航天、海洋、金融财会、生态环境保护、新能源、农业科技、宣传思想文化等经济社会发展重点领域,建成一批人才高地。

第四,人才使用效能明显提高。人才发展体制机制创新取得突破性进展,人才辈出、人尽其才的环境基本形成。人力资本投资占国内生产总值的比例达到15%,人力资本对经济增长的贡献率达到33%,人才贡献率达到35%。

2. 战略方针

战略方针是人才战略的指导方针,是对人才战略的方向性规定和原则性要求。战略方针主要包括指导思想和指导原则两部分。人才战略指导思想是对人才战略性质、发展方向的规定。例如《国家中长期人才发展规划纲要（2010—2020）》中规定人才战略的指导方针是"服务发展、人才优先、以用为本、创新机制、高端引领、整体开发"。

3. 战略措施

战略措施是实施人才战略目标的具体措施。战略措施是战略方针的具体化，是战略目标实现的步骤、方法、政策等具体思路。战略目标、方针可以说是战略的纲领性内容，而战略措施则是战略的主体内容。战略措施是指导今后工作的思路，将转化为今后人才工作的政策、法规、制度等。战略措施与现有做法相比要体现开拓性、创新性，也要注意与现有人才工作政策、法规、制度的衔接，应具有实现的可行性。战略措施是对今后人才工作的指导性意见，既要有针对性，同时又要有别于具体的工作计划。

4. 战略过程

战略作为一种长远规划，在时间上一般都有较长的过程。简单地说，战略过程就是战略的时间跨度和所经历的阶段程序，是战略的时间表现形式。战略一般都有明确的时间跨度，这也是战略的时间适用范围。战略的时间跨度一般都在 1 年以上，常见的有 3 年、5 年，长的有 10 年以上。

(二) 人才发展战略的表现形式

人才发展战略的表现形式概括起来主要有战略思维、战略规划、战略行动。

1. 战略思维

战略思维是从战略高度，从全局、长远的角度思考问题、认识事物的习惯、方法和具体的战略思想。战略思维具体体现为战略思维方式、战略思想、战略智慧、战略眼光。

战略思想、战略智慧、战略眼光是战略思维活动的表现和结果。战略思想就是对有关战略问题的认识、思考；战略智慧就是谋划全局、长远利益，解决全局、长远问题的谋略和智慧，即谋长虑远的智慧；战略眼光就是站在全局的、长远的高度和角度看问题的眼光和视角。

2. 战略规划

人才战略规划与人才规划并不完全是一回事（丁向阳，2005）。人才战略规划是对人才战略的规划，是最高层次的人才规划。人才规划可能是人才战略规划，也可能是其他方面的人才工作规划。主要区别有：是否根据战略进行计划，是否体现战略思想。

战略、规划、计划、方案都是关于事物发展的事先谋划，差别在于层次高低不同，计划时间长短不同。战略也常与规划、计划、方案联系在一起使用，如战略规划、战略计划、战略方案。然而人才战略规划与人才规划并不完全是一回事，人才战略规划是最高层次的人才规划；人才规划可能是人才战略规划，也可能是其他方面的人才工作规划。人才战略规划与一般人才规划的区别主要不在于计划时间的长短，而在于是否根据战略进行计划，是否体现战略思想。有的人才规划的时间可能比人才战略的时间还长，但如果它不是根据人才战略制定的，就不是人才战略规划。

3. 战略行动

战略行动从根本上说是一种行动，是实施战略计划、实现战略目的的行动，是关系全局和长远利益的行动。

第二节 人才强国战略的背景

一、人才强国战略的理论基础

(一) 中国特色社会主义人才理论：党关于人才强国战略的指导思想

我们党的历代领导人都十分重视人才工作，并且这种重视是从党和国家的发展、革命和建设全局出发的高度的重视，是战略上的重视，形成了人才战略的指导思想（丁向阳，2005）。

毛泽东作为伟大的战略家，在新民主主义革命时期、社会主义革命和建设时期对人才战略做了高瞻远瞩的思考。1938年他提到"我们党已经培养了不少的领导人材，军事、政治、文化、党务、民运各方面，都有了我们的骨干，这是党的光荣，也是全民族的光荣。但是，现有的骨干还不足以支撑斗争的大厦，还须广大地培养人材。"[①]毛泽东的思想中，体现了汇聚各方人才和自主培养人才的人才观。

邓小平从改革开放事业的全局高度思考人才问题。他在1977年明确提出："一定要在党内造成一种空气：尊重知识，尊重人才。"[②] 1985年，他在全国科技工作会议上强调："改革经济体制，最重要的、我最关心的，是人才。改革科技体制，我最关心的，还是人才。"[③]

以江泽民为核心的第三代领导集体更是结合时代特点明确提出了"人才资源是第一资源"的论断，对人才战略的思想也更加明确，指出："培养同现代化要求相适应的数以亿计高素质的劳动者和数以千万计的专门人才，发挥我国巨大人力资源的优势，关系二十一世纪社会主义事业的全局。"[④]

以胡锦涛为核心的党中央从全面建设小康社会的新形势、新任务出发，把人才工作作为科学发展的关键因素，提出了一系列具有时代特点、体现科学发展观要求的人才思想，特别是党的十七大之后提出了人才优先发展、建设人才强国的战略思想，丰富和发展了中国特色社会主义人才理论。[⑤]

以习近平同志为核心的党中央站在新的历史起点上，对人才理论做出了新的论述。具体包括：第一，中国比历史上任何时期都更加渴求人才；第二，聚天下英才而用之；第三，发挥人才在创新驱动发展战略中的引领作用；第四，建设规模宏大的高素质人才队伍；第五，建立集聚人才体制机制；第六，坚持完善党管人才原则；第七，营造人才发展良好环境。

---

① 毛泽东选集（第2卷）[M]. 北京：人民出版社，1991.
② 邓小平文选（第2卷）[M]. 北京：人民出版社，1994.
③ 邓小平文选（第3卷）[M]. 北京：人民出版社，1994.
④ 江泽民文选（第1卷）[M]. 北京：人民出版社，2006.
⑤ 吴江. 人才强国战略概论[M]. 北京：党建读物出版社，2017.

(二) 人力资本理论

美国经济学家舒尔茨于1961年出版的《论人力资本投资》一书中系统阐述了关于劳动者在现代经济生产中所起到的作用的理论。他的主要观点是:

第一,劳动力的质量比数量更重要。人力资本理论认为人力资本(劳动力)是国民生产要素之一,包括了"质"和"量"两个方面,前者是一般的劳动者和劳动能力的概念;后者是人力资本的本质,指具有知识、技艺、熟练程度与其他可以影响人类从事生产性工作的能力。人力资本理论把劳动力质量纳入资本理论的研究范畴,强调提高人口质量、增强人口素质的重要性。这一观点批判并拓展了传统资本理论中过分看重劳动力数量的作用,而看不到劳动力质量的经济价值的部分。

第二,人力资本投资的作用大于物力资本投资的作用。人力资本是相对于物力资本而存在的一种资本形态,是体现在劳动者身上以劳动者的数量和质量表示的资本。人力资本对现代经济增长具有重要的贡献。在现代化生产中,人力资本投资的作用远大于物力资本投资的作用。

第三,教育投资是人力资本投资的核心。人力资本跟物质资本一样必须通过投资才能形成。他将人力资本投资分为五类:①医疗和保健;②在职人员培训;③正式建立起来的初等、中等和高等教育;④在企业外组织的各种技术培训;⑤个人和家庭为变换就业机会而进行的迁移。其中,教育投资是人力资本投资的核心。他采用收益率法测算了教育投资对美国1929—1957年经济增长的贡献,其比例高达33%。

(三) 战略管理与战略人力资源管理理论

战略管理的概念最早由安索夫在1965年提出,其以企业组织为对象,核心聚焦于回答"企业为什么会不同""企业如何行动""什么决定了企业的边界"等根本性问题。从实践角度,战略管理代表了企业组织的战略制定、实施,以及评价等实践活动。一系列实践工具,例如波士顿矩阵、麦肯锡(GE)矩阵、科尔尼战略棋盘、平衡记分卡等,使得战略管理学科得到实践界的尊重。

从学术的角度,自20世纪50、60年代以来,战略管理学科逐渐演化出诸多流派,其中部分理论源自学科内部演化(如资源基础观、战略过程学派等),有些则是跨学科的理论移植(如交易成本理论、组织生态学、资源依赖理论,和制度理论等)。其中,产业组织理论是奠定战略管理学科地位的重要理论流派;而资源基础观是战略管理学科自身演化出来的核心理论,关注的是企业资源如何影响其竞争优势,主要解决的是企业异质性问题。

人力资源的概念最早由彼得·德鲁克(Peter Drucker)于1954年在其《管理的实践》一书中引入。人力资源是有一种其他资源所没有的特性,即具有协调、整合、判断和想象的能力。作为一种资源,人力能为企业所"使用",然而作为"人",唯有这个人本身才能充分地自我利用,发挥所长。这是人力资源和其他资源最大的区别。苏珊·E. 杰克逊(Susan E. Jackson)、兰德尔·S. 舒勒(Randall S. Schuler)在《管理人力资源:合作伙伴的责任、定位与分工》一书中指出,人力资源是组织可以将其看作能够为创建和实现组织的愿景、使命、战略与目标做出潜在贡献的人所具备的可被利用的能力与才干。

战略人力资源管理是根据组织战略发展和个人职业发展的需要，将人力资源视为组织的核心能力的源泉，通过具有战略意义的人力资源管理相关实践活动形成组织竞争优势并支撑企业战略目标实现的过程。

战略人力资源管理的理论揭示了人力资源管理通过什么样的方式来打造企业核心能力。基于战略管理的资源基础观，怀特和斯奈尔教授提出，企业人力资源管理系统包括招聘、培训、绩效，以及薪酬等人力资源管理实践，一方面，通过管理企业的核心人力资本，促进企业知识的流动，使企业保持和提高智力资本存量，为公司打造核心竞争力；另一方面，通过持续地变革促进公司内的智力资本存量和知识流动的变化，使公司更新其核心竞争力以适应市场的变化。

战略人力资源管理的行为视角认为 HRM 是雇佣双方交流，引发并维持所需角色行为的重要手段，角色行为的产生则会促进组织的有效性，行为视角进一步衍生出能力-动机-机会（AMO）模型。AMO 模型认为，人力资源管理系统通过影响员工的能力、动机、机会这三条主要路径，影响员工个体及组织绩效。

战略管理与战略人力资源管理理论以企业组织及其人力资源为研究对象，看似与一个国家的人才发展战略相差甚远，但其仍对国家人才发展战略的制定与实施提供重要的启示。首先，企业是国家经济社会的重要组成部分，亦是国家科技创新的重要源泉之一。企业主体是制定与实施国家人才战略中不可或缺的要素。其次，战略管理与战略人力资源管理理论服务于企业组织制定并执行组织战略，以及相应的人力资源战略，从而获取竞争优势。这可以类比到我国国家层面，为我国建立人才资源竞争优势提供了有益参考。再次，战略管理与战略人力资源管理理论的重要研究对象之一是人才。而在国家层面，综合国力的竞争说到底是人才的竞争，谁能培养和吸引更多优秀的人才，谁就能在竞争中占据优势。这些有关如何管理与开发人才，以使组织具备战略所需的知识、技能与能力（KSAOs）等方面的理论，可以为国家人才发展战略的制定与实施提供微观基础方面的有益参考。

二、人才强国战略的确立、形成与深化

（一）第一次中央人才工作会（2003）：国家人才战略进一步明确为人才强国战略

2002 年 5 月，中央下发《2002—2005 年全国人才队伍建设规划纲要》（下文简称《纲要》），明确提出要实施人才强国战略，指出："走人才强国之路，是增强我国综合国力和国际竞争力，实现中华民族伟大复兴的战略选择。"国家人才战略明确地表达为人才强国战略。《纲要》根据《中华人民共和国国民经济和社会发展第十个五年计划纲要》制定，是我国第一个综合性的人才队伍建设规划，也是我国第一个与国家经济社会发展战略相适应的国家人才战略规划，是实施人才强国战略的第一个阶段性规划。《纲要》的颁发，标志着国家人才战略正式开始实施。

2003 年 12 月，党中央、国务院召开新中国成立以来的第一次全国人才工作会议。时任中共中央总书记、国家主席胡锦涛在会上发表重要讲话。他强调指出，人才问题

是关系党和国家事业发展的关键问题。全党同志必须从全局和战略的高度，以高度的政治责任感和历史使命感，把实施人才强国战略作为党和国家一项重大而紧迫的任务抓紧抓好，努力造就数以亿计的高素质劳动者、数以千万计的专门人才和一大批拔尖创新人才，建设规模宏大、结构合理、素质较高的人才队伍，充分发挥各类人才的积极性、主动性和创造性，开创人才辈出、人尽其才的新局面，大力提升国家核心竞争力和综合国力，为全面建设小康社会和实现中华民族伟大复兴提供重要保证。

会议提出要树立科学的人才观，明确了今后一个时期我国人才工作的任务和要求。这次会议可以说是一次人才工作"解放思想"的会议，是对实施人才强国战略进行全面动员和部署的会议。会议后不久，中共中央、国务院又做出《关于进一步加强人才工作的决定》（下文简称《决定》），指出实施人才强国战略是党和国家一项重大而紧迫的任务，是新世纪新阶段人才工作的根本任务，并明确了今后一个时期我国人才工作的指导思想和原则要求。可以说《决定》是新世纪新阶段人才工作的行动纲领，也是实施人才强国战略的行动纲领。人才工作会议和《决定》进一步明确了人才强国战略的内容框架，会议后各地、各行业都相继召开人才工作会议，人才强国战略进入全面实施阶段。

（二）第二次中央人才工作会（2010）：人才强国战略的形成

2007年，人才强国战略正式写入党的十七大报告和新党章，进一步提升了人才强国战略在党和国家战略布局中的地位，也进一步凸显了人才工作的重要性。2010年，第二次全国人才工作会议的召开，以及《国家中长期人才发展规划纲要（2010—2020年)》的颁布，成为我国人才工作的又一重要里程碑。

2010年5月，第二次全国人才工作会议在北京举行，此次会议是在我国全面建设小康社会进入关键时期、人才发展面临战略机遇期召开的一次重要会议。胡锦涛同志和温家宝同志在会上发表重要讲话。

胡锦涛同志在讲话中进一步阐明了新形势下做好人才工作的重大意义，对当前人才发展状况作了深刻分析，并对贯彻落实人才规划纲要、做好人才工作进行了部署。在分析当前人才发展状况时，他指出，必须清醒地看到，当前我国人才发展总体水平与世界先进水平相比还有较大差距，与我国经济社会发展需要相比还有很多不适应的地方，特别是高层次创新型人才匮乏，人才创新创业能力不强，人才结构和布局不尽合理，人才发展体制机制障碍尚未消除，人才资源开发投入不足。各级党委和政府要深刻认识做好人才工作的重要性和紧迫性，把思想和行动统一到中央决策部署上来，把加快建设人才强国各项战略任务落到实处，推动人才工作不断取得新的成效。

（三）第三次中央人才工作会（2019）：深入实施新时代人才强国战略

第三次中央人才工作会议于2021年9月在北京召开。中共中央总书记、国家主席、中央军委主席习近平出席会议并发表重要讲话。强调要坚持党管人才，坚持面向世界科技前沿、面向经济主战场、面向国家重大需求、面向人民生命健康，深入实施新时代人才强国战略，全方位培养、引进、用好人才，加快建设世界重要人才中心和创新高地，为2035年基本实现社会主义现代化提供人才支撑，为2050年全面建成社会主义现代化强国打好人才基础。

第三节 人才强国战略的内涵

我国人才强国战略基本框架包括定位、方针、目标、重点、阶段、布局、对策等方面。具体而言：

（1）战略定位。当今世界，赢得国际竞争的关键在于人才。制定和实施人才战略，成为世界各国发展的前提。我国人才竞争力之所以处于弱势地位，归根到底是人才战略的差距。实施人才强国战略，必须提升人才竞争力，赢得战略主动；必须创造人才优势，服务科学发展；必须着眼未来发展，分步重点实施。

（2）战略方针。夯实基础、打造优势、创新制度、解放人才。

（3）战略目标。到2020年，造就一支规模宏大、素质良好、结构合理、发展均衡、优势明显的人才队伍；创新人才工作体制机制，实现人才管理的民主化、科学化、法治化；健全人才服务体系，激发创造活力，发挥人才在经济发展和社会进步中的关键性作用，初步建成人才资源强国。在人才队伍建设方面，到2020年，25~64岁人口平均受教育年限达到11年以上，"三支队伍，两类人才"总计2亿人左右，约占就业人口的22%，其中，党政人才1 000万人，企业经营管理人才6 000万人，专业技术人才6 000万人（高层次创新型科技领军人才达到30万人），高技能人才达到5 000万人，农村实用人才2 000万人。公共教育经费占GDP比例达到5%以上，全社会研究开发投入占GDP比例提高到3%以上，科技进步贡献率力争达到60%以上，对外技术依存度降低到30%以下。在人才体制机制方面，形成人才分类管理的体制，不断扩大单位用人自主权，建立更加完善的人才制度体系。在人才服务体系方面，建立统一规范的人力资源市场，促进人力资源服务业发展，健全人才公共服务体系。

（4）战略重点。一是科技领军人才和创新团队；二是中、高层次领导干部和战略企业家；三是重大战略领域、安全领域基础研究、高技术研究和社会公益研究人才；四是以企业高技能人才、农村实用人才为主的生产一线创新人才；五是先进制造业与现代服务业紧缺人才；六是留学和海外高层次人才。

（5）战略阶段。包括：重点突破阶段（2009—2010年），全面推进阶段（2011—2015年），跨越发展阶段（2016—2020年）。

（6）战略布局。东部地区：促进自主创新，发挥人才优势。中部地区：优化人才结构，提高人才质量。西部地区：加大教育投入，加快人才培养。东北等老工业基地：重点工程带动，激发人才活力。

（7）战略对策。在党管人才工作格局下，形成整体合力，制定实施六方面"人才计划"：人力资本投资计划、人才能力建设计划、人才集聚计划、人才协调发展计划、人才管理创新计划、引进留学和海外人才计划。

第四节 人才强国战略的实施

一、实施人才强国战略的关键点

建设人才强国，是党和国家基于对国内外形势的深刻认识和对我国人才发展现状的精确估计做出的重大战略决策，体现了党和国家在人才领域进一步发挥社会主义制度优越性、更好地实现各项事业科学发展的决心和信心。紧密围绕建设人才强国的战略目标，实施人才强国战略有以下七个关键点（赵永乐，2013）。

第一，坚持人才资本投资优先，大幅度提高人才投入。世界各国的研究都证明，包括教育在内的人才投资是战略性投资，是发展效益最大的投入。必须树立新的人才资源开发投入观，建立人才投入随经济增长而增长的投入机制，加大人才资源开发投资力度，提高发展性投入中用于人才资源开发的比例，大幅度提高国家人力资本投资占物力投资的比重。

案例

变化中的教育投入

国际上对人力资本投资的衡量主要看教育费用投入这个指标，也就是公共财政列支的教育投入。这笔投入在中国有多大呢？数据显示，整个20世纪90年代都是比较低的，占国家GDP的2%左右。2003年有进步，占GDP的3.4%，但是放眼全世界，这一数字还是相当低。发达国家教育费用投入占到GDP的6%~7%，发展中国家的平均值是占国家GDP的4.1%。如果人力资本投资不足，由人力资源变人力资本就相当的困难了（王通讯，2003）。2022年9月，在教育部召开的教育这十年"1+1"系列第十五场新闻发布会上，教育部财务司司长郭鹏对有关国家财政性教育经费支出占GDP比例指标进行发言："国家财政性教育经费支出占GDP的比例达到4%，这是我国在2012年首次实现、又连续10年巩固的一个目标。应该说，4%这一比例并不高，我国近十年平均下来是4.13%，与世界平均4.3%和OECD国家平均4.9%的水平相比，我们还有一定差距，只能说达到了世界平均水平。这也是与我国目前经济社会发展阶段、发展水平、国家财力状况相适应的投入水平。"

（资料来源：王通讯. 人才发展战略论［M］. 北京：中国人事出版社，2013. 有改动。）

第二，坚持优先发展教育，整体提高人才创新创业水平。优化教育结构，普及九年义务教育，大力发展职业教育，提升高等教育质量，完善现代国民教育体系和终身教育体系。

> **案例**
>
> **平均受教育年限**
>
> 据原国家教委统计，20世纪末，我国劳动力人均受教育年限8年，可是学者们认为实际数字比8年要低。发达国家劳动力人均受教育年限已经达到平均13年，或者更高。也就是说，人家是大专生在干活，我们国家顶多是初中生在干活。人力资本的单薄状况如果不改变，长此以往，我们将失去发展的后劲（王通讯，2013）。2023年7月，国务院新闻办公室就"加快建设教育强国办好人民满意的教育"举行发布会。教育部部长怀进鹏介绍，近十年，我国各级各类教育普及水平实现了历史性跨越。当前我国接受高等教育人口达到2.4亿人，新增劳动力平均受教育年限14年，高等教育助力我国劳动力素质结构发生重大变化。
>
> （资料来源：王通讯. 人才发展战略论 [M]. 北京：中国人事出版社，2013. 有改动。）

第三，围绕经济发展方式转变、科技创新和产业结构优化升级，实行人才结构战略性调整。坚持走中国特色新型工业化道路，建立人才结构调整与经济结构调整相协调的良性循环机制，根据经济结构战略性调整，大力调整和优化人才结构，采取有力措施，促进人才在城乡、区域、产业、行业和不同所有制之间的合理分布。

2023年12月，中央经济工作会议指出要以科技创新推动产业创新，特别是以颠覆性技术和前沿技术催生新产业、新模式、新功能，发展新质生产力。加快发展新质生产力对人才强国战略的实施提出了新的要求，需要更加注重对高新技术领域科技创新人才的培养和引进，加快建设国家战略人才力量。同时，发展新质生产力也要求人才强国战略的实施具有更强的适应性，以应对不断变化的技术变革。

第四，提高人才国际化素质，推进我国人才国际化进程。随着经济全球化的加快推进和我国对外开放水平的不断提高，我们必须站在新的起点上，充分开发利用国内、国际人才资源，坚持自主培养和引进海外人才并举，积极引进和用好海外人才，完善留学人员回国政策和引才机制，鼓励留学人员回国工作、创业和为祖国服务。大力吸引海外高层次人才和急需紧缺专门人才，完善出国（境）培训管理制度。

第五，加快人才发展体制机制改革和政策创新，充分激发各类人才的创新活力。体制机制决定人才队伍的生命力、创造力和竞争力，人才发展体制机制改革的核心是用好人才。坚持"以用为本"，改革人才发展体制机制，创新人才政策，是我国各类人才作用得到充分发挥、人才队伍由小变强的关键所在。

第六，弘扬人才文化，培育人才的核心价值观。文化是民族凝聚力和创造力的重要源泉，文化传承和发展对科技进步和创新有着直接的重大影响。

第七，加强组织领导，进一步完善党管人才工作的领导体制和运行机制。实施人才强国战略，最根本的是要加强组织领导，健全党管人才体制机制，形成人才工作整体合力，建设高素质人才队伍。

二、人才强国战略的监测与评估

为确保人才强国战略目标的实现，吴江等学者构建了人才强国战略监测与评估指标体系，如表 15.1 所示。

表 15.1　人才强国战略监测与评估指标体系

类属	一级指标	二级指标
人才投入	教育投入	1. 公共教育支出占 GDP 的比例 2. 高等教育毛入学率
	研发投入	3. 政府 R&D 经费支出占 GDP 的比例 4. 企业 R&D 经费支出占 GDP 的比例
	公共服务	5. 政府预算卫生支出占卫生总费用的比例 6. 基本社会保障投入
人才产出	数量	7. 公务员总量 8. 企业经营管理和事业单位管理人才总量 9. 专业技术人员总量 10. 高技能人才总量 11. 农村实用人才总量
	质量	12. 25~64 岁人口平均受教育年限 13. 每 10 万人口中接受过高等教育人数 14. 每万人劳动力中从事科技活动人员数 15. 每万人劳动力中从事 R&D 活动科学家和工程师人数
	结构	16. 专业技术人员产业结构 17. 人才区域结构
	环境	18. 劳动争议案件申诉量和立案数 19. 出国留学人员回归率 20. 引进境外专家的人数 21. 外国来华留学生人数
人才效益	经济效益	22. 人力资本对经济增长的贡献率 23. 全社会劳动生产率
	科技效益	24. 科技进步贡献率 25. 对外技术依存度 26. 国内发明专利授权量 27. 国际科技论文收录和引用论文量
	社会效益	28. 人文发展指数 29. 生态文明 30. 社会和谐

（资料来源：吴江，王通讯，蔡学军，等. 人才强国战略体系专题研究报告［M］//中央人才工作协调小组办公室. 中共中央组织部人才工作局、国家人才发展规划专题研究报告. 北京：党建读物出版社. 2011.）

习题

1. 国家人才发展战略通常包含哪些内容?
2. 我们国家为什么要提出人才强国战略?
3. 如何加大对科技创新人才的吸引力度?
4. 什么是体制、机制,如何理解人才发展体制、机制?

第十六章　人才制度与政策

【本章重点】理解我国人才发展体制机制改革历程；了解我国区域人才政策的总体情况、特点和面临的挑战。

【本章难点】了解我国省域人才发展的特点以及遇到的困境。

第一节　我国人才发展体制机制改革历程

构建新时代区域新发展格局，打造良好人才创新生态，就要深化人才发展体制机制改革。深化人才发展体制机制改革是构筑人才制度优势、实现高质量发展的务实之举。改革实践证明，人才发展体制机制改革突破了传统僵化守旧的管理体制，既非单纯地推进所谓自由市场经济改革，也非盲目照搬西方发展模式，而是形成了具有中国特色的人才发展理论体系。

历数深化人才体制机制改革的理论谱系，就是基于中国传统人事人才思想的文化根基和制度基础，以马克思主义中国化辩证唯物史观为指导，围绕人才工作指导方针，深入推进党管人才原则，创新了人才管理与服务、人才引进与培养、人才评价与使用、人才流动与配置、人才激励与保障的现代人才治理理论体系。这为实现中华民族伟大复兴的中国梦提供了坚强的人才支撑。党和国家对人才工作的高度重视，充分印证了实施人才强国战略取决于不同历史时期对人才工作主要矛盾的深刻把握，重点就是如何深化人才发展体制机制改革。这一过程大致经历了五个演化阶段，并取得了一系列宝贵的经验启示。

一、改革目标定位阶段（1978—1992年）

从1978年党的十一届三中全会以来，人才发展体制机制改革伴随着经济体制改革进入了目标定位阶段。指令性计划、指导性计划和市场调节具有各自的范围和界限，要求建立的是符合我国国情的经济管理体制。这一阶段需要大量的优秀人才加入改革开放事业中来，保证国民经济健康发展。

一是解决了人才的政治地位问题，打破了僵化的干部人事管理体制。1978年邓小平同志在全国科学大会上明确指出："知识分子是工人阶级的一部分"。1982年党中央做出建立干部退休制度的决定，废除实际存在的领导职务终身制。"尊重知识、尊重人才"的指导思想让广大人才扔掉了思想包袱，知识分子政治地位的确立实质是人才松绑，这为党政领导干部人才培养选拔创造了条件。

二是将人才培育、用人主体与科技发展三者有机结合，突出教育主导体制。1980

年，新中国第一部教育法规——《学位条例》正式颁布，这标志着我国教育事业开始走上依法治教的轨道。1982年，国家把教育方针、地位和作用等内容写入宪法，确立了教育在国民经济社会发展中的重要位置。1984年，国家针对企业进行了包括企业基金制度和两步"利改税"等措施在内的一系列放权让利改革，促进了国有企业经营机制的改变，这为企业成为用人主体提供了发展先机。同年，国务院印发了《关于自费出国留学的暂行规定》，开始推行留学普及化。1985年《中共中央关于教育体制改革的决定》首次提出要建立"职业技术教育体系"，首次提出建设职业教育的目标。1986年，《中华人民共和国义务教育法》颁布，在我国历史上首次建立了九年义务教育制度。

三是关注知识分子群体问题，形成党委联系专家并引领知识分子投身社会主义建设的格局。1981年，中央成立知识分子工作联系小组，中央组织部和各地党委组织部门成立了知识分子工作办公室，专门负责落实知识分子政策、解决历史遗留问题。知识分子政治地位得到进一步提升，广大知识分子热情高涨。1984年，中央组织部会同有关部门印发了《关于优先提高有突出贡献的中青年专家待遇的通知》。1988年，邓小平同志提出"科学技术是第一生产力"的著名论断，揭示了科学技术对经济社会发展的变革作用。1990年，中央印发了《关于进一步加强和改进知识分子工作的通知》。各地各部门相继出台了大量关于知识分子工作的政策文件，积极地改善了知识分子的工作、学习、生活条件。

二、体制调整摸索阶段（1993—2002年）

这一阶段中央强调建立社会主义市场经济体制，要使市场在社会主义国家宏观调控下对资源配置起基础性作用。党的十四届三中全会通过了《中共中央关于建立社会主义市场经济体制若干问题的决定》，社会主义市场经济体系的宏观框架从企业制度、市场经济、宏观调控、收入分配和劳动保障五个方面进行了整体部署。人才发展体制机制改革在人才专项政策利好的条件下，转向对人才工作领导体制、市场配置人才机制、用人自主权调整机制、人才职业技能发展机制的探索。

一是实施人才强国战略，提出人才队伍建设总体性纲领。党的十六大确立了实施人才强国战略的重要意义并采取了一系列重大改革措施，明确人才工作体制的基本格局。把"四个尊重"作为党和国家的一项重大方针提出来，有利于激发劳动、知识、人才、创造的活力。中央制定并下发《2002—2005年全国人才队伍建设规划纲要》，明确提出实施人才强国战略。从战略和全局的高度，深刻认识人才在经济和社会发展中的基础性、战略性、决定性作用，深入实施"人才强国"战略，把人才队伍建设工作摆上重要日程，切实加强领导。

二是人才管理体制以放活用人自主权为时代音。1993年党的十四届三中全会做出《关于建立社会主义市场经济体制的若干问题的决定》，第一次明确提出"劳动力市场"的概念，与金融市场、房地产市场、技术市场和信息市场并列作为重点发展的生产要素市场，人才市场应运而生。国有企业已经开始"两权分离"，推行了企业承包经营责任制、租赁制，并进行了股份制试点，市场经济发展呼唤更多企业高级经营管理人才。1994 年，中央组织部、人事部印发《加快培育和发展我国人才市场的意见》，提出人才市场发展的总目标是"实现个人自主择业，单位自主择人，市场调节供求，社会服务完善，社会保障健全，在国家宏观调控下，使市场在人才资源配置方面起基础性作用"。1995 年中共中央《关于加速科学技术进步的决定》明确要求科研院所应享有充分自主权，实行科学管理法人，建立政事分开、责权明确的组织管理制度。1999 年要求实行改革现行职称制度，建立以聘任制为主的用人制度。

三是人才职业技能评价是提升整个社会人才能力的指挥棒。1994 年为了更好地顺应市场经济，建立了职业证书资格制度，分为准入类资格和水平认证类资格，形成了高技能人才社会职业技能鉴定、企业人才评价和技工院校职业资格认证的多元评价机制，构建了初级、中级、高级技工和技师、高级技师构成的国家职业技能认证资格体系，为完善不同层次人才的能力素质结构打下基础。

四是人才专项计划是特殊紧缺人才引进培育的试验田。1994 年，中国科学院学部委员改称为中国科学院院士，两院院士制度正式建立；国家开始实施"百人计划"；同年，党中央批准设立"国家杰出青年科学基金"；1995 年，国家人事部实施了"百千万人才工程""全国高技能人才评选表彰工程"；1998 年教育部牵头启动"长江学者"计划。这一系列重要人才计划为杰出优秀科技人才、两院院士、国家"973""863"计划重大科技任务的首席科学家、全国技术能手的争相涌现提供了丰厚的制度土壤。

三、重点推进部署阶段（2003—2009 年）

中央围绕人才强国战略，深入推进以科学人才观为统领的"人才资源是第一资源"和以人为本的理念，成立了中央人才工作领导小组，形成了党委统一领导，组织部门牵头抓总，有关部门各司其职、密切配合，社会各界广泛参与的人才工作新格局。

一是始终坚持党管人才原则。党管人才，归根结底是为了把人才资源纳入党的统一领导，把各方面优秀人才集聚到党和国家的事业中来。从中央到地方，中央人才工作协调小组负责综合协调性人才工作。地方各级党委及其领导下的人才工作领导小组、党委组织部门与人才相关处（科）室负责地方人才综合协调工作，政府职能部门承担具体业务范围内的人才工作，保证了人事人才工作的向心力、凝聚力。2003 年 12 月中央召开全国人才工作会议，指出按照社会主义市场经济体制的要求，根据党所处的历史方位的新变化，改善和加强党的领导方式和执政方式，使得人才工作沿着正确方向前进。

二是人才系统化开发机制促进人才队伍均衡发展。①党政人才方面。2004 年以来先后出台了《公开选拔党政领导干部工作暂行规定》等 11 个法规性文件和《体现科学发展观要求的地方党政领导班子和领导干部综合考核评价试行办法》。②专业技术人才方面。出台《关于部分专业技术人员资格考试安排和考试工作有关问题的通知》《关于事业单位试行人员聘用制度有关工资待遇等问题的处理意见》。③企业经营管理人才方面。2004 年中组部印发了《关于加强和改进企业经营管理人员教育培训工作的意见》

以及《国务院关于鼓励支持和引导个体私营等非公有制经济发展的若干意见》。④高技能人才方面。2003年印发了《关于进一步加强人才工作决定做好高技能人才培养和人才保障工作的意见》。⑤农村实用人才方面。2004年教育部启动了"一村一名大学生",农业部制定了"农村实用人才培训工作方案"。⑥海外人才方面,实施《外国人在中国永久居留审批管理办法》等。

三是高度重视高层次人才引进培养机制,打造人才创新驱动与创新梯队发展的格局。中共中央人才工作协调小组2005年提出"大力加强高层次人才队伍建设"的意见,2007年《关于海外高层次留学人才回国工作绿色通道的意见》,2008年国家海外高层次人才引进计划的实施,引进海外高层次人才步调驶入快车道,发达国家科学院院士世界顶尖科技人才、一大批领军人才和学术技术带头人相继回国效力。这一时期高层次人才工作机制以建设人才强国战略和创新型国家建设为主线,目的在于培养造就一批世界先进水平的科学家、高级专家和技术骨干人才。

四是人才立法工作纵深推进。强化人才立法集中体现在国家制定了众多与人才劳动利益密切相关的法律、法规与行政规章。总体性人才法律法规包括《公务员法》《就业促进法》《劳动争议调解仲裁法》等全国人大常委会制定的有效法律,还有《行政机关公务员处分条例》《职工带薪年休假条例》等具有行政法规效力的规定。

四、系统深化发展阶段（2010—2020年）

党管人才的领导体制是人才工作的重要根基。2012年9月《关于进一步加强党管人才工作的意见》对新时代党管人才工作提出了高要求,党管人才在这一时期以"破除人才发展体制机制障碍"为核心,加强党的领导与依法管理相结合。"五个一体"和"四个全面"的战略布局,《国家中长期人才发展规划纲要（2010—2020）》颁布和第二次全国人才工作会议的召开,标志着人才发展体制机制改革正向构建科学规范、开放包容、运行高效的人才发展治理体系迈进,体现在以下五个方面:

一是完善人才选拔机制,使之成为用好用活人才的引擎器。以推进企业高级经营管理人才市场化、职业化为重点,放活人才市场配置,改革和完善企业高级经营管理者选拔任用方式,推广产权代表、经理聘任、职业经理人选拔任用等。健全事业单位聘任制和岗位管理制,探索符合事业单位特点的选人用人制度。2014年国务院颁布《事业单位人事管理条例》,进一步明确了国家人事综合管理部门与事业单位主管部门的管理权限。以建立事业单位岗位管理制度为主线,逐步推进岗位职级职别、人员聘用评价、考核奖惩、福利待遇等规范。

二是创新人才评价机制,成为释放人才活力的风向标。人才分类差异化评价指标体系正系统推进。对于基础研发人才,摒弃不合时宜、急功近利的中短期考核指标,突出学术水平也突出技术认可水平,主要考量基础性研究产生的综合社会经济影响力;对创新创业人才,突出创新业绩、产学研一体化和产业经济结构的融合;对科技创新人才,既强调科技成果前沿性和转化度,又对企业主体提出了科技成果产业化与市场化贡献评价措施,甚至考虑参照国际规则,对人才以科技成果出资或入股创办科技企业实行特殊评价制度。同时，对一线生产和研发人才、基层人才，以解决实际问题为评价标准，对获奖、论文和学历等条件适当放宽。

三是畅通人才流动机制，政府和市场具有双向调节性。人才引领经济社会发展的作用在于人才充分流动。第一，推进人才市场开放流动性。通过改革行政审批制度，实现政府人才市场管理职能转变，按照管办分开的要求，对人才公共服务机构改革进一步深化，交由市场力量提供人才服务保障，并将人才公共服务纳入公共服务均等化范畴，系统推进人才市场法人治理结构。第二，盘活人才中介机构的服务流动性。通过政府"简政放权"，将行政审批权缩减并下放，减少行政干预，采取有效监管的手段和方式，促进人才中介机构发展并加快人才服务产业的发展，尤以建设人才服务产业园、人才服务产业集聚区为主要标志。第三，鼓励人才向企业和基层一线、欠发达地区流动。从注重人才中介服务行业性、专业性服务标准建设开始，支持企业高端猎头人才中介服务，承接政府人才招揽、引进、培养和激励工作，健全政府机关、企事业单位人才流动的渠道。扩大人才中介服务的覆盖面，深入挖掘人才需求与基层对接并引导其合理流动。

四是构建聚才引才机制，重在发挥国际竞争力。2016年3月，中共中央印发了《关于深化人才发展体制机制改革的意见》，特别强调"柔性汇聚全球人才资源"。第一，健全留学人员回国工作发展机制。中组部下发《关于支持留学人员回国创业的意见》《关于鼓励海外高层次留学人才回国工作意见》《中华人民共和国公民出境入境管理法》及配套法规等，对人才类别签证和居留制度进行了重要改革。首先，从国家层面对留学人员归国工作做出了全方位指导；其次，健全各种创业平台建设，包括创业园、产业园，实施人才启动计划、创新创业发展基金、科技基金、投资基金和专家指导、公共服务一站式相对接的一揽子综合工程。第二，深化高层次人才服务保障机制。"长江学者"计划、"高层次留学人才回国资助计划"以及各省市相继出台的人才计划，中央和地方以及各政府部门相互配合，对已实施吸引、激励和支持等人才政策进一步细化，高层次人才回国数量和质量创新高。第三，高层次人才传递的"以才引才"集聚效应逐步显现。通过国家人才管理实验区、国家自主创新示范区等人才高地，发挥了归国高层次人才的引领作用和企业、大学、科研院所的吸附效应，社会各界齐聚合力开展海外高层次人才引进工作，引进一个领军人才再吸引若干顶尖专业人才，集聚一批具有国际竞争力和影响力的高层次人才队伍，形成团队创新乃至区域创新的新局面。

五是深化人才市场配置机制，打造人才供需信息化。党和政府仍是人才配置的政策主体，但市场机制信息化配置作用正在凸显。第一，政府机构、用人单位、择业人才和人才服务中介机构正运用大数据招聘、网络爬虫、职业画像等技术对人才择业的时间需求、区域行业需求、产业及高新技术领域需求、用人岗位需求、专业能力素质需求实施精准布控，丰富了人才流动市场经济配置的理论和实践。第二，将人才市场供需关系与高等教育改革体系相结合。由于人才择业地点受所在区域社会经济和产业发展水平的影响，东部沿海地区等经济发达城市已成为吸纳人才的主要地区，而西部地区则很难留住人才，特别是高层次人才。通过掌握高等教育就业信息和职业教育人才培养数据，新经济形态、金融业、信息传输、计算机服务和软件业、交通运输业、建筑制造业、仓储和邮政业和商务服务业人才开始出现行业和地域的双向流动。专业人才流动开发机制进一步与国家技能技术教育体系、中西部地区教育改革体系相融合，以此来应对人才结构、层次、布局和规模与市场需求脱节的现象。

五、全面创新引领阶段（2021年至今）

2021年9月27日至28日，中央人才工作会议在北京召开，习近平总书记强调："我们比历史上任何时期都更加接近实现中华民族伟大复兴的宏伟目标，也比历史上任何时期都更加渴求人才。深入实施新时代人才强国战略，加快建设世界重要人才中心和创新高地"。这次会议站在建设社会主义现代化强国、实现中华民族伟大复兴的战略高度，深入分析了新时代人才工作面临的新形势、新任务、新挑战，科学回答了什么是人才强国、为什么要建设人才强国、怎样建设人才强国等一系列重大理论和实践问题，系统刻画了新时代建设人才强国的宏伟蓝图，明确提出了深入实施新时代人才强国战略的指导思想、战略目标、重点任务、政策举措，为推动我国人才事业健康持续发展，加快建设世界重要人才中心和创新高地，提供了方向引领和行动指南。

以高质量创新引领高质量发展是破解当前经济社会发展深层次矛盾和问题的必然选择，也是加快转变经济发展方式、优化经济结构、转换增长动力，全面提高发展质量的重要路径。有资料显示，我国人才资源总量达1.75亿人，人才资源总量占人力资源总量的比例达15.5%，每万名劳动力中研发人员达48.5人/年，比2010年增长14.9人/年，超出2020年规划目标5.5人/年。主要劳动年龄人口受过高等教育的比例达16.9%，高技能人才占技能劳动者的比例达27.3%。人才贡献率达到33.5%，比2010年上升6.9个百分点。① 全球创新指数显示，我国排名已从2012年的第34位快速上升到2021年的第12位。这也是中国自2013年起，全球创新指数排名连续第9年稳步上升，位居中等收入经济体首位。科技创新整体实力正在增强，持续加大科研经费投入，加快建立人才资源竞争优势，实现高水平科技自立自强。

营造有利于人才发展的制度环境，健全有利于创新人才发展的体制机制。按照中共中央、国务院深化科技体制改革的总体部署，持续优化整合科技创新资源，推进国家科技管理机构改革，深入创新驱动发展的顶层设计。继续深化"放管服"改革，实行以增加知识价值为导向的分配政策，深化院士制度改革并鼓励推进项目评审、人才评价和机构评估改革，完善科技创新决策咨询制度，破除"四唯"专项行动。开展科研人员职务、科技成果所有权或者长期使用权试点，探讨建立科创板、成果转化引导基金、众创空间等为创新创业提供了科技人才创新制度和政策体系。

制度和政策全面创新，引领的是强化国家战略科技力量、提升企业自主创新能力、发挥科研院所和高校创新转化作用，促进创新人才不断涌现、创新制度不断迭代和创

---

① 我国人才资源总量达1.75亿人. https://3g.china.com/act/news/11038989/20170919/31471604.html？xzhzx。

新生态良性循环的整体格局。创新人才是具有家国文化情怀和高度责任感、使命感，富有创新能力和极具创新经验的复合型、应用型、创造型优秀人才。围绕创新型国家建设，政府立足于制度资源优势，增强对重大科技攻关、原始创新领域和关键核心技术领域的战略引导、创新投入和协同整合，在科技前沿领域建设具有战略性的国家重大科技项目，增强企业创新主体作用和主导作用，探索创新联合体科技企业的集群式发展，培育一批具有自主核心竞争力的头部企业，推进大中小企业、国有企业和民营企业的融通创新体系。以建设新型研究型大学为基础，打通创新链、产业链、人才链布局，形成基础研究与应用研究、前端科学技术开发与后端技术应用落地的完整创新链条，以创新人才为培养主体，着力打造充分发挥创新创造活力的创新人才，具有一流创新实力的战略科学家人才、青年科技人才与创新团队和卓越工程师人才。

从不同历史发展阶段的演化规律来看，党和国家始终坚持解放思想、实事求是，紧紧围绕各个时期人才资源发展的新特点、新矛盾和新趋势，加强人才强国战略顶层设计与中国实践摸索相结合，逐步深化了对"人才是实现民族振兴、赢得国际竞争主动的战略资源"的认识，最终确立并完善了我国人才发展体制机制。

第二节 我国区域人才政策环境分析

一、省域人才政策总体情况

本节梳理近年来我国区域人才政策，总结其创新点和在促进本地人才生态系统建设、优化人才发展环境等方面所发挥的积极成效，从而探究区域人才政策的主要特点。

按照前瞻性、系统性和有效性原则，我国31个省（区、市）人才工作综合水平呈金字塔形分布，分为三个层次。

第一层次：北京、上海、江苏、浙江、广东。这些省市的人才政策具有较强的前瞻性和系统性，特点鲜明，脉络清晰，与当地经济社会发展、产业布局很好地统合在一起，以人才政策支撑产业发展，助力地方经济繁荣。如：上海市在制定人才政策时具有超前思维，先中央而动，于2015年出台的《关于深化人才工作体制机制改革促进人才创新创业的实施意见》和2020年出台的《关于新时代上海实施人才引领发展战略的若干意见》都较中央的相关文件在时间上更早；浙江省出台的《关于建设高素质强大人才队伍打造高水平创新型省份的决定》将人才工作和科技工作、产业工作系统有机结合，具有较强的宏观指导作用。

第二层次：安徽、山东、天津、湖北、海南、四川、重庆、陕西、河南、湖南。这些省市制定出台了契合本省（市）发展方向的统领性人才政策文件，并较好地贯彻落实，在支撑引领区域经济社会发展上取得了较好成效。如天津市出台的《"海河英才"行动计划》、海南省出台的《百万人才进海南行动计划（2018—2025年）》、山东省出台的《关于实施"人才兴鲁"行动打造新时代人才聚集高地的若干措施》等，这些政策在统领全省（市）人才工作集中力量办大事等方面发挥了重要作用。

第三层次：福建、河北、江西、山西、辽宁、吉林、内蒙古、广西、贵州、青海、甘肃、云南、宁夏、黑龙江、新疆、西藏。各省份因地制宜，结合资源禀赋，出台了各具特色的人才政策。如：内蒙古自治区突出边疆少数民族地区特点，实施"草原英才"工程，以集聚高精尖缺人才为突破口，以举办"草原英才大会"为重要工作抓手，聚焦农村牧区实用人才培养；江西省紧抓航空产业，印发了《关于加强全省航空产业人才队伍建设的若干措施》，从人才引进、人才培养、子女入学、教育、住房和税收等15个方面推动航空产业高质量跨越式发展；河北省出台《河北省人才强冀工程重点人才项目实施办法》，将各地市申报实施情况纳入年度考核，有力推进了各地市人才工作的开展。

二、省域人才政策的特点

（一）人才引领高质量发展战略地位进一步夯实

为深入贯彻习近平新时代中国特色社会主义思想，各省份深入实施人才强省战略，高度重视人才工作，人才引领发展的战略地位愈加凸显。各省份以政策法规为制度基石、以人才工程为工作抓手，陆续出台人才强省行动纲要、实施办法及若干举措。如浙江省出台《高水平建设人才强省行动纲要》《关于建设高素质强大人才队伍打造高水平创新型省份的决定》，河北省出台《河北省人才强冀工程重点人才项目实施办法》，山西省出台《山西省建设人才强省优化创新生态的若干举措》，河南省出台《关于深化人才发展体制机制改革加快人才强省建设的实施意见》等。各省份在压实党管人才政治责任、精准引育急需紧缺人才、激发企业引才育才动力、扩大事业单位用人自主权、完善人才评价激励机制、全面提升人才服务水平等方面，深化改革，坚持创新，以高水平人才队伍引领高质量发展。

（二）人才工作助力区域协同发展成效进一步彰显

以京津冀人才一体化发展为标志，人才工作助力跨区域协同发展观念愈加深入人心。各省份人才政策不是仅考虑自己的"一亩三分地"，而是充分融入，服务于区域发展需要，积极主动是其最鲜明的特色。如安徽，以G60科创走廊为切入点，积极融入长三角城市群，发挥合肥综合性国家科学中心和"全创改"试点省的聚才作用，积极引进国际高端人才，营造外国专家"来得了、待得住、用得好、流得动"的良好引才氛围。浙江省积极推动省内人才一体化发展，为长三角人才一体化发展打好基础。一方面，推进人才服务向省外开放，鼓励省内用人单位到省外设立"人才飞地"；另一方面，推进省内人才服务一体化，坚持全省"一盘棋"，发挥杭州、宁波的城市综合能级优势，发挥嘉兴接轨上海的"桥头堡"优势，在3个城市推进"人才飞地"园区建设，服务全省各地建设"人才飞地"，落户"人才飞地"的高层次人才可以同等享受当地公共服务。北京将雄安和通州作为两翼联动发展，积极主动支持雄安人才工作。同时，河北省积极融入京津冀人才一体化发展格局，以雄安建设为发力点，大力推行"雄才计划"，编制雄安人才中长期发展规划，支持雄安新人才战略实施。江苏苏锡常三地积极推动一体化发展，共同发布了《苏锡常共建太湖湾科创带倡议书》；坚持一体化布局，在构建区域协同创新体系上形成新格局；坚持战略化协同，在提升区域创新竞争力上展现新作为；坚持开放式共享，在优化区域创新资源配置上取得新突破；坚持系统化推进，在构筑区域创新创业生态上实现新提升。

（三）人才工作体系和政策体系进一步完善

人才工作是一项关联度高，耦合性强，需要整体联动、齐抓共管的系统性工作。各省份高度重视人才工作，在制度建设、队伍建设和组织建设上取得了一些实践经验。在制度建设上，多省份从顶层设计的高度，加快构建框架性制度安排。一方面，放眼宏观，根据新时代人才发展要求，出台具有统领作用和指导意义的人才政策文件。在队伍建设上，各省份持续增强人才工作干部队伍配给，整合多部门力量资源，增强人才工作合力。如海南省在全国率先成立省委人才工作委员会，并成立省委人才发展局，进一步统筹全省人才政策、项目、资金、力量等资源，整合人才工作多方力量；同时，为更好地服务产业人才发展，在12个重点产业牵头部门有关处室加挂"产业人才工作处"牌子，明确产业人才工作职责，有效提高了产业人才工作的专业化程度。在组织建设上，各省份进一步完善党管人才工作的领导体制和运行机制，在坚持和完善党委统一领导，组织部门牵头抓总，有关部门各司其职、密切配合，社会力量广泛参与的基础上，根据人才工作新形势、新变化，及时创新优化人才工作体系，有效提升了人才工作效能。如北京市将纪检监察、审计纳入本地人才工作体系，对人才工作不担当、不作为的单位和地区进行问责追责，加强人才工作与纪检监察、审计、巡视等工作的联动，建立会商机制，协调解决涉及人才政策实施的有关问题。

（四）人才发展体制机制改革进一步加深

为进一步释放人才活力，破除各种阻碍人才发展的体制机制障碍，2016年，中共中央印发《关于深化人才发展体制机制改革的意见》，为各省（区、市）推进人才发展体制机制改革深入提供了纲领性指引。此后，伴随体制机制改革进入深水区，2018年，中办、国办又印发了《关于分类推进人才评价机制改革的指导意见》《关于深化项目评审、人才评价机构评估改革的意见》，要求全面深化人才评价制度改革，赋予科研单位充分自主权，为科技人才营造潜心研究、追求卓越、风清气正的科研环境。为进一步用好科技人才，着力深化改革进程，多省份各显其能，出台配套实施办法，充分下放各种权力，为人才发展赋权赋能。在对科技人赋权赋能这一点上，北京市走在了全国前面。北京市为用好战略科技人才，采取不同方式在全市建立了10余家新兴研发机构（法人实体）和2家高精尖中心（非法人），以5年为周期，每年给予5 000万元到2亿元的资金支持。同时，对战略科学家及其核心团队赋能赋权解放思想，破除各种体制机制障碍，充分下放各种权力，使其能够更加心无旁骛地开展研究。此外，江苏省在国内率先系统破除人才评价唯论文、唯职称、唯学历和唯奖项倾向。其率先修订科技人才评价标准，新标准突出科技人才能力、贡献、绩效等要素，同时，明确树立以用为本的导向，增加科技成果转化应用的权重，取消不合理的限制性资格条件，坚持干什么、评什么，重能力、重水平、重实践。另外，江苏探索破除职称申报学历资历门槛，在全国率先创新提出所学专业与所从事专业不一致人员申报职称的政策和渠道。

（五）人才工作精细化促使政策更迭进一步加快

在新发展格局下，面对日益复杂和急剧变化的国内外形势，各省份根据地区特点和发展情况，及时推动人才政策调整升级，人才决策科学化、人才开发高效化、人才服务精细化的人才工作摩尔定律现象凸显。各省份因地制宜，根据发展实际，充分利用优势资源，实施各具特色的人才政策与人才工程。如：北京市充分利用央属人才资源，强化央地合作，助推本地发展；内蒙古自治区围绕推进基础设施"七网"同建、战略性新兴产业"七业"同兴的重大战略决策，更加积极地推进"草原英才"人才队伍建设。各省份积极根据形势变化及时修正更新，推动政策动态调整。如：2020年，浙江省根据国内外发展形势变化，基于本省未来一段时期内的发展定位，在2017年出台《高水平建设人才强省行动纲要》的基础上发布《关于建设高素质强大人才队伍打造高水平创新型省份的决定》，打造人才强省战略2.0版。再如，上海市在重视人才政策思路连续性的同时，及时优化调整本市人才工作布局，先后出台"人才新政20条""人才新政30条""人才政策新20条"，上述政策承继发展，构成了上海市人才政策的"四梁八柱"。

（六）人才工作内卷化现象进一步显现

"内卷"会带来严重的人才工作边际效应递减。在各省份愈加高度重视人才资源的今天，区域发展和区域竞争已经从产业、经济提到人才、人力资源开发工作上。在缺少全国统筹的背景下，各省份"八仙过海各显其能"，人才流动明显呈现"由冷到热、由旧到新、由穷到富、由丑到美"的趋势，其间市场的决定性作用得到充分发挥，各省份的人才工作和政策环境又使这种流动出现过度化、内卷化现象，加速了国内、省域内的人才分布不均衡，带来了新问题。上海、广州等一线城市对人才落户的学历、年龄、社保等要求松绑，西安、武汉、石家庄、福州、无锡等二、三线城市全面取消学历要求，落户门槛屡创新低；租房购房优惠、创业奖励、一次性补贴等各类优惠达新高。这背后反映出各省份对人才和人力资源的渴望。大型城市在发展压力之下，期待吸引更多人才，难免造成虹吸效应；中小城市忙着挽留人口、避免成为大城市附属，寄希望于人才的城市突围之战愈演愈烈。细观各省份具体人才政策，从流程上的自动、零门槛等标签到以租购房优惠为代表的各类补贴，虽然让人才名利双收的出发点是好的，但这些措施大多还停留在物质待遇上。各个城市拼财力等举措仍逃不过千篇一律，甚至还有的脱离城市实际，有一窝蜂盲目抢人才的恶性竞争风险。抢人才举措的攀比，在一定程度上造成了投机行为和政策寻租现象，这些都让人才相关政策的有效性和持续性大打折扣。

（七）高层次人才集聚的"胡焕庸圈"[①] 进一步形成

结合国家区域发展战略，分析全国各省份人才政策成效，以及分析2020年我国

[①] 中国地理学家胡焕庸在1935年提出的我国人口密度对比线，又称为"瑷珲—腾冲线"，在人口地理学与人文地理学以及人口学上具有重大意义，在某种程度上也成为城镇化水平的分界线。这条线的东南各省份，绝大多数城镇化水平高于全国平均水平；而这条线的西北各省区，绝大多数城镇化水平低于全国平均水平。此处借用此概念，形容我国战略科技人才逐步集聚在若干经济发达地区圈层内的趋势明显且不可避免。

"全球高被引科学家"区域分布情况发现,我国高层次人才分布与国家区域发展战略、地方经济社会发展水平、人才政策优势呈正相关。相比 2018 年,我国"全球高被引科学家"总量分布为:京津(北京、天津)地区总量增加 57 人,占比增加 5.4 个百分点;长三角地区(浙江、上海、江苏、安徽)总量增加 71 人,占比增加 7.8 个百分点;珠三角地(广东)总量增加 34 人,占比增加 4.2 个百分点;两湖地区(湖南、湖北)总量增加 23 人,占比增加 2.6 个百分点;川渝地区虽然人数和比例增幅不显著,但是从城市外籍科学家数量以及其国际化程度看,川渝地区的城市吸引力已经出现逐步加大的明显趋势。从我国"全球高被引科学家"总量上看,5 个区域共涉及 11 个省(区、市),数量总计 630 人,占我国"全球高被引科学家"总量的 81.8%。分析近几年我国"全球高被引科学家"各省份的分布变化趋势,其分布逐渐向经济发达地区和人才工作成效显著地区汇集,京津地区、长三角地区、珠三角地区、两湖地区、川渝地区的高层次人才集聚的"胡庸圈"正在形成。

(八)人才生态环境促使人才"回弹效应"进一步显现

营造良好的人才生态环境,是吸引优秀人才安居乐业,形成拴心留人"回弹效应"的最优方式。近几年全国各地逐渐形成了人才跨城流动的新趋势。从百万人才进海南行动计划,到成都打造"蓉漂"品牌矩阵,再到厦门变"筑巢引凤"为"三顾茅庐",都反映了城市人才竞争态势已经进入创造人才"回弹效应"的新阶段。活力决定引力,只有用得好、留得住人才,才能更好地吸引人才。创新创业人才并不是孤立发展的,需要靠他们所处的人才生态环境滋养、孕育、适配和成就。城市要打造良好的人才生态环境,首先要树立正确的人才价值观。创新创业发展需要营养能量和群体支持,同时也需要避免恶性竞争和生态环境干扰。城市人才竞争力不是单靠引进人才政策发力,而是以生态思维的方法。也正是基于对生态思维定律的把握,才成就了城市对人才的强大吸引力。打造独具城市特色的人才发展环境,是人才工作的一个新创举。例如:成都近几年着力打造了"蓉漂"品牌的人才生态环境,形成了招才的"蓉漂计划"等品牌标识和产品矩阵;景德镇"景漂"人才"凤还巢"促使大量文艺人才集聚;杭州创新创业人才生态与城市美学的深度融合使杭州成了创业者的天堂。

三、省域人才政策实践面临的挑战

(一)应对人才全球流动新动向和国际国内区域人才竞争的挑战

当今世界正经历百年未有之大变局,国际力量对比深刻调整,新一轮科技革命和产业变革加速演进,世界进入动荡变革期,人才尤其是高层次人才成为关键变量。国际和国内区域人才竞争的激烈程度前所未有;高质量发展对人才供给结构提出新要求,人才改革进入"深水区",人才标准多元化、人才流动高频化、人才分类融合化、人才归属模糊化、人才环境数字化等给传统人才工作模式带来巨大挑战。"十四五"时期,各省份人才工作在全面建设社会主义现代化国家新征程中要走出自己的特色,仍需要坚持系统观念、加强系统统筹,切实加强人才工作的前瞻性、战略性,增强做好自身人才工作的紧迫感、责任感,立足地方实际和发展需要,加快构建新的人才工作比较优势，打造人才发展需要的生态环境。

(二) 新时代各省份人才工作更好地支撑高质量发展需要的挑战

新时期全国人才工作要立足新发展阶段，贯彻新发展理念，融入新发展格局，对人才工作提出新要求。为更好地打造新时代人才引领高质量发展全国样板，需牢固确立人才引领发展的战略地位，以高质量人才工作引领全省高质量发展，全面提速建成人才强省，以点带面，从而全面建成人才强国。在取得人才发展实践成果的同时，需坚持系统观念与方法，着眼于人才，搭建坚持数字赋能、改革破题、创新制胜，构建以人才为核心的创新创业生态系统，实现人才工作从"外在要求"向"内生动力"转化，人才治理从"条块分治"向"整体智治"跃迁，形成具有中国特色的现代化人才治理体系，为丰富完善中国特色社会主义人才理论提供实践经验。

习题

1. 我国人才发展体制机制改革历程包括几个阶段？每个阶段的特点是什么？
2. 我国省域人才政策可以分为哪三个层次？每个层次的共性是什么？
3. 我国省域人才政策的特点是什么？
4. 我国省域人才政策实践面临哪些挑战？

第十七章　人才开发与评价

【本章重点】 理解人才开发的内涵，了解人才开发的原则，掌握人才开发的类型。
【本章难点】 理解人才测评的标准和内涵，掌握人才测评的方法。

科技是第一生产力，科学技术的进步离不开人才。随着科技强国战略、人才强国战略的不断深入推进，人才作为推动社会经济发展的核心资源，是提升一个地区乃至整个国家核心竞争力的关键所在。因此，以人才开发为核心，从人才可持续发展的视角，科学规范地建立起衡量人才开发水平的评价指标体系，尤为重要。本章主要介绍人才开发的内涵、人才开发的原则和人才开发类型，以及人才评价的标准、人才评价的内涵和人才评价的方法。

第一节　人才开发

一、人才开发的内涵

人才开发是指从人才开发主体角度，对人才政策、人才培养、人才引进以及人才使用等方面采取的一系列开发性行为及措施。具体来说，主要包括四个方面。

（一）人才政策性开发

人才政策性开发是由政府制定的关于人才开发的政策体系，以使人才资源开发与经济社会发展相适应。在宏观上，它体现了人才发展的战略方向和基本方针，在微观上，它是由政府主导产生的行为引导，从整体上构建人才开发机制，加速人才开发进程，为人才开发创造环境和条件。所以人才政策性开发行为包括两个基本维度：一是根据人才资源现状和需求状况制定人才发展规划纲要；二是围绕人才开发的原则和宗旨，设计人才开发的政策体系。

1. 制定人才发展规划纲要

首先，立足国家经济社会发展的总体形势，以科学发展观为导向，为统筹经济社会发展、人和自然和谐发展、国内发展和对外开放提供人才支持，制定全国人才发展规划纲要。它呈现的是宏观与微观、长期性与阶段性、稳定性与发展性相结合的基本特征。其次，立足各区域的经济社会发展及其相互协调，制定区域人才发展规划，既为人才强国战略提供智力保障，以阶段性发展和区域人才资源现状为依据，又能实现区域与全国人才资源整体开发的协调发展。

2. 设计人才开发政策体系

人才开发政策体系是支撑人才发展规划纲要的重要保证，是人才开发行为的行动指南。由国家、地区、行业的各个部门，以制定法律法规、确立工作体制、出台政策措施为主要开发手段，使得人才资源成为推动经济发展和社会进步的强大动力。

（二）人才培养性开发

人才培养性开发是人才开发的基础，也是人才资源可持续发展的前提。人才培养性开发围绕构建"人人能够成才、人人得到发展"的人才培养开发机制，发挥教育在人才培养中的基础性作用，坚持以人为本，树立全面发展观念、人人成才观念、多样化人才观念、终身学习观念和系统培养观念。其作用在于充分开发个体的潜能和素质，使个体从人力资本转换为人才资源或提高人才层次，具体包括：教育者与被教育者之间的双向互动关系，通过人才主观能动性的发挥，完成科学知识与技能传承，提高人才素质与人才创造能力。人才培养性开发行为的过程既是一个不断累积的发展过程，又是一个从低级到中级，进而到高级水平的变迁过程。更为具体的开发手段有学习科学知识、传授专业技能、提高身体素质和综合素养等，目的是使人能真正成为国家和社会需要的人才，从根本上优化体能和智能。人才培养性开发行为是促进个体成长和社会实施人才培养相统一的过程。

（三）人才引进性开发

人才引进性开发，因人才智力跨国跨区域转移活动的日趋活跃而出现。人才交流合作的频繁、人才服务的国际化、人才竞争的开放性为引智创造了有利条件。世界主要国家和地区都在制定实施人才战略或计划，一方面通过规划引导、放宽移民与入境条件、户籍限制条件、给予优厚待遇等方式加紧吸引、招揽各类人才；另一方面则千方百计防止本国优秀人才流失。

人才引进性开发，就其形式而言，是指国外人才的引进开发和国内人才的引进开发。以实绩、能力为核心，综合考虑学历、资历等因素，推出吸引人才的各种综合性举措，具体包括：人才引进措施法治化，制定符合国际惯例的国内外人才高薪引进政策，制定吸引留学人员回国从事科研、办企业的优惠政策以及吸引国外人才的工作条件、生活条件等，探索人才智力投资、技术入股等市场化运作的方式，完善知识产权保护的政策法规，确保人才引进者和输入者各自的利益，解决人才引进动力机制问题等。人才引进性行为的依托力量来源于经济实力竞争和综合国力竞争。

（四）人才使用性开发

人才使用性开发是坚持"以用为本"，通过开发实践促使人才价值实现或人才增值。从人才培养性行为来看，育才的根本目的是培养为人类社会创造财富和价值的有用之才，如果脱离经济社会发展需求，就会降低人才投入效益，造成人才的极大浪费。从人才引进性行为来看，引进人才是为了各项事业发展的需要，为用而引，人才看重的也是能够更好发挥作用的平台和条件，因用而来。只有以用为本，人才才能引得进、留得住，才能产生辐射效应，吸引更多的优秀人才，形成人才培养、引进和使用的良性循环。

人才使用性开发，就是以用好用活人才为核心，具有两层内涵：一是通过直接使用人才个体，促使其在实践中真正转化为人才；二是在人才培养性开发行为的基础上，通过合理使用人才，不仅把潜在价值转化为显性价值，而且能实现人才价值增值。人才使用性开发行为对人才知识的积累、才能的发展和素质的提高所起的作用是明显的。人的技能是在实践中不断增长的，人才使用性开发行为，不是简单地把一个人安排在一个岗位上，而是要遵循人才发展规律，运用人才评价、流动、激励等综合手段，做到人岗相适、人事相宜，充分调动人才的积极性，发挥人才的创造性。具体来说，它主要包括人才考核评价行为、人才流动配置行为和人才使用调控行为三个方面。人才使用性开发行为既与人才引进性开发行为、人才培养性开发行为相互渗透和协调，以此为基础实现人才价值的实现和增值，又可以通过直接使用人才个体实现人才开发。因此，人才使用性开发行为的基本途径是确保人才的合理使用，实现人尽其才、才尽其用。

二、人才开发的原则

（一）第一资源的原则

从"人才资源是第一资源"到"人才是科学发展的第一资源"，这是科学人才观最重要的理念之一。国家把人才在经济社会发展中的作用提到了战略发展的高度。首先，人才资源已成为当今社会生产力发展的核心要素，是经济社会发展的动力源泉。在所有的社会资源中具有基础性、战略性和决定性作用，不仅决定其他资源的开发和利用程度，而且具有其他资源无法比拟的无限可开发性，是十分宝贵且重要的资源。其次，人才资源是人力资源中最有价值的组成部分，是最可依赖也必须依赖的第一资源。人才资源已经成为实现社会经济全面协调可持续发展的首要资源，它是带动其他资源发挥作用的催化剂。因此，只有把人才资源放在经济社会发展各种资源的首要位置上，把人才资源的开发利用作为推动科学发展的根本动力，确立人才资源开发相对于物质资源、环境资源、资金资源以及其他资源开发的优先地位，才能使人才的潜能得以充分开发，人才的创造才能得以充分发挥，人才的社会价值才能得以充分实现。

（二）以人才为本的原则

人才开发行为坚持以人才为本，这是科学人才观的本质要求。它要求人才开发必须充分调动各类人才的积极性、创造性，既把人才作为开发客体，更把人才作为开发主体。要充分肯定人才在开发行为中的主体地位，将人才的主体性需要作为开发活动的基本依据。"以人才为本"就是以人才价值为核心，充分尊重人才在经济社会发展中的先导性和决定性作用，真正做到人尽其才，让各类人才在发挥自己聪明才智的过程中，实现人的最终目的，从而达到人作为手段和目的的统一。人才开发行为要遵循人才成长的客观规律，形成科学的人才开发行为理念，并贯穿于人才发展的全过程，促进人才的自由全面发展。人才开发的引进性行为、培养性行为和使用性行为等都是围绕人才主体进行的。此外，还要注意不同地域有不同的特色，自然环境、人文环境的差异决定了人才开发行为的差异，经济社会发展所需要的人才也有其特殊性。人才开发行为要做到有的放矢，要考虑到开发行为对象的实际情况、开发行为对象综合素质的现状、开发行为对象自我定位等因素。

（三）实践检验的原则

人才创造实践活动制约和决定了人才的成长创造，在人才资源聚集中具有中介、源泉、定向和检验等功能。人才功能发挥的规律体现为"有效的创造实践成才律"。人才取得成功，其实践活动必须是创造性的，创造的实践必须是有效的。这就要求，人才开发行为的成功与否，应该是以人才的实践活动效果作为最终衡量标准。总体而言，一方面，人才出自实践，人才是实践的产物，离开了实践，社会就无法准确衡量、评价和认可人才；另一方面，人才取得创造性成果的关键来源于实践，人才进行创造性劳动所依赖的创造能力和经验更需要在实践中提高和积累。具体来说，首先，要引导人才主体去掌握和认识成才规律，积极有效地参与各种实践活动，在实践中提高认识增长水平、发挥才干；其次，要给予人才一定的创造实践的自主权，营造人才开展必要实践所需的场所和氛围，鼓励创新活动，宽容失败行为；最后，以人才实践结果为标准，形成对人才培养使用、配置管理、考核评价等方面的根本依据。

（四）协调发展的原则

人才开发行为的科学发展，就是做到全面、协调和可持续发展。第一，注重人才资源个体及其素质的整体开发。人才资源个体素质由德、识、才、体等要素构成。这就是说，人才个体素质的开发是一种综合性的开发，而不仅仅局限于"才"，切忌在强调"才"的开发时忽略其他要素，特别是要重视对"德"的培养和考察。第二，注重人才资源社会结构的统筹开发。其中包括组成该结构的人才类别、所有制、地区、产业、行业等亚结构以及它们之间的整体性开发。人才开发行为要处理好各支人才队伍之间及人才队伍内部的关系，人才资源开发的数量要与经济发展的规模相对应，人才资源开发的专业结构要与经济变革的产业结构相协调，人才资源开发的地域结构要与社会活动的地域过程相一致。依靠人才增强竞争优势，加快发展方式由主要依靠物质资源消耗向主要依靠科技进步和人才资源开发转变。第三，注重人才资源开发行为过程的协调开发。其中包括引进、培养、使用等开发行为的连续性和持久性，明确育人部门和用人部门的分工职责，科学制定相关配套政策，完善组织运行保障，将现实急需人才和长远发展人才的开发相结合，提高人才贡献率。此外，人才开发行为还应协调好人与自然之间的关系，良好的自然环境能够为人才开发行为创造良好的条件，人才开发行为不能以破坏资源环境为代价。

三、人才开发的类型

人才开发按照不同的开发主体，可分为家庭人才开发、学校人才开发、政府人才开发、企事业组织人才开发和人才个体开发五个类别。

（一）家庭人才开发

家庭是最早进行人才开发的行为主体。家庭作为社会生活的组织形式，其重要功能就是在人类开发自身的过程中，可以发挥其他社会组织不能替代的作用。家庭人才开发的特点包括：人际关系的亲近性、开发内容和方法的灵活性、开发形式反复和时间的终生性、开发的社会性和时代性、开发的初级群体性。行为主体的亲密性和教育的无私性是家庭人才开发区别于其他主体人才开发的重要原因和内在依据。

家庭人才开发的主要内容包括下面三项。

1. 基本生活能力的培养

人才的成长离不开人类自身能力发展的过程。人才在教化培养的早期阶段，最重要的就是基本生活能力培养，包括生存能力培养、自理自立能力培养和为人处世能力培养。在语言交流、认知方式、行为习惯、人际交往上，人们从幼儿时期就开始接受来自家庭的教育熏陶。在人才早期的家庭开发教育中，虽然生活能力是一个复杂烦琐的培养过程，但是却不容忽视，因为幼儿时期的启蒙教育决定了今后人的成长发展，这是健全人格和社会能力形成的重要时期。

2. 基本社会生活的教育

根据人的成长规律及发展阶段，社会生活知识的教育包括适应环境的教育、科学和人生知识教育等方面。家庭人才开发首先进行的是适应自然环境和周围人际关系、社会关系的教育。自然环境的认识是由浅入深逐步深化的。进入社会后，人依靠家庭和实际的社会生活才能认识和理解人际关系，由亲及疏，继而认识自身在整个社会中的位置以及在社会中的角色，认识自身与社会的关系，与社会上其他人的关系。家庭进行科学和人生知识的教育，更多地体现在对人生目的、人生理想以及人生价值观的引导方面，鼓励远大的志向、明确人生的意义和方向，培养高尚的人品、锻炼坚定的意志、树立科学的人生价值观，这些对于人才的成长和发展具有无可取代的重要作用。

3. 成长和成才教育

家庭人才开发行为与学校教育和社会教育相结合，包括天资发现和激励立志、独立个性的培养与意志磨炼、智力开发和拼搏精神的培养等。家庭从儿童时期的才能禀赋和兴趣出发，尽力发现、寻找其特殊的天资，找准其适合的优势和特长，创造适当的教育条件和社会条件，经过专门的长期培养，鼓励其形成勇于思考、不畏困难、机智冷静等个性特征，而后成长为某一方面专门或特殊的人才。

（二）学校人才开发

学校因其现代教育功能，在人的开发及价值实现中是重要的执行机构，因而成为人才开发行为的主体之一。学校通过传播人类社会所积累的基本经验和知识，传承优秀文明文化成果，在具体教学培养过程中完成人才开发行为。与其他行为主体相比，学校人才开发行为具有计划性、系统性、组织性和普及性等特点。学校教育的这些特点使得处于知识继承期的人才能够在一定时期内获得大量的系统知识、经验和技能，迅速提高自己各方面的能力，通过系统性学习，适当将他人经验与自我思考相结合，形成较高的基础素质和潜在的专业水平，为人才创造期的到来做好充足准备。

学校人才开发行为的主要内容包括：

1. 品德教育

相对于家庭和企事业单位等主体，学校拥有人才开发的资源配置优势。学校作为有计划、有组织地进行系统教育的机构,人才的品德教育被放在首要位置,其基本内容包括:道德认识、道德观念、道德情操、道德意志以及行为习惯等。这是在长期社会生活实践过程中由人们约定俗成的"应当"和"不应当"的客观要求,是一种意识形态概括和表达的善恶标准和规范,靠自觉的行为、传统习惯和社会舆论来维护。因此,品德教育只有通过内化作用,转化为人的情感、意志、信念和良心时,才能进一步转化为行为,它既是行为规范,也是实践精神,是人类不断完善自身的自觉活动。

2. 素质教育

一个人要成为真正的人才,必须具有综合全面的素质。素质教育已经日益成为人才培养的重要内容,除了专业素质教育以外,还包括身体素质锻炼和心理素质教育。一个人要取得成功,不仅需要扎实的专业知识和能力,也需要强壮的身体基础和健康的心理素质。学校素质教育的目的,首先是要锻炼坚强的意志品格,确定理想后能够不畏艰难,以顽强的毅力和执着的信念为实现目标而奋斗,具有自信心、忍耐力和自制力,尤其是在处于逆境的情况下,能够克制不应有的欲望,改正自己的缺点,坚持并最终实现目标。其次是要在错综复杂的环境中,经常进行心理的自我调适,善于调节控制不良情绪,有较高的人生追求,保持情绪稳定、身心健康发展。最后还要培养高尚的情感,比如同情心、荣誉感、责任心、正义感和求知欲等,培养良好的性格和塑造自己性格的能力。

3. 知识技能教育

知识技能是人们在改造客观世界的实践中获得的认识和不断积累的经验的总结。知识是人才进行创造性活动所需要的基本要素,所以传授科学技术知识、传承先进经验和文明成果是学校人才开发行为的主要任务。现代科技飞速发展,人类的知识量迅速增加,知识面迅速扩张,知识更新不断加快,因此,学校进行知识技能的教育需从知识的类型及其系统性和层次性上去把握,使得各种学科知识和技能之间能够彼此渗透。通过把科学知识体系分为自然的、社会的、思维的等不同类别,将教育从知识构成上分成不同阶段。学校的基础教育主要包括:教会学生听、说、读、写的基本能力,教授学生自然科学和社会科学的基本知识;随着社会发展以及人类知识的进步,再不断加入新的知识和学科。此外,还要训练学生掌握相应的基本技能,包括书写、制图、实验等操作技能和阅读、计算、测量等心智技能,并通过反复应用形成熟练技巧。进入专业教育阶段后,学校应根据培养目标,进行专业知识的教育,同时结合职业教育,培养人的自我学习和自我创造能力。

(三) 政府人才开发

政府作为国家意志的执行机构,应充分发挥宏观调控职能,依法对人才资源进行管理、开发和利用。政府在人才开发中具有特殊的地位和任务,这表现在政府的组织管理活动离不开各行各业的人才,政府有责任、有义务创造出有利于人才开发的宏观环境,包括人才资源投资的经济环境、开放包容的社会环境以及公平竞争的文化环境。同时,政府在人才开发中实施了计划、组织、控制、领导、协调等一系列职能性的管理活动,其目的在于建立良好的人才资源开发体制机制,使得人才开发各资源要素之间能达到最优匹配状态。

政府人才开发行为的主要内容包括：

1. 制定实施人才开发的法律规范

政府人才开发行为应是经由国家法律认可，由政府作为主体保证实施的，对人才与经济增长、人才与社会发展等各种关系进行调整的一系列行为。政府进行人才资源的开发活动既具有权威性与强制性，又结合了稳定性和规范性的优势，在法律明确授权的情况下，有权就人才开发各事项做出行政决策，制定人才开发的法规条例，实施人才工作的行政行为，按照权责一致的原则依法开发人才资源。

2. 建立健全人才开发的制度和体制

人才开发的制度体系具有明显的导向性，它为包括政府在内的所有开发主体提供了依据、方法和规范。我国政府人才开发制度体系是由党群部门和主管教育人事的行政部门制定和认可的，包括开发过程、开发环节以及评价监督的一系列规范。人才开发体制是制度化的关系模式，是一种为人才开发活动有效运转而设定的基本框架，它能够提高人才开发的效率，促进人才资源的利用和整合。我国人才开发管理体制目前采取分类管理和分级管理相结合，合理划分各层次管理权限，利用市场机制调节人才开发行为。

3. 组织领导人才开发管理活动

政府通过确立人才资源开发的具体指导思想和工作方针，制定人才开发战略和发展规划，指导并协调人才资源开发中其他各种组织和人员的活动意向、范围和幅度，解决人才开发过程中的隔阂和矛盾冲突，实现开发行为与外部环境的动态平衡，使得人才资源开发活动始终沿着既定的方向深入开展，从总体上把握人才开发的整体规模、节奏和速度，保障人才资源开发的有序性和整体性。

4. 保护促进人才开发的成果利用

政府通过宣传、咨询和研究人才资源开发的政策法规，进而形成正确的舆论导向，形成科学的用人观念，造成一种全社会尊重人才的风尚，为人才开发创造一个良好的环境。同时，政府作为人才开发长期投资的重要主体，根据国家经济发展水平和实际建设需要，从长远性和公平性角度，利用各种教育经费、专项基金、项目计划和医疗保险等经济性或行政性手段支持人才培养与使用。因此，政府有义务对人才开发所需要的条件和成果采取一系列保护性措施，这包括基于人才资源智力成果的知识产权保护、人才资源贡献效能的经济权益保护，以及有利于人才资源创造性发挥的劳动环境保护等。

（四）企事业单位组织人才开发行为

人才资源存量中的一部分，广泛分布于各类企事业单位组织中。企事业单位组织中人才开发行为的客体是组织中的人才资源。就企事业组织内的人才资源范围而言，随着社会的发展进步，人们受教育的程度在不断提高，技术能力水平也在不断提高；随着经济体制和人才管理体制的改革深化，各企事业单位组织在人的管理方面获得越来越多的自主权，可根据严格而具体的标准招募和使用人才。因此，企事业单位组织人才资源，具体是指被企事业单位雇用、聘用、录用到岗的全部成员，在具体管理环节上，对具有不同学历或专业技术职务者仍应根据国家及有关部门的有关规定执行管理。企事业单位组织中人才开发行为的主体主要分为两个部分：一部分为人事部门，即人才资源开发的职能部门；另一部分为单位中各层次、各部门的领导者。

人才开发职能部门的作用包括：就人才开发行为的具体活动为行政及业务部门提供决策；通过集中进行人才工作以提高组织效率，例如人才配置、人才培训等，这些活动由企事业单位的各个部门分散进行，不仅不如人才开发部门集中进行效率高，而且分散进行会增加人力、物力成本。此外，在人事政策和程序的制定和实施过程中，人才开发职能部门可作为组织中最高层次管理者的代表或代理机构行使职权。组织中领导者的作用在于，作为人才开发行为的实际决策者和引导者，他们对人才开发行为的认识和态度，在很大程度上决定了一个组织的人才资源开发目标、水平和效益。从一定意义上说，人才开发行为效果如何，取决于各类企事业单位能否成功地将组织内人才资源的能量充分释放出来。

企事业单位组织的人才开发行为主要包括：

1. 分析现存人才资源状况

企事业单位组织在确定人才开发行为目标和方案之前，首先要做好的是工作分析。工作分析是指根据组织发展需要，确定各类工作的性质、任务、职责、职位及对任职者要求的全过程。通过职位说明书和工作规范，获得组织现有人才资源与工作及职位需求对应关系的依据。其次，对现有人才进行分类，分析人才的任职情况。按照所从事的工作类别将现有人才的总体情况统计出来，包括人才资源总量、布局、结构等，建立人才信息库，全面而准确地掌握本组织不同工作类别、各类工作的职位数、各类人才的数量及其所在的职位情况，并对人才与工作岗位的适应程度做出评价，将其作为指引企事业单位组织一定时期内业务发展的方向，以及人才资源调整补充的依据。

2. 预测人才资源的需求与供给

人才需求预测是对企事业组织在未来计划内的业务运转与发展所需的人才数量、种类及水平层次的预测，这种预测的依据是组织的战略目标、发展计划和工作任务。组织规模、技术进步水平以及劳动生产率等因素决定了人才需求。人才供给预测，是将来一定时期内可得到的人才资源情况的预测。人才供给来自两个方面：一是组织内部已拥有的人才，二是独立于企事业单位的外部市场。在内部供给方面，除采取有效方法分析和掌握人才现状之外，还应重点对未来组织现有人才资源可能发生的变化进行预测，这些变化会直接改变内部人才资源供给状况。在外部市场方面，供给预测建立在充分掌握人才市场信息和发展趋势的基础上，通过科学的预测方法，避免人才过剩或短缺，达到人才供求平衡。

3. 开展人才选拔与职业培训

开展人才选拔与人才招聘密切相关，人才招聘的目的是最终完成人才选拔。人才选拔对于企事业单位组织具有重要作用，它可以减少人才进行初始适应性培训与开发的费用，缩短人才上岗与适应工作的时间差，减少工作与人之间的摩擦，在一些关键的、高层次的管理或技术岗位上，人才较一般普通员工更能发挥骨干作用。人才入职后，为避免其长期工作产生的惰性，还要定期进行职业培训，使人才了解本单位在一定时期内的战略发展方向，说明胜任工作所需的技能及方法，从而更加明确工作职责、程序、标准，带头提高员工的工作效率，取得良好的工作业绩。在此过程中，双方就企事业单位及人才所在部门期望达到的态度和行为进行沟通反馈，有利于顺利完成人才职业生涯发展规划，实现个人目标与组织目标的统一。

4. 采取有效的人才激励服务措施

要保证和提高企事业单位的工作效率和整体效益，必须调动和保持人才的积极性和创造性。做好激励服务工作是企事业单位人才开发中的重要环节。激励服务措施包括物质激励和精神激励、直接激励和间接激励等。激励手段与人才需要在客观上相适应，在不同的经济社会发展阶段，人才需要也有所不同。组织中的人才开发职能部门应认识到这种阶段性变化，正确分析人才自身需要满足的层次，采取相应的激励方式和标准去调动人才的工作热情。一般来说，人才比其他员工更加重视荣誉、尊重、信任、成就以及自我实现，人才对在工作中承担较大责任、享有较大自主权以及参与决策等有更多的期望。企事业单位组织应在人才开发行为中更重视效力强大而持久的激励服务措施。

（五）人才个体开发

人才个体是一个辩证的统一体。一方面，他是人才开发的客体，是其他主体进行人才开发时的对象；另一方面，他是具有自觉成才意识的人，以实现某一理想为目标，充分发挥自身的能动性和创造性，通过不断努力学习和艰苦实践，实现其生存发展环境、社会经济文化条件之间的相互作用和逐步协调，并最终成为较高素质的人。人才个体的自我开发是在人才的自我意识觉醒之后，按照一定的方向和目标，充分发挥自身的主观能动性，努力把自己培养成为一个具有各种人才特征的人的过程。人才的自我开发是自己培养自己的行为，以其内在素质的提高作为努力方向，具有明确的目标指向，成才主体勇于在创造中学习、在学习中创造，以自己的独创性来取得社会的承认。这是人才个体经过内心的选择，人生观逐步确立而产生的稳定的成才行为。

人才个体的内在素质包括思想品德结构、智能结构、身心结构三个组成部件，其主体是智能结构。智能结构是智力和能力的综合，主要有知识结构、智力结构和技能结构。知识结构是对一般知识、专业知识和经验知识的总结；智力结构包括对信息和信息之间相互联系的整理与归纳，反映的是观察力、思考力、记忆力、想象力与创新力等；技能结构是身体协调程度和大脑对其他神经系统的控制能力，表现在动手能力和协调能力等。人才个体开发包括的内容相当广泛，因为人才个体既生活在自然环境之中，又生活在社会环境中，行为本身受到自我开发和外在环境条件的多种影响。自然环境中以自然形式存在的物质能量可以直接或间接地影响到人才的生产、生活。社会环境中按照人才个体生活空间的远近可以分为宏观环境和微观环境。宏观环境包括社会政治、经济、宗教、艺术、文化、科学、法律等；微观环境包括家庭、学校、单位、社区等。一般来说，宏观环境从总体上决定的是社会人才的涌现程度和发展程度，微观环境则对具体人才个体的成长和发展起直接作用。在人才自我开发行为过程中，其生存空间的微观环境对其成才的影响是巨大的。

总体而言，外在环境可以决定人才自我开发的方向、水准、成就、动机，可以给人才个体提供不同的境遇，加速或者延缓人才的成长。人才个体开发在受环境制约的同时，并不排除已经具备一定内在素质条件的人才个体可以摆脱环境中的消极影响，利用有利因素发挥主观能动性，积极地改造并开发自身的成长环境，促使内在素质进一步提高，在终生目标选择上，更加贴近现实和社会需要，充分显示出人才个体的进步性和创造性。

第二节　人才评价

一、人才评价的标准

"我劝天公重抖擞，不拘一格降人才"，龚自珍的诗句至今令人赞叹。这一思想对当代制定人才评价标准仍具有深刻的启迪。什么样的人算人才？用什么标准去衡量、评价人才？由于人才的复杂性以及由此带来的人才评价的复杂性，确立和贯彻科学的人才评价标准并非易事。确立科学客观的人才评价标准，应该体现"不拘一格"的精神。"格"就是标准，有"格"而不拘"格"，改革人才评价的方式、方法，强化人才评价标准的客观性，这是人才工作达到人尽其才、才尽其用的最高境界。

人才评价标准是人才评价的准则和关键。究竟使用什么样的标准才能使人才评价科学、客观、适度呢？这是一个非常重要的问题，却没有一个放之四海而皆准的评价标准。人才评价的标准因人才所在的地域、单位、岗位的不同而有很大的差异，它既有个性又有共性。一般来说，对人才稳定可见的特征易于建立评价法则和评价标准，而对人才德、智、能、绩的绝大多数状况无法直接测量和鉴别，人才评价只能以可见的行为样本作为"媒介物"，并从中选取关键的成分或要素进行评价。

这些客观人才评价标准的制定或人才评价关键要素的选取应该具有这以下三个特点：

一是评价要素的代表性。在人才评价中，对人才个体的评价不可能面面俱到，往往只能通过科学选择的典型样本进行测查，借以推知人才个体的基本特征，由此推论整体行为。因此，在确定评价要素时必须做到两方面：一方面，要保证评价要素的数量足够多，应覆盖德、智、能、绩的各个方面；另一方面，要保证评价要素的代表性足够大，能反映人才的本质行为。

二是评价标准的客观性。评价标准的编制、评价等级的确定、评价的组织实施和评价结果的解释、反馈、运用等都必须遵循严格统一的科学程序。也就是说，对所有的评价对象而言，评价的内容、条件、过程、解释系统都是相同的，从而保证所有的评价对象在相同的条件下接受评价，减少参评者个人主观偏见的影响，保证评价结果的客观性和准确性。

三是评价结果的有效性和可靠性。评价结果能反映人才真实状况的准确性，具有较高的评价效度和信度保证，能够代表人才评价的实际水平和稳定状况。

二、人才评价的内涵

人才评价，就是依据一定的法则，测量人才本质的行为，再进行量化分析，从而揭示人才德、智、能、绩的真实水平和状况。

实施人才评价，首先，应从量的和质的规定性两个方面考察，质是人才的本质属性，质寓于量之中，没有一定数量的表现，也谈不上质。其次，还要从人才的行为表现来考察，人才的行为表现展示人才的内在素质状况及其价值。人才质量是人才素质的综合反映，它反映了人才在质上的规定性，是人才所具有的体质、智力、知识、技能和劳动意愿，一般体现在劳动者的体质水平、文化水平、专业技术水平和劳动的积极性上，常常用健康状况、受教育状况、劳动者技术等级状况以及劳动态度等指标来进行衡量。

人才的工作行为是人才质和量的统一。人才的工作行为是创造性的劳动，是为实现组织目标而进行的有组织、有目的的活动。一切物质和精神活动都是以人才的工作行为为中介的，同一般的工作行为相比，人才的工作行为具有更强烈的动机性。人才工作行为的可测性已被理论和实践所证实，但对人才行为所反映出的质的特性往往无法直接测量和明确区分，需要通过"第三者"如人才的绩效或贡献去测量。

人才评价是对人的德、智、能、绩给出科学结论的过程，从另一个角度可以定义为，根据一定的评价标准，用合理、适当的评价方式，在不同的评价范畴内，对人才的质量即行为表现进行描述。据此，人才的评价标准、人才的行为表现、人才的评价方式就构成了人才评价的三要素。其中，人才的质量及行为表现是评价的对象，评价方式是在人才评价中应用的技术或手段，评价标准是人才评价的测量中介，这三个要素构成一个有机整体，而不同的评价范畴区分了人才评价的应用领域。

人才评价成为人才管理工作诸多职能中最关键的因素和最重要的环节。人才工作和人才管理的核心就是人才评价标准的建立，而人才管理实践也充分证实，建立健全科学、客观、公正的人才评价标准是"知人善任""任人唯贤"的基础和前提。

三、人才评价的方法

客观科学的人才评价是"知人善任""任人唯贤"的基础和前提。为了避免传统考核手段的局限性，现代人才评价重视将定性和定量方法相结合，传统方法和科学手段相结合，领导和专家相结合，由此在实践中发展起来各种人才评价形式。

人才评价的应用方法主要有：考试（笔试）、专家评判（面试）、考绩、定量考核、心理测试、情景模拟（评价中心）、系统仿真测评、人工智能专家系统测评等。

（一）考试（笔试）

考试是测定人才所了解、掌握各门各类知识的主要方式。一般根据候选对象将要从事的工作性质、条件要求及职（岗）位职责所必备的理论知识拟定试题，让被测者进行笔试，试题主要包括基础知识和专业知识两种基本类型。

考试具有三个优点：一是经济性，可对大批应试人员在不同空间、相对时间内实施；二是客观性，考卷可以密封，主考人与被测试者不必直接接触，评卷又有可记录的客观尺度；三是广博性，信息容量大，一份试卷可包容大量的不同类型命题。通过测验可以反映一个人掌握知识的深度和广度。它最明显的优点是机会均等和相对客观，这是其他方法难以替代的。其缺点在于很难考量出实际能力，偏重机械记忆，且猜度机会较多，不易发现个人的创造性和推理能力，会在一定程度上影响个人真实水平的发挥。

（二）专家评判（面试）

专家面试有广义和狭义之分。广义的面试是指主考官直接面对考生，考生通过语言表达或实际操作的方式获得评价。面试可以用多种方式进行，如现场评判、会谈、抽签答辩、背景调查、情景模拟测验（公文测验、无领导小组讨论）、评价中心（组内评价、专家评价、多种技术测验、共同评价和实际操作）、心理测验等。狭义的面试是指会谈（面谈）。

面试应用专业权威评价，标准高，看得透彻，评得真切。动态式的考核有利于测出考生的真才实学；还可以借用有关方式（如述职报告、叙谈某些感想和体会）获得各种建议、设想及其为人处世的特征等有用信息。面试也会受到一些因素的影响，比如评判环境的心理压力颇大，专家和考生之间的沟通往往被扭曲，而两者间的关系类似"导演"和"演员"的关系，这样就会在一定程度上影响考生水平的自然发挥和评判的真实性；专家评判也有很强的主观性，难免产生误差和偏见，考生的一些个性化因素往往随考生所报考职位的工作性质而变化；面谈的环境排列顺序、前后差异的影响、双方的情绪以及专家内心拟定的参照体系等都同评判有直接的关联。以上这些因素会影响评判的信度和效度，不适合测量人才长期形成的个性行为特征，如基本的知识能力、工作能力等。

（三）考绩

考绩是指通过工作实绩反映人才的能力，是目前考核干部的主要方法。具体来说，就是被考核对象撰写述职报告，由与被考核对象工作相关性较大的下级和同级进行民主评议，对有争议的或不够明确的问题，排出重点访谈提纲，做进一步深入调查了解，以便做出正确的评价，写出综合考核报告。具体评价标准有目标管理、工作计划及检查措施等。

通过考绩方法进行人才评价，有利于克服主观片面性和随意性。对工作实绩进行考核，才能比较准确、客观地了解人才、使用人才，因为工作实绩是人才发挥作用优劣的综合表现，只有以绩看德、以绩量才、以绩用人，才能坚持"任人唯贤"的用人标准。考绩也有利于激励人才的责任感，激励他们创新工作、提高管理水平，创造更高的绩效。但也应注意到，实际工作、生活中的考绩是相当复杂的，影响绩效的因素很多，绩效又表现在各个方面，较难准确把握其真实情况，特别是各人所处的工作环境不同，又无法控制其他变量，因此，考核结果的可比性较差，特别是较难以此对人才的潜能作出正确的预测。

（四）定量考核

考核中引入定量的因素，即将人的素质分解成若干要素，形成一个规范的、标准的评价体系，然后请上级领导、同级员工及本人对照标准打分，经过汇总分析，形成对一个人比较完整、准确的认识。一般要求设计标准化的量表，这个量表由五个方面组成：使用说明（包括量表简介、使用程序和参照标准）、评分标准、被评者简况附表、原理手册（包括评分法、汇点技术、原理依据等内容）、计算机汇总表。

定量考核一般引入定量因素，便于计算机对其结果进行处理，有利于人才管理信息化；方法比较简便，可以大面积进行，易于推广；群众参与的面比较广，从一定意义上说，它是人员考核工作走群众路线的一种体现，可以在一定范围内进行横向比较，有利于每个人得到自我教育和提高。

但定量考核在应用中不能完全摆脱静态考核的局限性：只能考核被测者的过去行为和现实表现，难于发现其未来发展趋势；虽有一定的评价标准，但不能完全摆脱间接和主观的局限性，难以掌握统一的客观尺度，影响结果的可比性，尤其对管理范围大的高层领导考核后进行比较时，系统间的评分误差可能较大；参与者的"印象分"及对高层领导者了解不具体，以及事先"串通、打'感情'分、买分"等现象都会造成评分误差；与传统考核相比，不能精细描绘人员的各项素质，不易形成一个具体、生动的综合性文字描述报告。

（五）心理测试

根据"特质理论"，每个人的个性基本结构的单元是特质，特质表示在不同时间和各种情况之下人的行为的某些类型及其规律性。心理测试就是基于上述理论，通过对人的一组可观测的样本行为，进行有系统的测量，来推论人的心理特点。第二次世界大战以后，西方各国常用心理测试作为评价和选用员工的一种工具，目前心理测试已发展出多种测验方式。心理测试主要包括人格测验和认知测验两种形式，当今国外最流行的加州心理测验（CPI）及卡特尔的16种人格因素（16PF）的测验都是人格测验。CPI测验可测量人的社会活动性（自信心、精神均衡、优越感和总的社会活动能力水平）；社会适应性（成熟性、个人价值、自我控制和责任心）；智力（测量对智力活动的态度和成就性行为的水平）；心理健康度，常规性（遵循社会规范和期望的行为）；内、外向；男、女性气质等。

认知测验主要包括三种形式：一是智力测验，即测验人表现在认知能力方面的较稳定的心理特质，它主要包括人在外部环境影响下较不易改变的那些认知特点，例如人的观察力、注意力、记忆力、理解力、抽象思维能力、判断推理能力等，在人才选拔时常用到这种形式。二是成就测验，即对一个人已掌握的知识技能水平进行测验，主要反映受测者对一定知识内容的掌握程度和运用。三是介乎智力和成就测验之间的能力倾向测验，它既可以反映一个人不易受环境影响的智力特点，又可以反映一个人较容易受到教育和训练影响的知识技能水平，还可以反映一个人的现有水平，也可以对未来较长期的发展做出预测。因此，能力倾向测验被大量运用于员工的选拔和安置。

心理测验理论所依据的数学工具往往需要硬性条件（如正态、线性假设），而在实际的测验分析中，这些条件未能完全满足，测验的可靠性难以把握，每个受测者的测验表现受环境因素及内在因素影响，如测验效应和社会赞许性的干扰，因而有出现误差的可能性（必须有测谎数据予以控制）。

（六）情景模拟（评价中心）

由于前述的笔试、面试、定量考评、考绩、心理测验等手段较难发现一个人是如何分析复杂情况的，如何做出正确决策，如何承受压力或者是否善于与人共事等，所以又发展出情景模拟（评价中心）测验方法。它是把被试者置于一个模拟的工作情境中，采用多种评价技术，观察和评价被试者在模拟工作情境下的心理和能力。其目的是测评被试者是否适宜担任某项拟任的工作，预测被试者的能力、潜力与工作绩效的前景，同时察觉被试者的欠缺之处，以确定培养、使用的方法和内容。

评价中心（即情景模拟）的各种测试是分开的、单独的，但实质却是彼此相关而非独立的，即要提供较长时间的紧张压力，让被试者在其中与各种有关的人员打交道，处理事宜，这就能在动态中评价一个人。评价中心的内容是一系列测试手段的结合，是一种集人格测验和能力测验于一体的综合性的测评法，当然情景模拟测试是其中必须采用的方法之一，其最终结果是综合各种测试后而得出的。评价中心模拟测验的主要做法有：

1. 文件筐（也称公文测验）

实施前，先为被试者指定一个假设的社会角色或职位，然后评价员给被试者"一筐子"文件，这些文件是该假设职位日常工作中需处理的，其中有来自上级和下级的，有组织内部和外部的各种典型问题以及指示或请示，既有日常琐事也有重要大事。这些都必须在规定时间内处理完毕，评价员观察被试者公文处理的速度、质量以及能否分清轻重缓急，能否有条不紊、恰当地授权下级，是否拘泥于细节，或按公文的时间顺序杂乱无章地处理，从而看出被试者的政策水平、分析能力、判断能力、文字表达能力等个体素质。然后，几位评价员以哪些回答最适合公司需要为标准，共同议定，着重分析被试者处事是否抓住了关键，处理问题是否坚决果断，能否发现更深层次的问题，能否看出各种问题间的内在联系，是否看清了其中人的因素。

2. 无领导小组讨论

这种做法是指在不设组长的情况下，数名被试者讨论一个指定的问题。操作时，注意要保持被试者的陌生度，彼此陌生的人相互角色关系不明，有利于个体的自然表现；要保持被试者适当的人数，以保证人与人相互作用频率达到足够的量，使每个人都能获得充分表现自己以及引起别人注意的机会；要选择适当的讨论题目，该题目应当是所有参加者都熟悉、感兴趣，且内容较复杂，需要引入推理和预测并容易引发争议的问题。此法的特点是利用人际交往的特殊情境和群体动力来诱发与控制人的行为，使个体的特性在动态过程中表现出来。

评价中心有助于制定人才资源管理与开发计划，使被试者得到一次锻炼的机会，也有助于排除人为因素的影响。但这些测验方法目前多是手工操作，各种资料、数据繁多，费时间、难组织，系统特性难体现，准确性有待进一步修正提高。

（七）系统仿真测评

它是使被试者置身于一个由计算机"构成"的近乎实际系统的动态模型之中，让其扮演一定的角色，采用人机对话方式进行"工作"，计算机将根据其在规定的全部时间内的"工作"行为及"实绩"来预测其各种潜能。

测评的功能目标包括：测评管理潜能（含生产经营战略决策、应变决断综合平衡、现代管理知识应用、信息处理、敢冒可估风险、综合分析、解决问题、资金运用、计划组织、技术管理、激发动机、创造能力、自信心、处理果断性共15种潜能）和测评开发潜能，它有助于被测者接受现代化管理思想的教育，有助于学到现代管理知识，有助于被测者更了解自己。

（八）人工智能专家系统测评

这是模拟专家的思维活动，进行情景式发问和专家级推理、判断，完成人员测评的计算机程序，它是专家面试和情景模拟测验的计算机化。其设计原则是测评历史轨迹、现实表现与预测未来趋势相结合；动态与静态相结合等。系统分成两大部分，即知识测评部分和能力测评部分，对于不同岗位上的人才测评可采用不同的题型组合。

这个系统主要应用于解释、预测、诊断、调试、维修、规划、设计、监督、控制和教育10个领域。该系统有四个特点：①因人设问、自动评价，还可以克服专家面试在空间和时间上的限制以及可能出现的感情因素的干扰偏差，更趋公正、客观；②便于完善、自动更新、具有自学的功能，容易补充修改、扩展；③深入浅出，易于上手；④运行速度快、效率高，测评设定两小时内必须完成，否则系统自行中断，测评完毕可立即查阅或打印出评价结果的报告表，有单项成绩、累计成绩和综合评价成绩。这个系统同样存在缺点：系统设计的业务要求、技术要求较高，系统开发（软件）成本高、难度大；可比照的均值及参照体系（也称常模值）难以确定，且该"常模"也会随地域（开发程度、经济发展水平差异）有所变化，还有较强的时效性，会随时代发展而调整、提高。

根据以上的分析比照不难看出，这八种形式无论哪一种都有其特定的测定内容，适用于某一类型人员的考核、评价或职业选拔；但这些系统又都有一定的局限性，即使是现代测评形式，也难以排除"机遇"的干扰，况且测定面毕竟有限，无法对每个人所有的个体素质一一测验，因此，一般情况下，为尽量客观、准确起见，要评价一个人才的整体素质，最好要应用上述三种或三种以上形式，同时对某个应试者进行考核评价，并将各种结果进行综合分析比较对照、取长补短、补充验证后做出综合评价，以使评价臻于客观、科学、公正。评价方案的设计，考评形式的确定，测评单位（含评价员）的选定以及评价结论的确认等，最终目的均是"知人善任""人岗匹配""人尽其才、才尽其用"。

无论是应用上述哪种形式进行人才评价，都应做到以下几点：一是应努力营造一个机会均等的公开竞争场所，使每位被试者处于同等条件下，从事共同的活动（工作），并且运用统一的客观量化的标准来对人才进行行为评估（测评）和行为结果的评价；二是力求突破现行评判能力的局限，摆脱主持人的个体特征给评定结果带来的负面影响；三是测定（量）评价速度要快、效率要高，测量所得结果通常采用统一标准判分；四是设计方案和测定内容的针对性、实用性、可操性要强；五是不管采取什么样的考评形式，都要求评价员、考官或主持人出于公心，公平、公正地进行操作，并主动自觉地排除人为因素的干扰；六是最好采用三种以上形式进行综合分析比照。

习题

1. 人才开发的内涵是什么？
2. 人才开发必须遵循的原则有哪些？
3. 人才开发的具体分类及主要内容是什么？
4. 如何理解人才评价的标准和内涵？
5. 人才评价的方法有哪些？

第十八章　人才流动与竞争

【本章重点】 掌握人才流动与人才竞争的概念；运用"推拉"理论理解三种主要的人才流动模式；了解国际人才竞争的背景与特点。

【本章难点】 理解人才与经济增长、科技发展、国家安全的关系；理解我国应对国际人才竞争的策略；了解美国、德国、日本的人才竞争优势。

在当前全球化背景下，人才流动已经成为一个重要的现象，并对经济增长、科技发展和国家发展等方面产生了广泛的影响。此外，人才作为稀缺资源，必然引起人才竞争。本章主要介绍了人才流动与人才竞争的概念、人才流动模式、国际人才竞争的背景，并阐述了人才与经济增长、科技发展、国家安全的关系，以及我国应对国际人才竞争的策略。

第一节　人才流动

一、人才流动的概念模式与动因

（一）人才流动的概念

人才流动是指人才与一定生产或工作条件的动态配置与组合，其实质是劳动者与生产资料重新组合的过程。在西方工业组织中，帕拉斯将人才流动定义为个人跨越了社会系统成员界限的身份变动，即人才从一种工作状态到另一种工作状态的变化。工作状态可以根据工作的岗位、地点、职业的性质、服务对象及其性质等因素来确定。因此，根据工作状态确定因素的不同，人才流动可以划分为不同类型，如职业间流动、产业间流动或地区间流动（陈国銮，2004）。本章主要聚焦于地区间的人力流动。

（二）人才流动的模式

1. 人才流出

人才流出也称人才外流，是从人才输出国角度定义的流动模式，即国际人才从一国迁徙至另一国。整个过程是一种单向的人才流动。然而，如果站在人才输入国的角度看，这也是一种人才流入现象（王辉耀等，2020）。

在人才流出现象中，特别需要注意的就是人才流失（brain drain）。王辉耀等（2020）认为，人才流出与人才流失所表达的意思不完全相同。人才流出是一种暂时的出国学习、深造、交流、工作；而人才流失是指人才离开祖籍国并"归化"所在国，通常以人才取得国外永久或长期居留资格、加入外国国籍为依据。流出的人才很可能是暂时"滞留"在海外学习或者工作，存在回国的可能性，也有可能在国外为其祖籍国的政府、企业等工作。人才流出给一国带来的影响是不确定的，不一定是一种损失性后果，人才流失则通常会给国家带来损失。

2. 人才回流

人才从一国流入他国，再流回祖籍国的过程，即为"人才回流"（王辉耀、苗绿，2018）。在人才回流中，由一国流出的人才在他国学习与工作后，大都掌握了先进的技术知识或管理技能，当他们再回流到祖籍国时，流出国就可以"搭便车"分享国际前沿的技术知识、人文思想和管理经验。作为原来的人才流入国，则反倒成了人才流失的一方，这种流失可能比原本不流入造成的损失还大，因为回流的人才带走了大量的资本、技术。

人才流动领域中有一个著名的移民"推拉"理论。该理论认为，移民在移居国的不良经济状况是造成回流的主要推力，而回国后经济状况将得到较大改善是吸引他们回流的重要拉力。一推一拉就导致了移民的回流。当然，该理论在现实中，往往有一定的门槛，并非流出国经济有一定起色，人才马上成比例地回流。在人才输出国的经济实力改善到足够有吸引力之前，大规模已经移民的人才回流现象通常极少发生。王辉耀（2014）认为，当一国的人均GDP达到4 000美元以上、产业技术资本密集达到60%以上、第三产业贡献率达到64%以上的时候，人才将大幅度回流。联合国开发计划署（UNDP）的调查也显示，当教育经费占一国GDP的5%以上、研究开发经费占一国GDP的1.9%以上、科学家工程师人均研究开发经费每年、60 000美元以上、从事研究开发的科学家每百万人口有1 500人以上，归国的海外人才就会大幅度增加（林琳，2012）。

3. 人才环流

人才环流是人才在流出国、流入国、第三国之间"循环"流动，这些国家互为流出国、流入国。在这种关系下，国家通过人才的流动实现了资源、资本、技术的互通有无、互惠互利，在很大程度上实现了双赢，促进了彼此经济、社会的发展（王辉耀等，2020）。

需要注意的是，联合国定义的"人才环流"中不包含在海外定居的海外人才短期回国访问。时间比例是一个关键，人才环流的群体必然经常性地往返于两个或多个国家之间，一般拥有多国的国籍、永久居留权、长期签证。

（三）人才流动的动因

人才的流动有以下现实原因，地区收入差距、个人价值追求、国家发展需求、产业聚集化、户籍（移民）政策等（Solimano，2008）。

第一，地区之间在个人收入与人才发展空间上存在巨大差距，是人才流动最根本的经济动因。不同地区在工资水平及工作机遇上存在着短时间内难以弥合的差距，经济发展水平较低地区的人才会向发展层次更高的地区流动，以期获得更多的工作机会与更高的经济收入。由于人类自身还无法在经济差异上做到真正的道德"中立"，因此，第二次世界大战后出现数次大规模的移民潮也不足为奇。其中，以企业家、工程师、技师为代表的直接性生产人才对经济利益的需求最为突出，而科学家、医师等专业人才则次之。

第二，追求个人价值的实现，是除经济因素之外的另一个重要原因。除经济收入差距等因素之外，该部分人才明显受到个人经历、自身价值实现的理想追求等因素的驱动，期望得到世人的认可和赞誉。这部分人才主要集中在"专门人才"上，特别是科学家与留学生。一般而言，科学家会寻找更好的大学、科研机构，以获取更高的科研预算以及更强的科研团队，推动个人科研环境改善和个人发展空间的提升。因此，经济落后地区或国家的专门人才会向经济发展水平高的地区或国家的科研单位流动。从发展中国家去往发达国家的留学生，亦是如此。即使这些留学生回国，也偏向于选择经济发达地区就业。其他专业人才如工程师、高科技人才也深受该因素的影响。

第三，地区经济迅速发展需要大量的人才，为海内外人才涌入提供更广阔的发展空间。改革开放以来，我国东部沿海地区经济迅速发展，吸引着大量中西部地区的人才向东部沿海地区流动，这种人才流动趋向被称为"孔雀东南飞"现象。直到现在，虽然中西部地区在国家政策的大力支持下获得了较快的发展，但与东部地区的经济规模与生活水平仍然存在着较大的差距。正是区域经济发展的不平衡，使得大量投资、劳动力及人才资本涌入，特别是与新机械及精密设备相匹配的高素质人才，如技术专家、管理者的流入，推动了地区间的人才流动。

第四，产业聚集化的影响。随着地区经济的迅速发展，许多新产品的研究开发与生产不再是单一、孤立的过程，人才自身价值的实现也打破了以往靠单打独斗的局面，通过团队合作实现个人价值具有更强的现实性、可能性。技术专家、工程师和科学家们渴望融入高素质团队，具有强烈的团队认同感，希望进行科技与产品创新。从事学术研究的学者非常注重在大学及科研机构中的工作认同感及满足感。

第五，户籍（移民）政策影响。一个国家的户籍政策是否得当，关系到本国人力资源是否充足，以及人才的去留问题。要想招揽各专业的高素质人才，必须为其提供足够的就业机会及薪水，这是吸引人才的最基本要求。在此基础上，各国政府要根据人才需求适时调整户籍政策，加强对这些人才流动的控制与管理。当前，以北京、上海为首的大城市的户籍限制仍然十分严格，除高层次人才外，一般人才获得户籍的可能性仍然较低。这必然会导致一部分人才因之离开，无疑对该城市的竞争力造成较大的负面影响（戴长征，2014）。

案例

从孔乙己的长衫现象看经济增长对人才的重要性

"学历不但是敲门砖，也是我下不来的高台，更是孔乙己脱不下的长衫。"摆脱"长衫"焦虑，不仅是当代青年人的必修课，也是全社会亟须面对的重要议题。100多年前，孔乙己脱不下的长衫，是他以自欺欺人的方式维护的"读书人"体面。而今天大学生们脱不下的"长衫"，既有传统教育观念隐藏的职业偏见，也与大学生眼中"理想"职位的就业机会锐减有关。一方面，大学生要改变对自己职业定位的固化思维，另一方面，要解决知识青年就业问题，经济增长必须回归高速增长的轨道。

二、人才流动与经济增长

人口数据与经济数据的历史性变化显示出，人才流动与经济增长存在着密切的联系。纵观历史上五次国际产业转移大潮，经济力量无疑是其背后的驱动力量。

第一次浪潮：18世纪末至19世纪上半叶。从英国向欧洲大陆和美国转移，使美国在19世纪末跃升为世界第一大工业强国。

第二次浪潮：第二次世界大战后的20世纪50年代至60年代，从美国向日本和联邦德国转移。联邦德国发展成为世界经济强国，日本建成了继英、美之后的第三个"世界工厂"。

第三次浪潮：20世纪70年代至80年代，从日本转移至东亚地区，催生了"亚洲四小龙"的经济发展奇迹。

第四次浪潮：20世纪90年代至2012年，美国、欧洲、日本、"亚洲四小龙"都向中国内地转移产业，尤其劳动密集型产业，由此中国内地成为新的"世界工厂"。

第五次浪潮：2012年至今，中国的低端产业向东南亚、非洲相关国家转移，高端产业则向美国、日本、欧洲等发达经济体回流（王辉耀、苗绿，2018）。

上述产业转移浪潮，呈现出两种这两种类型的产业转移（劳动密集型和高端制造业），与之相伴的人才流动模式是：①从产业输出国向接收国转移高端管理者和工程师等人才；②从产业接收国向输出国输送接受培训后再回归的人才（王辉耀、苗绿，2018）。

下面进一步总结人才流动促进经济增长的机制（王辉耀、苗绿，2018）：

第一，伴随着产业转移带动人口流动促进输入国的经济增长。输入国的劳动力需求短缺由移民补充，促进输入国的经济发展。输入国部分地区产业空心化，导致公共服务见少，只好通过吸引移民来重振经济。以美国底特律为例，底特律曾是美国第四大城市和制造业中心，但2000—2010年随着汽车工业迁出，1/4的人口流失，大大降低了城市的财政水平，也导致投资不足和公共服务减少；其他城市也经历了类似的产业空心化历程。为了振兴经济，俄亥俄州的代顿市已接收了很多来自土耳其的移民家庭以促使当地经济恢复。

第二，输出国获得来自海外侨民社区的国际汇款、投资、人力资源、技术与专业知识等，加速输出国经济发展。摩洛哥的侨民群体在他们的家乡城市投资了房地产和其他生意；2013年，墨西哥侨民与移民事务部设立了Maghir Bank，进一步增强本国与海外侨民的金融联系。在埃及，2011年政治危机导致其外汇收入锐减，海外侨民群体向埃及发展基金增加汇款和捐款，部分地缓解了状况；在我国，二十世纪七八十年代乡镇企业发展初期，福建、江苏、浙江、广东等省份从侨汇和侨胞投资中获益良多。

由此看，若管理得当的话，人口流动对输出国和输入国均会带来经济增长，实现双赢的局面。前提是引进人才必须与使用人才、国家实际需求相结合（王辉耀、苗绿，2018）。

国内地区间的人才流动与国际人才流动在某些方面确实具有相似性，尤其是在经济全球化和知识经济的背景下。科技人才流动与区域经济发展之间的关系是一个复杂而重要的议题。首先，科技人才的有序流动和集聚可以产生显著的集聚效应，这种效应有助于推动区域经济的发展。科技人才的集聚能够带来知识的溢出、创新的增加和产业的升级，从而推动当地经济的增长。而如果科技人才的流动是失序或无序的，例如人才流动过于频繁或流动方向不合理，那么这可能会对当地的经济发展水平产生不利影响。当然，当科技人才过度聚集于某一区域时，可能会出现非理想的结果，如人才竞争过于激烈、生活成本上升等问题，这可能会对当地的经济发展产生一定的负面影响。

其次，地区经济发展水平反过来也是影响科技人才流动的重要因素。随着地区经济的发展，科技人才的需求也会相应增加，这会吸引更多的科技人才流入该区域。同时，经济发展水平较高的地区通常也能为科技人才提供更好的待遇和发展机会，这也有助于吸引和留住优秀的科技人才。

可见，科技人才流动与区域经济发展之间存在密切的关系，二者存在互为因果的情况。

三、人才流动与科技发展

怎样将大象装进冰箱里？第一步，打开冰箱；第二步，将大象装进冰箱；第三步，把冰箱门关上。

科技发展所包含的信息浩如烟海，人才流动与科技发展的命题亦是相当宏大。限于水平，作者套用开头这一非常"万能"的分析步骤：怎样实现科技发展？最关键的步骤是由推动了科技发展的"人才"实现的。

今天正席卷而来的新技术革命会改变人才与科技的关系。新技术革命最大的受益者是智力和实物资本提供者，比如创新者、投资人、股东。人才是知识的载体，是知识经济的重要支撑点。因此我们提出上述逻辑，在知识经济时代，推动科技发展的人才，让科技发展最终得以实现。

有一句被商业界广为传颂的话："一流组织定标准、二流组织做品牌、三流组织做产品。"这句话想传达的意思是，要想成为一流的组织，就必须成为标准的制定者。不仅是组织，一个行业的发展如果没有统一的标准、没有标准引领，也很难规范发展、有序发展、健康发展，尤其要想在国际市场具有竞争力、保持技术先进、打造具有影响力的品牌，是不可能的。

（一）对于一流组织、顶尖行业、发达国家而言，人才定义规则，人才"规划"世界科技发展

随着以 Chat GPT 为标志的生成式人工智能横空出世，新一轮科技革命的浪潮就此开启，并将彻底改变人们的生产方式、生活方式，以及人机交互方式等。由人工智能驱动的人类生产效率跃迁，完全称得上是一种有别于传统生产力的新质生产力。根据斯坦福大学发布的《2024 年人工智能指数报告》，2023 年，源自美国的顶级 AI 模型数

量达到了 61 个，欧盟 21 个，中国 15 个。这项数据显示，美国在全球 AI 领域继续保持其领先地位，规划着世界人工智能的发展，而中国也在持续地进行技术突破和创新，向规则制定者发起冲击。以人工智能技术为核心的新质生产力的发展也使得世界人才竞争更加激烈，深刻影响着顶尖科技人才的吸引和保留。

我们还要放眼世界上科技含量极高、充分体现了人类文明智慧结晶的芯片及其产业。为此我们先介绍一个著名的定律——摩尔定律。该定律以戈登·摩尔（Gordon Moore）的名字命名。摩尔是英特尔的联合创始人之一，他首先发现并提出了这个定律。他声称，每 3 年，在同一块晶圆上的晶体管数量会翻两番。摩尔定律已经坚持了 40 多年，有时速度会快一点，有时速度会稍慢。

摩尔定律使芯片行业成为由路线图和时间驱动的行业之一，其显著表现是芯片制造商对芯片的不间断制造。每当芯片制造商将基于当前最新技术的测试设备交付给设备制造商，他们便会马不停蹄地研发最新技术。设备制造商则利用这段时间改进测试设备，使其更加精确、稳定和可靠。当设备制造商将这一代芯片量产、商用（通常需要一年时间），芯片制造商最新的测试设备又交付过来。如此逐轮无间断地技术迭代，支撑起芯片行业诸多指数级的增长，例如信息技术的发展速度、相同成本下的每秒算力等。

当前，先进的光刻机成为推动（甚至用"拯救"一词也不为过）摩尔定律发展的核心技术。全球芯片光刻机领袖 ASML 的光刻机在芯片精度和制造速度上已经藐视群雄。ASML 所在的维尔德霍芬这个荷兰小镇规划了 IT 行业的发展速度，它通过发展芯片的速度和密度来决定世界计算机的算力和信息的存储容量（瑞尼·雷吉梅克，2020）。

综上所述，在一流组织、顶尖行业、发达国家等语境中，人才是定义科技规则、引领世界科技发展走向的关键因素。顶尖科技人才的引进与保留，对于推动科技发展、促进科技成果转化具有深远影响。

（二）对于塔尖以下的组织、行业、国家而言，聚集人才，促进自身科技发展

对于未达到一流的组织、行业，乃至国家，需要在人才的环境上下功夫，需要尽可能实现人才聚集。

什么是人才聚集？人才集聚是人才流动中的特殊现象，是人才个体在地理空间上的聚集行为或现象。在一定时间内，随着人才流动，大量同类型或相关人才按照一定的联系，在某一地区（物理空间）或某一行业（虚拟空间）形成聚类现象。其最重要的特征是规模性。因此，人才聚集是人才流动的结果，展现了人才的流动规律。学者普遍认为，人才聚集是通过信息共享效应、知识溢出效应，以及创新效应促进科技发展的。

总结来看，在特定空间、特定专业领域，人才的集中度高且联系紧密，有助于知识和信息的流动以及创新思想的相互碰撞。在社会生产实践中，人才聚集利于产生新的知识、科技创新，并转化为技术资本，以物质资本形式投资于社会生产中，使国家生产结构也随之改变。大量人才个体在空间上的密集分布可以增加人才之间的交流与相互学习，从而学习到更多知识并且有利于产生创新。地理位置上的接近与人才频繁

流动，有利于知识的扩散、传播与转移，知识的获取也更加便利。

基于人才聚集的原理，塔尖以下的组织、行业、国家而言可以采用"不求所有，但求所用"的策略，以短期回国合作、就业、创业等形式吸引人才进行环流，实现"人才共享"。一般来说，当两国经济、产业结构存在差异甚至互补的情况下，人才"环流"的"共享效应"会很明显：人才协助互通有无，帮助缺乏资金和技术却拥有劳动力和能源的国家获得产业转移的机会；帮助拥有资金和技术却缺乏劳动力和能源的先进国家进行产业转移，最后自身也获得良好的事业发展（王辉耀、苗绿，2018）。

（三）对于塔尖以下的组织、行业、国家而言，创新联合体和创新人才生态系统的作用不可忽视

创新联合体的宗旨是在政府推动下，通过人才引流联合企业、大学、科研院所建立创新联盟，推动科技发展。而创新人才生态系统更加关注创新人才作为具有不同能力和资源的独特主体，以及围绕创新过程的政府、市场和社会的作用。

对于塔尖以下的组织、行业、国家而言，需要重视吸纳海外人才，其中，不可忽视人文学科的高端人才。人才流动促进人文交流，人文促进科技发展，中国还需要重视吸纳人文学科的高端人才。此外，对于塔尖以下的组织、行业、国家而言，还应重视海外专业协会对科技发展的作用。专业协会有助于政府、产业界、学术界的交流。

四、人才流动与国家安全

当前，国际环境日趋复杂多变，不稳定不确定因素增多，"黑天鹅"与"灰犀牛"事件时有发生，这让国家安全的战略地位尤为凸显。推进国家安全体系和能力现代化，坚决维护国家安全和社会稳定，是党和国家对未来发展局势的战略判断和解决复杂安全问题的统筹考量。

案例

从"太阳风"网络攻击事件看国家安全

太阳风轻易不爆发，一爆发便是"地动山摇"。2020年底，美国企业和政府网络突遭"太阳风"攻击。黑客利用美国太阳风公司（SolarWinds）的网络安全管理软件产品的漏洞，攻陷了多个美国联邦机构及财富500强企业网络。截至2020年12月，美国政府确认美国国务院、五角大楼、国土安全部、商务部、财政部、国家核安全委员会等多个政府部门遭入侵。"太阳风"网络攻击事件是一起影响范围广、潜伏时间长、隐蔽性强、高度复杂的攻击，波及以美国为主的全球多个国家和地区的18 000多名用户，被认为是迄今史上最严重的针对产业供应链的攻击。其背后的攻击组织训练有素、作

战指挥协同达到了很高的水准。

（资料来源：赵亮. 对"太阳风"网络攻击事件的深度剖析 [J]. 中国信息安全，2021，(10)：51-54.）

　　随着经济全球化的发展，人才流动影响力最高的层次也即国家安全。无论是发达国家还是发展中国家，为了在国际竞争中保持领先优势，往往系统性制定一系列相关政策来吸引大量国内外人才，以维持本国人才流动秩序的稳定。一国拥有稳定的人才流动秩序，可以给本国带来大量先进技术、资金和管理经验，推动本国政治、经济和文化等领域软、硬实力的全方位提升。从这个意义上来看，人才流动对于巩固国家安全、提升国际竞争力，具有非常重要的意义（戴长征，2014）。

　　近代民族国家产生后，以政治安全和军事安全为核心的传统安全观得以确立，并在相当长的时期内在国际体系中起到决定性的作用，因此，这一时期的人才争夺，主要是政治人才、军事人才的争夺。然而，冷战后经济全球化与信息时代的来临，使得单纯以军事安全为主体的传统安全转变为非传统安全，例如经济、科技、文化、能源等多层次领域。随着互联网时代的来临，大数据、云、人工智能等科技快速迭代，国家安全在传统内涵的基础上拓展到统筹外部安全和内部安全、国土安全和国民安全、传统安全和非传统安全、自身安全和共同安全，涉及经济、重大基础设施、金融、网络、数据、生物、资源、核、太空、海洋等诸多领域。这些也使得国际人才竞争由政治、军事领域扩展到上述诸多国家安全领域，人才竞争与流动更加复杂、多元，人才安全问题日益突出。

　　人才安全是指国家、地区、组织层面的人才与民族复兴、社会发展、事业进步的合理匹配和协调增长，免于危险或没有危险，不受威胁或不出事故，有利于主体生存发展的客观状态。

　　当一国出现人才大量外流，会削弱该国在国际社会的竞争优势，进而对国家安全造成严重威胁，特别是人才大量流失的发展中国家。以美国为代表的西方发达国家，通过不断加大资金投入、改善科研环境等多种措施，吸引着世界各地的科学家、科技领军人才、青年科技人才、工程师、企业家等人才流入，导致发展中国家大量宝贵的人才流失，这些国家国际竞争力受到削弱，国家安全也随之受到严重威胁。国际劳工组织曾发表的关于国际移民情况的研究报告也承认，人才外流现象已经对不发达国家产生了严重影响，加剧了这些国家的竞争力丧失。

　　综上所述，合理的人才流动，特别是国家安全领域的国际合作，有助于构建安全发展的国际环境，国家要探索出技术移民、国际人才税收减免等改革举措，加快引进海外人才，聚天下英才而用之。人才的不合理流动，特别是人才的大量外流，会严重威胁国家安全。对于关乎国家安全的领域，国家要加大关键领域人才的自主培养。以高技术产业为例，国家要重视和发挥产业领军组织、高校与科研机构在国内人才流动与配置中的重要作用，加快人才的自主培养。

第二节 人才竞争的危与机

一、人才竞争的概念

我国人才学学者丁向阳认为，人才竞争主要有以下几种含义：第一，从竞争主体的角度，人才竞争是人才之间的竞争；第二，从竞争对象的角度，人才竞争是对人才的竞争；第三，从竞争发生领域的角度，人才竞争是人才领域的竞争。他进一步指出，人才学战略领域中的人才竞争是第三种含义的人才竞争，即人才领域的竞争，主要包括组织、区域、国家之间的人才竞争，和组织、区域、国家之间对人才的竞争这两大方面（丁向阳，2005）。

二、人才竞争的背景与特点

当今世界虽然遭遇到种种"逆全球化"现象的冲击，但全球化发展大趋势是不可逆转的，人口流动仍将是世界发展的大势所趋（王辉耀、苗绿，2018）。作为世界唯一的超级大国，美国拥有世界大学百强中的一半，培养出了世界1/3诺贝尔奖得主。即便如此，美国依然要聘用全球70%的诺贝尔奖得主，引进占本国总量1/3的外国科学家和工程师。在人才竞争日益激烈的今天，我国的强国建设与民族复兴亦离不开全球大多数的顶尖人才（王辉耀、苗绿，2018）。接下来，本书简述美国、德国、日本的人才竞争战略及其优势，旨在学习并借鉴他国经验及教训，试图从中找到对我国人才竞争战略制定与实施的有益启示。

（一）美国的人才竞争优势

谁能在21世纪拥有大量高质量人才谁便能取得主动权的观念几乎已成世界共识，美国更是深谙此道，早在第二次世界大战结束时，苏联和美国对战败的德国关注点的不同便能对美国人才战略的长远性略窥一二。苏联只顾眼前利益，从德国工厂将设施一车一车地运回本土，而美国则不同，他们是到处网罗德国的世界一流的军工专家、科学家，以及工程师，并将他们请到了美国。美国在人才方面的战略眼光可以让我们明白为什么美国可以通过较短的时间超过原本人才数量与质量基础均极好的欧洲国家。概括起来是，美国的人才竞争战略：

①以基础教育和高等院校为核心的学历教育体系，其中也包括与就业市场需求契合度较高的中等职业教育；②以美国人力资源培训与就业政策体系为标志，针对已进入就业市场或徘徊于其边缘的劳工进行的职业技能培训；③以移民政策为载体，根据美国国家利益需要确定所需要的各类外来人才。

美国人才竞争战略的特点是，第一，法治化程度高；第二，以教育应对挑战；第三，重视人才吸引；第四，科技人才在人才竞争战略中居于优先地位。其中又以人才吸引为突出特色，有学者认为，美国人才竞争战略的核心就是通过移民制度的调整吸引海外优秀人才。下面我们就着重认识美国的人才吸引战略与知识产权战略。

1. 美国的人才吸引战略

"在过去几十年中,美国逐步把自己打磨成一块'人才磁石',不光在政策上重视吸引外来人才,整个社会也形成了多元、开放、兼容的人文环境,政府、商界和学术界也一向高度评价移民的作用(王辉耀、苗绿,2018)。"

美国人才吸引战略的形成与发展,不是像美国军事与外交领域那样由总统提出后去实施的。历任总统未在人才吸引方面提出过系统而完整的构想。凡有这种重视人才吸引的思想和主张的总统,在多数情况下,是将人才吸引问题包含在移民政策的构建与改革的总体框架之中表达的(梁茂信,2015)。

美国人才吸引战略,是指美国政府根据其国内政治、社会、经济、科学技术及外交发展的需要,通过对移民政策的改革与调整,在实践中不断构建和完善的战略与政策体系,是对美国国家人才战略与培养体系的有效补充(梁茂信,2015)。

(1) 完善的留学生政策。1946年美国实施"富布赖特计划",每年提供奖学金接受各国学生赴美学习。富布赖特计划最初的核心内容是:对于在第二次世界大战中曾向美国借贷而无力偿还的国家,美国可以免去其债务,但是,这些国家必须向美国派遣留学生和访问学者。富布赖特计划通过这种浪漫主义和理想主义方式,把教育、文化交流与政治巧妙地联系起来,成为一个由美国与外国合作、双方互派学者的交流计划,其对后来美国有关外国留学生和访问学者的制度政策有着深刻的影响(梁茂信,2015)。20世纪60年代时,美国又先后推出了"共同教育和文化交流"及"国际教育法"等,旨在扩大与外国交换留学生的计划。

1999年在美国的留学生达49.1万,大约占全球留学生总数的1/32。到美国留学的人员大都在国内接受了10年以上的正规教育,在同龄人中属出类拔萃者,智力、精力等状况均处于峰值状态,这对美国来说无疑是宝贵的财富,留学生的到来使美国的人才库得到了进一步充实(刘文川,2012)。总之,不论留学生的动机如何,他们旅美求学既为自己创造了深造的机会,也丰富了美国大学的校园文化,更重要的是,为美国提供了不可或缺的人才资源。

(2) 实施开放的移民政策。美国的移民政策大致包括职业移民政策和非职业移民签证政策。职业移民主要指的是外国居民通过应聘在美国工作的方式进行的移民。1990年的《新移民法案》中规定,杰出人才、具有高学位或特殊能力的专业人士、技术劳工专业人员,及美国境内缺乏的劳工,分别享有一、二、三类职业移民优先权。每年获得永久签证的移民中,科学工程领域的专业人才数量占比最大(刘文川,2012)。

美国的非职业移民签证种类繁多,其中工作类签证主要有H-1B、L-1、O-1、TN等,学生和交换类签证主要有F-1、J-1等,在持有这六种主要签证的人群中蕴涵着大量科技人才,成为美国外来科技人才的主要来源。虽然签证持有者只能暂时居住在美国,但是他们当中有相当部分的人是通过先持有此类签证来到美国,后再获得在美永久居住权及美国公民身份的。

数据快报：你还准备赴美留学吗？

从我国在美留学生人员的规模上看，近两年（2021—2022）确实出现了稳步减少的趋势。在留学的人群中，本科生人数和研究生人数都占比接近40%左右，所以中国留学生在美留学的主力是进行学位项目的学习。世界教育新闻与评论网的统计指出，受到疫情影响，有53%国际学生表示推迟赴美留学，中国学生在其中也受到了影响，随着2021年美国驻华使领馆签发的F1学生签证数量再次从每两个月2 000多的人数到达每两个月接近6 000的人数，就签证数据来看，2021年中国留学生赴美留学人数短暂恢复2019年的高位，但根据华尔街日报2022年8月的文章称，在2022年的前六个月，美国向中国留学生签发的F1签证仅有31 055人，2019年同位的数据是64 261人。该文章也援引了新东方的数据，对比了2015年到2022年中国学生留学目的地的意愿选择变化，显示出在疫情之后，对于香港和新加坡的留学意愿增加，而对美国的留学意愿从2017年开始逐年下降。而另据高等教育纪事报总结，在2022年5月到8月四个关键月中，签发给中国学生的F1签证只有47 000份，比去年同期少了40 000份，降幅到了45%。该报认为这种留学意愿的变化将会是持久的。因此，尽管赴美留学的总体人数还在高位，但近年的下降幅度是显著的。

（资料来源：杜晓馨.（2022）.中美人才流动，人才回流的趋势在增强吗？Retrieved from https://fddi.fudan.edu.cn/_t2515/19/19/c21253a465177/page.htm.）

（3）美国人才吸引战略的特点。我国学者梁茂信（2015）提出，美国的人才吸引战略具有如下特点：

首先，在政府政纲中处于从属性地位。由于美国移民政策受到国内外形势变化的影响，而技术人才又是美国外来移民中的重要组成部分，这种属性决定了美国吸引外来人才的战略与政策在政府政纲中处于从属性地位。

其次，美国人才吸引战略与政策的形成具有分散性和隐蔽性的特征。分散性是指它既属于移民政策的有效组成部分，同时又与美国外交政策密切相关。所谓隐蔽性是指在美国人才吸引战略与政策形成的时期，恰好也是冷战时期美国政府对欧亚盟国和友邦提供大规模物质与精神援助的时期。在各种冠冕堂皇的援助计划中，美国又将其人才吸引战略嵌入其中，因而当时国际社会只能看到美国慷慨、忠义和豪爽的一面，对于其处心积虑地搜刮他国人才的一面，却并未予以足够的重视。

再次，美国人才吸引战略和政策经历了一个从"低调出场"向"高调亮相"转变的过程。在冷战爆发后到20世纪60年代中期，美国政府"低调出场"的特点十分突出。对于这个时期入境的技术人才，美国政府三缄其口。同时，由于这个时期入境的外来人才数量处于缓慢增长的过程中，所以，世界各国对美国吸引外来人才的问题并未予以关注。到20世纪80年代中期以后，加拿大、澳大利亚、英国、法国和德国等发达国家也纷纷制定了吸引人才的政策，之后美国又以竞争者的姿态高调亮相。它在频频调整人才吸引政策的同时，包括总统在内的许多政要都在高调阐述其人才吸引的思想和主张,并在决策上加快了与其他国家的竞争步伐。

最后,美国在实施人才吸引战略与政策的过程中,在多数情况下打的是"利他主义"旗号,但实际上,它所倚重的核心原则是冷战时期的意识形态和美国历史上形成的政治价值观。支撑这些核心原则的物质基础是当时美国人在经济、军事和科技领域强大的实力。

2. 美国的知识产权战略

除了系列人才吸引战略举措,美国的人才竞争特色还体现在知识产权战略上。知识产权战略不仅激发了科技创新人才创新的活力,也为科技创新人才打造了尊重知识产权与促进成果转化的环境。

(1) "解放思想"的《贝赫-多尔法案》。《贝赫-多尔法案》明确了由政府支持的研究将来所产生的巨大经济利益交予发明人和承担科研任务的机构,而不是政府。这激发了科学家的创新,以及将科研成果转化为生产力的动力。

(2) 产权保护的法律与制度保障。美国是世界上最早建立知识产权法律和制度的国家之一。美国宪法第一条第八款就规定,"国会有权利通过赋予作者在有限期间内对其作品和发明以专有权利,以此来促进科学和技术的发展"。这说明美国宪法在起草时就考虑到了保护知识产权的问题,且其初衷不是为保护知识产权而保护,而是为了促进科学和技术的发展。20 世纪 80 年代以来,美国知识产权制度不断完善,注重为权利人提供有效的知识产权保护,如大力促进其版权产业的形成和壮大,将能够获得专利保护的范围扩大到微生物、计算机程序等相关的商业领域。这些让美国在将科技商业化方面引领世界,为科学家、工程师提供了创新的法制保障(乔纳森·格鲁伯和西蒙·约翰逊,2021)。

然而,需要注意的是,美国的对外知识产权政策主要是从维护本国利益出发的,表现为进攻性地参与和推动知识产权国际规则的制定和调整,频频运用其《综合贸易法》的"301 条款"对其认定的侵犯美国知识产权的国家和企业进行威胁和制裁。

(3) 管理和协调机制为科研成果转化"牵线搭桥"。要求科学和技术政策办公室(OSTP)在国家科学和技术理事会下面建立一个委员会,设立管理和预算办公室。该委员会通过对联邦各部门进行协调,来支持 STEM(由英语中的科学、技术、工程、数学的首字母组成)领域的人才吸引项目和活动,这些部门包括国家科学基金会(NSF)、能源部(DOE)、国家航空和航天局(NASA)、国家海洋和大气管理局(NOAA)、教育部和其他联邦机构,支持 STEM 领域的项目和活动。无独有偶,美国商务部成立创新和创业办公室,旨在鼓励对新技术、产品、流程和服务的创新和商业化,以提高美国的生产力和促进经济增长(张瑾,2014)。

(二) 德国的人才竞争优势

1. "回到德国!"

前面刚刚介绍的美国,恰恰是流失在海外的德国人才的主要集中地(当然,包括我国在内的世界诸多国家都有类似情况)。第二次世界大战时期,纳粹主义兴起使德国许多人才流失,在德国失去的 13 名"未来诺贝尔物理学家"中,有 11 名就去了美国;

第二次世界大战后也有 3 名物理学家去了美国。这仅仅是德国人才流失的冰山一角（王辉耀、苗绿，2018）。

2001 年 8 月，写着"回到德国！"标语的横幅被飞机拉开，在纽约和加州海岸两地上空不停地盘旋展示。德国政府发出了强力的召唤"回到德国！"从德国的国际电台"德国之声"开始大力宣传，再到美国媒体上打广告，最后还在互联网进行宣传（那时互联网才刚刚兴起）。两年后，"德国学者协会（GSO）"在美国正式成立，旨在促进身在美国的优秀的德国科技人才与德国高校、科研单位和企业组织对话交流，并为这些人才回国发展牵线搭桥（王辉耀、苗绿，2018）。

2. 引智与吸引海外归国人员并重

除了想尽策略吸引在美科技人才归国，德国还注重引进海外科技创新人才。2005 年 1 月 1 日，德国《移民法》正式生效，这在德国历史上是首次，表明德国承认自身是一个移民国家。此后德国调整移民政策专门为人才竞争服务，为刺激经济、引进外资开放了投资移民政策，在移民立法中增加了面向高技术人才的积分制度，外国人才可以凭借投资和技能成为永久居民并入籍（王辉耀、苗绿，2018）。

此外，德国设立了一系列科研奖项吸引海外人才，其中"亚历山大·洪堡教席"奖，用来资助引进人才为期 5 年的科学研究。该奖的特色是非常注重德国高校的整体战略规划，能为高端人才提供长期、良好的科研环境（张瑾，2014）。该奖也是德国迄今为止奖金额度最高的科研奖（最高额度可达 500 万欧元）。2009 年 5 月 7 日，德国联邦教育与研究部沙万部长向 8 位从海外引进的杰出科学家颁发了该奖。

3. 工业 4.0 成为德国参与世界人才战争的国家标签

2013 年 4 月，德国政府在汉诺威工业博览会上正式推出"工业 4.0"战略目标，随之"工业 4.0"成为德国的国家标签。"工业 4.0"时代加速到来的同时，德国愈发需要大规模的高水平人才，尤其是在计算机、电子工程、电气化、机械工程、人工智能等领域的人才。Made it in Germany 是德国联邦劳工及社会事务部（BMAS）和德国联邦经济事务与能源部（BMWi）建立和管理移民工人务工的网站，特别强调德国亟需大量的 MINT（由德语中数学、科学、信息技术、科技的首字母组合而成）领域的高水平移民人才（王辉耀、苗绿，2018）。

4. 高技能人才自主培养：高等职业教育为工业 4.0 蓄力

德国的"双元制"教育体系可谓世界闻名。双元制指在德国行业协会等主管部门的监督下，学校和企业分工明确，共同承担高等职业教育的任务，为各个行业输送专业人才（刘文川，2012）。任何一名德国普通高中毕业生都可以在选择适合自己的职业后，到招收学生的企业报名，被录取后会与企业签订培训合同，学制为三年。该模式主要采用三个月在学校学习理论知识、三个月在企业学习实际操作技能和知识的学习形式。在德国，社会上不存在盲目追求高学历以及看低职业技能教育的倾向，而是重视并尊重职业教育。第二次世界大战后德国首任总理阿登纳就曾经表示"职业教育应该是全民族的事业"，而德国第 33 任总理施罗德甚至也是技工出身。领导人的呼吁与垂范也使职业教育在德国具有较高的政治和社会地位。德国的"双元制"教育模式适应经济社会发展的需要，特别是为德国"工业4.0"战略目标的实施奠定了坚实的人才基础。

5. 实施"蓝卡计划"，设法满足急剧上涨的高技能人才需求

作为欧盟创始成员国之一，德国的移民政策深受欧盟相关政策和劳动力市场状况的影响，尤其是欧盟2009年出台的蓝卡（Blue Card）计划。蓝卡出台的背景是欧盟的高素质劳动力中，非欧盟人口占比太低，仅为0.9%；相比之下，澳大利亚为9.9%，加拿大为7.3%，美国为3.5%（王辉耀、苗绿，2018）。2009年蓝卡政策——《欧盟理事会指令：第三国员工入境和居留的条件》——正式出台，允许非欧盟高技术移民申请在全欧洲境内的工作许可。德国2012年才全面实施欧盟"蓝卡计划"，此后迅速成为欧盟蓝卡的最大发行国，2013年发放的"蓝卡"有90%来自德国，彰显出德国在全球范围内争夺高水平专业人才的攻势（王辉耀、苗绿，2018）。

蓝卡的申请需要具备一定的条件。申请人首次拿到的蓝卡有效期是4年，到期后可以延期或者申请永久居留权。持卡人在工作33个月后就可以申请永久居留权。蓝卡的一系列政策为高端人才在德国与他国间的流动提供了便利条件（张瑾，2014）。

（三）日本的人才竞争优势

日本在第二次世界大战后曾缔造出威震全球的经济奇迹，至20世纪80年代，已成为世界第二大经济体、最大贸易顺差国、最大外汇储备国。缔造这昔日经济奇迹的重要原因应该归功于日本实施的人才竞争战略（刘文川，2012）。

"然而，所谓的经济奇迹，如果没有后续的人才从基础上加以有效的支撑，终将落后于世界。"华裔诺贝尔奖得主李远哲如是说。

如今的日本面临着老龄化的危机。据日本总务省2016年6月公布的2015年人口普查"1%抽样速报"显示，日本15岁以下人口所占比例已跌至历史最低水平12.7%，65岁以上老龄人口所占比例则上升至历史最高水平26.7%，而这种老龄化情况还在加剧。据测算，到2055年，日本总人口将减少到8 000万人，其中65岁以上老龄人口约占41%，14岁以下人口仅占8%。而日本恰恰又是一个自身很国际化却并不怎么欢迎国际移民的国家，在历史上的大部分时间里都拒绝移民进入（王辉耀、苗绿，2018）。

日本政府对于世界顶尖科学家虽然不吝惜资金和职位，并修改了入境管理条例，为具有专门知识和技术的外国科技人才提供就业和居住机会，但没有为人才移民入籍开辟直接通道。由于不承认双重国籍，日本也在"逼迫"本国科学家离开（王辉耀、苗绿，2018）。2000年，46岁的中村修二移居美国，他在日本出生、成长，在日本的大学完成学业和取得发明成果，而在2014年获得诺贝尔物理学奖时仅有美国国籍。

面对技术引进越来越困难、国际竞争日趋激烈的巨大挑战，日本长期以来执行的"超越型"战略日益显现出其重技术轻科学、缺乏创造性、忽视基础科学研究等弊端（武勤、朱光明，2007）。

这些人才方面的问题，是否使当今日本变得相对平庸的症结所在呢？（王辉耀、苗绿，2018）为了解决这些问题，日本采取了一系列有特色的人才竞争策略：

（1）注重科技人才的引进与开发。日本持续地推出了一系列科技人才计划，包括《第二期科学技术基本计划》（2000）、《240万科技人才开发综合推进计划》（2002）、

《21世纪卓越研究基地计划》（2002）、《关于科学技术相关人才培养与使用的意见》（2003）、《以社会角度培养科学技术人才决议》（2004）、《第三期科学技术基本计划》（2006）、《30万留学生计划》（2008）、《最尖端研究开发支援计划》（2009）、《新成长战略——21项国家战略计划》（2010）、《第四期科技基本计划（2011—2015）》（2011），培养和吸引高端人才（张瑾，2014）。

为了进一步吸引人才，2014年日本参议院通过新修正案，规定拥有高级技术且符合资格的外国人，住满3年就可以申请永久居留权。高级技术人员包括研究人员、技术人员、企业经营者和大学教授，只要符合一定学历、资历及收入要求，便可以取得居留资格，满3年后可永久居留。

（2）鼓励科技创新人才向诺贝尔奖发起冲击。日本大力鼓励科技创新人才向诺贝尔奖发起冲击，还为此设定了目标，即力争到2050年有30人可荣获诺贝尔奖。同时，对已获诺贝尔奖的科技人才予以重奖。2002年日本政府为获得诺贝尔奖的田中耕一授予了文化勋章，京都府知事[①]也为他颁发了特别荣誉奖，可见日本各界对诺贝尔奖的重视与期盼。

（3）加强"产学官合作"，打造良性的创新循环机制。为增强将自主创新的新知识、技术转化应用以产生相应的社会价值及经济价值，并反哺新一轮自主创新，日本积极推进"产学官"合作。"产学官"合作，即以民间企业为主体，大学为科技教育发展的骨干，官方则起促进作用，三者达到有机结合。"产学官"合作的渠道包括政府职能部门构筑科技信息系统，通过网络提供人才开发及科技成果转化的信息，以及改革知识产权保护相关合作条例，以保障高端人才知识产权不受侵害（杨斌、裴宏，2001）；国立大学、政府研究机构的研发设施对外开放，提升利用率；鼓励大学教育及研究机构人员到企业从事研究指导活动，即实施兼业许可制；设立"技术转让机构"（TLO）（刘文川，2012）。

从上述国家的人才竞争战略来看，国家普遍选择以下三种路径加强其人才竞争优势：①强化移民制度吸引优秀人才；②改善相关产业环境及创新环境让人才的作用得以充分发挥；③加大教育投资，提高人才培养能力（赵永乐，2013）。由于各国发展的阶段和水平不同，所采取的措施也不尽相同。不论采取哪些路径，各国政府都把人才发展作为推动经济、社会发展的根本。

第三节 应对人才竞争的策略

国际人才竞争涉及多方面的因素：第一，经济发展提供的空前机遇和经济保障；第二，政府的重视、公平有效率的法制、移民政策的保障和个人收入的提高；第三，产业发展能提供施展才华的舞台；第四，是否具有兼容适宜的生活环境和人文环境等（赵永乐，2013）。当前，我国应对国际人才竞争的策略主要有以下五方面。

---

① 知事是日本特有职位，类似于行政区的首长。

一、国际人才竞争的法治化策略

目前我国引进海外高层次人才的文件多属于政策性范畴，法律位阶低，权威性不够，给人一种缺少稳定性的感觉。为此，首先要实现从以政策规范向以法律调整的转变。应以法律化和制度化的手段，顺应引进海外高层次人才的蓬勃发展趋势以及其他国家和地区引进海外人才的惯例做法，将我国目前人才战略和人才计划的精神法治化。

其次，要在法律设计中强化国家人才竞争战略的立法目的。以《中华人民共和国出境入境管理法》为例，其第一条规定"规范出入境管理……促进对外交往和对外开放"，可见落脚点未明确海外人才对促进我国经济社会发展的重要性，势必对我国政府部门与海外高层次人才之间的沟通形成障碍，降低服务和管理的效率。因此，应该从法治化角度加强人才战略的制定和实施。

二、国际人才竞争的制度策略

高层次人才进入、工作、居留、移民，必然涉及出入境、签证、居留、绿卡、入籍等最基本制度。我国2004年出台的绿卡制度，虽然明确是为社会经济发展服务，但既不是建立在移民申请与许可的基础之上，也没有建立一个真正完善、系统的人才移民法律。我国需要探索建立中国的技术移民和投资移民法律的体系，结合"政府主动招纳"和"人才主动申请"两种模式去全球争取顶尖人才。具体而言，应该包括如下两个方面内容：①建立经济移民制度；②为海外族裔人才与留学人才发放"同胞证"，即向原籍中国的海外族裔人才与留学人才直接发放长期签证。

三、国际人才竞争的工作程序策略

完善国际人才竞争的工作程序策略，目的是使国际人才引进和开发工作条理化、标准化和规范化，以求获得最佳的工作秩序与工作质量。具体包括：①设立专门的移民事务管理机构；②简化往返中国的签证手续。

四、国际人才竞争的环境策略

改善人才发展的环境，实现高层次人才国际竞争的新突破，是发达国家的实践经验，也是我国积极探索的重要课题。具体包括：①完善人才发展的创新创业环境。②完善人才激励体系。首先，国际人才竞争中的人才待遇标准，通常是由全球人才市场定价来决定的。其次，降低个人所得税率，提高本土企业在全球市场中竞争、保留、培养国际人才的能力，对于企业招聘、引进、使用国际上高端科技人才、创意人才、专业人才等进行减、免、退税，以便企业进行国际人才竞争。将社会发展急需、国内人才缺乏的岗位单独拿出来参与全球招聘。③为人才竞争创造适当宽松的政治环境。建立具备国际竞争力的人才制度，吸收归国留学人才参与政府工作，发挥与国内人才的互补作用。

五、国际人才竞争的开发策略

在激烈的市场竞争中，国际人才作为一种重要的资源扮演着愈发重要的角色，做好国际人才的开发和培养是我国人才工作健康、可持续发展的关键。具体包括：①加强国际化教育；②建立国际人才库和吸引平台。

习题

1. 运用"推拉"理论分析3种人才流动模式的主要动因。
2. 人才流动与经济增长、科技发展、国家安全有着怎样的关系？
3. 美国作为世界唯一的超级大国，在人才方面做对了什么？
4. 德国、日本的人才竞争策略是什么？有何特色？
5. 未来的人才竞争会呈现出什么样子，我国能否获得人才竞争优势？

参考文献

[1] Bogue D J. Internal Migration［A］. P Hauser, O D Duncan, eds. The Study of Population［M］. Chicago：University of Chicago Press, 1959. 486-509.

[2] Todaro M P. 第三世界的经济发展（上）［M］. 中国人民大学出版社, 1988.

[3] 艾伯特. 天才与杰出成就［M］. 方展画, 等译, 杭州：浙江人民出版社, 1988：31-32.

[4] 蔡昉, 中国经济改革效应分析：劳动力重新配置的视角［J］. 经济研究, 2017（2）：4-17.

[5] 蔡昉. "人口红利"新解［J］. 新型城镇化, 2023（6）：22.

[6] 陈书洁. 区域新发展格局下的人才需求与政策保障研究［M］. 北京：首都经济贸易大学出版社, 2022.

[7] 陈书洁. 人才管理国际比较［M］. 北京：中国人事出版社, 2015.

[8] 陈伟. 阿里巴巴人力资源管理［M］. 苏州：古吴轩出版社. 2017.

[9] 成谢军. 农村城市化中人口迁移问题研究：基于刘易斯与托达罗理论的分析［J］. 特区经济, 2009（1）：181-183.

[10] 程延园. 员工关系管理［M］. 2版. 上海：复旦大学出版社, 2008.

[11] 楚永生, 王云云, 高頔. 否定之否定：刘易斯模型与托达罗模型比较与改进：兼论中国农村劳动力转移的政策选择［J］. 南京审计大学学报, 2019, 16（5）：103-111.

[12] 戴长征. 发达国家人才流动与配置［M］. 北京：党建读物出版社, 2014.

[13] 德莫斯等. 人格与心理潜影［M］. 沈莉, 于吁, 译. 上海：上海人民出版社, 1989：2.

[14] 丁军强. 21世纪中国人口老龄化对可持续发展的影响分析及对策［J］. 理论月刊, 2002（10）：117-118.

[15] 丁向阳. 人才竞争战略［M］. 北京：蓝天出版社, 2005.

[16] 董克用, 李超平. 人力资源管理概论［M］. 5版. 北京：中国人民大学出版社. 2019.

[17] 杜鹏, 丁志宏, 李全棉等. 农村子女外出务工对留守老人的影响［J］. 人口研究, 2004（6）：44-52.

[18] 杜鹏, 李龙. 新时代中国人口老龄化长期趋势预测［J］. 中国人民大学学报, 2021, 35（1）：96-109.

[19] 杜鹏. 中国人口老龄化过程研究［M］. 北京：中国人民大学出版社, 1994.

[20] 范巍，赵宁，赵智磊等．中国人才政策环境比较分析（省域篇）[M]．北京：社会科学文献出版社，2022．

[21] 桂昭明．人才理论创新的发展趋势[J]．人事天地，2012（60）：17-21．

[22] 贺聪志，叶敬忠．农村留守老人研究综述[J]．中国农业大学学报（社会科学版），2009，26（2）：24-34．

[23] 胡谊．专长心理学[M]．上海：华东师大出版社，2006．

[24] 华才．人才学术山高水长：全国人才学基础理论研讨会综述[J]．中国人才，2003（4）：11-13．

[25] 黄世英子，龙立荣，吴东旭．幸福感的危与机：数字化人力资源管理的双刃剑[J]．清华管理评论，2022（9）：12．

[26] 黄志伟．华为人力资源管理[M]．苏州：古吴轩出版社．2017．

[27] 姜向群，丁志宏．对我国当前人口老龄化问题研究的概念和理论探析[J]．人口学刊，2004（5）：10-13．

[28] 姜又鸣．人口学[M]．保定：河北大学出版社，2012．

[19] 赖小琼，余玉平．成本收益视线下的农村劳动力转移——托达罗模型的反思与拓展[J]．当代经济研究，2004（2）：22-26．

[30] 李兰永，刘媛．人口老龄化：特征、成因及对策研究[J]．山东社会科学，2013（12）：31-35．

[31] 李小平，张庆林．时间与创造力关系框架的构建[J]．心理科学，2007（3）．

[32] 李新建，孙美佳，苏磊，等．员工关系管理[M]．2版．中国人民大学出版社，2020．

[33] 李仲生．人口经济学[M]．北京：清华大学出版社，2009．

[34] 梁茂信．美国人才吸引战略与政策史研究[M]．北京：中国社会科学出版社，2015．

[35] 刘丹．中国人口老龄化发展现状、成因与对策[J]．中国老年学杂志，2022，42（16）：4123-4126．

[36] 刘文川．人才战略的制定与实施[M]．北京：中国人事出版社，中国劳动社会保障出版社．2012．

[37] 刘昕．人力资源管理[M]．4版．北京：中国人民大学出版社．2022．

[38] 刘铮．人口学辞典[M]．北京：人民出版社，1986

[39] 罗淳．贝克尔关于家庭对孩子需求的理论[J]．人口学刊，1991（5）：18-23．

[40] 罗洪铁．人才学基础理论研究[M]．成都：四川人民出版社．2003．

[41] 罗洪铁．人才学与人力资源开发与管理学的异同[J]．中国人才，2003（5）：34-35．

[42] 罗家德．社会网分析讲义[M]．北京：社会科学文献出版社，2005：40．

[43] 闵维方．人力资本理论的形成、发展及其现实意义[J]．北京大学教育评

论, 2020, 18 (1): 9-26, 188.

[44] 彭希哲. 老龄化背景下的人口年龄结构 [J]. 上海交通大学学报（哲学社会科学版），2023，31（2）：14-24.

[45] 齐明珠. 全球应对人口老龄化的政策比较及启示 [J]. 国家行政学院学报, 2013, No. 83 (2): 118-122.

[46] 瑞尼·雷吉梅克. 光刻巨人：asml 崛起之路 [M]. 北京：人民邮电出版社，2020.

[47] 舒尔茨. 论人力资本投资 [M]. 北京：北京经济学院出版社，1990.

[48] 宋全成，崔瑞宁. 人口高速老龄化的理论应对：从健康老龄化到积极老龄化 [J]. 山东社会科学, 2013 (4): 36-41.

[49] 汤兆云. 人口社会学 [M]. 武汉：华中科技大学出版社，2010.

[50] 唐聪聪，陈翔. 中国当前就业结构变化的特征、内生动力与经济效果研究 [J]. 经济问题探索, 2023 (1): 21-33.

[51] 田雪原. 人口学 [M]. 杭州：浙江人民出版社，2004.

[52] 佟新. 人口社会学 [M]. 北京：北京大学出版社，2001.

[53] 王广州. 新中国 70 年：人口年龄结构变化与老龄化发展趋势 [J]. 中国人口科学, 2019 (3): 2-15, 126.

[54] 王辉耀，苗绿. 人才战争 2.0 [M]. 北京：东方出版社，2018.

[55] 王金营. 高质量劳动供给支撑中国式现代化建设 [J]. 人口与健康, 2024 (2): 14-16.

[56] 王通讯，钟祖荣. 十年来我国人才学理论的发展 [J]. 中国人才, 1989 (3): 4-7.

[57] 王通讯. 人才发展战略论 [M]. 北京：中国人事出版社，2013.

[58] 王孝炯. 中国高技术产业创新能力评价 [M] //中国科学院. 2018 高技术发展报告. 北京：科学出版社. 2018: 313-331.

[59] 邬沧萍，王琳，苗瑞凤. 中国特色的人口老龄化过程、前景和对策 [J]. 人口研究, 2004 (1): 8-15.

[60] 邬沧萍. 人口学在 21 世纪是一门方兴未艾的朝阳科学 [J]. 人口研究, 2002 (1): 2-9.

[61] 邬沧萍. 人口学学科体系研究 [M]. 北京：中国人民大学出版社，2006.

[62] 吴江，王通讯，蔡学军，等. 人才强国战略体系专题研究报告 [M]//中央人才工作协调小组办公室、中共中央组织部人才工作局. 国家人才发展规划专题研究报告. 北京：党建读物出版社，2011.

[63] 吴江. 人才强国战略概论 [M]. 北京：党建读物出版社，2017.

[64] 武勤，朱光明. 日本科技人才战略及其对中国的启示 [J]. 中国科技论坛, 2008 (1): 122-126.

[65] 项鑫，王乙. 中国人口老龄化现状、特点、原因及对策 [J]. 中国老年学杂

志，2021，41（18）：4149-4152.

［66］肖周燕．人口迁移势能转化的理论假说：对人口迁移推—拉理论的重释［J］．人口与经济，2010，（06）：77-83.

［67］谢彩霞．科学合作的功能与计量［M］．北京：中国社会科学出版社，2010：220-248.

［68］新米产业研究院．中国虚拟现实（VR）行业市场前瞻与投资战略规划分析报告，2022.

［69］闫龙飞．人力资源管理［M］．北京：中国人民大学出版社．2018.

［70］杨斌，裴宏．日本的科技兴国与经济发展［J］．中国经济快讯，2001（34）：31.

［71］杨河清，张琪．劳动经济学［M］．北京：中国人民大学出版社，2014.

［72］杨河清．人才开发概论［M］．北京：中国人事出版社，2014.

［73］杨菊华．长寿时代与长寿红利［J］．山东大学学报（哲学社会科学版），2022，253（4）：103-111.

［74］杨良初．应对人口老龄化挑战的生育政策研究［J］．社会保障研究，2021，78（5）：39-48.

［75］杨倩，张琴．"候鸟老人"选择热带岛屿养老原因分析：以三亚市为例［J］．经济研究导刊，2020，442（20）：59-61.

［76］叶忠海，郑其绪．新编人才学大辞典［M］．北京：中央文献出版社．2015.

［77］叶忠海．人才学基本原理［M］．北京：蓝天出版社，2005.

［78］叶忠海．新编人才学通论［M］．北京：党建读物出版社．2013.

［79］殷凤春．人才学学科的发展与重构［J］．人才开发，2008（9）：6-7.

［80］游允中．收集人口数据的方法．中国统计出版社，1997：4.

［81］于学军．中国人口老化与储蓄［J］．人口与经济，1996，（03）：10-17.

［82］岳文厚．让人才学惠及人类科学发展：繁荣与发展中国人才学的实证思考［J］．中国人才，2012（8）：9-10.

［83］张瑾．我国吸引和有效发挥高端人才作用的对策研究［M］．北京：经济管理出版社，2014.

［84］张庆五．关于人口迁移与流动人口概念问题［J］．人口研究，1988（3）：17-18.

［85］张现苓，翟振武，陶涛．中国人口负增长：现状、未来与特征［J］．人口研究，2020，44（3）：3-20.

［86］张晓青．国际人口迁移理论述评［J］．人口学刊，2001（3）：41-45.

［87］张再生．中国人口老龄化的特征及其社会和经济后果［J］．南开学报，2000（1）：83-89.

［88］赵永乐．宏观人才学概论［M］．北京：党建读物出版社，2013.

［89］中国宏观经济研究院课题组．从人力资源大国迈向人力资本强国［N］．经济日报，2024-1-30.

[90] 中华人民共和国国家统计. 人口老龄化及其衡量标准是什么［EB/OL］. ［2023-08-19］. http：//www.stats.gov.cn/zs/tjws/tjbz/202301/t20230101_1903949.html.

[91] 钟祖荣. 人才学基础理论的新探索：读罗洪铁教授主编的《人才学基础理论研究》［J］. 中国人才, 2004（2）：94.

[92] 周启元, 胡世明, 韦进. 论人才学与人力资源管理学的区别与联系：兼论人才学的研究对象和内容［J］. 中国人才, 2003（6）：20-21.

[93] 朱荟. 从老年负担到长寿红利：国家战略定位下的中国方案［J］. 山东大学学报（哲学社会科学版），2022，253（4）：112-120.